约见资本人

——58家上市公司创始人亲述创业之路

全景商学院 ◎ 编 著

THE
ENTREPRENEURS

湖南科学技术出版社

本书编委会

编委主任：温子健

编委副主任：张　华

编委成员：程春生　陈　伟　黄　玫　张宏文

主　　编：陆泽洪

副主编：黄晓宁　雷　震　周　荣

策　　划：张　凌

编　　辑：雷　雪　陈晓琼

采　　访：陈丹蓉　任银哲　杨元元　付　强　朱雨蒙　张聪聪
　　　　　詹丽真　刘坤坤　李敬陶　周丽娜　郭　丹　刘　铭
　　　　　苏艳华　高瑾婕　陈嘉良　李　理　陈　昊　吴梦凯

· 读懂商业世界 ·

1993 年， 一位名叫曹璋的纺织大学应届毕业生来到深圳， 在八卦岭工业区扫楼投简历被一家家赶出来， 啃着只有一点辣椒和鸡蛋的两块钱的盒饭， 感慨偌大的深圳为什么容不下渺小的自己。

经过在电子厂质检、 内衣厂采购、 女装公司销售等不同岗位上三年的挣扎后， 曹璋终于在 1996 年获得了一个机会， 拿到 2 万元创业本金， 在华强北的女人世界商场开了一家小小的 "安尼儿童装店"， 后来又改名为 "安奈儿"。这家只有 9 平方米的小店， 光是铺租每个月就要五六千块钱。

同样在 1996 年， 大学毕业后到广州番禺参加工作才一年的黄勇， 由于所在的电子厂项目下马而没事可做， 于是跟几位同事合伙成立了一家名为 "容大感光" 的公司， 生产 PCB 油墨。 黄勇每天的工作就是去翻各人工厂门口的垃圾堆， 只要遇到生产电路板的厂家， 他就拎着样品去敲门。 但第一批产品出来， 就由于质量不达标遭遇了大规模的退货。

与此同时， 从广东中山一家台资厂厂长任上只身出来创业的李建湘也获得了第一笔订单， 但又被骗走 30 多万元的贷款， 他那新成立的铝材加工企业

1

"和胜股份" 一夜之间几乎破产。

站在今天的视角去观察, 很难想象这些出师不利的初创企业竟会在随后的商业竞争中异军突起、 越战越勇, 甚至最终在创业 20 年后的今天成功上市, 各自成为拥有数十亿元以上市值的业界标杆。 他们到底是如何做到的?

正如通用电气 (GE) 的传奇 CEO 杰克 · 韦尔奇所言: 商业更像是一个世界级的大饭店, 当你透过饭店厨房的门缝偷看时, 那些食物看上去远没有装在精美瓷器中或是摆上饭桌的好。 商业就是杂乱不清和混沌。

那些成功的企业家也并不仅是负责高瞻远瞩地思考问题, 他们更多的是在每天的日常工作中, 进行着大量的细节处理, 在这个过程中提高自己的感受能力, 进而达到更高的认知层次。

因此, 真正可靠的商业理解能力必然来源于: 足够有代表性的经营平台、完整的决策过程、 市场数据的反馈和验证。 全景网在这方面已经为读者做了至今为止无可替代的工作——在过去一年多的时间里, 全景网团队陆续深度访谈了近百家上市公司的董事长、 总经理, 以视频及文字特写的形式记录下公司的创业历程, 以及掌舵者们多年来对企业乃至行业和经济的第一手观察和思考。

这些创业故事可谓庞大而又细腻。 虽然这个世界不太可能再给你一个成为童装霸主或者感光材料大王的机会, 访谈中所剖析的问题也很难与我们所面对的世界严丝合缝, 但是, 众多不同领域的企业家把自己的决策过程及所遵循的基本商业法则和盘托出, 在帮助形成商业洞察力和判断力方面, 虽然谈不上雷霆万钧, 至少也可潜移默化。

上述一系列上市公司 "创业传" 此前已通过全景网旗下的 "全景财经视频" 及 "全景商学院" 新媒体平台陆续发布, 早已引起巨大反响, 也成为投资人分析相关上市公司的重要信息来源, 但这些总归显得零散。 此次结集出版, 得以按照不同主题来重新划分章节, 并补充了一些上市公司董事长的二次反馈, 更有助于读者按图索骥。

时势造英雄, 能读懂形势、 做出正确的选择, 比什么都强。 正如安奈儿的曹璋在开店后很快发现, 一天就能收回 2 万元本金, 那时候只要你开店, 就能够赚钱, 只是赚多赚少而已。

　　对于全景网而言，也正进入一个全新的时代。作为一家已服务资本市场接近 20 年的老牌财经网站，全景网自 2015 年完成股权重组及管理团队调整以来，重新焕发出了惊人的活力，迅速完成了路演平台及内容平台的更新换代，新推出的全景 i 直播、新媒体、全景财经视频、全景商学院、新三板、港股路演等业务都令人耳目一新，叫好也叫座。

　　过去一年，全景网利用自身强大的专业资源，通过全景商学院在全国各地举行了十几场公益性的资本市场培训班，培训上市公司及新三板公司高管近千人次。这本《约见资本人——58 家上市公司创始人亲述创业之路》新书的出版，也是全景网分享知识、服务资本市场的一个新尝试，希望大家有所收获！

温子健

2017 年 9 月

第一章　春天的故事

1992年春天，邓小平视察武昌、深圳、珠海、上海等地并发表重要讲话，掀起了前所未有的创业热潮。而当年的"十万机关干部"精英下海创业，开创了中国企业发展和经济变革的新篇章。

第二章　巾帼不让须眉

20世纪80年代，中国女排夺得五连冠，女排姑娘们一次一次的飞身鱼跃救球，一次一次带伤参加比赛，这种不抛弃、不放弃的精神，深深影响着中国女性。

第三章　企业家精神

"他（阿甘）跑得胡子拉碴、跑得长发披肩，跑破了好多双跑鞋。一路上有人采访他，你是环保主义者吗？你为了人类世界和平吗？你为了扶贫助困吗？他说没有，我就是跑啊。"

第四章　团队！团队！团队！

创业公司应该把团队放在第一位，永远不能例外。

第五章　市场化的力量

第六章　制造业"极客"

很多技术被西方国家视为国家机密，他们仅仅是听说过传闻，硬是一咬牙给做出来了。中国能迅速成为全球制造业中心，这些"疯子"一般的制造业"极客"们，可谓功不可没。

第七章　合作共赢的时代

"大客户都是行业的引领者，大客户战略不仅能更好地服务他们，跟他们在一起，也能使我们更早地了解行业最前沿的技术和信息，促进企业的技术更新升级，这是互利共赢的。"

第八章　不同凡"想"

"上市公司里有太多很典型的企业家，但我却是一个自由的企业家，我希望生活更美满一点，更美好一点，我先走出这一步，让大家有个模板可以参考。"

第九章　诗和远方

"我们现在要考虑一样东西的时候，就要非常，五年以后这个世界会是什么样的？我们要为未来在准备。"

第十章　中国梦

国外先进技术的推广，往往会经历一个很漫长的过程，而这个过程充满诸多不确定因素。

第十一章　创二代

"做不好别人会笑话你，说你没出息；做得好，别人会认为是理所当然，因为——'你是董事长的儿子'啊！"

后记

第一章
春天的故事

1992 年春天，邓小平视察武昌、深圳、珠海、上海等地并发表重要讲话，掀起了前所未有的创业热潮。而当年的"十万机关干部"精英下海创业，开创了中国企业发展和经济变革的新篇章。

跟着电影去创业

■红墙股份　刘连军

"1992年，我看了一部纪录片，里面有一句话叫'今日借君一杯水，明日还君一桶油'，我受到了很大的感召。"

——刘连军

学财务出身、考取中国第一批注册会计师的刘连军当年受邓小平南方谈话春风感召辞职下海的时候，根本没有想到他会进入混凝土外加剂这样一个听起来很偏门的行业。

在这个行业打拼了21年后，2016年8月23日，他把一手创办的广东红墙新材料股份有限公司（证券代码：002809）带到了A股上市。

红墙股份董事长、总裁刘连军接受全景商学院独家专访

辞职南下，无意中闯入混凝土外加剂行业

"世界那么大，我想去看看。"2015年4月，随着一名中学女教师辞职信的曝光，这一被称为最有情怀的辞职理由一时间爆红网络。离开体制内，放弃铁饭碗，在很多人眼里是极其需要勇气的选择。然而，在20世纪90年代那段风云激荡的岁月里，很多充满雄心壮志的青年人纷纷做出了这样的选择，停薪留职、辞职下海，去南方看一看，刘连军就是其中一员。

谈及最初下海的经历，刘连军记忆犹新。他是学财务专业的，1984年毕业后被分配到河北省承德市机械电子工业管理局，一直做财务工作。"1992年，邓小平南方谈话以后，我在电影院看了一部纪录片，片子里讲到珠海的金湾区在搞大型土建。那个时候是讲大港口大工业大发展，有一句话叫'今日借君一杯水，明日还君一桶油'，我受到了很大的感召。"刘连军说，"我是中国第一批注册会计师，又是一个年轻的机关干部，心里还是希望展开一个更大的人生舞台，所以想出去看一看。"

与很多选择下海的人一样，刘连军南下的决定也受到了来自家庭的阻力。"家里人更多的是担心，因为不知道南方什么样，前途也莫测。但我们60年代那一批人应该说很躁动，也很有愿景，一路走过来都有一个很强的使命感、责任感和荣誉感，所以尽管家人很担心，我还是坚决选

刘连军1995年管理混凝土外加剂企业时工作照

择了南下。那个时候，全国大概10万名机关干部选择了下海，比如潘石屹他们就去了海南。"他笑了笑说，"我觉得我们那一代人都这样。"

辞职南下的刘连军选择了纪录片中给予他鼓舞的珠海作为第一落脚点，却没想到会在这里与混凝土外加剂结了缘。

　　1993年初，刘连军加入珠海经济特区百森集团公司继续做财务工作。1995年，他得到一个机会，经营管理一个做混凝土外加剂的小企业，自此真正地踏入这个行业中来。"从那时算起，我接触外加剂行业已经有21年的历史了，介入的过程可以说是别人推我进来的，但是无心插柳柳成荫。"他颇有些感慨。

　　在这个行业21年的摸爬滚打，刘连军也见证了国产混凝土外加剂行业的一步步成长。混凝土外加剂是制造商品混凝土的重要添加剂，公司成立之初，混凝土外加剂在全国的市场份额不是特别大，主要原因在于商品混凝土刚刚兴起，只有北京、上海等城市使用，其他城市例如珠海、中山等都还是现场搅拌，外加剂在全国的普及量只有20％左右。此外，当时有很多国外的大牌子比如美国的格瑞斯、瑞士的西卡等都跟中国的企业同台竞技，而中国的企业偏弱小，还是停留在简单的复配配方、生产加工阶段，国外的产品占有比较大的技术优势。

　　刘连军介绍，随着时间的推移，中国商品混凝土的普及越来越广泛了，直到现在有50％～60％的混凝土使用了外加剂。由于中国南北东西不同地域的建筑材料差异比较大，外加剂对于混凝土是一个个性化的配合服务，而国外企业提供的仍然是标准化的产品，对中国的材料不适合，所以国外的产品就纷纷退出了，国产产品越做越强。

夫唱妇随，妻子带来第一桶金

　　回顾刘连军的创业历程，有个人不得不提，那就是他的妻子赵利华。赵利华与刘连军都是河北人，两人还是初中同学。1996年，在刘连军南下3年之后，赵利华追随丈夫的脚步来到珠海。她的到来，也为刘连军当时所管理的公司带来了第一桶金。

　　刘连军回忆："公司第一笔较大的订单还得说是拜我太太所赐！当时珠海有个粤财大厦，是广东省粤财集团投资建设的一个大楼，我太太最早先去工地与他们接触，她有了初步的信息后就交给我。我配合我们合作的教授一起去跟他们交流，他们当时恰好碰到了高标号混凝土的困扰，而我们承诺能够配合他们把混凝土保质保量地做下来，我们的信心感染了他们。这个项目是红墙初出道时和国内知名的外加剂厂同场 PK，最终以红墙胜出而告终。后来这个项目合作很成功，我们企业掘到了第一桶金。"

装有红墙牌混凝土外加剂的运输车辆

有了第一桶金的资金支持，1999 年，刘连军参股的珠海高新区森瑞化学建材有限公司成立了，赵利华在该公司担任总工程师一职，负责技术工作。在此后的很长一段时间里，赵利华一直兢兢业业地扮演着技术负责人的角色。公开资料显示，自红墙有限公司成立后，赵利华已参与了公司十余项混凝土外加剂专利技术的研发工作。

对于妻子的付出，刘连军都看在眼里，记在心里。他表示："在我们公司，技术是一个最繁杂、最不好做的工作。她因为搞技术，天天去工地非常辛苦，而且到工地和人打交道有诸多不易，但她在这个岗位一干就是 20 年，获得了员工的尊重。作为私营企业的管理者，我一直以自己的太太没有管财务、没有管供应而自豪。"

资金受限，引入风投解困境

2005 年对于刘连军来说是具有转折意义的一年。那一年，出于方便物流运输的考虑，他把工厂从珠海搬迁到了惠州，新成立了惠州市红墙化学建材有限公司；那一年，他带领公司从普通的建材加工转型到了化工合成领域；那一年，他

向新厂投入了近 1500 万元，买地、建房、购置设备；也是在那一年，他遇到了流动资金不足的问题。

"从红墙有限公司成立以后到 2008 年，我们一直饱受资金的困扰。因为我们这个行业处在建筑行业的末梢，从房地产开发商，到施工单位，到商品混凝土公司和预制管桩厂，再到供应外加剂，我们已经是处于第四级了。咱们国家的建筑行业又有一个比较严重的欠款问题，所以作为一个民营企业，积累又有限，2005 年在新厂投资完以后，流动资金就不足了。"

回忆起那段时光，刘连军称："流动资金不足后，就感觉公司在市场竞争中有些乏力，人员方面也有些人心浮动，流失了十多个销售人员，企业处于比较危险的一个阶段。"他说，"差不多有两年的时间，我对企业的前途有点看不清楚。我担着 100 多名员工的责任，作为船长应该带领船只驶向何方，我心里很彷徨，压力非常大。"

幸而公司最终熬过了这段最困难的时期，用刘连军的话说，他"守得云开见月明"了。2009 年，广东省粤科风险投资集团公司入股红墙有限公司，不仅向公司注入了 3000 万元资本金，同时还帮助提供了 4000 万元担保贷款，公司一下子走出了困境。

"当年粤科来到公司后，仅跟我们谈了一个小时就敲定了投资，资本金加担保贷款共 7000 万元，而 7000 万资金当年可以做 1.4 亿以上的销售额。"刘连军神情有些兴奋，"粤科风险投资集团的加入，不仅为我们解决了资金难题，更重要的是鼓舞了公司员工的士气。有了风投的资金支持，才有了红墙今天这样一个不错的成绩。"

对于粤科风险投资集团当时看中公司的原因，刘连军斩钉截铁地说了两个字："规范"。他说："一个有两个亿左右销售额的企业在中国并不鲜见，但像我们这样税收规范、产权证、土地使用证、环保手续、安监手续、消防手续比较完善的企业还是少之又少。"而保持一直以来的规范经营，与刘连军财务出身的专业背景不无关系。

2015 年，红墙股份实现营业收入 4.49 亿元，净利润 8258.42 万元。公司目前已成为华南地区的混凝土外加剂行业龙头企业之一，并连续六年（2010 年度

红墙股份有限公司全景图

至 2015 年度）被中国混凝土网评选为"中国混凝土外加剂企业综合十强"，同行业专利持有数量全国排名第三。

　　2016 年 8 月 23 日，红墙股份在深交所中小板挂牌上市。提起公司未来的发展规划，身为董事长、总裁的刘连军表示："公司已经在华南地区生根了 21 年，最近两年也已开始向江浙沪推进了。我们已经服务上海建工和上海麦斯特建工两个公司近两年的时间了，在那里建立了非常好的桥头堡。借着上市这样一个资本的助力，我们计划在河北把募投项目搞好，然后继续做京津冀环渤海经济区的市场，在西南市场方面也有开拓计划。总体来说，就是要出岭南奔全国了。"

（王爽）

董事长感言

上市·周年感悟

　　2017 年 8 月 23 日，是红墙股份上市一周年的日子，一年前的上市仪式仍历历在目，难以忘怀。

红墙股份历经 21 年的打拼，终于在 2016 年 8 月份登陆深圳证券交易所。红墙上市，给了公司一个巨大的机会，让红墙能够借助资本的平台，寻找志同道合者，壮大自己，成就彼此。让公司有机会在行业整合中进行示范及引领，为行业健康发展贡献力量。公司上市，也让我有机会在未来的人生旅程中想得更远、做得更多。

红墙股份上市了，让我更有机会去实践"共同创造、共同分享"的价值理念。上市前，公司只有 18 名员工持有红墙的原始股票。今年 5 月，红墙股份推出了 85 名员工的股权激励计划。激励计划历时 5 年，激励人员涵盖了公司高管、中基层管理人员、10 年以上的老员工及公司历年的优秀员工。激励计划的实施，是红墙股份未来中长期发展的一个重要举措，也是兑现共同分享理念的最好诠释。

红墙股份上市了，让红墙及我本人有更大的平台去履行自己的社会责任。2017 年 6 月，广东省红墙慈善基金会正式成立，首期注册资金 1000 万元，我本人已注资 850 万元，目前基金会已对社会认捐 160 万元。两年后，慈善基金会将注资到一亿元，我本人会将捐赠额由 850 万元增加到 8500 万元，从而也让我有机会在更大的舞台及平台上实现自己"达则兼济天下"的美好愿景。

红墙股份上市了，让我更有机会寻找志同道合者，实践"合作共赢"的理念。今年四五月份，红墙股份分别与武汉苏博公司、湖北恒利公司签署股权合作协议，抱团发展；今年 7 月份，红墙股份分别与四川路加公司、中国冶金天津特种材料公司签署战略合作协议，强强联手。未来，红墙股份将会一如既往地寻找合作者，携手共赢。预计明后年红墙股份的销售额和净利润分别较 2016 年增长近一倍，实现跨越式发展。

红墙股份上市后，我矢志将在资本这个广阔的平台上做得更大、走得更好、行得更远，不辜负广大投资者的支持和厚爱。2017 年 6 月，投资 1 个亿的深圳市红墙投资有限公司成立，红墙愿以此为平台，寻找更广阔的市场舞台与资本平台。也正是有了这样的愿景，和自己一路打拼的红墙员工也将拥有更多的机遇与发展平台。

上市即将一周年了，做了很多，也收获了很多。回首上市后的这一年，我相信，这才是丰富人生和再次扬帆起航的开始！

下海都不怕，还怕上市？

■ 和科达 覃有偿

"我一直坚持一条，就是你要踏踏实实地去做，因为这种企业必须要讲究一个基础，你基础做得好，什么时候都不怕困难。"

——覃有偿

距离崔健唱出"不是我不明白，这世界变化快"已经过去了 30 年。这 30 年间，世界的变化愈加加速。

值得思考的是，在时代的快速变迁中，整个社会的价值观也发生了翻天覆地的变化。曾几何时，最受尊敬的是军人，然后是工人，改革开放后，企业家逐渐受到追捧，如今资本时代大潮下，上市、投资、基金、股权等又成为新的关注点。

今天的主人公的特别之处就在这里：他在六七十年代是军人、工人，"根正苗红"；在国企工作近 20 年，虽然算不上平步青云，但也被委以重任；20 世纪 90 年代，年过四十的他毅然下海，带领企业成为行业的佼佼者；资本大潮来临，66 岁的他成为上市公司老板，并掷出豪言："下海我都不怕还怕上市？"

在故事的开头，让我们把时钟拨回到 40 年前，我们的主人公，如今刚刚在 A 股上市的和科达（证券代码：002816）的董事长覃有偿，那时正在大专学校学

习计算机专业。

和科达董事长覃有倘接受全景商学院独家专访

倒数第二届的"工农兵大学生"

事实上，这个大专并不等同于现在的大专，它的具体名称叫"华中工学院"，也就是今天鼎鼎大名的华中科技大学的前身，1960年就已经是全国重点高校。而在1976年，华中工学院还是一所具有时代特色的"工农兵学院"，而覃有倘，则是计算机外围设备专业的一名普通学生。

覃有倘当时身上有着浓厚的"工农兵"色彩。他1968年应征入伍，在部队研究所做车床工，1971年退伍后当了6个月农民，就进入国营611厂，即桂林漓江无线电厂做工人。随后，他在1975年被推荐进入华中工学院，成为倒数第二届的"工农兵大学生"（1977年，全国恢复高考制度，"工农兵学员"这一身份也成了历史）。

在那个年代，计算机是一门刚刚起步的学科，今天司空见惯的各类编程语言要么还未出现，要么还极其原始，人与机器的交互只能通过最简单的方法进行。此前最常用的就是在纸带上打孔，而覃有倘学习的，就是计算机存储从打孔到磁鼓、磁盘过渡阶段的技术，他就这样成为 70 年代末期的"程序员"。

在学校，由于此前有多年的工厂生产经验，覃有倘成为同学中的"权威"，到做毕业设计的时候，同学们几乎把他当成指导老师。

1978 年，覃有倘毕业并回到原来工作的无线电厂，而一个风起云涌的大时代，也正悄悄来临。覃有倘自己都没有意识到的是，在这个大时代中，自己也终将成为其中的佼佼者。

明天我们就去自己的工厂上班

从 1978 年到 1987 年，近十年的时间，覃有倘做技术员，做专用设备的技术研究，也抓生产。1987 年，厂里和港商合资，决定在深圳成立主营精细设备清洗的深圳波达超声工程设备有限公司，由覃有倘担任经理。覃有倘一手主导了可行性报告、拟定了合同、选定了厂房，乃至完成了第一次报关。

20 世纪 80 年代后期的深圳依然只是初具规模，深南大道刚修到上海宾馆，上海宾馆本体还没有建成，进入特区从南头关入关，走当时只有两车道的滨河路。当时与覃有倘一同来到深圳的有十几个人，其中就有后来共同创立和科达的合作伙伴龙小明。

来到深圳后为了企业的生存，覃有倘从技术转向了销售。他作为经理工资只有 107 元，加上补贴一共不到 300 元。工厂限于经费租用的铁皮厂房，在厂房里隔出来一个阁楼，十几个人就睡在阁楼里。

第一年公司实现销售 100 多万元，但随后遭遇了重大的政治环境变化，海外业务被迫中止，合资方的渠道也无法使用，只能转型做内销。但当时胜在技术先进，产品质量好，很快公司重新有了起色，销售额达到了每年五六百万元。就这样，在 1994 年，覃有倘和搭档龙小明萌发了下海的念头。

1994 年，覃有倘 44 岁，已经经历了军人、工人、农民、大学生、工程师等身份的变化，到此时已是国营厂的分厂主管，行政待遇也有科长级别，已有将近 30 年的工龄。下海，就意味着要和这些过去挥别，在中年时重新开始。

覃有倘的爱人此前在某研究所工作，后来追随他来到深圳的公司上班。夫妻俩辞职那天回到家，妻子一下子躺在床上，眼睛泛泪，说："想不到我就这样没有工作了。"覃有倘过去拍了拍妻子："怎么会没有工作呢？明天我们就去自己的工厂上班了。"

2002年，覃有倘（左三）和龙小明（左一）接待公司客户

自己的工厂说起来容易，实现起来却颇为艰难。覃有倘此前工作多年，积蓄只有7000块钱。1991年开放股票市场，他排队认购，赚了几万元。1994年辞职下海的时候，覃有倘拿出全部家当大约10万元，搭档龙小明也差不多，几个人最后凑出30多万元，就是办厂的全部资金。

生活上，覃有倘和龙小明在上梅林租了一套三室一厅的房子，住了两家三代人。龙小明的母亲和两家的女儿住一间，覃有倘夫妻一间，龙小明夫妻一间，每天吃饭都在一个客厅，就这样生活了半年多。

30万元在当时的生活中不是一笔小数目，但对于办厂来说无异于杯水车薪。十几万元的设备，几万元的厂房租金，剩下的就是流动资金。这样三个月过去，账面上只剩下一万元，最多支撑十几天，工厂就要关张散伙。

紧急关头，覃有倘作为国内最早的清洗设备行业的开拓者积累下来的口碑和人脉发挥了作用。肇庆风华公司与他签订了83万元的合同，付了28万元的定金，昆明298厂签了48万元的合同，付了定金16万元。这两笔大单的合同金额可以说都远远超过了初创的和科达的注册资本，用今天的商业眼光来看简直难以置信。而在当时能够达成这样的订单，不仅仅是对和科达的产品有信心，更是对覃有倘和龙小明等公司创始人的信任。

下海我都不怕还怕上市？

1994 年的时候，国内同行业的竞争对手有覃有倘的老东家，还有上海超声波、无锡超声波、南方超声波等几家清洗设备企业。而到今天，除了上海超声波经过改制变成了合资企业，其他的同行已经成为过眼烟云。和科达不仅是最早的清洗设备企业之一，也彻底成了行业的龙头。

覃有倘说，自己是工厂出身，因此对生产特别有感情。"特别是做我们这种基础工业的，我一直坚持一条原则，就是你要踏踏实实地去做，因为这种企业必须要讲究一个基础，你基础做得好，什么时候都不怕困难。"

那么一个工业企业的基础是什么？首先无疑是技术。从创立之初和科达就是一家注重技术、重视开发的企业。覃有倘认为，只有不断推出新产品，保持领先，先做小的，后做大的，才跟得上形势。

清洗设备以前用的清洗剂不环保，国家提出逐渐淘汰 ODS，淘汰氟利昂、三氯乙烯这一类清洗剂。和科达快速跟进，从 2001 年起研发环保型的清洗剂，并在下游厂家大力推广，用纯水或者环保清洗剂进行替代。随着政策的推广，和科达的提前布局也收获了良好的成效。

HKD-第四代太阳能电池制绒酸洗设备

2008 年，光伏行业火爆时期，和科达发展完善了纯水清洗技术，到了 2010 年光伏行业进入低潮期，智能手机和平板设备异军突起，和科达在玻璃清洗设备上又迅速取得了领先。如今智能手机面临行业性产能过剩，一部分品牌出局，和科达新能源汽车方向的清洗设备又已经快速填补市场。从超声波清洗，到平板玻璃清洗，再到电镀设备和水处理，和科达通过布局多样化的产品线，顶住了一次又一次的产能过剩造成的市场波动。

作为一家企业，技术和市场方向的把握仍然不足以让基业真正长青，市场上的一点点波动，传导到行业末端都可能毁掉一家企业甚至重创整个行业，因此企业要对抗的一个重点是"风险"。

也许是创业初期的窘境写入了公司的记忆，覃有倘在日后的经营中对资金风险格外重视。"我们从来不冒大风险去抵押、借款，我们此前的贷款从来不超过一千万，直到今年公司发展规模大了，接了一个美国的大订单，才稍微提升了一点风险贷款，现在也已经成功回款。"

2016年10月25日，和科达在深交所中小板挂牌上市

正是由于这种对风险的牢牢把控，覃有倘对上市充满乐观。他对投资人开玩笑说："当年下海我都不怕还怕上市？"也许在他看来，资本市场的风云变幻，只怕不比当年放弃稳定的工作和地位，毅然决然下海来得艰难。

（孙非）

千里走单骑

■ 飞荣达　马飞

"我这个人就是有点农民意识，耕好自己的一亩三分地，步步为营，不拔苗助长。"

——马飞

如果"深圳梦"真的存在，也许会是下面这样：

一个 20 岁的年轻人，身无分文来到深圳，一台设备三个人就敢辞职创业；自己蹬自行车跑遍深圳，用盒饭＋图样搞定大客户；面对外国专家团毫不怯场，掏出产品震住全场。说真的，上　次见到这种人生赢家还是《万万没想到》里面的王大锤。

飞荣达董事长马飞接受全景商学院专访

不同的是，王大锤一集只要出场 20 分钟，而在现实中完成上述这一切，马飞用了整整 25 年，当年无畏的小伙子已经变成知天命的中年人。比起充满戏剧性的转折，飞荣达（证券代码：300602）走向上市，更多的是靠日复一日的前进。人生是否真的有输赢，马飞已经并不在意，前进于他来说已成为一种习惯。

一台设备十三个人的小作坊

1988年，20岁的马飞从安徽来到深圳打工，每个月拿100块的工资，这是足以让家乡人羡慕。没上过大学的马飞却有一颗好学的心，一边上班一边学习技术，不到两年就参透了公司制作薄膜开关的技术要领。随后马飞转职销售，在两年左右的时间里跑遍了市场，结识了大大小小的客户。

一到周末，马飞最喜欢做的事情就是逛华强北。当时深圳的创业风潮方兴未艾，华强北、赛格电子市场等作为亚洲电子产品和信息集散地崭露头角。马飞没事就到电子市场上看新品，看配件，交朋友。结合自己掌握的客户情况和对市场的了解，马飞感到薄膜开关市场的机会很大，相比之下投资小、门槛低，对于创业者来说是一个容易快速进入的行业。

1992年，马飞辞职创业。马飞找了两个工友，买了一台二手设备，开始琢磨如何设计和生产让客户满意的产品。当时薄膜开关在国内属于新产品，大多数场所应用的还是传统的塑料开关。马飞凭借自己工作头两年打下的技术功底，和工友摸索出印刷、制版、装备等全套工序，并于1993年注册飞荣达公司，正式开始经营。

几个人的小公司怎么和对手竞争呢？爱动脑筋的马飞想了个办法。做薄膜开关的，一般都是和客户企业的工程师打交道，大多关注功能。客户定制薄膜开关后，还要靠工程师们自己制定外观、造型和配色的方案，有些大企业还需要报领导批准才能采用。而马飞另辟蹊径，他利用自己懂得生产技术的优

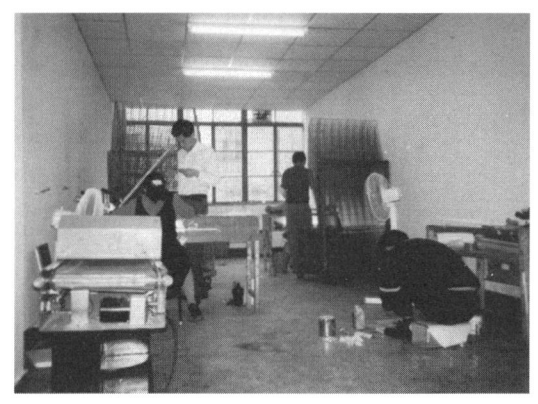

创业初期的车间兼办公室

势，提供的产品直接包含设计方案供客户挑选。

就这样，三个人一台设备的小公司红红火火地运转起来。每天早上 6 点多，马飞蹬着自行车出门找客户，大概晚上 6 点多，马飞带着当天的订单回到车间兼办公室，和工友一起开动设备生产。

"蹬服"客户的自行车

白天拉订单晚上生产，公司的生意越来越红火，去掉生产成本和两个工友的工资，每个月都能有五六千块的利润，这在当时已经非常可观。

公司逐步走上正轨，员工队伍随着生产规模的扩大而扩张，生产线也不再是靠一台设备打天下，场地扩充到 80 多平方米，后来再换到 100 多平方米。伴随着生产空间的不断扩大，马飞带着公司搬遍了深圳八卦岭一带的每一个工业园。

创业初期的马飞和妻子

马飞每个月都给公司定目标。每月有多少销售额，有多少订单，什么时候交货，单价多少，他都有一本明细账，每个月也会定下下个月的目标。

做了老板之后，公司的业务还要马飞一肩挑，他依然蹬着自行车，挨家挨户敲门推销产品。第一站是公司旁边八卦岭一带工业园的电子企业，从一楼爬楼梯到七楼，挨家拜访。随后莲塘、蛇口、南油，乃至东莞、惠州，马飞就这样保持着每天一个工业园的效率来拜访客户。

一顿盒饭搞定大客户

飞荣达的第一个大客户，是湖南机车所，今天已经隶属于中国中车。这个客户不仅给了马飞当时最大的订单，也让他真正接触到了大企业的产品标准，对公司的生产、品控等产生了难以估量的效应。而拿下这个客户，马飞只请对方吃了

一顿盒饭。

1995年，马飞从朋友那里得知湖南机车所需要一批薄膜开关产品，于是决定开发这个客户。为了联系对方，马飞每天从八卦岭骑自行车到深铁大厦打铁路电话，每次电话打通之后发现要找的工程师不在，马飞就留下自己的传呼机号，跟对方说，能否向工程师转告一下，深圳有个小马想找他们。

半个月后，马飞终于成功和对方工程师通上了电话。他特别坦诚地告诉对方："我是深圳一家小企业，尽管不大，但能做你们需要的产品，希望有机会能见一面。"对方的回复是："知道了，我们到深圳的话再说。"

也许是因为马飞的诚恳，机车所的工程师到深圳考察过一些企业之后，最后一站真的来到飞荣达。马飞见到了期待已久的客户，立刻打来水请他们洗洗脸，同时对两位工程师说："知道你们也要赶时间，给我两个小时，咱们吃个盒饭先垫垫肚子。"机车所的两位工程师见多了盛情的招待，像马飞这样一门心思想着业务，请他们吃盒饭的反倒少见，令他们刮目相看。就在他们吃饭的同时，马飞也启动了他的"秘密武器"。

公司创立初期，马飞觉得自己虽然没有高学历，但公司在技术上不能输。于是他用全部积蓄买了一台386电脑和一套正版的制图软件，以及制图设备，全套将近6万元。就在两位工程师吃盒饭的时候，马飞亲自指挥文员作图，把产品颜色配置好，最终的效果图用激光打印出来。

两位工程师吃完饭，看到了打印好的彩色图片，非常惊讶，因为同类企业都还是老工程师拿着放大镜手工制图，并且要一个月后才能提供最终的图版。马飞告诉他们，自己十天后就可以提供样品，这份效率征服了对方。

见面后的第十天，马飞带着亲自制作的十块样板，坐火车赶到湖南。之所以没有选择将样品寄给对

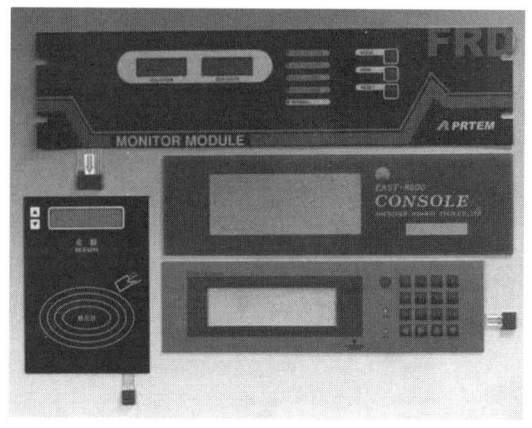

薄膜开关图样

方，是因为马飞觉得，一方面可以当面交流，对产品进行改进，另一方面也让客户看到自己的诚意。最终订单成功签约，马飞激动地怀揣着 35 万元的合同，连夜坐火车赶回了深圳。

成功签约湖南机车所之后，马飞了解到深圳有家叫做华为的公司，薄膜开关的用量也很大。他又拿出了自己的法宝——"自行车"，从八卦岭蹬到宝安西乡，几经周折，成功成为华为的供应商。

转型豪言行业前三

1997 年到 2000 年，作为华为的供应商，飞荣达成长非常迅速，产品成为华为的免检品，年度的考核均是 A 级。马飞在与华为的接触中不断地更新市场信息，把握到电磁屏蔽和导热材料这个新的机会。

2000 年国内做类似材料的企业凤毛麟角，更谈不上自主品牌。国际上完全是卖方市场，由国外企业掌握定价权，不仅价格高，而且要现款。马飞看到这个机会，决定切入这个领域。

他首先找到国外的供货企业，约定对方向飞荣达供货，飞荣达垫付货款，之后供应给华为等下游企业。马飞这样做的底气在于多年来公司良好的运营，手中有一笔相对充裕的现金，同时由于企业规模小，账期灵活。

说到现金，还有一个小插曲。当时有台商找到马飞，有一个跳舞毯的项目想要他来加工，同时华为开始让飞荣达打样。马飞考虑到公司长远发展，决定放弃当时利润较好的跳舞毯短平快的项目，紧跟华为等大公司的步伐。

早期的屏蔽材料加工非

马飞第一次与外商合作

常初级，飞荣达做的更像是裁缝的工作，把国外的材料进口回来，按照客户的需求，改成不同的尺寸规格，供应给医疗仪器、机柜、电子产品等不同的客户。

2006年，有了几年的积累之后，马飞决定不再受制于人，自主研发电磁屏蔽材料。他一方面从全亚洲招募相应的人才，一方面和高校合作开始研发。虽然没有经验，但马飞却有着超乎寻常的自信。

在公司转型的大会上，马飞对员工说："我们不做这个行业则已，一旦做了，目标就是行业前三！"而私下里，他对工程师和研发人员说："你失败了没关系，一次两次三次，除非你自己告诉我你投降了，你觉得不行了，那我们就放弃，否则我们不轻言放弃。"

当时个人的收入，除了留一点做家用，马飞基本全部投入到了公司中。经过不停的研发投入，到2009年，终于有了让客户接受的产品。

第一个检验飞荣达产品的客户是戴尔，此前戴尔的供应商全部是国外企业。检验当天，在上海的一家酒店里，聚集了戴尔来自新加坡、美国的高管，以及二十几个工程师，对飞荣达的产品进行测试比对，结果是比过去的供应商的产品有过之而无不及。随后在美国的整机测试和单体测试结果出炉，同样都是合格的数据。而马飞告诉戴尔的高管："我们的质量不比国际同行的差，但我们的交货期比你们之前的供应商要短，价格也有优势。"

就这样，飞荣达成功拿下了戴尔，极大地增强了信心，也打响了品牌。同年华为的招标中，飞荣达也中了大标。

低调的赢家

随着飞荣达成功打响了品牌，很多国际同行找上门来，提出收购，都被马飞一口回绝。他说："即使给我10亿我也不会把企业卖掉，我要打造民族品牌，要在国际市场上有飞荣达的一席之地。"

不仅是国外的收购，马飞对于资本的运作也十分谨慎，公司不仅没有引入战略投资者，连负债都是少之又少。公司运作一直靠赚来的钱再投入，而为了投入公司，马飞的生活始终没有什么变化。他说："我这个人就是农民意识，耕好自己的一亩三分地，步步为营，不拔苗助长。"

1999 年马飞买了第一辆车捷达，此时他已经是华为的供应商。而今天他那辆奔驰 S350，已经开了十年。他说，自己是一个对生活没有太多欲望的人。

马飞更享受工作带来的成就感，他乐于看到飞荣达在行业里立足，乐于看到对国际同行实现弯道超车，乐于将钱用在建立新的 EMC 实验室和购买大量检测设备

马飞敲响飞荣达上市宝钟

上，乐于看到 FRD 的 Logo 出现在微软、华为、思科等国际大品牌的图纸上。

2017 年 1 月 26 日，除夕的前一天，飞荣达在深交所创业板上市。马飞感慨地说："如果我是一个登山运动员，那么我在意的不是名次，而是以登上山顶为第一目标。"

赢家总是这么低调。

（孙非）

董事长感言

用好资本平台助推腾飞

飞荣达自 1993 年成立以来，一直秉承"以人为本，锐意进取，力争精益求精"的精神，已与国内外多家知名企业合作，为通信设备、消费电子、汽车、家

电等领域提供电磁屏蔽及导热材料的应用解决方案。

飞荣达在2016年最后一个工作日成功登陆中国资本市场，我们深感荣幸，必将牢牢把握此次发展契机，坚持不断创新，做大做强，塑造行业民族品牌，力争成为全球电磁屏蔽及导热领域的知名企业。

同时，在尊重规则的基础上，充分运用好资本平台这一高效工具，汇聚和整合各类资源，助推飞荣达的再次腾飞，以更加优秀的经营业绩来回报股东、回馈社会。

扫码观看飞荣达马飞专访视频

"我们是做大事业的"

■ 博士眼镜 刘晓

"未来五年，中国的眼镜行业、视光行业，会大幅缩小跟欧美发达国家的差距。"

——刘晓

在很多人眼里，眼镜是一个暴利行业。而他在 24 年前进入这个行业，完全是因为爱情。

24 年间，他从一名人民警察成为上市公司董事长。而他和妻子创立的博士眼镜（证券代码：300622），从一间 30 平方米的小店，到拥有遍布全国逾 300 家连锁店的眼镜零售知名品牌，今天更成为 A 股的"眼镜第一股"。

刘晓、范勤夫妇接受全景商学院专访

提起一路走过的历程，刘晓，这位敢于实现梦想的企业家说："我觉得我们就应该这样扩张，就应该不断地努力，不断地发挥自己的长处，不断地复制。"

因眼镜结缘，为爱创业

刘晓出身农村，恢复高考后，他坚持考了三年，最终考上广东省人民警察学校。毕业后，他被分配回老家梅州大埔县公安局工作。后来，不安分的刘晓申请调动到深圳。正是在深圳，一次眼镜店里偶然的邂逅，改变了他的人生轨迹。

范勤遇到刘晓的时候，刚从长春光学精密机械学校毕业不久，在光学仪器厂下属的眼镜店里当验光师。一天，刘晓帮一位在光学仪器厂工作的朋友送回摩托车，朋友暂时不在，刘晓就到眼镜店里等待。这时，正在细致验光的范勤吸引了刘晓的目光，刘晓特意上前请范勤为他验了一次光，两人由此认识并很快坠入爱河。

专业出身的范勤对眼镜有浓厚的兴趣，她一直梦想开一家属于自己的眼镜店。1992年邓小平南方谈话后，刘晓看到深圳的发展机会，于是鼓励范勤："要不我们就开一家自己的眼镜店！"

两人说干就干，马上为开店的事情张罗起来。开店的投入资金接近10万块钱，这对于当时月收入只有一两百元的两人来说无疑是一笔巨款。除了自己有限的积蓄，刘晓和范勤只好向亲戚朋友们借钱，东拼西凑好不容易凑足了开店的费用。

提起"博士眼镜"这个名字的由来，刘晓说，自己原来在广州读书的时候，经常到一家"大学鞋店"买鞋子，便宜且名字好记，创业的时候想叫"大学眼镜"，又觉得还不够大气。"那时丈母娘的刚性需求不是要房要车，是要她的女儿穿着白大褂，做工程师，在正规的单位上班。跟了我属于小个体户，我们得争气嘛，我一定要把它办好，所以起了博士眼镜这个名字。"

至于眼镜店的选址问题，刘晓选择将店开在深圳的红荔路上，在深圳当时唯一的一个图书馆旁边。因为他觉得，图书馆旁边都是读书的人，肯定戴眼镜的人多。

店面租下来后就是繁琐的装修。当时的装修设计没有像现在一样，有成规模的服务，很多事情都需要自己操心。因为缺乏经验，对于柜台要多高、如何装饰等基本的问题，两个人都摸不着头脑。"我们用了很多办法去同行那里学习，比如我要知道柜台多高，我不能拿着尺子去别人店里量啊，我就跑过去，用自己的身体比对柜台高度和宽度，出来后再拿个尺子量，高度就有了，长宽也出来了，就这样得到装修柜台的数据。"刘晓比划着说。

装修的时候，由于资金紧张，加上请的工程队不是很有经验，当过木匠的刘晓只好处处跟进，每个细节都要关注，包括用什么板子，有时候刘晓还自己拿着锤子上阵。

博士眼镜第一家门店现状，面积比刚开张时扩大了 4 倍

1993 年 3 月 21 日，这一天对于刘晓和范勤夫妻来说，是人生的一个转折点。前一天刚结束装修，打扫好卫生，半夜上好货，21 日一早，刘晓把铁闸门一举，博士眼镜店就开始营业了。

从 0 到 1

那时，刘晓还未辞去公职，眼镜店主要由范勤带着两个营业员一起操持，从店长、采购、试光师、验光师、加工，所有的角色范勤都要承担。

新店开张没多久，生意就来了。"我还记得当时进来的第一个顾客，是一个从珠海到深圳市政府办事的中年男人。他进来就买了一副一百多块钱的眼镜，这是成交的第一副眼镜，所以我特别特别的兴奋。"范勤对于第一单生意还历历在目，第一天店里收入就达 987 元。

接下来一个星期，店里就接待了一个外宾。范勤对老顾客如数家珍："那个时候很少有外国人，就有一个翻译带着一名英国的顾客，他的眼镜刚好在中国坏掉了。他的翻译带着他到我们这儿，当时配了一个六百多元的、钛的镜架。当时我们觉得，都做到外国人的生意了。"

20 世纪 90 年代初，"个体户"算不上很体面的身份，但刘晓一开始就认为，自己跟一般开小店的老板不同，"最大的差别，就是我们有远大的理想"。从开第一个店起，刘晓就对妻子说："我们是做大事业的，我们将来有一天会做得很大，会做到中国第一。"

有了理想，做起事来自然特别有干劲。刘晓每天下班就到店里去，经常陪着妻子到晚上十一二点。在店里的时候，他也一直没闲着，他会把整个店从头到尾看一遍，货品、标签、摆设、人员，会想很多的事情，不断提出改进意见。

眼镜店第一个月就做了两万多元的生意，后来月营业额逐渐增加到四五万。第一年就基本收回投资，还了债务，还略有盈余。

由于生意展开比较顺利，一年以后，两人就商量着开了第二家店，很快还把店开到宝安去了。当时的宝安属于关外，还非常荒凉，离市区远而且路也不太好走，范勤一开始并不认同，但刘晓坚持要抢占位置。宝安的店刚开始生意并不太好，但经过一段时间的用心经营，取得了很好的业绩。

1995年，随着生意越做越大，刘晓辞去公职，全心全意加入博士眼镜。1996年，博士眼镜走出深圳，开到了南昌。如今，博士眼镜在南昌拥有较强的市场影响力，江西也成为博士眼镜除了广东之外，门店开得最多的省份。

刘晓、范勤夫妇路演现场秀恩爱

当门店开到十几家的时候，刘晓觉得应该注册公司了，必须规范经营。"我们注册博士眼镜品牌，做有限公司，我们印名片，设计Logo、标准化的字体。"1997年4月23日，深圳市博士眼镜有限公司正式成立。

从那一天开始，刘晓在自己的名片上印上了"董事长"的头衔，给范勤印上了"总经理"的头衔。两人在公司经营中的角色，也开始了从"刘生"、"范姐"，到"刘董"、"范总"的转变。

跨越"百家"门槛

角色的转变也意味着责任的加重。"员工刚开始叫我范总的时候，我自己都很难接受。"范勤坦承，"也有感觉力所不能及的时候，但我觉得最大的好处就是不断地学习，我们向国内外的同行学习，整个团队有一种精神，就是我们要做眼镜行业的佼佼者。所以大家把各行业的优点，能结合到企业的，都放在我们这个企业里面，我自己的角色也随着市场的变化发生了变化。"

公司注册成立以后，整个眼镜行业迎来一个比较好的发展环境，博士眼镜也以较快的速度不断成长。到了 2007 年，博士眼镜的门店数量达到 100 家。

然而，"100 家"就像一个难以逾越的门槛，当时恰逢美国次贷危机爆发，经济下滑，再加上公司管理制度等方面的问题，店面的扩张速度出现了停滞。范勤回忆："我们在 100 家店的时候，反反复复，有亏损的就关，然后又不停地开，门店数在 100 家左右徘徊了很长时间。公司停滞了大概一年的时间，没有一个快速的发展。"

她反思："在那个时候跟以前的几十家店通过感情的交流来管理门店不同，需要更多制度和规范。而员工的心态，是否适应管理，以及我们自己的提升，都有一个过程。"刘晓也认识到，100 家店是一个临界点，就是从一个小企业到中企业的过程。在 100 家店以下的时候，很多管理的模式还可以用一些比较原始的方法，但超过 100 家店，管理模式就要有所改变了。

通过对员工培训、管理制度、企业文化、信息系统、货品设计等方面的调整和提升，博士眼镜后来很快取得了突破。2009 年，门店数便达到了 200 家，2016 年超过了 300 家。

店面扩张之余，博士眼镜还逐渐进行市场细分，2009 年开了定位"高端定制"的 President optical 品牌店（总统店）。至今总统店的盈利情况良好，单店平均营业收入是普通博士眼镜店的近两倍。2015 年以来，博士眼镜又新发展了 zèle、砼两个品牌，分别定位为"时尚快消"和"个性潮牌"。

提起几个品牌名字的由来，刘晓表示，President optical 这一名称承载了他

博士眼镜总统店

的梦想。他自称"眼镜总统",因此"先有眼镜总统,再有总统眼镜"。而"砼"是混凝土的意思,刘晓把它解释为石人工:一份水泥,两份沙子,三份石子,浇筑出钢筋混凝土。他还为这个品牌设计了一句广告词:"我的青春我做主,钢筋水泥混凝土。"

截至2016年末,博士眼镜共拥有318家连锁门店,其中直营门店304家,加盟门店14家,经营网点遍布深圳、南昌、北京、广州、昆明等30多个大中城市,覆盖全国17个省、自治区、直辖市,成为国内销售规模、门店数量领先的眼镜连锁零售企业之一。

"暴利"之争

在很多人眼里,眼镜是一个暴利行业。作为A股的眼镜第一股,博士眼镜的盈利情况自然引人关注。从招股书披露的数据来看,博士眼镜的毛利率确实处于较高水平。2014～2016年,公司的主营业务毛利率分别为73.08%、75.82%和75.65%。

对此,公司解释称,与传统零售行业不同,眼镜在销售过程中需要眼视光专业人员为顾客提供验光和定配等服务,眼镜的零售价格中包含了眼视光专业和个性化定制服务的价值；其次，眼镜具有顾客购买频率低、租赁支出和人工成本高等特点，需要较高的毛利率以覆盖各项成本费用。

实际上，正如招股书所述，由于租金、人力成本较高，加上配镜是一种定制式的服务等因素，与大多数人的想象不同，这一行赚钱实则不易。2016 年，博士眼镜实现营业收入 4.16 亿元，净利润为 3778.47 万元，净利率不足 10%。

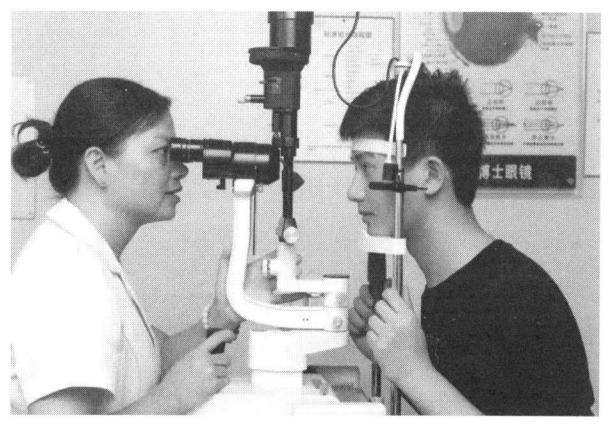

眼视光专业人员为顾客提供验光服务

范勤也承认，眼镜零售这一行赚钱并不像大家想象的那么容易。"我们的利润率在 10% 左右，相比同行利润率稍微高一点。这得益于，我们是有规模的采购，对质量把控严，我们很多产品直接从工厂定制，直接就到店里销售，减少了一些中间的环节。"

对于未来的利润率情况，她称："我觉得应该是比较平稳的，这个跟消费者的意识有很大关系。当中国的消费者有更多的需求被激活，整个量大起来的时候，博士也会把利润尽可能地放低，更好地为消费者服务。"

2015 年 2 月，微软 CEO 纳德拉在接受采访时被问及："你认为十年内哪些东西会消失？"他想了一会回答"钢笔"。但其实，近年来钢笔的生意还不错，销售额年年攀升。2016 年，全球的钢笔销售额同比增长 2.1%，达到 10.46 亿美元，预计 2020 年这个数字能达到 15 亿美元。派克笔公司高管曾表示："我们跟钢笔的关系已经变了，从前它只是文具，现在它变成了一种配饰。"

与钢笔从文具到配饰的身份转变类似，眼镜行业的发展同样面临消费升级的契机。范勤介绍，在欧美等发达国家，一个消费者每年配两到三副眼镜，除了正常的工作眼镜，还有户外运动的、晚宴的、搭配不同衣服的。而在中国，消费者平均两年左右才配一副眼镜，而且很多消费者会把眼镜戴到坏了为止。

"其实并不是说我们没有这个消费能力，我觉得更多的是一种消费意识。"范勤说，"以前更多的是满足能看清东西，对美的要求没那么高。但现在生活水平提高了，大家除了要看清，还要体现个性，不同的场合戴不同的眼镜，旅游、工作、晚宴，都有不同的需求。我觉得这种观念的变化，一旦到了一个临界点，就会有质的改变。"

机会属于敢于梦想的人

对于这番夫妻共同开创的事业，范勤说："我是执行者，一直以来都是这样的角色。我是一个特别务实、实干的人，开第一家店的时候，我更多的是相信他，他说开我就跟着开，然后一头扎进去。第一家店盈利的时候，他说我们开第二家店，然后就慢慢做大。后来员工多起来，还有管理等各种事情，慢慢有了社会责任感。"而在她眼中，刘晓则是一个"爱梦想的人，思维比较跳跃，经常给别人出主意"。

2017年3月15日，刚好是消费者权益日，这一天，博士眼镜在深交所创业板成功上市。

刘晓对未来踌躇满志："博士眼镜的上市，相信能够给中国的眼镜消费者带来一场革命，能够给他们提供更适宜的、更精确的、更好的服务，给中国的眼镜行业带来变革，改变原来那种诸侯纷争、一盘

博士眼镜在上市仪式现场的眼镜秀

散沙的局面。未来五年，中国的眼镜行业、视光行业，会大幅缩小跟欧美发达国家的差距。"

博士眼镜本次上市募集资金拟投项目中的营销平台建设，拟在全国15个省新建278家直营店，零售店数量将实现翻番。

对于这样的布局，刘晓表示："随着市场的规范，我们也在教育消费者，我们在把蛋糕做好、做精致的同时，其实也把这个蛋糕做大了，消费者可能会以更

便宜的价格得到更好的服务，拿到更满意的产品。在这种情况下，这270多个店根本不算什么，我认为是非常有把握的。因为我们是靠管理的模式、品牌的力量和员工的素质，提高效率、降低成本，在这方面我们是有优势的。"

24年前，当刘晓尚未辞去公职，每天下班就到店里来，不断提出各种改进的想法时，范勤偶尔还抱怨他意见太多。而在自豪地敲响公司上市钟这一刻，范勤终于理解了丈夫当初的一片苦心。

或许，正是敢于梦想和坚持不懈，将他们带到了今天。

（陈丹蓉）

敲响上市宝钟

扫码观看博士眼镜刘晓、范勤夫妇专访视频

激情燃烧的物理老师

■ 瀛通通讯　黄　晖

"我是那种习惯努力得高分的人，做事一定要做到最好。我算不上聪明，只是更努力、用心。"

——黄晖

iPhone 每年的新品发布会都会引发全社会关注。但大名鼎鼎的美国苹果大部分却是在中国制造的，也由此孕育了一批炙手可热的苹果概念股，如蓝思科技、歌尔股份等。2017年4月13日，还有一家公司苹果产业链上的公司在深交所敲响上市宝钟，这家企业就是为苹果提供耳机线的瀛通通讯（证券代码：002861）。

黄晖在深交所敲响上市宝钟

瀛通通讯董事长黄晖，除了"晖"这个单名以外，还给自己取了个字——"瀛海"，出自《论衡·谈天》："九州之外，更有瀛海"，这不仅包含公司名称中的"瀛"字，更蕴含着他的一个梦想：立足中国，走向世界。

1999 年，瀛通通讯从东莞始发；2007 年，黄晖响应"回乡创业"的号召，返乡创办湖北瀛通，随后又在北京、武汉、东莞设立研发中心，创办了瀛通管理学院；2010 年，香港瀛通成立。一些大客户搬到越南和印度之后，为了更好地服务客户，瀛通还在越南和印度建了厂。但黄晖的眼光从未停留，他说，"这只是我们放眼世界的第一步。"

物理老师南下变身打工仔

1993 年，黄晖从师范大学毕业，被分配到湖北通城县程凤中学担任物理老师。1992 年，邓小平发表南方谈话，令无数青年热血激荡，黄晖和同学们也蠢蠢欲动——但只有黄晖一人付之行动，来到东莞打工。

为了找到合适的工作，黄晖很用心地写了一封名为《品质就是企业的生命》的自荐信，受到一家做漆包线、电话线的台资企业——东莞长宏电线电缆有限公司的青睐。黄晖以储备干部的身份进入这家公司，半个月就升为车间主管。

然而，一年后，由于家乡师资紧张，要求本地大学生回去教书，黄晖又回到程凤中学。受"改革开放"思潮的影响，目睹了家乡的落后，感受过南方如火如荼的经济建设，体验过南方忙碌充实生活的黄晖对清闲的教书生活心有不甘，一个梦在他心底燃烧，1996 年，黄晖再次离开学校，返回之前工作的东莞长宏。

虽然打工收入比做老师高，但也非常辛苦。黄晖回忆说，"我进厂的时候底薪只有 900 元，但如果算上加班费的话可以拿到 2000 元。每天加班 3 个小时，没有周末，打工 5 年多只请过 1 天假。但越加班我越开心，《劳动法》出来之前，我都没有周末的概念。"

努力上进的黄晖很快升到了副总经理，负责除了业务和财务外的所有工作，薪资也涨到了 8000 元左右，在当时算高工资了。对于自己的升职加薪之路，他说，"我是那种习惯努力得高分的人，做事一定要做到最好。我算不上聪明，只是更努力、用心。"

第一笔订单只有 8 千克

90 年代末，手机、MP3 陆续兴起，黄晖意识到这块市场将大有可为，谏言台湾老板向耳机线方向转型。但老板认为电话线做得很顺，不需要花费额外的精力便能获得不错的收入，没有采用黄晖的建议，继续做电话线。

谏言不得，黄晖萌发了自己出来创业的想法。1999 年，他拿出自己多年打工攒的积蓄，又借了一些钱，成立了东莞市常平明兴电线厂，主要生产耳机线方向的漆包线。爱人左笋娥也来到厂里帮忙打理会计事务，公司上下包括黄晖夫妇在内只有 8 个人。回忆起创业历程，黄晖特别感谢自己的妻子："这么多年来，我从老家来到东莞创业，又从东莞回到湖北家乡，她一直陪着我，给我很多帮助。"

"最开始没有客户，我们就从黄页上找相关企业一家一家打电话。第一位客户我记得很清楚，是东莞茶山的，要了一轴线，只有 8 千克，几百块钱。"黄晖回忆，"靠着拨打黄页上的电话和客户转介绍，我们积攒下来第一批客户。一年后，业绩慢慢起来，盈利有了一百多万；在行业里也有了一些名气，开始与韩资企业、美国企业合作。"

那时，耳机的需求不大，有些客户不愿意耗费人工和精力做小单，希望黄晖能把耳机做成半成品，以便他们直接组装。"做半成品属于下游环节，于是在 2002 年，我又成立了东莞开来，专门做这个。"黄晖说。

2004 年，正是诺基亚的黄金时代，东莞开来为诺基亚 V8 研制了一款耳机线，开始与国际手机巨头合作，公司的规模迅速扩大。"拿到诺基亚订单的时候我很兴奋，感到幸运的同时也很坦然，因为这是靠我们自己的努力争取到的机会。"黄晖说，"能够得到客户的认同，是我最大的快乐。"

瀛通通讯员工

2005 年，公司有了一定的积累，明兴电线和东莞开来都搬到更大的厂房，从原来的小作坊变身大工厂，员工也发展到 300 多人。2006 年，东莞瀛通成立，瀛通通讯初现雏形。

时刻提醒自己 创新是企业的生命

要博得大企业的青睐，离不开过硬的质量和技术。但难以置信的是，最开始，明兴电线的研发团队包括黄晖在内只有 2 个人。

瀛通通讯的研发有两种方式：一种是自主研发，汇聚客户的信息、市场的信息，找到研发的方向。另一种是根据客户的需求，和客户共同研发。做过物理老师，又从一线车间走出来的黄晖对线材很了解，最初的研发都是他带着一个助手来做。

2000 年以后，随着手机市场的兴起，瀛通通讯发展越来越好，而之前黄晖工作过的台资企业的电话线生意却越来越难做，台湾老板也离开了。黄晖说，这件事情时刻提醒自己，创新是科技企业的生命，一定要重视新鲜事物。

"我们一直力争创新，保证走在行业的前沿。小小的耳机线其实大有讲究，最早的耳机线是铜线，外面只有一层胶皮，手感很硬。漆包线出现后，工序变得简单，耳机线也变细、变柔软了，成本也降低了。随着大家的要求越来越高，耳机慢慢变

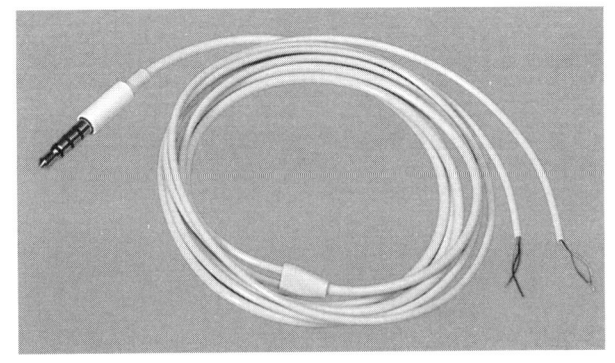

瀛通通讯生产的耳机半成品

成了一个工艺品，不仅要实用，还要美观，耳机线外面的材料要更柔软、舒服。"黄晖说，"耳机线还要耐受不同的气候，一款产品我们要进行各种测试，以便耳机在北极、赤道、沙漠、雨林都能适应。还要测试不同的环境下的运行情况，保证耳机在运动流汗、饮酒、化妆的情况下也能正常工作。"

"印象最深刻的是2001年，一家给飞利浦做相关配件的美国客户要求提供一种多功能线，既要有耳机的功能，又要可以充电。我们研发了七八个月才做出来，客户很满意。直到现在，这家公司还跟我们保持良好的合作关系。"

2008年金融危机苦练内功

2008年，金融危机席卷全球。由于客户优质，瀛通的货款能及时到位，但业绩还是出现了一定的下滑。"经济环境不对头，我们就开始苦练内功，员工由2000多人精简到1000多人，紧抓企业管理、建设企业文化。当时手头也有一些资金，就买了几百吨储备铜线以备后续发力。"

除此之外，黄晖还对公司进行了整合。2010年，成立了瀛通通讯，收购东莞瀛通、东莞开来、湖北瀛通，变更为股份有限公司，为以后上市打下了基础。

2015年11月，苹果相关负责人（左四、左五）到公司考察，与黄晖（左三）合影

2010年前后，智能手机兴起，苹果时代到来。2011年，富士康的采购接到任务，要找到一家既能降低成本又要保证质量的耳机线供应商。翻阅资料时，发现瀛通恰好能满足需求，而且与诺基亚和索尼合作过。经过一年多严格的供应商认证程序，公司获得苹果的认可，成为富士康的供应商。"富士康那边的人很惊

喜，说要是早认识你们就好了。"黄晖回忆说。

此后，瀛通通讯陆续与苹果供应商歌尔股份、台湾鸿海、丰达电机合作，间接为苹果提供耳机用通信线材和数据传输线等产品。2016 年这些产品共计占公司主营收入的 72.75％。瀛通的收入也大幅增加，2014～2016 年连续三年的营业收入超过 6 亿元，净利润超过 1 亿元，声学综合毛利率超过 40％，综合毛利率超过 30％。

"苹果产品部件利润空间比较大，出于产能的限制，我们选择性地降低了其他低端客户的供应。近些年，以华为、vivo 等为代表的国产手机市场占有率不断提升，本次 IPO 募集资金到位后，我们将扩大产能，增加对国产品牌的产品供应。这或许会对毛利率有冲击，但我们会利用科技创新来继续保持行业内较高的毛利率。"黄晖说，"我们已经跟 vivo 合作，以后也非常期待与华为、小米等国产手机合作。"

经过多年发展，瀛通通讯的研发团队由最初的 2 人发展为 150 多人，获得各项专利 134 项。与多家大型客户建立了稳定的合作关系，进入了苹果、索尼、诺基亚、三星等国际知名品牌客户的供应链。

2016 年，iPhone7 等高端手机取消音频接口，无线蓝牙耳机首次携手高端手机出现。面对这个巨大的转变，黄晖说，"无线耳机很早就有了，但需要反复充电、价格较高、音质难以保证，随着科技的发展，这些问题可能会被慢慢克服，逐渐被市场接受。我们现在也在积极研发无线耳机，将有线耳机、无线耳机都做好。"

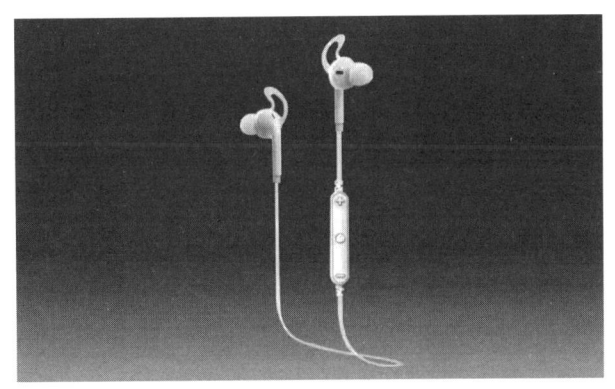

瀛通通讯研制的蓝牙耳机

（雷雪）

董事长感言

小小导线，魅力无限

我的座右铭是"努力只能把事情做完，用心才能把事情做好"，成功的道路没有捷径。

从8台绞线机到现在成为耳机用微细通信线材领域的首家A股上市企业，瀛通通讯也成为我的家乡咸宁市第一家本土上市企业，我可以自豪地说瀛通通讯是咸宁市人民的骄傲。

对瀛通通讯而言，IPO的道路走的很曲折，我们对外披露了2011～2016年整整6个完整年度的财务数据，这期间我们经历了资本市场宏观政策的调整，"堰塞湖"暂停审核、财务大核查等；这期间公司有经营业务的突飞猛进，也有行业技术变革导致业绩的同期下滑，面对这些，有股东、有亲戚朋友劝我放弃IPO，也有行业专家奉劝我转港板、新三板、新加坡板……但是我内心有一个声音：不放弃！

我热爱这份事业，只要我用心经营好自己的企业，登陆国内资本市场绝对是水到渠成的过程，为此我贯注了全部的心血，当遇到困难、面对质疑时，我从未想过放弃！

十多年来，公司专注于以耳机用微细通信线材为代表的各类电声产品、数据线及其他产品的研发、生产和销售，产品主要应用于移动通信终端产品、个人电脑、音视频播放设备及其他智能终端产品等领域。

小小导线，魅力无限！现如今瀛通通讯实现了登陆国内资本市场的梦想，面对这个全新的资本运作平台，我们将以此为新的起点，诚信经营，规范运作，以人才、创新和文化引领企业的发展，努力成为通信线材及电声产品行业内国际知名的一流整体解决方案服务商！

扫码观看瀛通通讯黄晖专访视频

中国赛车的王者传奇

■ 力盛赛车　夏　青

"这个行业缺的不是好苗子，缺的是钱，也就是说再好的苗子没有钱也跑不了，苗子都是钱堆出来的。"

——夏青

2017年3月24日，随着一声上市钟声的敲响，中国"赛车第一股"上海力盛赛车文化股份有限公司（证券代码：002858）正式登陆资本市场。全景商学院在敲钟当天采访了上市的主角——力盛赛车董事长夏青。这位率性而开朗的温州商人此前被公众知晓，主要是因为"赛车手韩寒"背后的那个大众333

夏青在力盛赛车上市仪式上

俱乐部。但是很少有人知道，夏青自己作为中国的"赛车第一人"，走到今天的资本市场之路，又有着怎样的故事。

历经上市艰辛的磨炼之后，夏青愈加变得小心谨慎，然而从他的豪言壮语来看，夏青的性情就像他所热爱的赛车事业一样，重求胜且取之有道。作为目前国内为数不多把赛车运动真正做到可持续运营的人，夏青走出今天的成绩却是源于一场偶然的"赌博"。这一场"赌博"在多年之后让夏青从一个不知赛车为何物的传统温州老板，变成了一个最资深的车迷。用他自己的话说，他和赛车的缘分就是"先结婚，后恋爱"。

离开体制内下海，偶遇车队"大甩卖"

翻开夏青的简历，人们也许会觉得和赛车相遇之前的夏青，是一个有着改革开放时代经典印记的温州商人，看不出会走上赛车这条路。1981年，16岁的夏青进入工商银行浙江苍南支行担任会计，一干就是6年，其后于1987年成为苍南县龙港镇政府团委书记，在22岁的大好年纪就开始了在别人眼里前途无限的仕途，引得街坊邻里煞是羡慕。

当然在那个改革开放风云际遇的90年代初，拥有传统温商极强开拓意识的夏青自然也不甘人后。在老家当了4年领导之后，他就在1991年底彻底辞职开始下海，做起了自己的生意。勇于拼搏的夏青在下海不久即前往上海，并在1993年的时候成立了自己的地产开发公司，成为开发上海地产市场的先驱力量之一。1997年，事业小有成就的夏青，成立了自己的印务公司，开始了扩大商业版图的尝试。

夏青接受全景商学院采访

如果按照这样的商业生涯路线不改变，夏青这样的地产行业先驱者完全能在21世纪初即将到来的房地产大繁荣时代一跃成为赚得盆满钵满的"大佬"。但是这个"准地产大佬"的命运却在2000年的时候，来了一段精彩的"变道"：一个年轻的赛车手通过一个热心的朋友找到了夏青，请求买下自己这支成立不到一年就玩不下去的333车队。

当时正在旅游放松的夏青并没把这个当回事，但碍于情面，并未拒绝好友，

而是表示回上海后去看看。没想到这不经意的一看，却把夏青的商业嗅觉激发了起来，于是没有多想，便拿出了100万的白菜价，买下了这支车队。

用心经营引入大众，韩寒加入打造冠军车队

在谈起买下333车队的过往时，夏青仍然觉得很惊险，因为一旦自己栽在这笔没有经历深思熟虑的买卖上，搞不好自己多年的心血就毁于一旦。然而大概也正因为这样输不起的局面，使得夏青在之后静下心来，在赛车这个崭新事业上一往无前。"买下车队后我认真地思考过，发现上海有很好的商业条件，而且上海有当时中国最大的两个汽车厂商，上海大众和上海通用。"

幸运的是，他不久就遇到了大众，车队的资金需求和大众的营销需求可谓一拍即合，于是很快的，这个车队成了"上海大众333俱乐部"。其实这种幸运，更多是源于他作为一个优秀商人的素养准备。这体现在接触大众之前，他已经为333车队制定了一套清晰的商业模式。但是对于上海大众是一直"赞助"333车队的这个说法，夏青不以为然：

夏青（右）在全景网路演中心进行 IPO 路演

"赞助这两个字，我觉得用在这件事上不恰当，与其说是它（大众）赞助，不如说它是卖广告，它就是卖产品，并不是无偿捐助的。其实体育是什么？可以这样说，如果有商家进来的话，它就是一个很特殊的广告平台，商家凭什么要赞助你？道理就跟商家为什么在电视里打广告是一模一样的。所以我们实际上也是提供了产品给客户的，这就是一个非常正常的而且很好的双赢合作模式。"

当然，光靠赞助来实现发展是不够的。2004年，夏青转变了经营大众333的思路，从单一的车队和赛事运营，向品牌塑造以及赛车产业链进行转变，一边

比赛中的大众 333 车队赛车

塑造 333 车队品牌及推出相应品牌赛车产品，同时成立新的部门专门负责组织推广、赛车手的培训、赛车装备的销售、场地出租和公关活动等，最终实现 333 俱乐部功能完整的独立运作和全面盈利能力。与此同时，经过精心筹备的人才选拔，333 车队也成功收下了大量优秀车手，得以在多个国内外大型赛事上斩获优秀名次，并一跃成为亚洲顶级车队。

就在 333 车队大幅变革的这一年，以作家身份已然出道的韩寒却在自己的赛车之路频遭挫折，最后由于所在车队解散而不得不撸起袖子自己拉赞助。而就在这样的机缘之下，他和夏青在当年的马来西亚宝马方程式比赛上相遇了。

"没有路金波，就没有作家韩寒；而没有夏青，就没有车手韩寒。"用这一句话来形容车手韩寒和夏青之间的关系是再贴切不过了。加入大众 333 之后的韩寒开始崭露头角，在 2005 年的 CRC 拉力赛上，四站均获得第四名的好成绩，一度获得绰号"韩老四"。进入 2006 年，韩寒也进入巅峰状态，连续斩获 CCC 场地赛季军、CRC 上海站分站赛冠军；2007 年，他更是夺得 CCC 场地赛 1600 组的年度总冠军，第一次登顶全国赛车冠军宝座。

当赛车手韩寒大放异彩的时候，做完了伯乐的夏青回归商人本色，开始入股上海天马山赛车场，逐渐实现绝对控股，并在 2009 年和上海大众组建了第二个俱乐部——红牛斯柯达。有了主场的 333 俱乐部也开始将商业触角延伸至国内大

上海大众 333 车队车手韩寒在 CTCC 珠海站夺冠

型赛事以及国际赛事的举办和运营上，他们独立承办了全国性的单一汽车品牌赛事——POLO CUP 中国挑战赛，以及参与门槛相对较低的拉力赛事——全国汽车超级短道拉力锦标赛，并在之后成功将两个高级别赛事——中国房车锦标赛以及世界房车锦标赛中国站的运营权一起包揽。

拓展车手培训链条，培育赛车文化生态

"这个行业缺的不是好苗子，缺的是钱，也就是说再好的苗子没有钱也跑不了，苗子都是钱堆出来的。"谈起国内赛车手培养的困局，夏青一语道破天机。作为唯一一个同时拥有场地和拉力两个培训资格的机构，力盛还有更大的格局和目标。鉴于职业赛车运动的"烧钱"属性，在普通百姓中间推广赛车运动文化的难度可想而知。但是为了努力构建一个"完整的赚钱生态圈"，夏青在培养新手这件事上，也有自己的独门秘笈——卡丁车。

卡丁车作为赛车运动里面最初级、趣味性最强的领域，一直在众多娱乐园区占据一席之地。而在力盛赛车的产品体系里面，卡丁车俨然已经形成一个占有重要份额的产品。除去车手进入成熟阶段后使用的天马山车场，青少年在早期对赛车运动产生兴趣时最好的参与形式莫过于前往由力盛赛车组织的卡丁车赛事运动的培训。

对于卡丁车活动的深度参与不单只为力盛赢得中国卡丁车锦标赛暨中国青少年卡丁车锦标赛的运营权和完整的产品链条，更帮助力盛形成全流程的赛车培训体系，使其得以培养了业内超过60%的年轻赛车手，成为当之无愧的行业寡头。

CKC卡丁车锦标赛

除了注重对青少年卡丁车专业车手的挖掘和培养，夏青也做了很多其他的尝试来帮助自己建立一个完整的赛车手培养机制，例如开辟了一些入门级的拉力与场地赛事，让新人获得比赛经验。这样整个力盛的车手培养链条就清楚了起来：青少年参加卡丁车培训和比赛，新手参与进一步培训和初级赛事，再到全国汽车拉力锦标赛、中国房车锦标赛，最后到国际级大赛。整个链条的运作和深耕使得力盛赛车获得了持久的盈利和可持续发展能力。

中国赛车和西方的差距根源在于文化

"中外赛车行业的差距很大，如何追赶？难！不是我们的问题，不是赛车从业者的问题，而是市场环境的问题。"谈起中西方赛车运动的差距，夏青这样总结道。虽然作为一种运动，中国赛车尚有很长的路要走，但是夏青并不认为这是一种遗憾。

"中国的赛车运动无论从俱乐部水平亦或是产业规模，都已经是当之无愧的亚洲第一。"夏青表示，中西方的差距主要不是体现在赛事本身，而是赛车运动的文化氛围。普通民众的参与热情、赞助商和版权市场的发展程度，以及对这项运动的社会认可等方面，都使得赛车运动需要很长的一段时间，才能成长为一种文化现象。

"从工业的角度讲，中国现在发展得太快了，中国人赚惯了快钱，赛车这种机械性的东西是需要工匠精神安下心来做的，不是中国人笨，而是中国人没这个耐心，至少现在还没这个耐心，所以这个并不只是我们这个行业的问题，而是我们这个社会

上海大众红牛斯柯达车队

将来还要面对的现实。"最后提到工匠精神这个词的时候，夏青的笑容中仍旧充满着期待。

（张聪聪）

不负女儿之名，要做最好的企业

■ 澄天伟业　冯学裕

"我觉得中国企业真要想在智能卡领域占有一席之地，一定要做得更大、更强，形成研发、制造、销售、服务一条龙。"

——冯学裕

1992 年，很多如今耳熟能详的创业故事里的主人公尚是青春美好、一无所有，但都有一颗不安分的心。那年著名的小平南方谈话，让很多心怀憧憬的年轻人，在改革热潮的感召下，从祖国大地四面八方奔赴深圳。

宁波青年冯学裕就是其中一位。1984 年他第一次来到深圳的时候，看着热火朝天的建设和开发场景，当时就判断"这个地方可能很有机会"。8 年后，在市场经济的冲击下，国有企业开始面临生存挑战，34 岁的他在这一年"被迫"思考未来，最终做出的选择是——从老家国企辞职，踏上南下路程，投入创业洪流。

贸易中嗅到智能卡商机

来到深圳之后，冯学裕第一次创业做的是电子贸易，买卖的产品中就包括智

能卡芯片。

20世纪90年代，冯学裕接触到的智能卡芯片主要指电信卡，就是我们在使用手机时插入的用户身份识别卡——SIM卡，在当时这是个舶来品，也是稀罕物。

智能卡的概念最初由法国人罗兰德·莫瑞诺在1972年提出，此后，法国布尔（Bull）公司率先投入研发，并于1976年首先研制出世界上第一张由双晶片组成的智能卡。

改革开放不久的中国在智能卡制造领域还是一片空白，国内运营商都得从海外进行采购，尽管其运输成本高昂、运输周期漫长，走海运需要大约两个月时间才能拿到货。

这种产品短缺的困境在90年代后期愈发凸显，当时手机开始得到普遍应用，用户规模迅速增长，此时依靠国外供应的智能卡，根本无法满足国内的消费需求。

当时虽然有少数企业尝试自主生产智能卡，但囿于技术原因，制造所需的很多零部件仍得从海外采购，甚至连镶嵌芯片的塑料卡都得在法国购买。

青年冯学裕

身处贸易一线的冯学裕很快地察觉到商机，他决定在国内设厂从事电信卡卡基生产。尽管他对技术一无所知，也没有做实业的经验，但凭着对国内未来智能卡市场发展的信心，他开始了第二次创业。这一年是1997年。

创业不易且行且珍惜

尽管冯学裕有丰富的销售经验，但巧妇难为无米之炊，当时国内没有现成的技术支持，他也完全不懂智能卡制造技术，唯一的法子就是从国外请工程师做技术指导。

有了工程师的技术指导还是不够，冯学裕还要解决国内生产设备落后的难题，卡基主要由 PVC、ABS 片材经过印刷、层压、冲卡而来，而在 20 年前要实现在塑料薄板上印刷是很困难的，得多层成压，一点分裂也不能有。

"公司刚成立应该有 100 多名员工，那个时候自动化程度很低，有一些设备国内没有，得到国外去买，生产周期非常长。"冯学裕回忆创业初期的情况。

此外，当时 SIM 卡是整张卡都放进手机卡槽，所以卡片大小规格的正负公差非常小，如果稍有偏大，卡片的触点与需求点不融合，信号就会中断，手机就无法正常使用。

为了确保能顺利生产，冯学裕和团队花了半年时间攻克技术难关，"我天天都是在企业里面，吃饭、睡觉都在这里面，每天都是吃泡面，就想着搏一把。"凭着这股对自己的狠劲，冯学裕把自己从一个门外汉"培养"成智能卡专家。

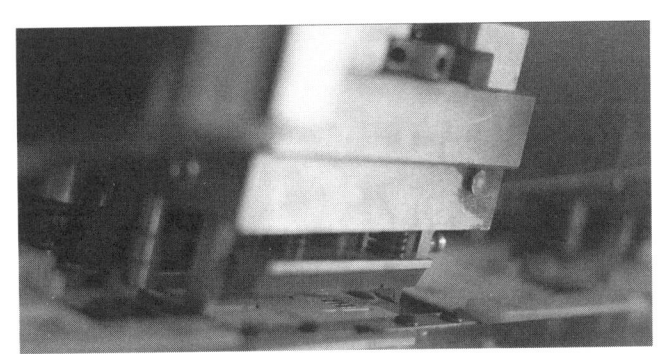

澄天伟业智能卡生产线

原以为技术问题解决了接下来就能开工大吉，殊不知真正的考验还等在后头。到了真正组织生产的时候，困难还是比冯学裕想象的多得多。

智能卡的卡基对原料要求很严格，胶片要做得很平，每个颗粒的处理都有标准，为了让颗粒足够细腻能够达到客户的要求，冯学裕当年曾花重金 80 万元人民币从意大利购买原料，最终做出 5 万张卡，销售价格是 2 元/张，销售收入总计 10 万元，亏了 70 万元。

没有谁能随随便便成功

创业为什么困难？或许就在于光有努力远远不够，即使企业拼尽全力不断研发，但只要出来的产品有瑕疵、客户需求认识不到位，这单买卖注定亏本。冯学裕用了80万元的料做了10万元的产品。

而等到熬过产品生产规范化的阶段，时间又过去了半年，这个时候公司才基本实现产品达标。让他欣慰的是，所有的付出和辛苦并没有付诸流水，在那段否定、推翻、重建不断循环的日子里，冯学裕颠覆了智能卡的生产流程，将一版一卡提升至一个版24张卡的生产速度，一下就把产能提上去、成本降下来。

而这前前后后一年时间里，冯学裕资金投入就超过千万元。难道不担心产品出不来资金打水漂吗？

"我有一些思想准备，但是我对中国智能卡以后的发展是看好的。因为当时美国及欧洲的发达国家，每个人钱包里都有几张卡。而中国有13亿人，如果说每个人5张的话，那是多大的市场?！而且有一些卡是每年要换的，不是永久性的，这样一比较，我相信智能卡的市场会非常大。"

事实证明，冯学裕没有错看智能卡的市场潜力，"2003年，我们的量已经做到非常大了，每个月出货量达到1500万到2000万张，而且由于是国内首家掌握智能卡制造技术的企业，产品销售价格相对比较高。"

2003年，冯学裕参加上海生产基地奠基典礼

从2003年开始，十余年过去，澄天伟业已经在深圳、上海、北京、印度新德里组建了四个生产基地，以及沪深两地共三个个人化中心，每个月智能卡出货量稳定在1亿张。

所有从无到有的创业，成就和辛苦是成正比的，在企业快速发展的过程中，每走一步、每新建一个工厂，都需要付出非常艰辛的努力才能够做得到，这点冯学裕体会尤深。

冯学裕说，2003 年公司在上海建工厂时，他基本上每一个礼拜都要出差两次坐四趟飞机，为了不影响工作，出发的时候选最早的飞机，再坐最晚的航班回深圳，以至于他的司机都调侃道，"老板，你基本上是在飞机上过日子的。"

"但这个工厂最终建得非常好，产品合格，客户满意，这个时候我感觉特别欣慰、特别幸福。"回头看自己 20 多年的创业生涯，冯学裕这样评价自己，"刚开始每个企业家都会这样（艰辛），但我觉得我已经很负责任了，已经很用心了。"

事业帝国后的家庭温情

冯学裕是家里的幼子，上面还有一兄一姐，父亲早逝，他们兄弟姐妹三人由母亲勉力抚养长大，16 岁就离开校园进入社会打拼，"我们这一代创业的人都是这么苦过来的，但是因为心里有一些坚持，就找到了比较快速的上升通道。"

谈到澄天伟业这个名字的由来，冯学裕脸上洋溢着温情。

他给自己的女儿取名冯澄天，寓意是澄清天空，他希望这个略显男性化的名字能够让女儿成长为一个大气的人。后来当冯学裕要为自己的智能卡事业成立一个公司时，他毫不犹豫就以女儿的名字命名，"一个是爱惜家庭，第二个就是告诉自己一定要做成功，为家庭负责。"

2006 年，冯学裕的智能卡事业发展到了一定规模，他萌发了到香港上市的念头，"我觉得中国企业真要想在智能卡领域占有一席之地，一定要做得更大、更强，形成研发、制造、销售、服务一条龙。依靠自己的资金积累会很慢，而上市能够更快帮助企业实现目标。"

产业链延伸拓展新领域

有了去境外 IPO 的想法后，冯学裕将各地的公司集团化，并成立澄天伟业。但因种种原因，冯学裕最终没能如愿，此后这一等便是十年。

但这十年冯学裕并没有困于等待上市的焦虑之中，而是带领澄天伟业从单一的生产电信卡卡基，逐步向智能卡产业链下游延伸，形成了包括卡基制造、模块封装、信息个人化等工序完整生产链。

国外客户到访

招股书显示，2014～2016年，澄天伟业每年营业收入都在2.5亿元以上。通过优化业务结构，减少部分低毛利率、低附加值的业务，进一步延伸产业链，在原智能卡制造基础上，增加了铣槽、封装、个人化等经济附加值更高的后道生产工序服务，加上生产自动化水平及管理水平的提升，公司产品毛利率大幅提升，近三年的净利润从2600万元左右，跃升至超过4200万元。

随着产业链延伸，澄天伟业产品线逐步向公共事业、金融支付等领域拓展。澄天伟业本次募集资金投资项目之一规划为"4800万张金融智能卡及个人化建设项目"。金融支付是冯学裕未来想做的一个领域，建设国内高效率、自动化的金融智能卡生产基地。

2017年8月9日，澄天伟业在深交所敲响上市宝钟

上市是澄天伟业（证券代码：300689）的一个里程碑，但不是最终目标，谈起未来冯学裕依然雄心勃勃。"我要做智能卡领域里面质量最好的企业，做遍及全球的生产。"

（陈怡珊）

扫码观看澄天伟业冯学裕专访视频

第二章
巾帼不让须眉

　　20 世纪 80 年代， 中国女排夺得五连冠。 女排姑娘们一次一次的飞身鱼跃救球， 一次一次带伤参加比赛， 这种不抛弃、 不放弃的精神， 深深影响着中国女性。

像培养孩子一样培养公司

■ 华锋股份　谭帼英

"我们的经营理念是永续经营，做百年老店。我的体会是，要用心，像对你的孩子一样经营企业。我培养公司就像培养我的孩子，我们公司里头所有的年轻人，我都把他看成是自己的亲人。"

——谭帼英

俗话说，人生四大喜事莫过于久旱逢甘霖，他乡遇故知，洞房花烛夜，金榜题名时。而对于创业者而言，苦心经营多年的企业登陆资本市场实现 IPO 无异于走上了一个人生巅峰。

IPO 意味着财富梦想的实现，还是事业新的征途？此时，站在聚光灯下的企业家心里有着什么样的感受？伴随着公司一路成长，企业家经历了怎样的酸甜苦辣，又是如何一步步跨越障碍不断升级的？

提起创业心得，谭帼英笑着说："我是女人，能力也不是很强，但我最大的特点就是比较专一，比较坚持。"

说这话时，她所掌舵的肇庆华锋电子铝箔股份有限公司（证券代码：002806）作为国内铝电解电容器低压电极箔行业的领军企业之一，刚刚在深交所中小板挂牌上市，成为令人瞩目的公众公司。而这一刻，离她在 45 岁之际弃教从商，已经过去了 20 多年。

从学校到政府，45岁之际选择下海

1973年，谭帼英进入华南工学院（现华南理工大学）造纸专业学习，1977年毕业后主动申请援藏。1981年，谭帼英从西藏回到了华南理工大学，历任政治辅导员、校团委副书记、系党总支副书记。

1991至1994年间，谭帼英挂职肇庆市端州区委常委，主要负责当地工业和重大项目管理。当时恰逢邓小平南方谈

谭帼英接受全景商学院独家专访

话，主抓经济建设，在4年的挂职过程中，谭帼英将绝大部分时间都投入到政府事业中，还竭力为当地企业工厂联系学校的专家教授，帮助企业解决技术困难。这段经历让她了解到地方政府、企业缺乏工业人才的现状，加上此前系统地学习了企业管理的知识，她萌生了转行的念头。

当时，和谭帼英一起挂职的人中，90％都留下来继续从政，从挂职变任职。可能对不少人来说，在45岁之际放弃体制内稳定的工作下海，并不是一个容易的选择，但谭帼英没有丝毫犹豫。说起当年弃教从商的心路历程，她只是轻描淡写地说："我是学工的，我自己也学了工商管理，最想做的还是企业，比较实在，我认为自己不太适合政府工作。"

虽说没有经历太多的心理挣扎就毅然下海，刚到企业，谭帼英还是颇有些不适应。"一开始的不适应是什么呢？原来我们在政府也好，在学校当老师也好，都不会牵涉到要求人，反过来我现在到企业，哪怕我是第一把手，我到处都得求人。所谓的求人就是我都要跟人家汇报情况，争取别人的支持。"谭帼英笑称，"这段时间还蛮长的，真的，有一年多才适应过来。"

就这样，在不断的摸索中，谭帼英在企业里很快找到了有用武之地的感觉，而这一干，就是20多年。

深耕电极箔行业 20 年

1995 年，谭帼英调任广东华信英锋股份有限公司总经理兼肇庆华锋电子铝箔股份有限公司副董事长、执行董事，2001 年任华锋股份董事长，2003 年至今任华锋股份董事长兼总经理，在电极箔行业不断深耕。

"电极箔"这个词对很多人来说可能比较陌生，但它其实和我们的生活息息相关。电极箔是铝电解电容器的关键基础原材料，而铝电解电容器被广泛地应用于家用电器、计算机、通信、工业控制、电动汽车、电力机车及军事和航空设备中。我们家里随便一个东西，里面都有电极箔，小到手机、电话、风扇、空调、电视，大到汽车等，都离不开这种材料。

刚入行时，谭帼英发现原材料铝箔以及腐蚀箔都要依赖进口。工科出身的她深知技术创新的重要性，决心改变这种状况，同国内最大的原材料铝箔制造商——新疆众和合作，一起不断改进工艺设备，终于突破铝箔依赖进口的局面，华锋股份率先实现了国产铝箔替代进口箔。

谭帼英不满足于此，继续向国际最先进的技术看齐，"我很早就意识到了，后来才说什么产学研，我是高校出来的，当然觉得应该接触高校的理论技术。"基

2016 年 7 月 26 日，谭帼英在华锋股份上市仪式上发表感言

于此，华锋股份先后同厦门大学、西安交通大学合作，攻克一系列技术难题，实现了变频腐蚀、低压高介复合氧化膜化成等技术的突破。腐蚀、化成阶段工艺的同步提升，使公司低成化成箔产品达到日本同行业的先进水平。

在 20 年的时间里，华锋股份在谭帼英的带领下，经过几次扩产，从两条生产线开始做起，到现在 50 多条，产量由原来 10 来万平方米一年，到现在 800 多

万平方米，扩产后可以达到 1000 多万平方米。

目前，公司已成为国内能够大规模自主生产低压腐蚀箔，并同时能够对自产腐蚀箔进行大规模化成生产的几家企业之一。2014 年，公司低压化成箔产量全球排名第五、国内排名第三，占全球低压化成箔市场份额的 8.13％，国内低压化成箔市场份额的 17.69％。

2016 年 7 月 26 日，谭帼英在深交所敲响上市宝钟，华锋股份正式开启了资本市场的新征程。

越困难越要坚持

"我做了那么久才做了那么小，真的惭愧，当然因为我是女人，能力也不是很强，但我最大的特点就是比较专一，比较坚持。"提起经营企业的心得，谭帼英谦虚地说。

"我们的经营理念是永续经营，做百年老店。我的体会是，要用心，像对你的孩子一样经营企业，我培养公司就像培养我的孩子，我们公司里头所有的年轻人，我都把他看成是自己的亲人。"

在经营企业的过程中，难免会遇到各种各样的困难，正是"坚持"的精神，让谭帼英带领华锋股份度过了一次又一次的危机。

"我经历了三次最大的困难，第一次是 1998 年亚洲金融风暴，本来借给我们钱的美洲银行突然说要收贷。我直接就跑到香港美洲银行的总部去向他们诉说，我说我们现在很正常，亚洲金融风暴对我们没有影响，我们铝电解电容器这一块不会受影响，企业有正常的收入，完全有能力按时间还钱，银行没有道理还没到时间就收贷。"

经过谭帼英的争取，美洲银行当时没有马上收贷。亚洲金融风暴时公司刚刚开始扩产，投产后通过利润还清了贷款，度过了这次危机。

第二次是 2003 年的非典，门都不能出，还好公司业务还能正常运转。后来一名仓库的员工发烧了，虽然不用住院，但在公司宿舍里隔离起来了。消息传开后人心惶惶，很多员工都不敢去上班了，公司差点停工。谭帼英亲自宣传安抚员工，在她的安抚之下，员工们纷纷复工，很快就恢复了正常的生产秩序。

最困难的一次是2008年的金融危机。"这么多年办企业，那个时候我是真正哭了，心里非常难受。2008年一下子就没有订单了，全球金融风暴，生产车间全停下来了。我走到车间里头，很熟悉的机器马达转动声都没有了，心里真的害怕。没有生产了我怎么对得起股东。"回忆起当时的情景，谭帼英依然心有余悸。

谭帼英参加在全景网举行的IPO路演

"如果这个企业转不动了，资金链断了，你不就完蛋了。"意识到这一点，谭帼英当即写了一封致全体员工的信，提出所有员工、干部降工资，取消加班，减少上班时间，减少一切不必要的支出，和公司一起共渡难关，同时开会不断鼓舞员工信心。

这种困难的局面持续了大概半年，这半年中，公司中层及以上干部没有一个离开的。从2009年4月开始，随着国家各项刺激政策的出台，情况逐渐好转，尤其是5月，订单增长很快，公司顿时又进入热火朝天的状态。而谭帼英也按照之前的承诺，马上将员工工资恢复到原来的水平。

"最难受的就是那6个月，那时候就看谁能坚持了，谁挺得住，谁能用方法来稳住人心。我把心都掏出来了，把困难和前景都和大家坦诚沟通，我很感激我的干部和员工。"谭帼英说。

越困难越要坚持，后来，每当遇到市场不景气的时候，谭帼英总会给员工们打气："宏观上是有点下滑，但我们微观一定要做好自己，别人做不了我们能做，那就会有市场。"

（陈丹蓉）

大学校花的卓越之路

■ 汇金科技　陈　喆

"你每天、每做一件事，都以这么一种标准要求自己，过一段时间回头看，你一定比别人更有内涵一些，更进步一些。"

——陈　喆

撒拉族、校花、小提琴，数学系、创业、董事长。

这两组关键词如果分别描述的是一女一男，简直是一对绝配，但如果集中到一个人身上，又会碰撞出怎样的火花呢？

大学校花走上创业之路

初见汇金科技（证券代码：300561）董事长陈喆，看上去比实际年龄年轻许多。陈喆是撒拉族人，生长在甘肃，家庭条件比较优越，从小学习绘画、小提琴，大学时却选择了许多女生望而生畏的数学系。

在西北民族大学，陈喆长得漂亮，又多才多艺，是校花级别的人物。大一时恰逢学校 30 周年校庆，陈喆代表数学系演奏了一曲小提琴独奏《梁祝》。由于演奏特别出色，这一曲目被学校广播站选中每天中午播放。

音乐系的老师听见后认为陈喆很有天份，跑到数学系要人，劝她转入音乐系。然而，对逻辑思维感兴趣的她仍然坚持高深的数学学习，并且取得了不错的成绩：当时数学系只有 8 个女生，仅有 4 个女生顺利毕业，她就是其中之一。

那个年代，学校伙食不好，食堂的面条很抢手，慢一点就没了，经常有男生抢走饭盒给陈喆打面

汇金科技董事长兼总经理陈喆接受全景商学院专访

条。回忆起校园生活，这位经战商场十余年的董事长有点羞涩地说："那真是一段特别单纯、美好的青春时光。"

1985 年，陈喆大学毕业，先后在青海省统计局、中国银行甘肃分行、中国银行珠海分行工作。2003 年，40 岁的陈喆已是支行行长。40 岁，对于一个女人来说，意味着很多。此时她已经完成了恋爱、结婚、生儿育女的必经过程，事业也小有成就，生活基本定型。

也许是机缘巧合，也许是长久的准备遇到了燃点。以前，银行实物流转内部风险控制体系基本上都靠制度约束，用人工的痕迹记录来管控风险。随着经济的快速发展，银行业务迅速扩大，大大小小的银行网点在全国遍地开花，旧的实物流转内部风险控制体系已经不能满足需要，银行迫切需要新的内部运营风险管控方式。长期在银行系统工作，细心的陈喆注意到这个问题，认为这是一个巨大的商机。

于是，陈喆不顾亲人的讶异，毅然辞去支行行长的职务，离开原来舒适稳定的环境，下海创业。经过 2 年的筹备，2005 年，珠海汇金科技有限公司成立，公司主营业务是基于银行现金、票据、印章等实物流转内控风险管理整体解决方案的相关应用产品研发、生产和销售。通俗点来说，就是用软件系统、硬件设备和产品将银行运营板块的实物流转全过程进行信息化管理，使所有的流转节点都必须授权、留痕和可控。

陈喆说："虽然我离开了银行，但一直还在为银行服务，为银行业的发展贡献力量。"

整个双层车厢都能听到她的声音

新公司的第一笔订单来自中国银行的一个省级分行。由于产品能够切实解决银行的问题，汇金的方案推荐过去后，该行很快就接受了方案和产品。

然而，第一次实施项目注定难以一帆风顺。当时技术人员把方案、产品系统架设以后，没有考虑到当地的地域比较辽阔，气候温差很大，对系统和产品的稳定性造成了影响，因此在实施时出了不少状况。

接到通知的陈喆正在去江苏出差的路上，她心急火燎地在电话里协调处理问题，整整讲了一个多小时。

"我非常着急，讲电话的声音非常大，后来团队里的人告诉我说，整个双层车厢（当时出差坐的双层火车）的乘客都听得清清楚楚。但那时我心里全然没有其他的东西，就是一门心思想着怎么样把这个问题以最快的速度、最好的质量解决。"此时的陈喆声音细腻温柔，很难想象她会有那么大的嗓门。

当时，汇金科技是国内最早提出银行实物流转内控解决方案的企业之一。由于在银行系统多年的积累，陈喆对于银行的实际情况和未来改革的思路有更为深入的了解。

陈喆回忆道："当我们把这个市场挖掘出来以后，我们就用我们自己的一些理念，将它完全用技术的语言方式去落地。这种整体解决

创业初期陈喆与团队合影

方案供应商的模式，当时在国内还很少有企业这么做。因此，我们把银行制度约束、人工留痕的管理方式改变成为一种电子化全流程痕迹化管理的系统，一种平台、设备和产品的解决方案，在银行是很受欢迎的。"

在几个省级银行打造出样板工程以后，公司的产品被推荐到了中国银行总行、交通银行总行等，业务就这样逐渐做开了。

汇金科技的产品也顺应了银行业改革发展的潮流。2010年以来，农业银行持续推进以"集中作业、集中监控、集中授权"为重点的现代运营体系建设，2012年开始率先推进现金类自助设备集中加配钞业务管理改革。公司及时抓住这一机遇，凭借解决方案的适用性和技术等优势成功开拓了市场。

卓越是强者毫厘之间的差距

对于女人来说，靓丽的外表给陈喆带来不少优势，但也容易被误会。公司刚成立时，来面试的员工还以为她是"花瓶"，而真正的经营者在背后呢。

陈喆一直非常勤奋努力，用实干证明自己。"我们公司有个不成文的规定，凡是领导层，无论开会、加班到多晚，第二天也要准时出现在公司。身为公司的高管，我以身作则，无论多累，第二天也要精神饱满地去上班。"陈喆说。

汇金科技公司上下也散发着陈喆一丝不苟、严于律己的风格：员工周一到周四都要穿正装，研发人员也不例外，女员工不能穿露脚趾头的鞋，不允许不穿袜子，连清洁工的工作都要被量化。而陈喆本人则信奉"走动式管理"，迈开步子，走近员工、走进研发生产各个环节中，及时发现问题、解决问题。这或许与汇金的行业性质有关：风险管控，不能出一丝差错。

功夫不负有心人，陈喆和团队的努力也获得了回报。由于项目、服务做得好，汇金科技获得客户的认可，在银行业内有了一定的口碑，业务逐渐在全国铺展开来。

截至2016年6月末，公司银行客户数量达到1068家，涵盖国内国有大型商业银行、股份制商业银行、城市商业银行、农村商业银行、农村信用社及外资银行等，在银行客户覆

盖面以及同类产品在营业网点、自助设备终端覆盖率上均处于领先地位。

2016 年 11 月 17 日，汇金科技在创业板挂牌上市，也算是公司发展历程中的一个里程碑，但陈喆并不满足于此。

汇金科技的发展与银行业密切相关，对此陈喆早已警觉于心。提及公司未来的规划，陈喆表示："要同心多元化。在服务银行的同时，我们的核心技术完完全全可以辐射到其他的行业。银行实物流转风险控制现在是刚需，我们就应该继续全身心地、专注地为银行服务。物联网技术的应用范围是非常广的，我们在适当的时候会用我们的核心技术开发适当的产品，拓展适当的领域，所以叫同心多元化。"

有人说 30 岁之前的外貌靠父母，30 岁以后的容貌靠自己。这位 50 多岁的女董事长，有得体精致的外表，温婉而不失威严的气质，这一切是不负岁月积淀下来的礼物。

"汇金之所以方方面面都有一些高的标准，是因为我希望大家都能够追求卓越。卓越往往是强者毫厘之间的差距，我称之为是头发丝之间的竞争。你每天、每做一件事，都以这么一种标准要求自己，过一段时间回头看，你一定比别人更有内涵一些，更进步一些。"她说。

（雷雪）

董事长感言

汇金科技 2005 年成立至今，秉持"一究到底、止于至善"的经营理念，锐意进取，不懈探索，紧紧围绕金融科技发展创新，立志打造百年强企。

公司近年来不断聚焦客户价值，经营业绩上实现稳步且有质量的增长，同时也提升了公司品牌的知名度和影响力。但我们也意识到任何企业的发展历程不可能一帆风顺。道路必定坎坷，我们坚信凭借全体汇金人强大的凝聚力、惊人的毅力、敏锐的市场洞察力以及认真、严谨和勤奋执着的精神，披荆斩棘，更好地为客户提供优质产品、优质服务，在砥砺前行中成就辉煌，走出一条品牌发展的卓越之路，定能实现成为百年老字号的伟大愿景！

扫码观看汇金科技陈喆专访视频

"男孩子能干，我们也能干"

■ 光莆股份　林瑞梅

"实际上我们一旦选择了做什么，从来就没有放弃的概念，因为你一旦选择就肯定是勇往直前去做的。"

——林瑞梅

2017 年 3 月 23 日，在全景网路演厅，光莆电子举行了 IPO 网上路演，这场 IPO 路演是继江苏中旗、拓斯达和三星新材之后，成功从新三板转战 A 股的第四家公司。

而此后，光莆电子更名为光莆股份，其证券代码也由 430568 更换为 300632，正式进军 A 股市场。

在经过长时间的 IPO 排队后，最终，从受理到过会，光莆电子耗时 605 天（约 20 个月）。

在估值、融资、身价和排名之外，光莆股份的董事长林瑞梅

2017 年 4 月 6 日，林瑞梅在深交所敲响上市宝钟

平静地讲述公司从无到有的不易行进，以及她从女工程师到上市公司女总裁的奋斗人生。

林瑞梅将做企业比作跑马拉松，她说，"你可能在短期之内会爆发，但是你假如根基打不牢，那可能长期还是有问题的。"

从半导体专业到女工程师

初见林瑞梅，很难将眼前这位端庄大方的女性和女工程师联系在一起。

20世纪80年代，中国女排夺得五连冠。女排姑娘们一次一次的飞身鱼跃救球，一次一次带伤参加比赛，这种不抛弃、不放弃的精神，一直延续影响着一代又一代人。林瑞梅也是深受感染的一位。

高中时期，听一场关于半导体的讲座，演讲者讲述自己如何突破重重阻碍将半导体的技术带回国内。彼时，国内的半导体十分落后，这方面的顶尖人才仅三位，而其中两位是女性。讲座之后，林瑞梅深受触动，在女排精神的感召下，毅然选择了她认为"男孩子能干我们也能干"的半导体专业。

四年的半导体学习，林瑞梅觉得充实愉快。毕业之时，在33个单位中，她挑选了在北京的高能所。但因为恋家，最终没有留在北京而选择回到福建。

"当时回福建的时候，我们那个负责分配的系领导非常不高兴，他说：'国家花了这么多钱培养你们学半导体集成电路，你回福建能干什么？'"

此时，国内半导体集成电路较为顶尖的企业，一个是72厂，另一个是24所，其他便只有中科院的半导体所，而福建当时却只有三极管。

"老师很生气，说我回福建最多就干三极管。"林瑞梅说。

回到福建后，林瑞梅想方设法地想要去对口一点儿的企业。刚好在厦门的华联就是当时国内为数不多更是福建唯一一家做集成电路封装的企业。

林瑞梅便去做工艺和设计，一做便是六年。

从女工程师到创业者

一直身处在LED行业的林瑞梅，并没有被稳定的工作和生活所同化，她一直密切地跟进着行业的最新动态，不断研究着新的技术。

1994 年，国外的电视切换频道已经是一体式的遥控，而国内的电视还需要手动才能切换频道。林瑞梅想着既然国内还没有遥控，要不试着做个前置放大接收模块试试看（遥控的接收端）。

"那时整个行业刚刚兴起，因之前基本上是数字的 IC 居多，那时遥控的 IC 出来，整个国内当时做的分体式算比较复杂的，就觉得我们可以通过自己的知识将它简单化，也可以将成本降下来，应该可以很快推动。"林瑞梅说到当时创业的想法，补充道，"埋在心里的另一个情结则是一直想学以致用去做集成电路。"

于是她主动丢掉了手中的铁饭碗开始全心投入创业。

1994 年末，光莆电子的前身成立，仅 3 个人，成为全国最早试水 LED 的企业之一，其主要以生产 LED 封装业务为起点。

虽然产品很顺利地成型，但民营企业的背景让光莆股份曾陷入尴尬。

1996 年，林瑞梅带着产品去参加全国电子展。即便是其公司成立两年以后，国内的 LED 企业仍不超过 10 家，而民营企业更少。光莆电子便是这仅有的两三家企业

老厂前合影

中的一个。尽管大家对产品认可，但一听到是"民营企业"就觉得不太靠谱。

那时，林瑞梅便对刚加入公司帮忙做市场的自己的亲哥哥林文坤说："无论做什么，我们都一定要把它做到品质好，让人家信任， 定要让所有的人都信任光莆。"

也是在 1996 年以后，光莆除了帮香港企业代加工产品，也开始在国内销售产品。到了 1998 年，光莆营收规模已经达到千万级规模。

所谓创业之路，不在于它是一座垂直的陡峰，而在于波峰波谷大起大落的惊

险。1998年金融危机的到来，也给光莆的发展浇了一盆冷水。

1998年金融危机之际，国内家电行业大部分企业均处于亏损状态，公司的客户基本上都是家电企业，也就意味着款项收不回来。而另一个残酷的现实却是公司由原来的200多人已经骤减至三十几人。

"我从1999年到2000年，差不多花了一年时间在起诉，在要求执行，但是最终除了一些企业效益比较好的会真的给你钱，其他根本就执行不下来。"林瑞梅说道。

面对这样的困境，林瑞梅并没有花多少时间去纠结钱收不收得回来这件事上，反而她迅速地重新开始拓展市场。经过金融危机的教训，她将客户的门槛定得更高。

巧合的是，当时在飞利浦和LG等外企的同学问她，"我们在做显示器，这是个朝阳行业，肯定不欠钱，你要不要做？"

2000年后的厂房

林瑞梅心想这不正好是自己理想中的客户，既有垄断性，免去杀价竞争，又是大客户企业，利润肯定没问题，即便可能很困难，但只要成功就可以持续进行。为何不试试？

从冠捷开始国际客户的拓展

从1999年开始，光莆电子成功地拓展到第一个国际客户——冠捷。冠捷给光莆带来的不仅仅是后期更多的国际客户，而且还有着潜移默化的影响。

尽管一直以来，林瑞梅对于公司产品品质的要求甚高，但国际客户对于技术的要求更为苛刻。林瑞梅打了个比方说，"国际客户的要求是一百万台显示器中不能有 5 台有质量问题，而以往的要求是一百万台里面不能有一百台，这完全是两个数量级的概念。"

主要负责市场开拓的林文坤，拿回来的文件都是铅印好的，没有讨价还价的余地。而往往在无路可退之时，更多的潜能便被激发了出来。因为都是技术出身，品质做到国际顶尖并没有想象中困难。但最终决定产品品质的却是最基层的员工。

而当时，光莆电子刚从 200 人的企业减至 30 人，"能留下来的基

林瑞梅与客户合影

本上是愿意跟公司一起成长的，也觉得没有更好的路，那就只有拼。"

实际上，一个更大的差距体现在企业管理上，当时光莆的员工面对冠捷拿过来的评鉴资料，很多术语看不懂，都得到处打电话去问。但一定要一次做到位，才能防止后面会出现异常的风险。

林瑞梅说："冠捷给我们的辅导非常多，这些大的企业有一个很好的理念就是要去辅导供应商，其实包括我们现在也是，同样传承下来的理念就是我们要愿意跟公司一起发展的供应商，然后去辅导它一起成长。"

至 2002 年的下半年，光莆电子已陆续开发成功冠捷、富士康、LG 等全球前五大显示器生产厂商。

经常有人会问到林瑞梅，在追求品质稳定的过程中会不会错失掉一些机会？林瑞梅很坦然地说，"做企业就像跑马拉松，你可能在短期之内会爆发，但是假如根基打不牢，那可能长期还有问题。"

深耕 LED 行业二十余年，对

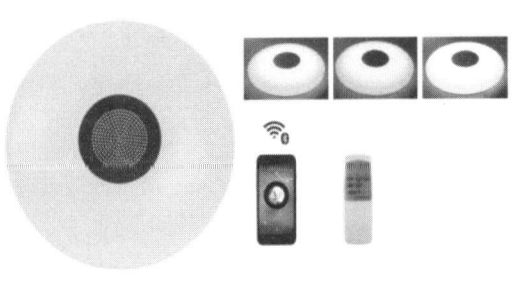

产品图片

于品质的追求也为光莆电子打下了牢靠的根基。

2011年，光莆电子开始进入LED照明领域，率先开发了与LED背光核心技术相同的LED平板灯具，该产品在2012年被评为"国家重点新产品"，依托该产品的技术先进性以及公司积累的与大客户相适应经营模式的经验，2013年以来先后成功开发了安达屋、GE、欧司朗等照明行业国际知名客户。

605天：从新三板到创业板

2014年1月24日，光莆电子登陆新三板。挂牌15个月后，2015年4月25日，该公司董事会通过《关于公司申请首次公开发行股票并在创业板上市方案的议程》，提交的IPO首发申请材料于2015年6月26日通过证监会审查并受理。

2017年2月27日，光莆电子IPO首发申请获证监会发审委审核通过，成为2016年以来第四家成功过会的新三板企业。在此之前，已有江苏中旗、拓斯达、三星新材等挂牌企业成功过会。

2015年的新办公楼

"上市之路挺难的，有没有想过要放弃？"面对这样的问题，林瑞梅微笑着说："实际上我们一旦选择了做什么，从来就没有萌生过放弃的想法，因为你一旦选择就肯定是勇往直前去做的。"

这与她此前所提到的女排精神不谋而合，林瑞梅说女排精神对其一生都有着深厚的影响。有个令人意外的小插曲是，因为爱好体育，林瑞梅从大学开始便订阅《体坛周报》，一直到现在仍然在看。

23年的发展，林瑞梅的个人角色也发生了巨大的转变，从最初的半导体专业的学生到现在的上市公司的女老板，她却说"好像做工科的人（对身份转换）都没有什么感觉"。她更愿意将自己定位为"不管什么角色，都应该是从上到下都能马上解决问题的人"。

进入创业板之后，光莆股份的市值和估值都将有一个大的飞跃。林瑞梅对这样的数字并不敏感，她说，"我从来就不知道到底是多少钱，也没有去计算过有怎样的价值。"反而，她一直强调的是感到责任更重大。

林瑞梅与公司高管及员工合影

"以前可能是想做一些高端的客户，做一些高品质的东西，差异化的东西，上市完之后，可能有了这个资本市场，我们也希望从做精到做强，真的能够把照明这一块，而且能够把整个公司的照明全球化市场走得更好。"林瑞梅说。

（朱雨蒙）

扫码观看光莆股份林瑞梅专访视频

第三章
企业家精神

　　"他（阿甘）跑得胡子拉碴、跑得长发披肩，跑破了好多双跑鞋。一路上有人采访他，你是环保主义者吗？你为了人类世界和平吗？你为了扶贫助困吗？他说没有，我就是跑啊。"

倾囊创业，六年不回老家

■ 同益股份　邵羽南

"那个时候我们觉得民营加工业肯定会发展起来，所以决定跳出原来的体系，用我们的作业方式支持民营客户的发展。"

——邵羽南

最困难的时候，他和妻子几年不敢回老家，因为买不起一张回去的机票；最危急的时候，他在一天内倾其所能凑足 300 万货款才令公司化险为夷。

从艰难获得大客户信任到克服贸易公司骨干流失风险，再到缓解资金链紧张问题，邵羽南和妻子一手创办的深圳市同益实业股份有限公司（证券代码：300538）一路风雨不断，但也持续前行。

这家中高端化工及电子材料应用服务型分销商于 2016 年 8 月 26 日登陆创业板。以当前价格计算，持有公司发行后超过半数股权的邵羽南夫妇，身家超过 6 亿元。

倾囊创业，几年不敢回老家

1995 年，邵羽南大学毕业后便来到深圳。由于学的是化学专业，他先后进入台资、港资的化工及电子材料贸易公司从事销售工作。

在与客户接触的过程中，邵羽南看到了民营加工业的发展前景。但当时中高端化工材料的供应主要在中国的香港、台湾以及日本的大型贸易公司手上，而刚刚崛起的国内民营加工企业规模小，资金匮乏，在材料供应方面往往得不到有效的支持。另一方面，邵羽南感

同益股份董事长邵羽南接受全景商学院独家专访

觉，他所在的台资、港资企业管理严格，缺乏弹性，某些管理方式难以适应国内加工业的发展，让他们在销售的过程中经常与客户需求产生矛盾。

"那个时候我们觉得民营加工业肯定会发展起来，所以决定跳出原来的体系，用我们的作业方式支持民营客户的发展。"邵羽南说干就干，2002 年，他和在同一家公司工作的妻子华青翠一起辞职，成立了深圳市同益实业有限公司，一开始主要从事塑胶材料等化工产品的贸易。

创业的启动资金除了夫妻俩工作多年的积蓄，邵羽南还向父亲借了些钱才勉强凑足。邵羽南夫妇都是黑龙江人，刚开始创业那几年，两人都没有回过老家，"因为那个时候回家一张机票或者一张车票都是很大的成本。"

由于在化工及电子材料分销行业有多年的积累，创业初期，邵羽南得到了行业上下游厂商的认可。在没有任何抵押的情况下，供应商给了他们一个比较好的付款周期，大大减轻了资金压力。业务开拓方面，邵羽南也很快获得一些老客户的订单，公司就靠着这两方面的支持，不断地发展壮大起来。

随着公司经营慢慢有了起色，经济上也逐渐宽裕，但忙于工作的邵羽南却没有时间回老家看看。"我的客户不放假我们也不能放假，因为我们要保障他们的供应，那时候时间比较紧张，所以也就没有再回去。"直到 6 年之后的 2008 年，由于父母身体的缘故，邵羽南才重新踏上东北的土地。

克服管理、资金两大危机

公司要发展壮大还得不断开拓新的大客户，至于如何打动大客户，邵羽南的体会是"我们一定要给客户带来价值，帮客户解决难题"。

2009年，有一家大代工厂的产品使用了一种材料在国际市场上出了问题，造成大批量的退货，并受到其客户的巨额索赔。当时这家厂商非常着急，但查不出原因，解释不了。由于原因未明，很多材料公司都不太想去碰这个案子，担心背黑锅。

"我们当时认为，一定要帮客户解决这个问题，不解决对他们来讲永远是一个疑问，他们也不知道产品出问题到底是什么原因。那时候我们也是冒着很大的风险，我们推荐了新的材料，用一个新的方案对他们的产品进行支持。他们当时很快进入测试，最后发现我们的产品和方案能避免之前的问题。"邵羽南说，这家厂商便成了公司的大客户，并一直合作至今。

然而，随着人员的增加、业务的扩大，制约公司发展的两个问题越来越突出——管理和资金问题。邵羽南坦承："作为贸易公司来说员工很容易自己独立去做，有的时候兄弟都不能在一起合作，随着员工越来越多，人员的管理是我们当时面临的很大问题。你的组织甚至存在分崩离析的风险。"

同益股份办公楼外景

为了跟上企业发展的需要，邵羽南"逼迫自己一定要掌握企业管理的知识"，他花了两年半时间参加了EMBA的培训，他的妻子华青翠更是用了五年时间完成了MBA、EMBA的学习。通过系统的学习，他们对企业管理有了更深刻的认知。

理论学习如何运用于实践中？邵羽南发现，民营企业要想跨越首先要制度化，因为民营企业最大的特点是家族式管理，这种管理高效低成本，但最大的问题是很多东西跟着人走，企业发展到一定规模就受到很大限制。"我们通过学习管理，把公司从人治带到法治，制度化管理，使我们的组织可以有效扩张，生意有序地持续增长。"

至于如何防止销售骨干流失，邵羽南用了两招，一是公平的环境，公正的待遇，二是给销售人员创造容易出成绩的条件。"当时作为贸易公司我们也组建了技术部门，其实是给销售更多的支持，这样对他们来讲也容易出成绩。一开始成本还是比较高的，但我们一直坚持这么做，公司目前有比较多的支撑部门，销售业务做起来就更加顺畅，更加简单。"

比起管理问题，资金危机曾让公司一度身处更加凶险的境地。同益股份所处的化工和电子材料分销行业属于资金密集型行业，但一直存在融资渠道稀少融资难的问题。

2007年，公司业务发展较快，订单也较多，资金链就绷得很紧。当时有一家合

同益股份全体股东（发行前）合影

作多时的供应商有一笔300万的货款只剩一天就到期了，由于在此前的合作中，当公司出现资金紧张时向该供应商申请延期支付均得到同意，这一次公司也与其沟通延迟付款。谁知道该供应商突然更换了管理层，新的管理层对公司不熟悉因此坚决要求公司必须按时付款，否则将终止合作。

邵羽南几乎动用了所有的办法，不仅把家里能借的都借了一遍，还发动家里人帮忙借钱，同时跟一些大客户沟通能不能提前付款，硬是在一天之内凑足了300万货款。

这次危机之后，邵羽南对现金流的控制开始重视起来。公司建立了防范风险的资金池，也建立了整个现金流的监控体系，对于应收账款也制定了相对严厉的

管控办法。"有时候我们宁可丢掉这个客户，也不能影响我的现金流。渐渐的我们淘汰了一部分客户，加强了管理后，我们的现金流一直处于可控的范围内。"

男主"外"女主"内"，妻子成第一大股东

经过多年的细分市场耕耘与积累，同益股份拥有了众多品牌商客户和制造商客户，如小米、中兴、华为、比亚迪等都纷纷与公司合作。凭借技术支持、产业链信息处理、库存协同管理等核心能力，公司在移动终端、家电、LED 照明、太阳能等细分市场形成了独特的竞争优势。

这一切成绩的取得，自然也离不开一直以来与邵羽南并肩作战的妻子华青翠。华青翠和邵羽南是高中同学，1996 年春节后她便从大庆油田辞职跟着邵羽南来到深圳。此后，两人一直夫唱妇随，就职于同一家公司，邵羽南当销售，妻子就做文员管理一些后勤的事情。

2002 年，夫妻两人一起创业，邵羽南主要在外面跑业务，包括开发供应商，华青翠主要负责管理、人事、财务等。

刚出来创业的时候，他们的孩子只有两岁。提起此事，邵羽南面露歉意："这个方面我兼顾得不太好，我那个时候老是在外面跑，回家的时间不固定，经常出差，很少陪小孩。我太太做得比较好，不但忙完公司的事，还要忙家里的事，主要是她在照顾孩子。"

如今的同益股份，邵羽南担任公司董事长，主管战略，华青翠担任总经理，主管公司整体运营。当被问及夫妻俩在公司经营上是否会发生分歧，邵羽南这样回答："我主要负责战略方向和业务开拓，这方面不容易产生分歧，战略方向上我们共同制定，业务开拓方面主要以我的意见为主。而公司运营上我

一年一度的战略誓师大会上，华青翠与邵羽南签定新一年公司目标

尊重她的意见，按照她的思路来对公司进行管理，经过不断的磨合，就形成这样一个方式。"

而对于妻子的管理艺术，邵羽南赞不绝口。公司管理中难免出现矛盾和冲突，"因为公司主要是我和我太太包括我们两个家族的人占的比例较多，我们俩的态度就很关键，在这方面我太太起到了很大作用。第一她做事比较公正，其次她有女性特有的沟通方法和坚韧的思想。我们很多次的矛盾都是我太太不断地沟通、协调最后达成一致，如果是靠我的性格可能很难解决。最主要是要有公正性，还要有一个柔软的身段。"

邵羽南对妻子的谦让与赞许从持股比例上也能看出端倪。本次发行前，同为公司控股股东和实际控制人的两人合计持有同益股份 2839.08 万股，占总股本的 67.59％。其中，华青翠持有 1442.48 万股，为公司第一大股东，邵羽南则持有 1396.6 万股。

2016 年 8 月 26 日，同益股份在深交所创业板挂牌上市，首日涨停报 22.82 元。按此价格计算，夫妻俩身家达 6.48 亿元。

如今，邵羽南早已把父母接到身边一起居住，回想起创业之初连回家的机票都买不起的窘迫，邵羽南觉得，公司取得今天的发展，主要得益于中国制造业在全球取得的优势。"我们抓住了这一波潮流，我们就获得了更多的业务和发展机会。我们随着中国品牌不断成长，它们走出国门，走向世界，成为世界领先，自然也把我们带到了一个更高的发展环境。"

（陈丹蓉）

永远战斗在最前线

■ 中装建设　庄重

"我们这一行，面对的都是人。人的思维是最复杂的，各个地方的文化背景，每个人的受教育程度、喜好都不相同，会产生各种各样的想法，有的甚至会影响工作实施。我们要在中间不断去沟通、去说服、去引导，最终实现一个完美的效果。这是一个人与人博弈的过程。"

——庄重

如果说城市是钢筋水泥浇筑的戈壁，那建筑装饰行业就是让戈壁绽放花朵的妙笔丹青。中装建设就是一家让钢筋水泥开花的建筑装饰企业，是融合建筑装饰、幕墙、建筑智能化、园林等为一体的大型综合装饰服务提供商。

卓越皇岗世纪中心、京基金融中心、中国国际广播大楼、江苏扬州皇冠假日酒店、新疆国际会展中心、郑州新郑国际机场候机楼、长

可能是多年下工地、跑项目的缘故，庄重皮肤黝黑发亮、身板结实，有点不善言辞，是一个踏实勤勉的客家汉子

春龙嘉国际机场航站……不论你在天南海北，都能看到中装建设的作品。

美丽的建筑背后是工地上的辛苦和汗水，这个男人在工地摸爬滚打多年，戏称自己"赚着卖白菜的钱，操着卖白粉的心"，一手将公司带上市。他就是深圳市中装建设集团股份有限公司（证券代码：002822）董事长兼总经理庄重。

曾参与装修人民大会堂

20 世纪 80 年代，庄重来到深圳，在一家国企——深圳市南利建筑装饰工程公司工作。每完成一个项目，"将裸露的钢筋水泥装饰，变成一个非常舒适的环境、给人美的体验，就好像完成一件艺术品"，庄重就会有特别的满足感和成就感，也正是这种感觉让他 30 多年一直坚守建筑装饰这块领地。

为了迎接 1990 年的北京亚运会，人民大会堂要重新装修。接到这个项目，庄重心中一种伟大的使命感油然而生。高兴过后，他又充满压力，因为这毕竟是人民大会堂啊，工期紧、对工艺要求又高，任务非常艰巨。

庄重回忆说，工期结束，自己站在万人大礼堂里，有一种特别的成就感。"我现在每次去北京经过人民大会堂时，都会自豪地想，这是我曾经做的装饰项目啊！"

由于专业能力强，吃苦耐劳，庄重逐渐升任南利建筑装饰公司常务副总、总经理。尽管已经身居要职，但受体制的限制，庄重觉得束缚太多，发展空间也有限，又恰逢国企改制，他决定放手一搏，自己出来寻找施展的空间。

2001 年春天，39 岁的庄重接手福腾装饰，并随后将其更名为深圳市中装设计装饰工程有限公司（中装建设前身）。此时，新接手的公司一穷二白，几乎没什么像样的业务。

谢顶一片换来 26 亿年营收

不当家不知柴米贵，不创业不知当老板累，而建筑装饰行业更是辛苦。像很多客家男人一样，庄重非常勤劳、能吃苦，很多项目都是亲力亲为，下工地、跑项目、谈客户、协调各方关系……

施工项目难免遇到突发事件。庄重曾经做过一个项目，施工过程中整个大楼突然停水、停电。工人没法干活，只能回去休息，走前却忘记关上水阀，谁知半夜突然来水，之前做好的东西全被浸泡坏了。为了工程质量和工期，只能加班加点拆掉重新施工。

比起这些，庄重觉得更难的是与人的沟通。建筑装饰一半是技术，另一半是艺术，主观性很强。一些客户有自己的喜好，一些想法听起来很美，但从技术、设计的角度来看，却未必科学、合适。

"我们这一行，面对的都是人。人的思维是最复杂的，各个地方的文化背景、每个人的受教育程度、喜好都不相同，会产生各种各样的想法，有的甚至会影响工作实施。"庄重说，"我们要在中间不断去沟通、去说服、去引导，最终实现一个完美的效果。这是一个人与人博弈的过程。"

庄重（右二）视察工地

庄重每个月有一半时间在出差，跑工地、跑项目。不出差的时候，他会很早到公司，先查看邮件，一件件处理事情，如果有时候事情堆得太多，他还要检讨一下自己哪里做得不好，晚上他也是最晚离开公司的那个。除了日常工作、应酬，他还要留下一点独处的时间，关起门来回顾今天发生的事情，规划一下明天该做什么。

在工地摸爬滚打，十年如一日战斗在最前线，庄重积累了丰富的实践经验，而理论知识这一块他也没落下。2003年，建筑施工企业项目经理资质核准被取消，由注册建造师代替。庄重通过考试，成为最早一批的国家注册一级建造师。

说到这里，庄重自嘲地摸摸头顶："我们是赚着卖白菜的钱，操着卖白粉的心。你看看我的头部生态环境就知道，几乎没什么头发了……"

"公司就像我另外一个儿子，只要生下他，我就要好好去呵护他，去引导他，培养他。"庄重说。通过一步步积累，中装建设慢慢得到万达、保利等大地产商的认可和信任，建立了长期合作关系。

2013 年，中装建设装饰工程"卓越皇岗世纪中心项目 2 号楼及裙楼配套"荣获"鲁班奖"

公司承接的装饰工程从深圳辐射到全国，项目类型也逐渐丰富多样，包括办公楼、商业建筑、高档酒店、文教体卫设施、交通基础设施、普通住宅、别墅等都有涉及。其中一些代表性项目如深圳证券交易所营运中心工程、卓越皇岗世纪中心、京基金融中心等还获得中国建筑业协会颁发的国家级荣誉"鲁班奖"。

中装建设在行业里的地位也逐年提升，连续 9 年入选"中国建筑装饰行业百强企业"。2014 年度，公司位居建筑装饰行业百强第 9 位。2015 年，中装建设实现营业收入 26 亿元，收入规模处于行业前列，实现净利润 1.54 亿元。

7 年等待迎来 IPO

建筑装饰行业市场空间广阔，但行业内企业数量众多，市场竞争激烈，行业集中度偏低，是典型的"大行业、小公司"。行业初期竞争粗暴激烈，用庄重的话来说，就是"战国时代"。随着行业的发展成熟，一些企业通过规范化运营，获得市场的认可，成功上市，又得到更多的发展机会，如金螳螂、广田股份等。

行业是一片红海，前面有标杆企业，后面有优秀的企业在奋起直追，弱肉强食、不进则退。庄重意识到，行业的无序竞争时代结束了，要想生存下去，必须要从规范

开始。他认为，规范的必由之路就是让大家来监督，所以上市是最好的途径。

从上市这个想法萌生的那一天开始，庄重就带着公司根据国家各方面的法律法规、根据行业的管控标准规范，对公司所有的项目，各个流程、各个环节进行管控。从设计到采购、到施工、到后期维护，整个过程都规范化。此次 IPO 募资中将有近 2300 万用于建设覆盖全公司并涵盖相关客户的高性能信息化系统，来提升预算管理、成本控制和绩效考核等精细化管理能力。

然而，等待上市的过程比想象中煎熬。"我们刚好碰到历史上最严格、最长期的一个 IPO 过程，中间停了几次，还要适应不同时期的政策，这个过程蛮艰辛的。我们等了七年，人家现在问我公司上市了什么心情，我想说我现在已经麻木了。"

2016 年 11 月，庄重在全景网进行 IPO 网上路演

2016 年 11 月 29 日，中装建设在深交所中小板正式挂牌。庄重说："上市后大家盯着公司看，盯着我看，我觉得责任更大，担子更重了。我们要比以前更努力、更规范，去做好企业，回报股东。上市只是一个开始，未来的路还更长。"

科技＋创新是未来之路

过去的十年，人们利用互联网做出了前所未有的创新和发明，智能家居就是其中之一，这也是装饰行业的一个趋势。2015 年 11 月，在"建筑装饰行业信息化与创新管理论坛暨中装建设集团信息化建设启动仪式"上，中装建设提出要"主动拥抱互联网＋"，走信息化、网络化、智能化的发展道路。

"智慧家居可以给家里布防，做空气检测，包括其他远程控制……到时候，人机会实现一体化，你想怎么着，马上就会帮你实现。比如说我在北京出差，可以直接控制家里所有的设备，照顾家里的小孩、老人，跟他们互动。"庄重说。

他认为，智能化是建筑装饰行业未来的趋势，随着社会的发展，智能家居将越来越多地出现在普通人的办公室和住房之中。"万物互联、万物互通，实现装饰物

中装建设智能装饰项目"北京奥林匹克水上公园"

联网、装饰智慧化，是我们行业未来的方向和目标，即使现在技术等各方面不是特别成熟，我们也一直在探索尝试。这是我们现在正在做的，也是将来一定要做的。"

目前，中装建设已在光伏幕墙、智能玻璃等新产品、新材料和新工艺方面有了一定的研究经验和施工应用。其 IPO 募资中也将有 8000 万用于设计研发中心建设项目。

"中装建设未来的路是科技和创新的植入，接下来我们想通过科技的植入，让中装成为科技装饰第一股。"庄重说。

（雷雪）

董事长感言

坚守匠心，不忘初心

中装建设自 1994 年成立以来，顺应国家经济改革与产业发展的大势，致力于绿色人居环境的建设，稳健发展，成长为全国性的大型建筑装饰服务集团。每

年完成各类工程项目近千项，共计获得中国建筑工程鲁班奖、全国建筑工程装饰奖、全国建筑装饰工程科技创新奖等奖项逾300项。以良好的信誉、优良的品质和服务，赢得了更多的朋友，树立了良好的口碑与形象。

中装建设挂牌A股，迎来了新的机遇、挑战和责任。我们踏上了新的起点，迈上了新的征程。为此，我提出"固本强基、扬长补短，创新发展"的总体思路，要求进一步完善公司治理结构，把装饰主业做精做强，并以此为依托，由既往的综合型建筑装饰企业，转向打造"城乡建设综合服务提供商"。要求全体同仁群策群力，在新的起点上全面提升企业核心竞争力，全力推进公司跨越式发展。

坚持绿色发展，不忘初心，秉承匠心，精益求精，打造精品，努力提升人居生活品质。我们要与时俱进，不辜负这千载难逢的机遇；我们要勇于创新，直面这前所未有的挑战；我们要斗志昂扬，意气风发地肩负起这时代赋予我们的重大使命和责任。为股东们创造更大价值，为行业的发展贡献力量。

扫码观看中装建设庄重专访视频

将汽车检测进行到底

■ 安车检测 贺宪宁

"我的整个职业生涯也是这样，都是自然而然的过程。只要坚持把事情做好，就能够被人发现。或许这个过程会慢一点，但最终会被看到、被认可。"

——贺宪宁

从前，车马很慢，书信很远，一生只够爱一个人。现在，时间很快，快到城市拔地而起，快到来不及相识便开始分离。年轻人几个月换一个对象，一年换几份工作都是家常便饭。

很难想象，一个人能将从学生时代就开始做的项目，一直不间断做到 46 岁，将一份毕业设计课题做成业内领先企业，做到创业板上市。

这个人就是深圳市安车检测股份有限公司（证券代码：300572）的董事长兼总经理贺宪宁——标准理工男，

安车检测董事长兼总经理贺宪宁接受全景商学院专访

理性、冷静，说话温和缓慢却简明扼要，喜欢用准确的数据表达。问到现在的工作情况，他说："我现在每天8点上班，晚上7点下班，每两周休息一天，把40％的精力用在研发上。"

面对上市，他也是一如既往的淡然："该做的事情都做好了，这一切就非常自然地发生了。"

从毕业设计开始的事业

贺宪宁生长在泰山脚下的一座小城——泰安市。1988年，18岁的贺宪宁作为当地的高考状元考入中国科学技术大学无线电专业。当时的中科大招生很少，录取分数线高于清华北大，是学霸、神童和天才的汇聚地。谈起这个，贺宪宁不以为意："很自然就考上了，也没有觉得很难……"

中科大是中国先进科学技术的摇篮，那个年代无线电专业有点类似今天的电子信息工程，是工科最抢手的专业之一。无线电专业表面上听起来跟机动车检测差得有点远，但本质上是相通的——检测行业的核心是电子控制，计算机软件等，和无线电专业非常对口。

大三的时候，贺宪宁就对检测系统非常感兴趣，自己也做了一些相关的探索和研究。当时，中科大一名在深圳中电投资股份有限公司（以下简称中电股份）工作的校友找到贺宪宁的导师，提出要做机动车检测项目。于是，导师和贺宪宁等几个学生一起开始了汽车检测的课题研发。这也是贺宪宁的毕业设计课题，刚做完的时候，他们就为一个浙江的客户做了一套机动车检测设备。

当时与贺宪宁同一届的中科大无线电电子学系学生大约有100人，大学毕业时，有一半以上的同学选择出国，现在留在美国的都有三四十人，还有不少人去了研究所。出于对机动车检测的执着和热爱，1993年，贺宪宁在工作分配中选择了中电股份，继续在机动车检测领域深耕。

刚工作的时候，他和同事一起去现场给客户安装设备，贺宪宁非常认真，总想着把事情做好，心里放不下，以至于客户都看出来了，问："小贺，你怎么压力这么大呢？好像这个事情干不完就怎么着一样。"贺宪宁考虑事情比较周全，

贺宪宁大学毕业照

责任心强，久而久之就成为所在团队的负责人。

中电股份是大型国有企业，汽车检测项目只是其众多项目中很小的一个，相关业务也很少。一两年后，中电股份看不到机动车检测市场的前景，不愿意继续支持。倾力投入的项目被公司放弃，鉴于生存等原因，贺宪宁也想过离开机动车检测领域，考虑其他更舒适的岗位或者更高薪的工作。

挣扎了一阵，他还是不愿意放弃自己从毕业设计就开始倾注了全部心血的事业。无奈之下，1996 年贺宪宁和团队中的一个伙伴离开中电股份，一起创办了深圳市大雷实业有限公司（以下简称大雷实业）。

"如果非要界定一个创业史的开端，我更愿意把它定在 1996 年离开中电股份的时候。"贺宪宁说。

中国合伙人的痛苦分手

由于技术出身，又是一直在做的项目，在大雷实业，贺宪宁并没有觉得技术研发这　块有多难。让他觉得比较困难的是企业管理，像招聘多少员工，要发多少工资，要有什么样的企业福利，怎样签劳动合同等，这些繁琐的事情让他伤神。

20 世纪 90 年代，中国的汽车产业刚刚起步，几乎没有私家车的概念，包括贺宪宁的团队、公司都没有自己的车。当时汽车检测主要针对的是营运车辆，如长途客车、货车、出租车等，检测机构也不多，大部分是政府机构自己建的，市场非常小。行业刚起步，只有两三家初创企业在做和大雷实业类似的业务，几乎没什么竞争。

创业初期的贺宪宁

"那时候基本上没什么销售。有些客户想买检测设备，但不知道找谁买，就打听附近的检测机构，人家说是我们做的，客户就找到我们，市场就这样慢慢打开了。"贺宪宁说。

尽管业务逐渐有了起色，后来，由于经营理念的不同，贺宪宁与合作伙伴产生了分歧，最后只好无奈分手。

将汽车检测进行到底

贺宪宁创办安车的时候，团队有几十人，一下子要养活这么多人，经营方面也颇有压力。为了做好管理，他还特意攻读了清华大学的EMBA。

"我做决定比较慢，喜欢倾听员工的想法，让大家给出充分的建议，对下属或者副手充分授权。每个人界定明确，有自己的工作职责，然后各司其职。"贺宪宁这样描述自己的管理风格。

安车检测早期办公室工作场景

2000年到2010年十年间，中国的汽车制造业发展迅猛，汽车保有量数量级增加。汽车检测作为汽车后市场的重要组成部分，也迎来了良好的发展机遇。而这一行业内大部分供应商都比较小，相比之下，安车的业务发展比较综合，客户有了一定基础，业务有了一定规模，更容易获得客户的信任，进入一个加速发展的时期。

通过团队 7 年的努力，2010 年，安车服务的检测站有几百个，销售额达到 1 亿左右，初具规模。但贺宪宁并没有止步，开始带领团队寻求一些新的变化。

安车检测的传统客户主要是安检站，是政府强制的检测。在这方面，安车成功设计并建设了宁波机动车检测中心、嘉兴机动车检测中心、泸州机动车检测中心等数十家国内大型综合型检验机构。

随着汽车技术和工艺的发展，很多企业的产品出厂以后上牌是免检的，免检车出厂要出具检测报告单，这就要求汽车制造厂本身具备一套检测设备。近些年，安车陆续为东风汽车、一汽通用、比亚迪等知名汽车制造厂定制化研发、生产下线检测系统。通过这些项目的实施，公司在行业内确立了国内领先的市场地位。

安车检测产品制造车间

"过去人们总认为国外的就是最好的，都喜欢买进口车，但随着中国技术的崛起，渐渐国产车也被人们认可。或许现在检测机构、企业或科研机构更倾向选择国外高端品牌，但随着我们的进步，大家思想会慢慢转变，也会越来越认可我们这样优质的本土企业。"贺宪宁补充道。

2008 年奥运会后，整个社会的环保意识增强，开始重视汽车尾气排放检测。安车也进行了这方面产品的研发和业务拓展。从无到有，2015 年，其环检系统销售收入为 8763.51 万元，占营业收入的三成以上。"尾气排放检测需求量很大，随着人们环保意识的增强，未来会是一个持续的增量市场。"贺宪宁判断。

他认为，云计算和大数据将是未来行业发展的创新突破点。"现在汽车每年都年审，人们只是被动完成流程。他们不在意、更不懂检测出来的数据。我们希望借助云平台，将这些大数据搜集起来，通过分析解读，给车主一些建议，让他更了解自己的车子，清楚以后要注意哪些方面，得到更安全、更环保、更舒适的驾驶体验。"

上市是自然而然的结果

2011年末，中国汽车保有量超过1亿辆；2015年末，中国汽车保有量达到了1.72亿辆，同比增长了11.5%。中国逐步进入了汽车社会。

在产业大发展的背景下，安车综合应用机电一体化、互联网、多媒体等传统技术和物联网、云计算等新技术，提升了机动车检测系统的有效性与智能化、自动化程度。公司在全国建立了29个服务网点，迅速成长为国内机动车检测领域整体解决方案的主要提供商，也是国内少数能同时提供机动车检测系统和行业联网监管系统的供应商。

2015年，安车实现营业收入近3亿元，净利润4000多万，员工数量也由最初的几十人增加到六百多人。2016年12月6日，安车检测在创业板上市，成为国内汽车检测行业第三家上市公司。

前一段时间，贺宪宁遇到一名中科大的校友，其多年前也做过汽车检测项目。他告诉这名校友，自己到今天还在做这一行，公司要上市了。校友吃惊道："这个行业也能够做这么大吗？我那时候想象不到。"

贺宪宁坦言，刚创业的时候，国内汽车产业不发达，他也没有预想到这个市场会有这么大的前景，也没想过如今会上市。"只是觉得，有这个需求，我就去做，把它做好。"

"我是一个执着的人。很多同学毕业后换了不少工作，对我来讲，可能有些缺陷，因为

2016年12月6日，安车检测成功上市

我没有换过工作，也没有在大公司、外企工作的经验，但劣势也是优势，因为我一直坚持在这个行业做。"贺宪宁这样评价自己。

在同一领域深耕24年，对于公司成功登陆资本市场，贺宪宁展现了学霸一贯的淡定作风，表示没有什么特别意外的。

"我不太去关注结果，把该做的工作都做好了，公司自然能得到发展。公司发展好了，条件足够了，要做的就是把公司展示给大家，上市就是自然而然的结果了。"他说，"我的整个职业生涯也是这样，都是自然而然的过程。只要坚持把事情做好，就能够被人发现。或许这个过程会慢一点，但最终会被看到、被认可。"

（雷雪）

董事长感言

老实人不吃亏

安车是国内机动车检测设备行业最大的企业，我们成功上市了，这值得每位安车人骄傲。

上市过程对于每个企业来说都会有很多故事，对安车来说也不是一帆风顺，我们看到了很多的不尽人意的事；也为白白消耗的社会资源感到痛心。但更多的得到了行业、客户和朋友的鼓励和帮助，面临业务量和工作量的增加，同事们承受了巨大的工作压力，不止一位同事跟我说，上市过程可能帮不上太多忙，但是一定将本职工作做好替我分忧，券商、律师、会计师应对一次次紧急事件，加班、熬夜，毫无怨言。

中国人很容易满足，即使我们的设备有些问题，只要我们及时进行了维修处理，客户也就很满意了；在无助的时候，一句安慰的话、往往打动我们的内心，一个小小的支持，会让我们感激涕零；我们甚至有时不理解，他为何对我们这么好？一个朋友说的一句话让我差点流泪，"你们是老实人，我看不得老实人受难。"

上市过程让我们更多的体会到人间的温暖，看到这个社会的希望，更加坚定了我一直以来的信念——老实人不吃亏；在企业经营过程中，我们也坚持做老实人，别人的产品可以偷工减料，安车的不行；有些设备客户用得很少，但安车不能糊弄；我们宁愿发展得慢点，但要有底线；别的同行可以攻击安车，安车不能说别人的坏话，做老实人、做诚信企业，这是我们一直坚守的原则。

我们相信，老实人不吃亏。

扫码观看安车检测贺宪宁专访视频

"海味不干了，我要做色母粒！"

■ 美联新材　黄伟汕

"公司是色母粒行业第一家上市公司，上市将给我们更多动力，推动美联新材继续向前发展。我们希望借助资本的力量，不断加大研发投入，最终完全替代进口，超越那些国际垄断企业。"

——黄伟汕

一个人要多努力才能实现当年吹过的牛？

18 岁高中毕业闯荡江湖，开士多店挣得第一桶金。34 岁，他想要另一个开始，进入完全陌生的色母粒行业，面对员工，他夸下海口：白色母粒我们要做到行业第一！

16 年后，当初吹过的"牛皮"被无比真实地实现了——他的产品成功实现进口替代，销往全球 40 多个国家和地区，他创办的公司是目前国内白色母粒产量最大的生产企业，并成为行业内第一家上市公司。

如今，广东美联新材料股份有

美联新材董事长黄伟汕接受全景商学院专访

97

限公司（证券代码：300586）董事长黄伟汕可以问心无愧地说："当初吹过的牛都超额实现了！"

18 岁闯荡社会 士多店挣得第一桶金

黄伟汕出生在潮汕一个普通的家庭，父辈家族在中华人民共和国成立前是经商的。可能是受家庭的影响，他从小就很有生意头脑。18 岁高中毕业后，黄伟汕决定不再继续学业，到社会上闯荡。

由于家里经济条件不太好，父母向亲戚朋友东拼西凑借了 2 万多块钱，帮他在汕头市华侨大厦对面买了一个门面，开起了士多店（沿海一带称杂货店为士多店，即英语 store），卖起了一些日用品。他和妈妈、妹妹吃住都在店里，起早贪黑，每天开店超过 16 个小时。由于用心经营，小店效益还不错，他不到两年便还清了欠款。

黄伟汕在士多店的经营过程中就展现出敏锐的商业嗅觉。他发现，当时很多商场有海味干货购物券，国营企业又没办法采购这些购物券，他就送货给商场，再为商场代销购物券。这一招为小店带来了不少收入。

潮汕地区华侨很多，而华侨大厦又是华侨的集散地。慢慢地，黄伟汕又发现了商机：华侨们回乡看望亲戚会带一些礼品，而返回海外临走前又喜欢带一些家乡的土特产，比如香菇、木耳、虫草、海味等送给国外的朋友。于是，士多店慢慢朝海味店转型。

靠着勤劳和不断拓展的精神，黄伟汕的海味店生意越来越好。到 2000 年的时候，虽然店里只有两三个员工，年销售额已经超过 1000 万元，他自己也有了一定的积蓄，为后来美联的成立积累了启动资金。

34 岁，他想要另一个开始

色母粒是一种新型高分子复合着色材料，色母粒着色是目前主流的塑料着色方法。而在 2000 年左右，色母粒行业基本上被欧美大企业垄断。当时香港工业发达，黄伟汕有一些亲戚在香港从事色母粒行业，黄伟汕去亲戚的工厂参观的时候，发现这是一个巨大的商机：香港这么小，这个行业就能做这么大，何况在那么大的内地市场？

回家后，黄伟汕就对妻子说："海味不干了，我要做色母粒！"尽管跨度巨大，黄伟汕还是果断放弃了经营了将近17年的海味生意，和舅舅一起出资成立了汕头市美联化工有限公司（美联新材前身），开始进入色母粒行业。

2001年，中国加入世界贸易组织（WTO），大量外资涌入中国，大批代工厂如雨后春笋般出现，东南沿海涌现出很多来料加工企业，对色母粒这种材料需求旺盛。当时美联买了一台双螺杆的机器，开始生产白色母粒，并同时做部分代理业务。

从海味店到高分子复合着色材料行业，跨度非常大，一切都要重新开始。"那时候，我既是技术，又是销售。在内部我跟着技术人员学习，生产、机器的摆放，都全程参与，成了一个土专家。对外，我跑工厂，注塑厂、吹膜厂，挨家挨户地去找客户。客户的需求我会回来跟技术人员进行沟通，再去改进技术。"黄伟汕回忆道。当时，工人两班倒，而他从早上8点到晚上10点一直都在工作。

功夫不负有心人，美联化工第一年就有三百多万的销售，到第二年翻倍到六百多万的销售额。

夸下海口 要做行业第一

2003年，美联化工成为中国染料工业协会色母粒专业委员会会员企业，黄伟汕代表公司去海南参加当年的年会。会后，黄伟汕对员工说："白色母粒我们能做到全国老大！"当时大家都不相信，很吃惊地问："老板，你怎么能夸这个海口？"

其实黄伟汕并不是信口开河，他有自己的判断。在色母粒行业年会上，经过交流沟通，他认识了很多同行，发现这个行业里的公司很多，但大家都容易满足，小富即安。

"当时很多人的想法就是能做就做，不能做就算了，赚到钱之后就存起来，不愿意继续投资。大家过着滋润的生活，没有奋斗拼搏的精神。而色母粒行业有着巨大的发展空间。"在这种对比下,黄伟汕看到了美联新材的前景,"在这个行业里绝对大有可为。"

回去后,觉察到商机的黄伟汕推掉了所有的代理业务,把所有精力都放在生产经营上。他和团队参加行业技术交流会,向同行学习,向材料供应商学习,向机器生产商学习,还加大投入,从外资企业引进有经验的人才,慢慢摸索前进。

到2005年的时候,美联新建了工厂,积累了一批客户,还花重金购买了合资企业生产的大型双螺杆机器,产能一步步提升,企业逐渐有了一定的规模。

巨资引进的设备竟不会使用

虽然公司经营逐渐步入正轨,但技术门槛尚未突破,业务还停留在国内低端市场,对于高端领域,美联依然没有发言权。好强的黄伟汕决心打破这种局面。

"2003年之后,我就确定了一个方针,以质量为核心。哪个产品不稳定,我们就改善哪一个,一步一步完善。"到2009年,一些新产品的质量有了明显提升,接近进口产品水平。但要真正实现进口替代,产品的稳定性还不够,因此销售之后不时会收到客户的投诉。色母粒产品的工艺会随着设备的升级不断提升,黄伟汕意识到,一定要用最先进的设备。

2011年,美联新材花了1200万引进了全球最先进的色母粒生产线。然而,新机器到货时,满心期待的他却遇到了意想不到的麻烦:花大价钱买了机器竟不知道怎么用。

从普通设备到顶尖设备的差距太大,机器配套系统跟不上,工艺、技术人才达不到要求。加上国内使用的材料和国外的有差异,机器出现了水土不服,生产出来的东西都不合格。

这可愁坏了黄伟汕,他夜里焦虑担心,睡不着觉,经常半夜两三点去工厂,看看有什么问题可以帮忙解决。通过向设备厂商、其他国外同行学习,调整工艺以及引进人才,技术和生产团队不断地攻关、磨合,花了接近半年的时间,设备才能够正常地使用。过了整整一年,终于生产出合格的产品来。

而在这一年中,黄伟汕备受煎熬,这台被寄予厚望的新设备一年内生产了

500 吨的次品。他坦言："很痛苦，那是最困难的一年。"

这件事情也给了黄伟汕一个大教训：不是有钱、有设备就行，还要顶尖的人才。没有人，再好的装备也用不起来。于是，除了引进先进设备之

美联新材研发实验室

外，美联新材还加大力度从外资企业高薪聘请有经验的管理、技术人才。

经过这次波折，美联新材的研发水平有了质的飞跃，很多新产品被陆续开发出来，可以达到进口产品的水平。像编号为 W850 的产品（后来又被改良成 0206），就是使用新的装备，反复调整三个月之后成功生产的一个高端产品，这种材料做印刷比较平整，速度很快，可以代替进口。

产品质量和稳定性达到了标准，并不意味着就被别人认可。当时一些外资大企业还是信任进口产品，对国产材料不屑一顾。为了打开高端市场，黄伟汕想到一个"笨招"——免费试用。

"我当时选了比较大的工厂，一个一个去问。那些外资大企业门槛很高，一般默认只用进口产品。"黄伟汕说，"我让厂商免费试用我们的产品，还跟他们保证，如果生产出来的产品不合格，我们托底买回去。"

黄伟汕的真诚打动了一些大厂商，一家新加坡独资公司东方包装决定试一试。一试做出来的产品跟进口的没什么区别，每吨还便宜 1000 块钱（当时同型号进口产品每吨 2.4 万，美联新材每吨 2.3 万），由于都在国内，厂家备货还方便，于是高端市场就这样打开了。有了外资企业的使用，加上不断地技术研发和工艺调整，接下来的白色母粒 12309、0257 也被开发出来，并顺利实现进口替代。

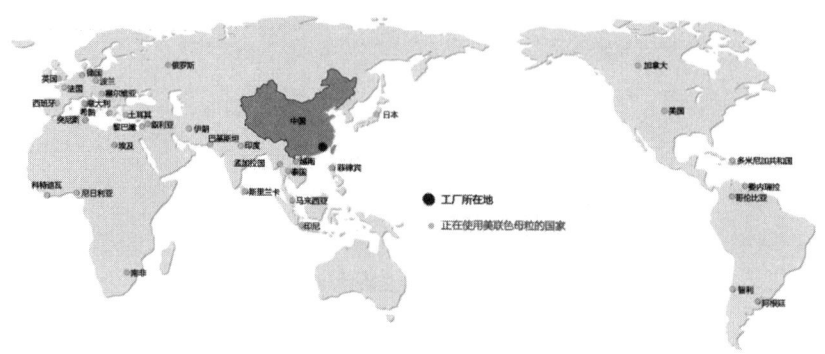

美联新材海外市场分布

不会销售的技术不是好工程师

色母粒行业全国大约有 4500 家企业，其中近 4000 家企业为产能不足 1000 吨的中小企业或家庭作坊。行业集中度低，中小企业竞争激烈。黄伟汕要实现曾经夸下的"海口"，做到行业老大，仅仅依靠技术研发还不足以做到。

很多企业对白色、黑色、彩色不同品种的色母粒都有需求，但大多数色母粒供应商只生产一种色母粒。这种反差就导致一个企业需要向三四家供应商采购不同种类的色母粒才能满足生产需求。黄伟汕说，他很早就发现了这个问题，思考如何去解决，如果美联新材能满足客户的不同需求，会让客户更有黏性，也能让产品销售更加稳定。这个解决办法就是后来推行的"全系列、一体化"解决方案的经营模式。

2008 年全球经济普遍萧条，美联新材受到不小冲击。无论国内市场还是出口都急剧萎缩，销售额降了一半。为了度过危机，当时企业的普遍做法是裁员，但面对一起工作多年的老员工，黄伟汕不忍心这么做。于是，他提出用技术来做销售，既解决了生产员工过剩的问题，也为接下来美联新材推行"全系列、一体化"奠定了基础。

黄伟汕说："不懂技术的销售人员是没办法做到一体化服务的。我们把技术人员培养成为能做销售的工程师，他们更准确地去跟客户对接，了解客户的想法和需求，进而更贴切地改进技术、调整工艺，不断跟客户一起开发新的产品，提供一整套的服务。这也是美联新材市场占有率快速提升、发展壮大的核心竞争力。"

2010 年，美联新材开始掌握"全系列、一体化"解决方案，成为国内少数能同时批量化生产白色、黑色、彩色母粒和功能母粒的企业之一。

从 2010 年开始，"全系列、一体化"经营模式开始产生正面效益，美联新材产能和利润逐年增长。根据中国色母粒专业委员会统计，美联新材色母粒总产销量 2012 年至 2014 年连续三年位居国内塑料色母粒企业前列，其中白色母粒产销量 2012 年至 2014 年连续三年位居第一名。

2017 年 1 月 4 日，美联新材敲响开市宝钟

除了国内高端市场，美联新材还到国际展会上推销自己的产品，积极拓展海外市场。公司拥有长期稳定的客户，分布于俄罗斯、美国、加拿大、土耳其、意大利、多米尼加、西班牙、南非等 40 多个国家和地区，以及国内华南、华东、华中等塑料工业发达的 20 多个省市地区。俄罗斯波利进出口有限公司是美联新材第一大客户，连续多年保持稳定的合作关系。

新年伊始，美联新材在深交所创业板成功上市。已到知天命之年的黄伟汕依然充满当年的豪情："公司是色母粒行业第一家上市公司，上市将给我们更多动力，推动美联新材继续向前发展。我们希望借助资本的力量，不断加大研发投入，最终完全替代进口，超越那些国际垄断企业。"

（雷雪）

市场不会因为你可怜就同情你

■ 和胜股份　李建湘

"我记得很清楚，那是我的第一笔订单，以为看到了希望，很开心。结果钱没收到，货也没了。30多万，相当于我过去所有的收入，几乎破产。我那时很痛苦，但市场不会因为你可怜就同情你。"

——李建湘

20世纪80年代，研究生毕业，大多数人都会选择铁饭碗，他却决定去东南沿海小工厂打工，在热气腾腾的生产车间里锻造自己的人生。

面对台资企业的轻视与傲慢，他愤然舍弃高薪工作，白手起家创业。然而，第一笔订单就遭遇客户跑路，30多万血本无归，几乎破产。他用"市场不会因为你可怜就同情你"鼓励自己，重新开始。

20多年后，他一手打造的公司成功上市，成为富士电机、西部数据、佳能、三星、索尼、比亚迪、OPPO、小米等知名国际品牌产业链中的一员。2017年1月12日，和胜股份（证券代码：002824）董事长

李建湘接受全景商学院专访

李建湘在深交所敲响开市宝钟的时候，不会忘记 1989 年夏天只身前往珠海小工厂打工的那个夜晚。

"做不好大不了回家种地"

李建湘出生在湖南一个农民家庭，在 20 世纪 80 年代，农村出一个大学生是很不容易的事情。李建湘不仅考上了大学，而且考上了名牌大学——中南大学，一路读完了研究生。1989 年，李建湘从有色金属冶金专业毕业。那个年代，大部分同学都去了研究所或者相关政府部门、国企事业单位等，而李建湘却选择自主择业，去了东南沿海。

"我不太喜欢捧着铁饭碗按部就班过完一生。那时刚刚改革开放，民营企业发展很快，东南沿海充满活力。我也想自己闯一下，看看能不能混出个样子来。"李建湘说，"我是农村出来的，想着即使做不好，大不了回家种地，也不会比这更差了。"

20 世纪 80 年代，有色金属行业规模很小，在珠海经济特区，只有一家铝挤压材公司——珠海美饰铝异型材企业有限公司跟李建湘专业对口。"这是一家外资企业，现在看起来是一个非常小的工厂，但那个时候我没有选择，我得先找到工作养活自己。"他说。

在珠海美饰铝异型材企业有限公司一线做了两年多，李建湘升任车间主任。1991 年，中山新开了一家台资企业——中山市豪展铝异型材制品有限公司。当时台资企业基础相对较好，李建湘认为更适合自己的发展，在 1991 年底应聘去了这家公司。

在当时的中山，大家只听说过大学生，都还不太知道研究生这个学位。像李建湘这样高学历、科班出身，又在一线车间锻炼过的人才非常稀少。凭借着吃苦耐劳的精神和扎实的专业基础，李建湘很快升职加薪，被提拔为厂长，工资也涨到了 1 万块一个月。

90 年代初，普通工人的工资每个月七八百，李建湘留在内地的同学一个月也不过千把块钱，月薪 1 万算是不折不扣的高收入人群。尽管待遇优越，在台资企业也能学到很多东西，但李建湘还是觉得心里不太舒服。

"当时大陆比较落后，台湾人很有优越感。他们觉得自己是主人，而我们是奴隶，就是来打工的，打心底看不起我们，更别提什么信任，我觉得长期这样做下去也没什么发展前景。"李建湘说，"人嘛，总是要有一个追求，想要一个未来，所以还是决定自己出来创业试试看。"

第一笔订单血本无归 几乎破产

1995年底，李建湘只身从台资厂出来，虽然之前工资不低，但攒下的钱对投资办厂来说还是远远不够。李建湘找到设备供应商黄灿合作，黄灿提供了一些设备，李建湘没钱支付，黄灿便答应以设备来合伙入股。

新成立的和胜铝厂主要从事铝挤压材的来料加工。国内铝挤压材行业分为建筑用铝和工业用铝，建筑用铝主要生产门窗、幕墙等建筑材料，国家制定了统一的标准，使用的材料相对单一，生产门槛低，价格竞争较为激烈。

工业用铝范围比较广，上到航空航天，下到汽车、箱包、婴儿车，涉及国民消费的95％的工业都会用到铝，而且是定制化服务，科技含量较高，利润空间更大。李建湘认为建筑用铝发展空间不大，因此，和胜铝厂一开始的定位就是工业用铝。

开张后不久，李建湘接到了第一笔订单，30多万元，来自一家台资企业，让和胜铝厂为他们定制箱包框架。李建湘十分兴奋，全心全意、加班加点赶制。但没想到的是，交完货，到了约定付款的时候，这家工厂居然关门跑路了！

和胜股份的挤压生产线

那是一家台资企业，直接出境跑路，也没办法追查，第一笔订单就这样血本无归。"我记得很清楚，那是我的第一笔订单，以为看到了希望，很开心。结果钱没收到，货也没了。"李建湘回忆道，"30多万，相当于我过去所有的收入，几乎破产。我那时很痛苦，但市场不会因为你可怜就同情你。"痛定思痛之后，李建湘决定勇敢面对，继续走下去。

李建湘向朋友东拼西凑借了一些钱，继续经营和胜铝厂。由于一开始交了昂贵的学费，他变得很谨慎，非常注重考察合作企业的信誉。此后二十多年里，他再也没有遇到过类似的事情。

和胜铝厂一开始做的都是比较传统的行业，技术门槛相对较低，比如相机的三脚架、箱包的框架，还有铝制家具等。李建湘说："我很幸运，后来找到一些信誉好的港资、台资企业，虽然他们价格压得很低，但总会付款给我。"慢慢地，和胜铝厂从第一笔订单的损失中缓了过来，逐渐步入正轨。

打开日系市场成功转型

2000年以后，政府鼓励来料加工、三来一补企业转型。李建湘也认为来料加工模式不利于长期发展。当时广东的来料加工企业特别多，大家普遍的做法是把来料加工企业设置成集体企业。"挂名是集体企业，实际上集体是没有给钱的，是我们私人出的钱。"李建湘解释。

由于体制问题，2005年，他重起炉灶成立了中山市金胜铝业有限公司（即和胜股份前身）。金胜铝业从来料加工企业开始向高端铝挤压材企业转型。

随着企业规模的逐步壮大，李建湘感觉自己一个人有些力不从心。于是，在成立金胜铝业时引入了另外一个大股

2016年，李建湘（中）访问日本KMCT公司

东——金炯，主管公司具体运营、市场拓展和财务，而李建湘主要负责大客户、技术研发和人才梯队建设。

2000年之后，激光打印机兴起。打印、复印过程中70%以上的成像部件集中在硒鼓，打印质量的好坏很大程度上由硒鼓决定。而硒鼓中的核心部件为铝合金管，对高端铝挤压材有很大需求。做激光打印机的大部分是日本企业，他们对质量要求严格，准入门槛非常高。

当时国外生产硒鼓用铝合金管材技术已经很成熟，但都作为保密技术进行保护。为了进入激光打印机市场，李建湘亲自带队，研发感光鼓铝合金管材。2006年，这个项目还获得国家科技型中小企业技术创新基金支持。

技术研发也取得了成果：金胜铝业生产出了符合感光鼓鼓基高品质要求的铝合金管材，不仅与国外同类产品相当，还在价格上有较大的优势。

为了拉近与日本企业的关系，李建湘还聘请了一些日本企业退休的技术人员、销售人员，不断改进技术、完善产品，尽可能寻找与日本企业合作的机会。

最终，金胜铝业赢得了日系企业的信任，成为佳能、富士施乐等日本高端激光打印机品牌的供应商，一步步打开了日系市场。到2008年，日系企业占到销售总量的40%以上。金胜铝业的规模和利润也都大幅提升。

"之前做的是较为低端的传统铝挤压材，合作客户多是中国台湾、香港的企业，他们把价格压得很低，我们的利润很少。日系企业对技术、质量要求非常高，同时利润空间也相应增大。"李建湘介绍。直到现在，激光打印机用材还是公司的主营业务之一。

没有投入的研发是一句空话

或许是因为科班出身，李建湘十分注重借助高校的力量进行科技研发。和胜股份先后与中南大学、上海交通大学等多所高校和研究所展开合作，打下了坚实的技术基础。

"我们的客户群体不断向高精尖方向转移，技术要求越来越高，研发跟不上肯定不行。我们每年都要设立十几个研发项目，搞研发成功率不高，所以我得亲自带，不然做不起来。"李建湘说，"我本身是搞技术的，在技术方面我一直没有放松，直到现在我还要拿出三分之一的时间去做研发。"

和胜股份每年都要拿出主营收入的 3% 左右作为年度科研经费，远高于行业平均科研投入比例。李建湘说，只有做到一定比例的研发投入，才能确保研发工作落到实处，否则只能是一句空话。

李建湘团队还进行了超细微结构 6061 铝合金材料的研发与生产。在电子工业领

和胜股份精密深加工

域，这项技术主要应用于制造电脑硬盘驱动组件上。驱动组件是硬盘中的核心机械部件，是承载磁头及作为存储介质与读取设备间的连接桥梁，在极端的使用条件下，任何微小的杂质脱落或细微的尺寸偏差都有可能造成硬盘严重损坏。

6061 铝合金材料研发成功之后，和胜股份一举拿下美国西部数据硬盘驱动臂的生产机会。硬盘对驱动组件材料的要求非常苛刻，在铝挤压材中要求最严格。和胜股份成为全球顶尖硬盘厂商的供应商也间接证明了自己的技术和质量水准。

和胜股份陆续完成了多个国家资助的重大研发项目。2008 年底，公司获得高新技术企业证书，那时高新技术企业认证企业很少，含金量较高。除了享受税收优惠，和胜股份的技术水平也有了权威认证，有利于进一步开拓高精尖市场。

近几年，和胜股份还在向消费电子方向转型，主要应用在智能手机、移动电源等领域。小米的移动电源外壳，约 70% 是和胜股份提供的。

对于未来，李建湘表示比较看好汽车用铝这一块。"2015 年，我们成立了全资子公司和胜汽车配件，主要生产汽车结构件和功能元件，也给比亚迪制作新能源汽车电池外壳，后续还可能会拓展到新能源汽车的车窗和其他构件上。"李建湘说，"中国的汽车用铝比例跟国际相比还比较低。对于汽车轻量化，国家也是

有明确的要求的，十三五规划中也有涉及，未来会有很多新增需求。我们希望将来能在汽车用铝领域有所作为。"

"合作就像结婚，是一辈子的事情"

回忆起创业初期，李建湘说："前十年我们是没有周末的，原来统计的出勤率显示，一年有 350 天都在上班。"经过 20 多年的辛苦和付出，目前，和胜股份已形成了涵盖铝合金材料开发、熔铸、模具制造、挤压成型及精密深加工等配套完整的研发生产服务链条，成为富士电机（深圳）、西部数据、佳能、三星、索尼、兄弟亚洲、比亚迪、OPPO、小米等知名品牌产业链中的一员。

2015 年，和胜股份营业收入突破 7 亿，公司员工也从最开始的几个人扩展到如今的 1700 多人。2017 年新年伊始，和胜股份在深交所中小板上市，曾经一起创业的合伙人也收获了丰厚的回报。

"合作跟结婚一样，要互相信任，是一辈子的事情。"回顾公司的发展历程，李建湘颇有感触。

多年来担任公司总经理的金炯，和李建湘之间的合作其实从 1996 年就开始了。金炯原来在另外一家铝材厂当厂长，与李建湘经常有业务往来，在和胜铝厂成立初期，给了李建湘不少支持。

金炯加入和胜之后，两人的合作一直非常默契。"我们之间有互补性，更主要的是我们有一个很好的信任基础，大家彼此互相信赖。"李建湘提起这位多年的合作伙伴赞不绝口，"他在市场和财务方面能力比较强，应该讲他管钱是管得比较到位的，

2017 年 1 月 12 日，李建湘在深交所敲响上市钟

企业强不强最核心是财务能力强不强。现在其实他的责任比较大，因为他是总经

理，公司运营的工作都是他在负责。"

而最初以设备入股的黄灿（已故），虽然一直没有参与公司的具体经营，但仍然是公司的大股东。黄灿去世后，他的妻子霍润和儿子黄嘉辉分别成为公司第二、第四大股东，同样共享公司发展的成果。

李建湘说："他（黄灿）一开始的投入并不多，但在我一无所有的时候帮助我，在和胜低谷的时候也没有说要撤走，这是对我的信任。俗话说，滴水之恩，涌泉相报，我觉得这些回报都是应该的。"

（雷雪）

董事长感言

IPO 大学

我一直把企业 IPO 当作企业考大学，招股书就是"高考答卷"，申报后的排队期，需要每半年更新一次，就像复读补考，上会稿即最终答卷，发审会为最后的面试，通过了发"录取通知书"，挂牌的首年为大一，打基础之年。

人们说中国的大学难考易读，在我看来，随着中国政府不断加强教育改革一样，中国证监会对上市企业监管强化的事后监管，犹如狠抓教育质量，IPO 大学学习难度已经不亚于西方一流大学。作为初上 IPO 企业的董事长无时无刻不感受到这种规范治理、合规经营、业绩成长的压力，同时也从中学到了真正的企业经营发展的精髓。

我深刻体会到在 IPO 大学里，企业家和企业的视野、战略思维、成长道路是非上市公司不可比拟的，对于企业发展的目标与路径更清晰了，我们灌注企业

团队成员更深层次的发展理念、模式、未来与企业的责任和担当，在企业发展的同时将帮助个人成长和受惠。

我对经营和胜作为一家中国上市公司很有信心，将不负国家、不负股民、不负客户和员工，和胜将成为中国上市公司中的优秀成员、好学生。

扫码观看和胜股份李建湘专访视频

我随时保证我有超越你的能力

■ 拓斯达　吴丰礼

"我说的稳是相对的，快也是相对的，就算是我一直在强调稳，其实我们似乎在这个行业还是数一数二的，依然可能还是最快的，所以我并不担心。就像我跑十千米一样，你一圈可以超越我，我可以跟着你，我也可以超越你，我随时保证我有超越你的能力，这个是最重要的。"

——吴丰礼

看到标题请不要太激动，友情提醒，"80 后"这个标签的内涵早从"年轻"转向"成熟"，最早的 80 后已经年近不惑，不折不扣的人到中年。这个小鲜肉横行的时代，80 后的"大叔"并不罕见。

但在公司上市同时，还能保持六块腹肌，同时熬得一手好心灵鸡汤的 80 后，就不能不说是"稀有"了。

吴丰礼，拓斯达（证券代码：300607）董事长，创业十年，公司从 50 万注册资金到今天深交所

2017 年 2 月 9 日，拓斯达在深交所成功上市

敲钟上市。说话慢条斯理的他，内心却有着超越常人的坚韧。这份坚韧造就了他笔挺西装下的六块腹肌，和解放万千工人双手的雄心壮志。

一个"有韧劲"的 80 后

如果说有什么契机激发了吴丰礼"韧"的天性，那么应该和他两年的当兵经历有关。在部队的两年，吴丰礼是在充满对抗与竞赛的氛围中成长起来的。平时有训练，训练后有对抗，有竞赛。班与班、排与排、连与连，甚至军区大比武，军人的意志就这样被磨炼出来，只要身在一个集体，就不能输给别人。

吴丰礼坚韧的性格在退伍后展现得更加淋漓尽致。在外企工作期间，他是公司的销售冠军，而成为冠军的业绩，是他纯用双脚，一个客户一个客户跑出来的。

2004 年，他辞职创业，和合作伙伴约定，半年不拿工资。公司的设施就是两张桌子一台电脑，睡觉在一张简易床上。床没睡上一周就断掉了，吴丰礼去工地捡来几块砖，垫起来继续用。

离职时，吴丰礼跟老东家承诺，3 年内不会碰一个老客户。这意味着他这个销售冠军最大的优势化为乌有。但他不在乎，就如同刚工作时一样，每天跑五家客户，三个月磨穿一双皮鞋。老东家的客户多集中在东莞、深圳，他就往广州、珠海、中山去跑。

2007 年，吴丰礼和伙伴重新投资，成立了拓斯达，当时的注册资金只有 50 万元。这样体量的企业无论在当时还是现在来看，都只能算一条小船，要闯荡制造业的大海，随时会被风浪吹翻。

事实上，吴丰礼迎头就遇到了风浪。金融危机来临时，一个台湾客户破产，总额 68 万的订单违约，最终该客户破产清算，赔给拓斯达的只有 3 万多元，损失比注册资金还要多。但坚韧的吴丰礼还是挺了过来。他咬牙告诉自己，一个订单违约了，就用更多的订单来弥补；一个客户破产了，就创造更多的客户来合作。

吴丰礼创业时的大环境并不算好，相比今天自动化生产线和工业机器人大规模应用的市场环境，当时中国正值人口红利的爆发期，企业更青睐低廉的劳动力成本，缺乏更换自动化生产设备的意愿。

　　为了拿下客户，吴丰礼继续发挥他的韧性。他蹲在客户的车间，用心观察工厂的生产特点，记录下生产线的节拍。他不停地跟客户讲，投资自动化设备如何节省人工，如何提升效率，如何提高产品的一致性，如何提升品质，还做投资回报率的分析。他拿着机器人送给客户，请客户"试试看"。客户从一台开始试用，接着多要几台继续试，最后就变成了一百台的订单。

　　这套做法今天依然是拓斯达争取客户的法宝。拓斯达的工程师，都长期待在客户的生产线观察、记录、思考解决方案。吴丰礼自豪地说："拓斯达是最了解客户的。"

"稳比快好"的智慧

　　"一个石匠敲击石头，当第一百下敲击落下，石头破裂，不是因为这一次敲击，而是前面九十九次的努力。"这是西方一则古老的箴言，讲述的是坚韧的意义，但这则箴言却被收录在《智慧》的分卷中，对此书中的解释是"坚韧产生智慧"。

　　从创业初期的坚韧中，吴丰礼也获得了一项智慧，那就是面对拓斯达后来的爆发式增长，他保持冷静，坚信"稳比快好"。

　　拓斯达成立时定位在工业自动化的基础上，将各类工业机器人整合在一起，为客户提供解决方案。经历了2007年的艰难，2008年开始市场逐渐变好，市场嗅到了人口红利下滑的气息，而工业机器人的解决方案愈来愈被生产企业所青睐。越来越多的客户在试用过拓斯达的工业机器人后决定下订单。

　　从2008年到2013年，连续五年的时间拓斯达的业务都是翻倍增长。2013年底，吴丰礼接到一个电话，福布斯通知他，拓斯达被评为"2014中国非上市潜力企业100强"第30名。在领奖的时候，吴丰礼看着身边的企业家同行，很多都是自己过去钦佩的对象，才猛然间意识到自己已经站在了怎样的位置。

　　此时，已经敲碎了石头的吴丰礼，并没有急于再次挥锤，而是回过头来，审视打下的基础是否稳固。他提出"稳比快好"，不再继续追求爆炸式的增长，尽管事实上拓斯达完全可以做到媲美互联网企业的增速，乃至搭上"工业4.0"概

念的快车成为产业的明星。但吴丰礼认为，技术需要沉淀，团队壮大需要时间。

拓斯达被评为"2014中国非上市潜力企业100强"

沉淀下来的拓斯达走上了"持续成长"的道路。由一款机械手开始，工程师们从满足基本功能，到精雕细琢，从工艺、成本、精度、刚性、稳定性等方面不断地优化，不断地摸索。

吴丰礼还把技术骨干们赶出实验室，让他们到市场上去，到客户的一线去，了解自己的设计究竟使用在怎样的场景中，了解客户的真实需求究竟是什么。在客户的车间现场，拓斯达的工程师拿着秒表掐客户的工艺，比如原有的节拍是10秒，5个工人完成，工程师想办法优化成8秒，3个人完成。

"对工艺的雕琢＋对客户的理解"能够创造什么？拓斯达是国内唯一一家可以实现全产业链整体自动化输出的厂家。通过拓斯达的制造本体，批量化地降低客户成本；通过对客户的了解为客户实现个性化的解决方案；通过上游的控制器，客户需要的程序变更、程序升级都可以及时实现。

在为客户制定的众多个性化的方案当中，吴丰礼找出它最大的公约数，把这些公约数标准化，然后模组化生产，大规模复制，这就是拓斯达独步江湖的"批量化订制"的绝技。

取舍背后是坚持

吴丰礼是一个懂得取舍的人。创业伊始，就有人想要给他投资，但他抵制住了诱惑，决心打造属于自己的民族品牌。当拓斯达开启A轮融资的时候，助理电话被打得滚烫，但他依然不急不忙地挨个调查投资人的背景，选择最靠谱的进行接触。

拓斯达生产车间

有"舍"就有所得，拓斯达的企业文化是"让工业文明回归自然之美"，这句话是吴丰礼创业伊始的梦想，也是他践行多年的理念。从第一份工作自动化行业开始，他就有感于工人在高温、多粉尘等恶劣环境下生产的辛苦，希望通过技术的革新，通过拓斯达设计的解决方案，把在艰苦的、对人体有伤害的环境中工作的产业工人解放出来，从事更有智慧、更加安全的工作。

目前吴丰礼的愿望在各个领域不断被实现。拓斯达的客户群遍布家用电器、汽车、医疗、日用品等各个行业，成交客户从 3000 多到 4000 家，手握 6 万多家企业的生产大数据。

拓斯达在为这些客户创造个性化订制的方案基础上，掌握了客户的最大共性。所有的方案拓斯达都有底档，每一次制作方案的过程就是优化的过程。在每一个领域，公司有专门的项目组，每个项目组内，有电控、运动算法、结构、工艺等工程师组成一个团队。

取舍的本质，是对重要的事情的坚持，和对无关的事情的摒弃。吴丰礼在这一点上理智得有些不近人情。公司过会那天晚上，在微信群里，大家纷纷额手相庆，他却无动于衷，大脑里不断思考下一步的工作，同时就在微信群中讲接下来

的工作安排，直到保荐人都出来叫苦："吴总，这么高兴的日子，让自己休息一下吧。"吴丰礼的回答是："我从未想过停下。"

时至今日，吴丰礼依然每天坚持跑步十千米。创业初期身体素质下降，他从两千米开始跑起，最多一天跑 15 千米；俯卧撑从每天 20 个开始做，最多一天做了 1200 个——这就是六块腹肌的来源。

吴丰礼坚持健身

吴丰礼常说，懂一万个道理不如坚持一件小事情。认准一个方向，咬定青山不放松，创业的路上，永远有下一个台阶。尽管一直前进会很累，但累得有价值。路上的每一份付出，都会转化成产品，转化成客户的认同，转化成团队的壮大，转化成对股东的回报。相比起劳累，吴丰礼更享受这份成就感。

（孙非）

董事长感言

创业是一群人的长跑

创业是一群人的长跑，每迈出一步，都是企业自我进化、自我净化、自我再生的过程。

拓斯达作为 80 后的创业团队，凝聚了一大群心怀梦想，同时敢为梦想去拼的工匠，在工业机器人和智能制造领域潜心钻研、执着前行！每一项技术突破，每一个专利创新，每一家客户开发，都是无数年轻创业者辛勤耕耘的结晶，都是拓斯达人"让工业文明回归自然之美"愿景的实现过程。

　　十年艰辛，上市让企业进入了更大的跑道，同时也面临着更大的机遇和挑战。昨天的成长和成绩，都是明天的起点。我们怀着感恩之心，仰望星空脚踏实地，群体奋斗群体成功。

扫码观看拓斯达吴丰礼专访视频

老厂长治不好的焦虑症

■ 绿康生化　赖潭平

"我没有什么目标，但是有一点小追求，就是做什么事情都把它做好。"

——赖潭平

无数励志的心灵鸡汤都强调主动选择和人生目标在成功哲学中的重要性。赖潭平却说自己是个被动的人，没有宏图大志，也不刻意追求什么东西。

学机械制造是按招生简章填写，进入生物发酵领域是服从工作分配，创业是为了完成招商引资任务，上市是为了响应政府做大做强的号召，连坚持了二十多年的"骨灰级"业余爱好——乒乓球和羽毛球，一开始也是被朋友拉着去打的。

赖潭平满足于浦城的县城生活，吃穿住用一切从简，以

绿康生化（证券代码：002868）董事长赖潭平（左二）在深交所敲响开市宝钟

舒适为前提，还给自己起了个似乎与企业掌舵人不太相符、却非常吻合自己人生态度的微信名——平淡，平实质朴，如水般淡然自若。

然而就是眼前这个甘于平淡的人，却一不小心带出了一家兽药年销售额超过4亿元人民币的高新技术企业，产品远销南美、北美、东南亚等养殖大国；杆菌肽系列产品在细分预混剂行业的市场占有率高达40%左右，并正式登陆中国资本市场。

说自己没有远大的目标，我们从赖潭平沟通时果断干脆的语气、快速流动的词语以及中气十足的声音中，却可以大致判断出这是个性格爽利、工作干练，做起事来风风火火的人。

"我没有什么目标，但是有一点小追求，就是做什么事情都把它做好。"

"坏学生"爱上了上夜班

赖潭平出生在福建浦城县。学校里的赖潭平从来都不是一个好学生，调皮好动，上课不专心，经常是老师在上面上课，赖潭平和小伙伴们在下面做小动作。

"七十年代读书也不像现在这么多考试，当时读书都是开卷考试，考试的时候都有书可以查的，所以父母对我们读书也没有特别严格的要求，能够跟上就好了。"

1979年夏天，15岁的赖潭平高中毕业（9年制）参加了当年的高考。

"分数考得不高，没上大学录取线，所以就去读中专，中专两年后又工作了，所以我1981年就参加工作了。"

像大多数生于20世纪60年代的人一样，时代并没有给赖潭平们太多人生选择的权利。毕业后，学机械的赖潭平被分配到了浦城县生化厂。想要在一个完全陌生的领域里做出点成绩，任何人都离不开基层的实践经验。赖潭平的起点，就从生化厂的车间技术员开始。

"我没有太多的去选择我要做什么。领导叫我做什么事，我就把它做好就行了。"在每一步都是按部就班的日子里，赖潭平比别人多了一份安分与坚守，因而每一步也走得更加的踏实和稳健。他最感恩的是那段折磨人的夜班经历。

"夏天下半夜，天气变凉了，很想睡，但是不能睡，要一直咬牙坚持。冬天下半夜，天气好冷，经常冻得瑟瑟发抖，也很折磨人。有了这段经历，以后做什么事情我都不会觉得太累。"

有些同事嫌辛苦不愿意到车间，也不愿意上晚班。赖潭平却非常乐意晚上在车间里混，虽然辛苦，但快速成长让他觉得很满足。"夜班办公室都关着，只能待在车间，有更多与师傅交流的机会。夜班人也不多，遇到问题，没有很多人帮你，需要你有更综合处理问题的能力。"不出几年，赖潭平就已经晋升管理层，而那些不愿意上夜班的同事仍然停留在基层。

在浦城生化厂的 14 年间，赖潭平做过技术员、车间主任、副厂长、厂长、副总经理，最后成了总经理。1995 年，正大集团

年轻时候的赖潭平（左一）在生产车间

和浦城县生化厂共同出资成立微生物兽药制造企业——浦城正大生化有限公司（后称"浦城正大"）。赖潭平被委任为副总经理，2000 年升任董事长。那一年，他的管理着五六百人，年薪达到了几十万。

卖房筹资 三人行创业成功

浦城县是福建省南平市辖县，中国丹桂之乡，也是中国福建省最早的商品粮基地县、南方林业重点县、中国十大香樟基地。

2003 年，南平市提出了"突出工业、突破工业"的发展战略。原本经济增长高度依赖农业的浦城县，当年的发展目标也定位为大力发展民营经济，全速推进工业发展。政府层面鼓励引进民间资金发展工业，重点企业高级管理人员不同程度地分配到了招商引资的任务。顺应时代发展的趋势，赖潭平在 2003 年开始自主创业。

"就是为了完成招商引资任务，当时找了五个朋友，有两个朋友选择了一起来参加。"

与赖潭平一起创业的洪祖星原来从事服装生意，徐春霖则是以贸易起家。两人都是赖潭平过去在工作生活中认识的朋友。两个生物发酵行业的门外汉，放心将一大笔资金交给赖潭平，还不过多干涉经营管理。为人靠谱、专业过硬、手握项目的赖潭平就像一块磁石，让三条志同道合的平行线自然聚拢，继而走出完美的交集。

"心里面有没有忐忑，我相信是有的。毕竟把这么多钱交给你，因为这样子我们更要做好，让人家放心。相互之间比较默契，比如说还是做一点事吧，赚一点钱也要继续做生产，不要去图享受，有这些共同的价值观。"

浦城绿康生化有限公司（后称"绿康有限"，"绿康生化"前身）首期募资 800 万元，赖潭平持股 30%。他为此拿出了多年工作、投资攒下的 200 多万元积蓄，其中还包括一套自己几年前在上海购置的房子。前景尚不明朗的项目和悄然升值的房子，孰轻孰重，赖潭平一直都拎得非常清楚。

绿康生化创始人集体出席活动，（从右到左）分别为赖潭平、洪祖星、梁超（公司原董事）、徐春霖

"每一个阶段都有重点。我需要投资这个项目了，我没钱，我就应该把房子卖掉，没关系，以后有钱可以买回来，不一定说一定要拎在手上。"

还有一个不为人所知的细节是，在初始创立绿康有限的时间里，赖潭平并没有正式辞去浦城正大的董事长职位。"当时政府让我招商引资的时候也比较特殊，他需要我原来的岗位继续坚持，重新去招商引资办一个新的企业，正大集团也同意我同时兼顾管理，我真正离开原来工作的单位是 2010 年底。"

好多人做一份工作都嫌累，赖潭平却在长达七年的时间里，同时管理着两家企业。一边是董事长，一边是高级管理人员，赖潭平每天至少要在两家企业间来回奔波三四趟。

"实际上每天做这个事，也不需要花太多的时间精力，我们小地方，上下班又不用花太长时间，平时主要的时间还是投入在工作和学习上。"

赖潭平在球场上强力扣杀

老厂长的"望闻问切"和焦虑症

经验老道的中医，观气色、听声息、问病症、摸脉象，就知道五脏六腑有什么疾病。入行 36 年的赖潭平，如今坐在办公室里，单凭机器声响、发酵气味，就能准备地判断出工厂生产的各个环节有没有出问题。

"因为我们一天到晚都在工厂。比如说今天风机的声音为什么不一样，或者机器设备声音不一样，就会感觉到可能哪一台机器出问题了；我们有一个特殊的发酵味，香香的，今天厂里面的味道如果不太正，不大对，你就会感觉到是不是生产上有什么问题；今天看看厂区的烟囱排出来的烟是不是白的，如果是白的，几米以后散掉，那是气体，如果烟在几米以后还保留着，那说明我们的排气系统有问题了。"

有一次，办公室里的赖潭平感觉厂区里的风机声音比以往要沉闷。经验和直觉告诉他，应该是通风系统出了状况，而且极有可能是风机出口水位过高导致的。他立刻冲出办公室，来到车间，却发现生产依然有条不紊地进行着，风机声音轻微的变化并没有引起大家的关注。赖潭平要求工人排查风机水位状况。果不其然，此时风机的水位已经严重超过了安全的范围，并阻隔了机器的正常排气。

"当时水位已经很高了。如果没有及时发现，过不了多久风机就会跳停，然后电流升高，然后系统自动停止运行，生产将受到全面的影响。"

赖潭平"望闻问切"的案例远不止一个两个。他对厂里的变化有着超乎常人的灵敏度，对于厂区周围的环境也一样保持长时间警惕。

"晚上睡觉听到救护车的声音，或者消防车的声音，都会担心是不是哪里出什么事了，是不是我们工厂。总是在挂念着厂里的事。"

赖谭平说，这种焦虑在他还是技术员的时候就有了。他清楚地记得浦城生化厂进行金霉素发酵，有一年老是反复感染噬菌体。"噬菌体就是一种病毒，它会把正常的生产菌吃掉，让它生产异常。如果解决不了问题，就被迫停产。损失会很大，当时市场订单还是不错的。"

当时作为技术课题攻关小组的负责人，赖谭平白天带着团队，反复进行设备改进、尾气处理、菌体排放灭活以及卫生环境监管，晚上则揣摩失败的原因和第二天可以优化改进的工艺。棘手的技术问题在持续了一个多月后迎刃而解，赖谭平却落下了"爱焦虑"的坏毛病。"这个焦虑几十年了，现在都已经有焦虑症了。"

赖谭平（右一）带领员工拉公司备用高压电缆

布局杆菌肽 兽药厂车间成开放展厅

为避免和浦城正大的金霉素产品形成直接竞争，绿康生化成立之初，赖谭平就定位金霉素以外的其他类别产品，并将目光投向了安全、高效、无残留的杆菌肽系列。

"FDA（美国食品和药管理局）认可它是没有残留，动物不吸收，在肠道发生作用了就排泄出来了，所以停药天数是零。现在讲产品质量，食品安全，如果有残留的话，会给人带来不好的影响。同时，排泄到大自然界里面，它很快就降解了，也不会给环境带来破坏。"

随着全球养殖集约化程度的提高以及公众环保健康意识的增强，杆菌肽类产品越来越受青睐。目前，杆菌肽类产品的市场主要集中在中国、美国和巴西等全球饲料生产大国。东南亚、澳洲、非洲等新兴市场近几年的发展也比较迅速。

"今后可能会有十几二十几亿的市场，养殖行业的发展，包括它的健康发展，它的成本降低，包括食品卫生要求等，应该还有很多工作要做。这个品种的系列开发还可以不断地提升。人畜不共用的这类产品在养殖行业，我们相信还有相当长一段时间是有市场的。"

尽管市场需求增长，但对于当时的赖潭平来说，进军杆菌肽意味着一切重新开始。

"技术、资金、客户零起点，什么都是外面找来的。技术上，跟各大专院校合作，引进技术和菌种。市场上，参加行业展览会，近距离接触客户。"

赖潭平不闭门造车，也不急于现场成单。他更常用的方式是：将展会上认识的客户请进工厂。他将车间打造成了一个开放式的生产展台。客户身临其境，就可以亲身感受到企业的生产工艺、质量把控以及现场监管，有问题也可以随时交流。

在体验式参观日趋盛行的今天，赖潭平当时的做法不得不说很有前瞻性。通过带入式的考察，赖潭平建立起客户对企业生产环节的信任机制。客户的到来对生产是无形的监督，客户的建议又带来了完善的动力。日积月累，公司生产的规范程度和客户签单的金额都得到了有效的提升。招股说明书显示，绿康生化2016年实现营业收入4亿元，净利润9236万元。

"具体也没有哪一个客户、哪一单印象特别深刻。很多人问我，企业有没有轰轰烈烈的事。我真的想不起来哪个事

赖潭平（右一）和外国客商合影

情最难忘。每天都很简单，上班解决每天的事，然后晚上理一理，明天要完成什么事，这是一个长期积累的过程。"

很多外人看来颇不平凡的商场经历，从赖潭平口中描述出来都如生活中的平常事那样简单自如，正如他向往的生活态度一般。

追求平淡而不平庸，被动选择，却主动成功。在纷繁复杂的社会和商场中，赖潭平保持着流水一般的澄澈与淡然，顺势而流，随遇而安，行进间却不乏主动穿越的力量，于是在看似被动的人生中，登上了一个自己也不曾想到的高度。

"当时创业就是想一年能够做个几千万销售就好了，没想到慢慢地做进去了。当进入了一个行业以后，你会发现路子越来越宽。"

（陈晓琼）

董事长感言

上市如暖风过境，让我平淡的生活泛起圈圈涟漪

绿康生化上市三个多月了，上市的喜悦一闪而过后，内心仿佛暖风拂过平静的湖面后，不停泛起的圈圈涟漪，我在小城平淡的生活变得繁忙了许多。最直观的感觉是自上而下的压力增大，出差更多了，工作更忙了。压力主要体现在以下几个方面：

一、企业业绩是否能够稳定和增长的压力。市场的需求、原材料的价格、汇率的变化等因素都直接引起每期业绩的波动，这是投资者关心的，也是我们关注的。

二、企业经营决策信息披露规范化方面的压力。从民营企业到上市的公众公司，需要提升自身在信息披露和保护中小投资者利益等方面的能力和水平。我们

至今处处如履薄冰，尽量做到全盘考虑，保证各项决策遵守法律法规。

三、企业长时间持续成长的压力。企业上市后，社会上都希望你是一家能快速成长的公司。可是行业不断变化，各产品竞争激烈，企业是否能保证每项决策、每次竞争都能取得成功呢？我们竭力让现阶段的产品开发、项目投资都走在正确的轨道上。

不过这些压力也是人生奔跑路上加注的一股动力。你不得不跑，但你可能跑得比以往任何时候都快。我知道，以后我的生活将回不到以往平淡如水的状态，而我也将积极拥抱这种变化给绿康生化，给我们的团队，包括给我自己带来的向上的正能量。

扫码观看绿康生化赖潭平专访视频

我想做，我想做，我想做！

"我想做这个事情，我想做这个事情，我想做这个事情，所以我就出来做了。"

——罗瑞发

20 世纪 90 年代，好莱坞经典电影《阿甘正传》在全球掀起了一股"阿甘热"。影片中，阿甘不顾一切、一路奔跑的情节至今让金溢科技董事长罗瑞发记忆犹新。

"他（阿甘）跑得胡子拉碴、跑得长发披肩，跑破了好多双跑鞋，一路上有人采访他，你是环保主义者吗？

金溢科技（证券代码：002869）董事长罗瑞发（左一）在深交所敲响上市宝钟

你为了人类世界和平吗？你为了扶贫助困吗？他说没有，我就是跑啊。"

阿甘精神对于 20 世纪 70 年代出生的罗瑞发来说，就像是青春岁月里的一把火，燃起了创业的激情与勇气。"这部片子我看得热血沸腾。在人生那样的时刻，我觉得，我想做这个事情，我想做这个事情，我想做这个事情，所以我就出来做（创业）了。"

罗瑞发是个感性的理工男，重要的事情总会不由自主地说上三遍。他的经历也像极了一路奔跑到人生巅峰的阿甘——出身农村的他，初中才有机会走到镇上，大学才第一次走出梅州，却在 41 岁就带领一手创立的金溢科技，成功登陆中国资本市场。

作为国内第一批研发生产不停车收费产品（ETC）的民营企业，从参与国家标准编写到 ETC 产品国内市场占有率 35％～40％，罗瑞发带领金溢科技厚积薄发，跑出了一条华丽的曲线。

回顾走过的路，罗瑞发深有感触，若他有所思地停顿几秒，如释重负地舒一口气，再用充满磁性的声音娓娓道来。言语间情感细腻，节奏缓急有致。有些细节，曾经触碰过罗瑞发内心深处最柔软的角落，也拨动着听者的心弦。

乡路的情感连接 山里娃与高速结缘

罗瑞发 1976 年出生在梅州丰顺的一个小山村。背山面水的小山村经济落后、交通闭塞。山里的小孩每天上学都要走过一段崎岖山路，再淌过湍急的溪流。"每次走回家我总是觉得路途很遥远。但实际上当二十年后见到了高速公路，回家去一看，其实那段路很短很短。"

村里到镇上的路程更是遥远。20 世纪 70 年代，在农村小孩的心目中，能到镇上去"耍一耍"是一件很幸福的事情。小时候，罗瑞发不止一次希望能一口气走到镇上，然而他到初中才实现了这个愿望。

90 年代初，成绩好的学生在中考时都会报考中专学校，以便尽早就业，减轻家庭负担。"当时我爸跟我说，你要不然去读梅州市工业学校吧。我就一门心思想着，我不要，我要上高中。所以我就报考了我们那个重点中学，结果也算是顺利考上了。"

到梅县东山中学入学报到是罗瑞发第一次出远门。"我爸说要送我过去，我说不用，我自己能去。那时两地的距离跟现在不一样，现在有高速、高铁，我们那时什么都没有。"

从罗瑞发家到梅州去上高中要跨过一座大山，也就是现在的汕梅高速莲花山隧道所在地。由于每次上学都要耗费近 4 个小时，罗瑞发的高中时期基本都在学校度过。

三年后，罗瑞发参加高考。也许是小时候路途远在他心中留下的印象过于深刻，华南理工大学的招生简报一下子就抓住了罗瑞发的心。

"一张类似于像报纸那么大小的，一个彩色的招生简章。我们那边是山区，没有高速公路，当时一看高大上，高速路飞驰的，以前中国都没有什么高速公路，所以那时候一看觉得很向往，就报了这么一个学校和专业。"

不折腾无人生 辗转进入 ETC 行业

20 世纪 90 年代，智能交通系统（ITS，Intelligent Transport System）是国际上刚刚兴起的一个学科。ITS 概念于 1990 年由美国智能交通学会提出，并在世界各国大力推广，以美国、欧洲和日本等国家和地区的发展最为迅速。

彼时，中国学者也开始关注国际上智能交通系统的发展动态。ITS 方面的理论、技术研究与工程试验逐步展开。顺应时代和市场发展的需求，华南理工大学 1994 年开设了交通工程专业。罗瑞发就在当年顺利考上华南理工大学，成为该专业的第一届本科生。

"实际上一开始我是比较懵懂的，一直等到读书毕业出来，工作很久了以后，我才有

1998 年大学毕业设计阶段，华南理工大学翁小雄老师带领罗瑞发（左四）及其他学生到高速公路上做调研

一天恍然大悟说智能交通是干什么的。"

交通控制市场规模庞大，细分行业众多。罗瑞发开始接触ETC，是在大二暑期。"一个多月的时间里我们的老师带学生去佛山南海的一些国道收费站，当时是中国最早的ETC，引入美国的技术。后来我做毕业设计时候，老师给我安排了ETC的课题。"

1998年，罗瑞发大学毕业。当年亚洲金融风暴余波未尽，加之国企关停并转，海关严厉打击走私，就业形势非常严峻。

"有一回我在学校跟我爸通电话，他很低沉地跟我说再也没有办法帮我了。那时候找工作要托人情，我爸在老家农村，他怎么可能帮到自己的孩子呢？我听了心里头也是蛮澎湃的，我觉得他在电话那一边流泪。我爸本身就是一个容易流泪的人。我就跟我爸讲，你不用担心，你把我养到这么大，供我上大学出来，剩下的路我自己来走。"

于是，像很多大学毕业生一样，罗瑞发开始参加各种大大小小的面试，并应聘上了广州高速公路公司。而此时，导师介绍的一个机会，改变了罗瑞发的人生轨迹。

"他说深圳有一个企业要做ETC。我一听ETC，立刻说'去啊！去啊！一定要去！'因为我的毕业设计课题就是ETC，这件事情我才做了个小小的开头，自己觉得还蛮有兴趣的。"

追逐梦想的路上从来就不是一帆风顺的。罗瑞发来到深圳的第二年，公司就因内外部原因出现经营问题，罗瑞发也一度陷入了"一毕业就失业"的窘境。

"我们当年从全国几个重点高校招了十几个人，后来第二年基本上都散掉了，我来深圳第二年的时候，已经觉得没什么事可以做。"

机会总是在不经意间悄然而至，但它只留给有准备的人。这时，罗瑞发又从导师处得知，广东省交通厅驻港中资企业新粤集团正在为珠三角桥隧高速公路ETC联网工程招兵买马。听到又是ETC相关的项目，罗瑞发毅然决定去面试。凭借专业知识，罗瑞发顺利进入新粤集团。

新粤集团着眼高速公路投资、建设、运营与维护在内的整个产业链。在新粤集团工作五年，罗瑞发说自己是在"打杂"，基本按照领导的安排什么都做过一遍。正是在这种全产业链环境的浸润下，罗瑞发渐渐从一个对行业一知半解的大学毕业生，蜕变为交通控制专业的半个行家。此时的罗瑞发正好 28 岁。

即将三十而立的年纪，很多人会继续留在国企打拼，以换取更加稳定和有保障的人生，但罗瑞发又做出了与众不同的选择。这次，他决定辞职创业。

"新粤是整个大产业链做，ETC 不是他们的专长。我们做得更垂直、更深入。其实走了这十几年，出来创业挺累的，可能当时是人年轻，喜欢折腾，折腾了我觉得也不后悔，从一出来就不打算回去了。"

一把伞 撑起新老技术人的惺惺相惜

根据交通部的数据，目前中国的高速公路里程已超过 13 万千米，高居世界第一。中国高速路网和基础设施之所以发展如此迅速，得益于以 BOT 模式为核心，政府财政投入和社会资本的结合。

作为社会资本方，罗瑞发创业初期就瞄准了高速路网大蛋糕中的一个小块——车载端粤通卡。"我们一年左右的时间做出了第一代产品。从今天的水平指标来看，以前的那个东西是不成熟，有点像当年董明珠说格力空调的第一代一边被骂一边成长一样。"

罗瑞发（中）和金溢科技最早期创业团队

早期粤通卡最大的问题出在电池蓄电上，金溢科技后来推出太阳能电子标签，车载端电源问题得到解决，双模供电方式成为行业标配。"汽车挡风玻璃本身是非常好的自然受光条件。不用开出去，只要有光线，就能够一点点地转化太阳能的能量，然后充到电池里面。"

企业的命运总是与时代发展紧密相连。2006年正值国内ETC行业标准路线和技术路线之争最生死攸关的时刻。交通部公路科学研究院中有一位老专家领衔的"标准派"认为，发展ETC要引进国外技术，而罗瑞发等新生民营企业则希望能突破国外标准的藩篱，参与中国市场标准制定。统一的标准是大市场形成的前提。对于金溢科技来说，只有自己的技术成了标准，才有机会走向更广阔的舞台。

"我印象很深，刚过完春节，在元宵节的前一天，我去那位老专家那里做最后的努力，我拿一个笔记本电脑，一大早去了他办公室，那时候下雨，雨夹雪。我下了车一路冒雨小跑，冲进了老专家上班的那栋小白楼。"

几句寒暄后，罗瑞发开始演示金溢团队关于双片式ETC设备的

罗瑞发随时随地关注ETC产品

成套产品研发和生产工艺过程的有关技术文档。老专家耐心听完整个过程后，用自己参与第一代中国电视机技术研发时的经历，告诉罗瑞发"以市场换技术"才是最好的出路。"他说你们赶紧去找个欧洲厂家，走引进、消化、吸收、提升、超越的路子，康佳、创维、TCL，都是这样。"

双方互相没有说服对方，罗瑞发的谈判以失败告终。他黯然收起电脑，压抑住心中的百感交集，礼貌地道别。窗外雨雪交加，老专家弯身从抽屉里拿了一把伞给罗瑞发。

"在接到他那个伞的时候，我心里五味杂陈，那种感觉，几乎无法言说。"

新老一代在ETC国标上根本性的观念冲突短时间内无法调和。唯有那把伞，拉近了彼此间的距离，也撑起了两代技术人之间的惺惺相惜。

走出小白楼，独自一人撑伞走在雨雪纷飞的街道上，罗瑞发的眼泪不禁溢眶而出。从那时起，无论晴天还是下雨，上班还是出差，罗瑞发的手提包里永远都备着一把伞。

"有一把伞挺好，有备无患。我觉得人生的路本来就是有各种滋味。你在外面、在途中可能有风霜，有雨雪，有各种不期而遇的东西，有一把伞代表着一种温暖。"

中国 ETC 未来要拓宽应用场景

经过长达一年的调研和论证，交通部公路科学研究院最终决定采用融合的国产创新技术。"日本的性能这么高，欧洲的成本是这样，我们当时就融合了，成本比欧洲要高一点，但是性能在日本下一截，这就是今天我们大众看到的全国联网 ETC。"

2006 年，金溢科技受邀参与《电子收费专用短程通信》GB/T20851 2007 1.1－4 系列国家标准的编写。2007 年，金溢科技首家推出符合国家标准的 ETC 产品，并率先在北京、浙江、福建、江西等省市实现应用。一个属于中国人自己主导的行业新时代真正拉开序幕，金溢科技也由此走上了发展的快车道。

2014 年，中国 14 省市高速公路电子不停车收费（ETC）系统正式联网运行。截至 2016 年 3 月，ETC 用户突破 3200 万，较 2015 年 9 月底增长 820 万，月均增加 137 万，增长率达 35％。其中，金溢科技 OBU（车载单元）市场占有率约 50％。

罗瑞发说，智能交通系统说到底就是通过 IT 技术，实现交通运营效率的提升，安全性的增加，以及达到节能减排的目标和更舒适的车生活。中国已基本实现 ETC 系统全国联网，未来产业发展必须向深处扎、向高处长、向宽处拓。

深度上，中国 ETC 长期徘徊在 99％左右的通行成功率，而韩国和日本的通行成功率达到 99.99％和 99.999％。ETC 下一波产业的挑战和机会，就来自于 ETC 的技术升级，提升用户体验。

第二个维度是向高处长，实现 ETC2.0。从单一支付扩展到智能交通服务，再扩展到未来的车路和车车的通信和组网，为汽车和交通的深度融合打好基础。

第三个层面是向宽处拓，简而言之就是"ETC 进城"，从高速走向城市。以停车为例，目前停车需要取卡、缴费，取票。而通过 ETC 化，可以实现无人值守、非现金支付、不停车通过等，最后变成一个以云为核心联网停车的城市级乃至全国级大平台。

曾经每天走在乡间小路上的山里娃，如今已经成为中国高速路网快速发展重要的见证者和参与者。踏入交通控制行业，罗瑞发说是命运使然。未来，他与交通的缘分还将继续下去。

"我对交通有情感，就像当年报考的时候一看到高速公路网络，就催人奋进。可能是一种情感的连接，让我觉得我可能此生必须做这件事情，而且必须穷尽自己的精力做。"

（陈晓琼）

董事长感言

从 ETC 到智能大交通

对于金溢科技和我来说，上市是一次重要的跨越。

作为智能交通射频识别与电子支付领域的行业领军企业，金溢科技将继续秉承"让交通更智慧，让生活更简单"的企业使命和"聚焦客户、追求卓越、锐意创新、勇担责任、以人为本，合作共赢"的核心价值观，继续坚持"双基因"加"双聚焦"的核心经营理念，进一步强化和巩固已有优势与核心竞争力，继续把智慧交通行业做深与做透，通过做深和做透，实现持续的做强和做大。

顺应未来我国和全球智能交通产业发展的新格局，抓住"互联网＋"给行业带来的新一轮发展机遇，金溢科技将有计划分步骤实现"保持行业领先、开拓城市应用、走向国际市场"以及"上车、落地、联云、在手"的核心业务发展战略，通过开拓新业务实现多元化的产品技术应用，实现持续快速增长，从 ETC

细分领域的成功走向智能交通领域更大范围的成功，努力建设成为全球领先的智慧交通与物联网核心设备及解决方案提供商，实现从优秀到成功、再到卓越的新跨越，努力回报各位投资者的信任和厚爱。

扫码观看金溢科技罗瑞发专访视频

一辈子只做儿童产品

■ 安奈儿　曹璋

"我是一个蛮有定力的人，我就觉得儿童产品这块就是我的定位，我把它当孩子在养，我是用心的。我相信经过多少年之后又会重见分水岭，所以我觉得用心和专注去做一件事情，不用特别担心别人。"

——曹璋

1993年，曹璋到深圳找工作时，身上只有朋友帮忙炒股赚的2000块钱。此后，他几乎没有进行过股票操作。

在八卦岭扫楼投简历，经常被一家家赶出来；啃两块钱的盒饭，最多就加点辣椒和鸡蛋。找不到工作的日子里，曹璋也曾感慨偌大的深圳为什么容不下这么渺小的自己。

"一个大学生到这儿之后，你发现你原来啥也不是。你厚着脸皮乞讨工作，这种感觉我觉得挺好的，慢慢就成熟了。"

那时候，因为没有钱，曹璋好几年都不敢回老家。当时最大的梦想莫过于挣个几百万、买套房子、有部车。然而20多年后，曹璋所实现的却远远超越了最初的梦想。

2017年6月1日，曹璋与一同创业的爱人王建青，带着安奈儿童装正式登陆中国资本市场。中国童装第一股在六一儿童节当天诞生，一切看似巧合却又显得颇有深意。

目前中国市场的一线童装品牌中，很多是成人品牌、运动品牌的童装系列。许多童装集团旗下也有许多细分子品牌。安奈儿是为数不多的，专注童装而且只做单一品牌的企业。

"做到今天，内心还是比较简单。我就觉得儿童产品这块就是我的定位，我也不会去做女装，我也不会去做

曹璋（左一）与安奈儿（证券代码：002875）代言人贾乃亮（左二）在深交所敲响上市宝钟

股票，也不去做房地产。比较让我有成就感和满足的事情，就是我会把一件事一直做，做到很好，一直做很久。"

模仿商界大佬跑销售 夫妻店创业积累第一桶金

曹璋来到深圳的第一份工作在南油的一家电子厂，一开始月工资只有600元。每天在加工线上检测产品，写报告，做品质管理，曹璋感到非常的充实。

"我觉得这是一个落脚的过程。我要生存，我至少能在这里落下脚来。哪家公司能给我工资，哪怕600元、800元、1000元，给我个住的地方就可以了。"

1994年，曹璋的大学师妹王建青，也是女朋友，毕业来到深圳，做服装设计。王建青是带着深圳户口指标来的，这在20世纪90年代属于非常了不得的事情。虽然当时曹璋的月工资已经达到1000元，但事业尚未真正起步，女朋友的优秀让他倍感压力。

那时，曹璋最爱读的是励志类书籍。通过阅读，他给自己打气，也在迷茫中找到了方向。

"李嘉诚、曾宪梓对我影响极大。看到这些书之后，我就开始分析，我说要

从销售开始接触市场，因为我看到他们都是这么干的，曾宪梓是沿街卖衣服、卖领带干起来的，李嘉诚是做塑料花发家的。我就跟我太太商量，来这里肯定不能挣一千块钱这么干下去，她说我们纺大（东华大学前身）毕业，我们就从服装开始，服装的基础比较低，比较容易起来，我说可以呀，但是我完全不懂服装。"

曹璋在深圳打工时期的照片

不懂就一切从头开始。曹璋找到了一家男士衬衣公司。在面试的前一晚上，他在王建青的指导下临时抱佛脚，把棉、麻、毛、21支纱、32支纱等纺织专业名词统统都记了一遍，最后还是因为经验不足，面试失败。

"我就不甘心，又打电话，又跑过去说能不能给我个机会，我说我不太懂，但我会用心学的。他就被我的诚恳打动了。"

就这样，曹璋获得了服装行业的准入证。随后，他又到过内衣公司做采购。1996年，曹璋在一家女装公司担任销售经理，而王建青在童装企业做设计。就在这时，曹璋的一个亲戚决定投资创业，找到了有服装从业经验的曹璋夫妻。

"我太太建议做女装。我分析了一下，女装竞争太大，而当时童装是完全空白的，没有品牌的，当时品牌只有米老鼠，我觉得这是个不错的市场，可以尝试进入，然后就在女人世界开了第一家，别人投资，我们的钱不多，两万块钱是我们的原始资本。"

女人世界位于深圳繁华的华强北商业街，曹璋和王建青的童装店在二楼。只有9平方米的店面，铺租金每个月就要五六千块钱。最开始他们只有两万元的流动资金，必须应付进货、铺租以及其他的日常费用。尽管资金方面压力大，曹璋还是一开始就决定把铺子设在女人世界，他看中的，是这里密集的人流将带来的巨大消费力。

"开业第一天就卖了七八百块钱。最多的时候我没想到那么个小店一天卖一两万块钱，忙的时候从早到晚没有时间吃饭。"

赶上了国内童装市场发展的空档期，加之王建青能挑会选、心灵手巧，大批的外贸尾单在他们的店里总能剪裁搭配出新花样，夫妻俩的服装店生意越做越红火。开业第

曹璋夫妻在女人世界开的第一家店面

一年，童装店的净利润就有几十万。第一桶金积累得如此之快，这是曹璋没有想到的。

市场行为倒逼品牌创立 个体户夫妻变身企业家

说起安奈儿童装，除了舒适的面料和精致的剪裁，其品牌形象——憨态可掬的小兔子 Logo 和吉祥物也萌翻了很多年轻妈妈的少女心。安奈儿现在使用的 Logo 出自北京奥运会会徽设计师之一陈少华之手。简洁线条勾勒出的两只小兔子，竖起耳朵，亲亲相依，为品牌增添了无限的亲和力。曹璋说这代表着父母和孩子相依偎和守护，还有安奈儿积极向上的活力。

在夫妻店阶段，曹璋压根没想过品牌的问题。安奈儿开始设计品牌，是市场行为的倒逼，而曹璋此前做业务时积累的渠道和认知，在这里起了关键的作用。

1999 年，一次偶然的机会，曹璋碰到此前跑销售时认识的一个商场经理。由于商场刚好有个品牌撤架，经理邀请曹璋的童装店入驻。

"进入商场之后正规了，要注册公司，注册品牌，有了这些东西才能够进去，你否则进不去。我们需要找个 Logo。然而我们连电脑都没有一台，设计公司根本请不起。后来我太太找了一家贵宾卡的公司有电脑，在电脑上找了几张图就做了起来。"尽管后来安奈儿小兔子的形象几经变化，却一直沿用品牌创立之初王

建青的灵感。

2001年9月20日，曹璋和王建青成立岁孚服装，开始小规模的招聘。两人也从个体户变成了企业家。2001到2009年，岁孚服装进入了快速发展时期。截至2009年，旗下直营和加盟的童装店已达900家，销售额突破2亿。

曹璋和王建青一家合影

"全中国的服装行业这段时间都是一样，就是风口。你看到现在所有的运动品牌，哪一家不是一年开个几百家的。那时候只要你开店，就能够赚钱，只是赚多赚少，开几家店而已。那时候我们就扩张扩张扩张，反正哪个商场开业了，说你们不错，来吧，我们就设计一个图，就开进去。"

抓住风口尝到电商甜头 仍看好未来线下商场实体

相关统计数据显示，2008年，中国经济虽受金融危机影响，但电子商务却实现了逆势增长，增长率高达97.9%，交易规模达到812.3亿元。一开始，曹璋不太懂电子商务，也没有注意到其飞速增长的势头。后来听说有一家深圳童装品牌，单在双十一当天就做了200万的生意，曹璋立马就到淘宝大学报名。

"我为了背聚划算相关的内容从上午背到下午，我觉得这些很难记，老师要考试的，上午讲了半天，有几种促销方式，下午又忘了。"

曹璋还记得淘宝课上，老师对实体企业老板说，互联网的企业用三年的时间就走完了实业十几年走的路。"我说这下麻烦了，我们也不知道年轻人到底喜欢什么，很茫然。"

完成课程后，曹璋带着几个员工，硬着头皮摸索着上淘宝。第一次参加聚划算，销售的疯狂程度让曹璋大开眼界。

"我第一次做聚划算是一款外套卫衣，当时准备的几千件，我说这能卖掉吗？就一场活动，一天的时间，没想到上去之后，没有多长时间就卖光了。我说这东西太神了，我们没货了，就把多少年前库存的牛仔，真的一千多件迷彩的，又卖掉了。"

尽管不是最早一批做电商的，但凭借着线下的积淀和后发者的勤奋，安奈儿很快就在新晋的电商平台上脱颖而出。2014～2016 年天猫商城的双 11 活动中，安奈儿旗舰店在童装、亲子装类目店铺销售排名中分别位列第六、第七和第五名。

"最早的时候很夸张，我要去跟天猫小二见个面，门口等几个小时都见不到的。但后来，他们的小二到我们公司来了，现在是他们直接与我们公司谈年度规划。这两年发展速度也是非常快，我们加大了互联网电商这块。"

曹璋逐渐摸清了电子商务的商业本质，也更坚定了他做实业的信念。曹璋说，很多淘品牌确实用短平快的方式实现了快速成长，但和线下品牌相比还是有致命的弱点，主要存在品牌沉淀和供应链方面，这关系到产品质量和生产的稳定性，也直接影响着消费者的信心。

"我做过客户调研，问了一些妈妈，如果你在实体店没有看到这个牌了，你会在电商上买吗？几乎所有人回答不会，所以她们对实体店的感觉，我觉得是一个基础。"

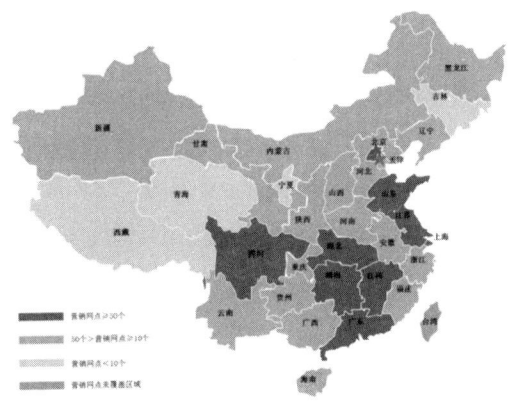

截至 2016 年末，安奈儿零售网络基本上实现对全国市场的覆盖

招股说明书显示，2014 年度、2015 年度和 2016 年度，安奈儿电商渠道的销售收入占主营业务收入比例分别为 11.77%、16.82% 和 24.32%。由此不难看出，尽管电商增长迅猛，目前在安奈儿的销售渠道中，线下实体仍是体量最大、利润贡献最高的。对于几大渠道未来的利润增长预期，曹璋的心中也有清楚的

排序。

"发展速度最快的就是电商，50％以上的增长速度；实体店分两类，一类就是传统百货，基本持平，还有一类就是购物中心。我们在购物中心这块的增长速度也非常快，30％～40％；加盟这块有略微的下滑。"

一辈子只做儿童产品 与安奈儿有个 2046 的约定

从 2010 年以来，中国童装行业用曹璋的话来说，出现了非常有意思的变化。置身于大环境下，安奈儿面临着"内忧外患"的压力。

"在 2000 到 2010 年，所有的企业都在做一件事就是加价，你只要加价，就好卖。价就一直往上走。那时候面临最大的问题是什么？我们的价格太低了。当时认为国外品牌多好，商场总是给我们压力，你的价格低，你到（商场柜台）中边位。"

国内方面，由于成人服装竞争激烈，很多企业都一窝蜂扎了进来，想在童装的蓝海分一杯羹。例如森马集团开发了巴拉巴拉童装品牌，李宁等运动品牌也开始新增了童装系列。

"2010 年前，你只是开店，每年只要考虑增长 30％还是 50％的问题。但是到那个时候就觉得增长有点困难，很多的竞争者进来之后，会有这种压力。"

对于市场环境，曹璋有着清醒的认识。对于安奈儿的定位，他也有着清晰的规划。

"我觉得大多数人没有想一直做童装，大家都是看到这个市场便一窝蜂进来了，当这里竞争到一定程度之后，大家又要跑到新的领域了。而我是一个蛮有定力的人，我就觉得儿童产品这块就是我的定位，我把它当孩子在养，我是用心的。我相信经过多少年之后又会重见分水岭，所以我觉得用心和专注去做一件事情，不用特别担心别人。"

面对风起云涌的市场，曹璋的坚持与用心也是安奈儿稳定发展的定海神针。中国商业联合会统计显示，2015 年全国大型零售企业童装产品销售排名中，安奈儿综合市场占有率位列第四名，在国内品牌、非运动类品牌及大童装子类别三个方面均列第二。2016 年 3 月，"安奈儿"品牌获得中国服装协会评选的第四届"中国十大童装品牌"称号。

曹璋与李亚鹏在"温度一起长大"艺术展开幕式共同绘制"爱心树"

随着二孩政策的放开以及越来越多年轻的一代成为父母，未来儿童产业在家庭中的占比，除了量的增加，还有质的提升。现在的小孩不会像以前那样一套衣服穿到底，日常、周末、睡觉、派对，每个场合都有很多讲究。尽管市场高速增长，品牌忠诚度逐步建立，但目前中国童装行业集中度较低，龙头品牌市场占有率仅有 3％。对于一线童装品牌来说，未来市场还大有可为。童装第一股此时落户安奈儿，既是资本市场对其专注深耕童装市场 21 年的最好褒奖，也为其未来在儿童市场的多元化发展注入了强劲的动力。

曹璋表示，未来安奈儿专注儿童市场的定位不会改变，但产品类别会在保证主营业务的情况下进行稳健扩张。在童装企业中，人才储备和管理沉淀非常重要。比起大规模地扩张圈地，曹璋更崇尚内部修炼，比如进行跨界 IP 合作以及聘请年轻设计师提升品牌时尚度，待积累足够才一步步进行延展。

"去年我们也推出了家居服系列，这块增长非常快。在 2017 年推出了鞋子，儿童的相关用品，包括洗护，都是很好的生意。"

还在很多年前，曹璋就给安奈儿提出了一个"2046 的愿景"，希望在安奈儿创立 50 周年的时候，还是一个活跃在中国童装市场上的主流品牌。

"马云定的是 102 年，大人物嘛。我觉得能力所及，'2046 的愿景'还是有可能实现的，那年我 70 多岁，年纪大了，但只要我看到这两个小兔子还在，就会很开心。"

接受完全景商学院的采访，曹璋从椅子上起身，非常礼貌地和现场的每一个工作人员都握了手。曹璋的谈吐谦逊内敛，思想却充满了智慧和正能量。也许正因为如此，安奈儿的高管团队特别随和，创始人的文化素养很好地渗透进了企业文化中。

生活中的曹璋喜欢简装出行，女儿的衣服也90%来自舒适的自家品牌。

"我更喜欢穿着拖鞋，穿着短裤，带着孩子、老婆到商场里去，到街边，坐在那里吃吃玩玩的，我觉得特别舒服，很轻松。"

（陈晓琼）

董事长感言

上市让我从"超级奶爸"变身"职场达人"

安奈儿上市用了整整7年的时间。用现在流行的话说，上个市"脱层皮剩半条命"丝毫不夸张。上市是一面放大镜，也是一把双刃剑。这一步走好了，品牌影响力会极大提升，公司将迎来新的发展机遇；如若失败了，则有可能让企业一蹶不振，甚至如"蝴蝶效应"般引发股东矛盾、高管出走、员工离职等一系列问题。这些情况都有先例，我们也心里有数。

所以在决定走上市之路的那一刻，我们就决定把一切都做到最完美。

上市之前，安奈儿在全国31个省、自治区和直辖市有上千直营店以及加盟店。我们逐一地对每家店都进行了内部调整和完善。大到环保证明、财务证明的查缺补漏，小到店面环境和店员素质的整体提升，每一个细节都不敢怠慢。

上市最后半年的时间里，我每天的睡眠时间都没有超过4个小时。虽然上市的筹备工作每天都在稳步推进而且进展顺利，但我还是免不了会担心，是否有哪个地方考虑不周全。上市的各种细节，每天都在我的脑子里盘旋。

之前听很多董事长说，上市敲钟是人生中心情最激动的一刻。但真正到了安奈儿上市那天，当我用手中的绑着红丝带的钟锤碰撞宝钟的那一刻，我的心情却是分外的平静。有人问我，上市了开心吗？我说很开心啊。心情激动吗？真的不激动。

上市的第二天，我到公司给员工发奖金，发现员工很快就进入了新的工作状态。这是我想说的，上市给公司内部带来的最喜人的变化——员工工作的动力和自觉性明显更强了。以前给他们安排工作，遇到困难，他们总会提出各种的理由和借口。现在我不用说太多了，就一句，"你要么跟着冲，要么看着股价下去！干不干、怎么干由你！"同时，安奈儿对人才的吸引力也在逐渐提升。现在很多国际人才和大公司的人才，都愿意到我们公司来。以前做我们生意都"只敢想几个亿的事情，现在敢想几十个亿的事情"了。

从女人世界9平米的小店到童装第一股，我非常感恩生命中发生的一切。说实在话，我以前只是一个想过过小日子、赚赚小钱、养家糊口的人。我也是个典型的居家奶爸，每天按时回家吃饭，周末一定有一天陪小孩，一年出去外面吃饭不超过十次。但在带领安奈儿一步步走向上市之路的过程中，我"被迫"走出了家里的舒适区，以更加职业的状态在工作。我也明显感受到了自己的变化和成长。

如前面所说，上市后我内心深处有种难以言说的平静，一直持续了二十几天。直到有一天，我来到公司，对员工们说："告诉你们一个好消息和一个坏消息。好消息是我满血复活地回来了。坏消息是你们以后没有好日子过了。"

这一刻，我真正觉得自己多了一个身份——上市公司董事长！

扫码观看安奈儿曹璋专访视频

147

卫生巾行业的"豆腐经"

■ 延江股份　谢继华

"有人问我公司上市的秘诀是什么，我觉得就是踏踏实实做事情，就像任正非说的，你认认真真把豆腐磨好了，把产品做好了，就会有人买。公司做好了，上市是自然而然的事情。"

——谢继华

前几年穿越剧大火，很多女生幻想自己穿越到古代做女皇，正当沉迷其中的时候，忽然想到一个问题：在古代来大姨妈了怎么办？那个时候又没有卫生巾！查过资料才知道，原来在古代，卫生巾就是一坨布！还要清洗反复使用！简直难以想象！除了脏兮兮之外，还不卫生，算了，还是乖乖地留在现代社会吧！

谢继华接受全景商学院专访

作为女性一生中长达几十年的刚需用品，卫生巾也带动了一个产业链的发展。2017年6月2日，延江股份（证券代码：300658）在深交所敲响上市钟声，成为中国一次性卫生用品面层材料第一股。

近期，全景商学院专访了延江股份的董事长谢继华，他带领家族企业走向资本市场，对卫生巾的品牌、材料、性能如数家珍，谁能想到他曾经是个不敢在超市买卫生巾的害羞男生？

理工男机缘巧合入行做卫生巾

谢继华本科毕业于厦门大学高分子化学专业，研究生毕业于东华大学化学纤维专业，专门研究塑料、纤维、无纺布等材料。他毕业后去一家化纤公司做工艺工程师，主要从事涤纶丝等服装原材料的生产、研发。

很多人好奇，一个男生怎么会从事卫生巾行业？谢继华说这也是一个机缘巧合：有一个同事说自己家想投资做企业，不知道做什么好。刚好这个同事的老家在晋江安海，这里有中国最大的卫生巾企业——恒安集团，商议讨论后决定做卫生巾。谢继华参与了工厂的设立，主管生产、研发。

"刚开始做卫生巾行业有点尴尬，都不敢跟人说起这个事情。记得那时去超市买卫生巾我都不敢去结账，对做销售的同事说'你们以后要卖产品，应该你们去结账'，自己则躲在他们后面。"谢继华笑着说，"一开始很害羞啦，后来慢慢的都习惯了，国外的卫生巾研发人员大部分也是男的。"

"男生从事这个行业确实不被人理解，在倍舒特的时候，我们的业务员出去推销产品，跟客户介绍这个产品多好多好，干爽舒适不侧漏……很多客户是老板娘，把她们逼急了，她们会反问'你都没用过，你怎么知道它这也好那也好？'"

2000 年的时候倍舒特在北方也有了一定的市场地位，谢继华在这里做到副总经理。但那个时候交通不便，北京离厦门 2000 多千米，回一趟家很不容易，谢继华考虑回厦门发展。

"回来后想要自己创业，但不想从事卫生巾成品制造行业，因为会跟倍舒特产生竞争，这样不太厚道。那做什么好呢？"谢继华说，"我是学高分子专业的，跟面层材料特别对口，就决定办一家为卫生巾提供面层材料的工厂。十几年了，我们跟倍舒特的投资人关系都很好，倍舒特现在也是我们的主要客户之一。"

在妈妈的餐桌上开董事会

2000 年，在父母的主持下，弟弟谢继权出资 10 万元，妹妹谢影秋、谢淑冬、父亲、母亲分别出资 5 万元，谢继华则以采购的价值 26.54 万元的无纺布作价 20 万投入公司——厦门延江工贸有限公司（延江股份的前身）就这样在的家族"众筹"之下成立了。

"公司注册需要一个周期，为了让产品尽快投产上市，就一边成立公司一边采购原材料，因此产生了所谓的用原材料作价出资。"谢继华解释说。

谢继华还做以前的老本行生产、研发；弟弟谢继权毕业于造纸专业，有相关行业经验，分管销售；谢继华的父亲是学机械的，可以做机械工程师；由于谢继华的原因，母亲和妹妹对卫生巾行业多多少少也有些了解——于是，公司架构就这样搭起来了。

谢继华（右）与父亲谢道平（中）、弟弟谢继权（左）

"前几年公司就我们几个人，我们在妈妈的餐桌上可以把股东会、董事会、部门经理会全部开完。"谢继华说，"我们家庭很和谐，不会斤斤计较，有什么问题大家一起讨论讨论就可以得出结果、决定该怎么做。"

那时打孔膜这种面层材料很流行，做得好的都是国外的大公司。国内也有几个厂家在做，但他们是购买国外的机器设备，买回来塑料薄膜后重新加热，然后再用真空打孔。

打孔膜这种工艺的关键点是在塑料薄膜成型的时候用真空吸出小孔。科班出身的谢继华以前接触过塑料薄膜技术，经过一年多的实验研发，他开发出一道真空吸孔的技术，在塑料薄膜制作的过程中就真空打孔，将两道工艺合二为一。

新工艺既简化了流程、降低了成本，又提高了产品质量，受到市场的欢迎，成为倍舒特、百亚、舒莱等广大客户的供应商。

谢继华曾做过涤纶丝的工艺工程师，他借鉴涤纶丝先进的生产管理流程，严格控制产品生产，保证产品质量。"面层材料直接贴着皮肤表面，所有原材料、配方都要做安全认证，这是最基本的，确保安全的基础上再去根据客户的需求做个性化定制。"谢继华说。

"我们建立完整的质量管控体系，防蚊虫、防污染措施非常严格，客户来验厂的时候都会趴在地上看厂房有没有缝隙。生产线上装有在线检测系统，摄像机检查每个产品，如果有疵点的话就会被检测出来，后期再由人工一一剔除。"

2003年，延江股份成为恒安的面层材料供应商。直到今天，恒安仍是延江股份的前5大客户之一。

回忆起创业的日子，谢继华说"很辛苦"："那个时候没有什么技术人员，什么都要自己做。有一次生产设备出现问题，我组织大家排查。虽然离家只有20分钟路程，但我三天三夜都没有回家。"

辛苦没有白费，2005年，延江股份的PE打孔膜在行业里有了口碑，进入国际知名纸尿裤厂商的供货体系。PE打孔膜市场需求很大，2009年延江股份营业收入上亿，成为行业翘楚。

延江股份生产车间

进军纸尿裤行业

PE打孔膜主要应用在卫生巾的面料上，主要特点是干爽，但毕竟是塑料薄膜，不够柔软，用起来有一种塑料感。无纺布很柔软，但液体会停留在纤维之间，用起来会觉得湿漉漉的。"我们想要一个两全其美的解决方案：用无纺布代替塑料薄膜，利用3D打孔技术，让无纺布更干爽。"谢继华说。

2006 年，公司成功研发 3D 锥形打孔技术，并率先推出 3D 打孔无纺布，既有干爽透气的性能，又拥有柔软触感，最开始用在卫生巾上。

"我们平时看打孔无纺布感觉只有一层，实际上是有好几层的，这种材料非常薄，一平方米只有 20 克左右。3D 漏斗形小孔受压会封闭，可以让液体只进不出。"谢继华介绍，"我们未来的目标是想把表层面料做成像荷叶一样，液体不粘在表面上，液体通过小孔漏下去，从而达到更干爽、渗透更快的目的。"

随着我国人均可支配收入的增加和消费、育儿观念的转变，加上近些年二胎的放开，纸尿裤市场越来越大。

"跟卫生巾不同，纸尿裤的使用者是婴幼儿，他们无法投诉，最开始妈妈们只能从宝宝屁股红不红（即干爽性）来判断纸尿裤好不好，没有考虑过宝宝屁股的舒适度。"谢继华解释道，"婴儿的皮肤非常敏感，随着生活水平的提高，妈妈们对纸尿裤越来越挑剔，不仅要干爽，还要柔软。"

出于这个市场趋势的判断，延江股份将打孔无纺布工艺推荐给合作商，建议用在纸尿裤上。2012 年，某全球知名健康卫生护理公司开始尝试使用打孔无纺布作为面层材料，用在高端纸尿裤中。2013 年底，恒安也开始将打孔无纺布用在纸尿裤上。

打孔无纺布干爽性能和柔软触感得到了消费者的认可，越来越多的国际知名品牌和国内知名品牌的纸尿裤采用延江股份的打孔无纺布作为纸尿裤的面料和底膜复合无纺布，打孔无纺布逐渐成为延江股份的主打产品：2016 年打孔无纺布收入占比 67.11%，PE 打孔膜占比 22.14%。

延江股份首创的 3D 打孔无纺布技术帮助公司占领了市场先机。2014 到 2016年，公司 3D 打孔无纺布销售收入快速增长，分别为 2.6 亿元、3.11 亿元、4.02亿元。在打孔无纺布的带动下，2014 到 2016 年延江股份主营业务收入分别为3.70 亿、4.65 亿、5.99 亿，年复合增长率达到 27.34%。

2017 年 6 月 2 日，延江股份正式登陆创业板，IPO 募集资金 4.34 亿全部用于年产 22000 吨打孔无纺布项目。谢继华说，"中国纸尿裤市场还有很大空间，未来我们的发展方向将重点放在纸尿裤上。"

"踏踏实实磨好自己的豆腐"

创业 17 年来，两次原创研发（PE 打孔膜和 3D 打孔无纺布）给延江股份带来了发展机遇。凭借持续优质的产品，延江股份与众多国内外高端品牌客户结成了稳定的合作关系。

与国际大品牌的合作也倒逼延江股份迅速成长。"国际知名纸尿裤厂商要求延江股份整个公司的各个部门跟他们相应的部门对接，是体系与体系之间的对接。这也要求我们有健全的部门架构、正规的管理。"谢继华说，"大客户每年都对我们进行评审，不是评审某一个部门，而是整个公司。如果分数达不到，就会取消我们的供应商资格。"

在大客户的影响下，延江股份也建立了完整的运作团队，研发、产品管理、业务、物流……各个团队跟客户相应的部门对接。"我们一直在向客户学习，让机器能够自动运作起来，让齿轮、零件自动运转，不用我亲自去推动它。"谢继华说，"因此，我现在不是特别累，空余时间看看小说，做做运动，相对来说比较轻松。"

借助与国际卫生用品龙头企业间的良好合作关系，延江股份积极参与国际市场竞争，产品外销比重不断增加，2016 年公司产品的外销比例达到 47.39%。近些年，国际大客户开始要求延江股份为其海外生产基地做配套，为了更好地服务客户，延江股份也计划向海外拓展版图。

2017 年 6 月 2 日，延江股份在深交所敲响上市宝钟，正式登陆创业板

"公司越来越大，我们希望能找到有跨国公司背景的职业经理人来经营管理公司。民营企业跟跨国公司的运作模式、文化背景是不一样的，我们需要的是既

能融入延江，又给公司带来改变的人才，这要求还蛮高的。"

回首创业之路，谢继华说，当初只想把公司踏踏实实做好，并没有想过能上市。"2012年，有PE（私募股权投资）找到我们，问我们想不想上市。我想，如果延江把自己的业务做好的同时能上市，这样也不错。能上市当然最好，如果上不了我们该做的也会继续做下去。"

"有人问我公司上市的秘诀是什么，我觉得就是踏踏实实做事情，就像任正非说的，你认认真真把豆腐磨好了，把产品做好了，就会有人买。公司做好了，上市是自然而然的事情。"

（雷雪）

扫码观看延江股份谢继华专访视频

马兰花和小草的故事

■ 绿茵生态　祁　永

"简单的事情重复一直做下去，我觉得就不简单。我的爱好就是跑步，这个运动坚持了快十年了。实际上跑步是一个非常枯燥的事情，我不管刮风下雨，不管温度多少，比如今天有37摄氏度或者是零下多少摄氏度，我都会坚持做。在市里面，离开天津到外地出差，我也是这么做的。"

——祁　永

马兰花，鄂托克前旗旗花，淡雅清香，身段如兰花般婀娜多姿，却绝不是温室里养尊处优的花儿。她身上有着十足的傲骨：耐旱涝、耐盐碱、耐瘠薄、耐高温、耐严寒。马兰花在黄土高坡、草原上非常普遍，甚至在其

卢云慧与祁永夫妻（左）一起在深交所敲响上市宝钟

他植物无法生存的中国大西北罗布泊无人区和古楼兰故国孔雀河流域，也可以看到零星散布的马兰花。

在绿茵生态总经理祁永的眼中，妻子卢云慧就像是草原上的一株马兰花。这位从内蒙古大草原走出来的硬汉把自己比喻成了一棵小草，没有花香、没有树

高，却有"野火烧不尽、春风吹又生"的刚强和韧性。

马兰花和小草一样低调平凡，安之若素地扎根泥土里，却是荒漠绿化和盐碱地改良难得的好材料。而祁永和卢云慧共同经营的园林绿化事业，每天与土地和草树打交道，肩负着环境生态改良的重任。

1998 年，天津市绿茵园艺有限责任公司（"绿茵生态"前身）成立。

2016 年，绿茵生态实现营业收入 6.85 亿元，净利润 1.73 亿元，同比增长 46.81%，一跃成为内蒙古和京津冀生态园林行业的龙头。

2017 年，跟随处于发展风口期的生态园林行业，绿茵生态加速了资本化发展的步伐。相关数据统计显示，随着上市宝钟敲响，绿茵生态（证券代码：002887）成为第 19 家登陆 A 股市场的园林企业。

"过去主要在天津，解决了好多盐碱地的问题。借助登陆资本市场这个机会，我们考虑向外延伸，把企业打造成北方的生态领军企业之一，下一步我们还打算向全国进军。"

启动城镇化的"绿色引擎"

卢云慧和祁永这对在内蒙古成长起来的夫妻档，对大草原有一股难以割舍的情怀。

大学时期，两人不约而同地选择了并不热门的草原专业，毕业后先后就职于天津万达食品总公司和康地万达天津有限公司，从事与食品和养殖行业相关的工作。

辽阔的草原赋予内蒙古儿女天生开阔的视野和宽广的胸怀，他们习惯将目光投向远方。这在祁永和卢云慧身上表现得非常明显。初入职场的他们并不是一味地埋头于眼前的工作，而是会关注国家经济社会发展趋势，思考寻找产业方向与自身发展的契合点。

1998 年，中国城市化建设方兴未艾，房地产行业发生了一件可以载入史册的大事：国家取消福利分房制度，改为给予住房补贴。房地产行业由此走上了快速市场化的轨道。祁永判断，食品养殖行业发展已经饱和，风口向绿化行业的转变是一个必然趋势。

"当时我们看到国家发展，人们的温饱问题已经解决了，食品问题也解决了。城市建设水平很高，尤其人们对住房需求越来越高，这时人们对环境、对绿化、对美化要求越来越高。"

房地产的兴起带动了上下游几十个行业的发展。学习草原和植物专业出身的祁永，就看中了生态环境建设的行业机会。也是在 1998年，卢云慧和祁永离开熟悉的食品行业，成立天津市绿茵园艺有限责任公司（"绿茵生态"前身），成为国内第一批生态园林工程企业。那一年，卢云慧和祁永都已接近 35 岁。

游子远行，始终割舍不下草原之情

后来者都说祁永善眼光独到且行动高效，祁永却说只有在蛋糕不大不小时适时介入行业，才产生出最高的成本效率。绿茵生态的诞生只能算恰逢其时。

"房地产刚刚兴起，中国城镇化建设也刚开始。这个时候已经有一定规模，但不是特别大，所以介入不是特别早，但是也不晚，还是比较适中的。"

城市化建设进程的加快让市政景观的业务稳健增长，房地产的高速发展则带来了地产景观建设的旺盛需求。市政景观和地产景观工程双轮驱动，绿茵生态获得了起飞的原动力。卢云慧和祁永于 2001 年、2007 年、2008 年、2012 年以及2015 年多次增资，并在 2014 年将绿茵生态整体变更股份有限公司。

玩转整条生态园林产业链

近年来，经济发展带来的环保问题时有发生，催生了以环境优化为核心的生态修复产业。生态修复，这一环保领域的专业名词开始正式进入公众视野。

2015 年园林行业研究报告显示，未来 5 到 10 年，生态修复产业蕴含万亿市场规模，预计 2020 年城市园林绿化投资总额将达到 8924 亿元。

"生态修复除了城镇有一部分以外，大部分我觉得应该是在城市周边一些区域，比如说像河道的治理、荒山的绿化、盐碱地的改良，还有包括湿地公园、森林公园建设。它是伴随着城市的发展以后下一步的业务拓展板块。"

看准时机，绿茵生态开始布局生态修复领域，并逐步建立了植被群落恢复和功能修复方面的技术优势，尤其在干旱和半干旱区域的盐碱地以及边坡治理和修复方面积累了项目经验和研究数据。"废胶粒为蓄盐层填充土壤以提高草坪植物抗盐能力的方法"、"一种吸附有机污染物的复合过滤毯"等多项专利陆续被应用到具体项目中。

绿茵生态董事长卢云慧、总经理祁永夫妻在上市仪式上合影留念

除了看得见的专利和技术，近几年的业绩数据也显示，绿茵生态在生态修复领域的探索取得了不错的成效。从招股说明书可以看到，报告期内，生态修复在绿茵生态营业收入中贡献最大。其中，2016年，生态修复工程施工收入达4.09亿元，占比59.74%，同比增长59.80%。

尽管同属于生态园林大行业，生态修复和园林绿化（市政景观、地产景观）业务的特点其实不尽相同。对于公司在业务承揽、专业技术、项目施工、项目管理等方面的要求也存在较大差异。基于这个原因，业内的大多数企业会选择以其中某项业务为主。

卢云慧和祁永对于绿茵生态的定位，却一直是园林绿化与生态修复的均衡发展。在祁永看来，只有各业务版块协同发展，才能产生叠加效应，从而打造出一条完整的园林生态产业链。

"生态修复的目的就是要把过去破坏的环境改造好。修复好以后可能它要可持续，还要经济效益，所以下一步还要做许多运营。我们认为这两个（园林绿化、生态修复）不是独立的，将来是并驾齐驱的，而且还是相互补充的，所以公司未来在这两个方面都会同时发展。"

目前，绿茵生态已经拥有城市园林绿化企业一级、风景园林工程设计专项甲级的"双甲资质"，形成了集"生态修复和园林绿化技术研发—抗性苗木生产与繁育—规划设计—工程施工—养护"为一体的完整产业链，能够为客户提供一体化生态景观建设解决方案。

"我是这么理解的，光有施工还是不行。施工只不过是整个园林绿化中间的一个重要环节。但是设计和规划是引领施工的，所以我们在具有施工一级资质的前提下，最近又拿到了设计甲级资质，有助于我们引领市场发展，提前介入大的建设项目。在全国范围来看，具有双甲资质的企业不是特别多，也就是一百多家，这个应该也算企业的一个核心竞争力。"

园林绿化行业被业内人士称为一个"看天吃饭"的行业。因为无论苗木种植还是绿化养护，都或多或少受到自然条件的影响。不同的土壤、不同的气候、不同的季节必须种植不同的植物，采取不同的养护方式。绿茵生态就试图通过技术来突破这方面的局限。

"我们过去在什么样的季节栽什么样的树，但是现在植树的种植季节已经用技术来克服了，比如说我们可以在夏季把树种活，冬季也可以把树种活，所以公司一定要不断补充新技术来克服自然的影响。"

企业管理如跑马拉松：贵在坚持

祁永说，自己是个比较平静的人，遇到事情没有太大的情绪波动，喜欢顺其自然，而生命中的一切似乎也来得顺理成章。如果硬要说有什么性格特点的话，那就是特别喜欢坚持。

"有部分我认识的朋友，比如他在做这个行业的时候，可能看到别的行业也有利可图就做别的了。但是我们从选择了这个行业到现在，就一直坚持做一件事情，发展这一个专业。简单的事情重复一直做下去，我觉得就不简单。"

对于事业方向，祁永从一开始就从没想过放弃；而对于兴趣爱好，祁永同样可以坚守十年如一日。

"我的爱好就是跑步，这个运动坚持了快十年了。实际上跑步是一个非常枯燥的事情，我不管刮风下雨，不管温度多少，比如今天有 37 摄氏度或者是零下多少摄氏度，我都会坚持做。在市里面，离开天津到外地出差，我也是这么做的，给员工、给我自己灌输一种理念，就是把事情坚持做下去。"

祁永从 2012 年开始跑马拉松，到现在已经参加过十多个正式比赛。他把跑道上的坚守活成了一种人生常态，更把坚持跑步的状态变成了一种企业文化。

2016 年，祁永带领一支 30 人的绿茵生态队伍，参加了内蒙古乌兰察布举行的国际马拉松挑战赛。作为本次赛事中最大的企业跑团，绿茵生态队伍中除 3 人此前有过跑马经验外，其余都是首次参赛。但比赛结果却令祁永非常震撼：有 4 名员工完成 42.195 千米的全马，16 名员工完成 21 千米的半马，10 人完成 5～10 千米的迷你赛。

"后来总结的时候我和他们讲，我说你为什么能比我们想象的还要好呢？因为每一个人的能力远远超过你自己的想象，当时谁也想不到我们会把这个任务完成；还有一个原因我觉得是基于团队的考虑，大伙儿在一起做这项运动，如果没有团队的力量，互相鼓励的氛围，你们能不能完成？大伙儿都说不能完成。"

祁永说，做企业和跑步在某些方面是共通的，也需要坚持不懈的马拉松精神。专注、专业、专心，不管市场经营环境是好是坏，都要保持初心，开跑了就要一如既往地坚持下去。

对于出生在内蒙古的卢云慧和祁永来说，大草原寄托了他们心中挥之不去的感恩和念想。而在天津工作、创业、成家二十几年，这里更像他们的第二个家。

绿茵生态是乌兰察布国际马拉松赛最大的企业跑团

天津给了卢云慧和祁永梦想和事业起航的舞台，他们带领的绿茵生态也以其独有的技术优势缓解了天津严重的盐碱地问题。目前在天津的大街小巷，处处可见绿茵生态的作品。

"每年要招很多大学生进来，我会跟他们交流，我说干任何一项工作都有成就感，像干园林行业是个绿色的行业，你去培养生命，你去敬畏生命。而且有好多作品，比如公园、道路、广场，这些精品会留下来。当哪一天领着你的太太，还有小孩，来告诉他们，这个作品是我做的时候，我觉得非常有自豪感，这是一个非常伟大的事业。"

（陈晓琼）

总经理祁永感言

上市比的不是速度，而是内力

企业上市后，我细细地回顾和思考绿茵已经走过的这 19 个年头，感慨万千，在上市这个道路上，确实充满了艰辛，确实充满了欢乐。

我将绿茵成功上市的感悟归纳为三点：即选对产业方向、热爱事业和坚持不懈的追求。做企业一定要选择好行业方向，符合国家经济发展趋势，比如我们创业时选择园林绿化行业，当时就认为这是一个非常朝阳的行业，现在已经成为我国重要的战略新兴产业一环。做企业和做任何事情一样，要有兴趣有热情。做企业就像我们做园林绿化培育大树一样，我们需要给苗木提供合适的土壤、养分和水分，让它适应当地的生长环境，总有一天它会成为参天大树，做企业也是如此，经风雨见世面，苦练内功，才能做大规模。如果把上市比作马拉松比赛，那么第一要点是坚持，坚持比什么都重要，且不能急功近利，要把握好企业的发展方向，保持好增长速度，做好企业的内控，加强规范化管理。上市比的不是速度，而是内力，起跑快也不一定能坚持到终点，要根据自己的体力合理分配，把握自己的节奏，千万不要前功尽弃，很多人是"有信心，没恒心，最后不死心"，这是不对的。企业要打好自己的基础，就像跑马拉松一样，需要良好的体力支撑才行，不可能上来就完成一个全程马拉松比赛，需要不断的积累过程。做企业的永远不可能是一帆风顺的，就像我们草原上的河流一样，没有直的，弯弯曲曲，但是目标很明确，按照自己既定的方向前进。

我们在创业过程中，业务方向经历了由少到多、由多变少的两个阶段，最后专心到生态修复与园林事业，数十年如一日，不忘初心，细心经营，成就了今天的公司。我一直认为，从初创企业到上市企业，练好内功非常重要，上市就成为水道渠成的事情。不要把上市看得太神秘，也不要看得非常简单。只要踏踏实实做企业，坚持"专心、专注、专业"的理念，上市肯定是一个水到渠成的事情。

登陆A股后，我们还将继续实践和发扬"专业、专注、专心"的品牌文化，把园林和生态修复事业"做精、做透、做强"，成为中国北方生态建设的领先品牌。

扫码观看绿茵生态祁永专访视频

第四章

团队！团队！团队！

创业公司应该把团队放在第一位，永远不能例外。

财散人聚

■ 深冷股份 谢乐敏

"我的理念是我们需要一个团队共同创业，而不是靠一两个人。所以我必须要使整个团队稳定，大家有共同的目标，个人利益的牺牲有利于公司的发展。"

——谢乐敏

从一名中规中矩的国企高管，到东拼西凑 200 万启动资金，蜗居小办公室只为创业，再见证企业填补国内技术空白，成长到年营收逾 4 亿规模的上市公司董事长谢乐敏，这位"20 世纪 80 年代的大学生"群体中走出的又一名优秀的企业家，始终认为上市不过是另一段旅程的起点，而自己并不高的持股比例，正是核心团队始终保持强大凝聚力的关键秘诀。

成都深冷液化设备股份有限公司（证券代码：300540），这家谢乐敏多年来倾注了全部心血的企业，长期致力于气体低温液化与分离技术工艺的研究，不但已成为国内最主要的天然气液化工艺技术和气体液化装置研发制造商之一，更在 2016 年 8 月 23 日成功登陆创业板，成为 A 股专注于深冷液体装置的上市公司。

38 岁国企高管带领团队下海创业

1983 年，谢乐敏毕业于河南科技大学机械制造工艺及设备专业，毕业后被分配到某国有企业工作。谢乐敏在企业里先是从事了 7 年的产品设计，1990 年被抽调到了销售部门，并被派到广东当了几年华南地区的销售代表，其后被调回企业本部，先后从事销售管理和技术管理工作。

"原来的国企是国内空分行业的知名企业之一，后来由于国企改制，当时我也就 38 岁，总想自己干点事业，于是辞职离开原来的企业，与一些朋友和过去的老同事开始创业。"说起自己在 2001 年离开原单位出来创业的原因，谢乐敏的语气让人感觉到，他早已有清晰的人生规划。

深冷股份董事长、总经理谢乐敏接受全景商学院独家专访

谢乐敏所处的深冷行业是一个专业性强、竞争激烈的领域，经过深思熟虑之后，他们决定只做这个领域中涉及当时新技术的细分产品，也就是现在深冷股份的主营业务——深冷液体装置业务。用谢乐敏的话说，做大企业不想做、小企业想做又难以做好的领域，深耕细分市场，才能让公司拥有充足的发展空间。

回顾这 15 年走过的历程，深冷股份的发展路径恰如谢乐敏当年的规划，可见他对这个行业的深刻理解。而这家在深冷液体装置领域吃了第一个螃蟹的公司，在竞争激烈的市场当中逐步壮大。

创业多艰，他选择财散人聚

离开体制内下海，让谢乐敏团队遍尝了大多数创业者都会经历的艰辛。当时，这个创始团队只有十几个人，全部资金就是各位股东东拼西凑而来的 200 万元。由于团队的定位是做与其他企业不一样的产品和服务，所以他们一开始就将

有限的资金投入到技术研发上。

为了尽可能节省开支，他们一开始只能挤在一间租来的小办公室里，这个办公室连会议室都没有，接待客户的时候还不得不跑到隔壁公司借用。后来，他们在一个偶然的机会下接到了来自温州一家公司的订单，为了积极响应客户的工期和质量要求，他们便把公司仅有的资金全部投入到这个项目中去。资金的匮乏令他们几度发不出工资，起步时期的窘迫可想而知。

"因为我们的资金很有限，都投到项目里了，但大家都没有怨言，继续抓紧技术研发，抓紧项目攻关，团结一致，才能够同甘共苦地扛过来。我们差不多经历了三年多的时间才在技术上稳定下来，并得到客户的认可。"提起这段艰难的起步时光，谢乐敏面露自豪。

的确，在充满荆棘的创业路上，团队的坚持至关重要。面对着这一群风雨无阻共事多年的老同事，谢乐敏非常坚定的将股权与团队分享，让团队人员更多地享受公司成长的回报。深冷股份的招股说明书显示，作为实际控制人的谢乐敏的持股比例仅占发行前总股本的17.86％，公司上市后，他的持股比例更是被稀释至13.39％。

不过，现任深冷股份副总经理、总工程师的文向南、技术部部长程源、技术部副部长黄肃等7人，于2012年与谢乐敏签署了一致行动协议。这7人自公司设立以来便是技术和管理方面的核心成员，谢乐敏及其一致行动人合计持股比例占公司发行前总股本的50.01％。

"我们需要一个团队共同创业，而不是靠一两个人。所以我必须要使整个团队稳定、大家有共同的目标，个人利益的牺牲有利于公司的发展。事实证明股权的分享对我们公司的发展有着绝对积极的作用。因为我们想得更多的是让技术队伍

深冷股份成都总部外景

稳定，更多的是让大家甘心去做技术。"通过这样的方法，谢乐敏既保证了核心团队对公司的控制力，也实现了他一直以来"财散人聚"的愿景。

紧抓研发，技术立身

刚刚创业的时候，谢乐敏和他的团队拿着好不容易凑集起来的血汗钱，大把大把地花在研发上。这可能会让很多人担心，一上来就在研发上大肆烧钱，钱烧完咋办？其实在很多科班技术出身的企业家眼里，研发是企业可持续发展的根本，所以再穷不能穷研发，于是才有了深冷股份今天的发展。

"非常偶然的一个机会，我们发现天然气液化设备在中国是一个空白。"2003年的时候，谢乐敏团队捕捉到了让公司发展最终走上正轨的商机，而这个商机，就是天然气液化工艺技术的研发。

"我们随即投入了大量的精力对天然气液化设备进行研发。当时研发天然气液化设备，我们没有任何可以借鉴的东西，完全是基于我们团队自身对深冷技术的了解。一年多后，我们开发的第一套天然气液化装置投产。"后来，随着技术的不断进步，谢乐敏团队获得了重大突破，在 2008 年 11 月，代表国际先进水平的 MRC（混合冷剂循环）工艺技术获得了成功，并获得了国家发明专利。在这项技术成功突破之后，公司也进入了高速成长阶段，2009 年销售收入突破亿元大关。

"基本上我们每三年左右会有一个新的工艺技术或新的产品推向市场，所以我们是不断依靠技术创新去求发展的一个企业。"谢乐敏说，不断地让自身的技术走在市场最前头，就是他们的发展哲学，简单却充满挑战。一个可以佐证的例子是，早在 2010 年，他们便把精力投入到非常规天然气的液化技术研究，包

贵州黔桂天能焦化焦炉煤气节能减排综合利用项目

括煤层气、煤矿瓦斯气、焦炉煤气等气体的提纯和液化，并向市场不断推出这些新的产品。

2015 年，深冷股份实现营业收入 4.54 亿元，净利润 6072.98 万元，并成长

为国内天然气液化领域少数拥有日处理100万立方米以上项目业绩的企业之一，同时产品还实现对亚洲、非洲和欧洲部分国家的出口。到目前为止，深冷股份已为客户提供的天然气液化装置和非常规天然气液化装置的产量规模从每天2万立方米到每天120万立方米，完成技

英国深冷液体储能装置

术储备的最大规模达每天500万立方米；为客户提供的液体空分装置的产量从每天15吨到每天300吨，完成技术储备的最大规模达每天1000吨。

2016年8月23日，深冷股份在深交所创业板挂牌上市。上市对谢乐敏来说，只是一个更大规划的开端："我们发展到今天只能说是走过了一段创业路程，实际上我们未来的路还很远，公司还有新的战略规划，我们没有懈怠的理由。"

（张聪聪）

扫码观看深冷股份谢乐敏专访视频

一个 16 年无人离职的团队

■ 太辰光 张致民

"我们的队伍说不上出类拔萃，但是制度让我们站在一起了，有很好的向心力，最根本的是我们有一个共同的发展目标和对利益分配的一种合理安排。"

——张致民

IPO 的企业创始人各有各的"初心"：有的人不甘于平凡的生活，投身商海奋力拼杀，风口浪尖上闯过来，终于收获财富和名望；有的人凝学识、兴趣与事业于一身，身心投入无暇他顾，百折不挠终换得瓜熟蒂落，看企业如同收获孩子成长的喜悦；也有的人因缘际会，本为生计却被时代潮流推动，起起落落几番转折，回头看时已然身在高处别有一番风光。

张致民接受全景商学院专访

太辰光（证券代码：300570）董事长张致民的"初心"与众不同。作为中国最早的光器件行业的从业者甚至可以说奠基者之一，20 世纪 90 年代，他创办了中国最早的光无源器件企业中和光学，2000 年他又离职创立太辰光，并用 16 年

169

时间带领企业成功上市。

然而论及张致民的初心，却不仅仅是企业上市或者功成名就而已。无论在中和光学还是太辰光，张致民在探索光无源器件行业发展方向的同时，在进行一场更宏大的探索与实践——在企业的生产与经营中，如何最大化"人"这一核心要素的价值。

前前后后 20 多年时间，张致民进行了一场有关人心、凝聚力、利益分配与企业发展的管理探索与实践，而这场实践的成果凝结成了今天挂在太辰光公司门前的那行毛笔字——"上下同欲者胜"。

"人是生产运动的核心要素"

1992 年，张致民从日本留学归来，回到之前工作的国企，并在其体系内创建了中国第一家光无源器件企业——中和光学，同时从日本引入整套陶瓷插芯生产线。中和光学的创立，填补了中国在光器件领域的空白，成为当时的明星企业。

20 世纪 90 年代初的中国，社会主义市场经济尚处于起步期，企业从生产到分配应该如何运作，效率和公平之间的关系如何平衡，都没有成型的理论可以借鉴。张致民作为中和光学的总经理，为了能够更好地管理企业，考入复旦大学管理学院读 MBA。

此时已经年过不惑的张致民，既体会了共和国计划经济下的种种弊病，也感受到了改革开放带来前所未有的机遇。此前在国企的工作和日本留学过程中对日本企业的了解，使他对企业管理有了更丰富的认识和深入的思考。复旦 MBA 毕业的时候，他选择的课题与众不同，没有探讨当时最火热的营销，而是以《劳动力与利润分配》作为自己论文的题目。

在这篇论文中，他写道："资本与劳务在利益上的矛盾一直困扰着人类社会，从原始资本主义对劳务的残酷剥削到社会主义革命，再到现代资本主义的物质文明，直至今日的社会主义市场经济，无一不是这一矛盾斗争或缓和的反映。历史反复说明了一个真理，劳务对资本增值的责任感和积极性成倍地影响着资本的增值程度。"

而这一思想的核心，正如他所写的："人是生产关系中最具有弹性和活力的因素，科学技术的飞速发展，生产工具的日新月异依然无法舍去人的因素在生产关系中的主导地位，反而不断地显示了这一因素在整个生产过程中的关键作用。"

基于此，他鲜明地提出，劳务与资本一样在剩余价值的创造中承担了风险，因而劳务与资本同样有参与利润分配的合理权利。

攻读完 MBA 后，导师对张致民说："你这个立意相当好，理论成立，但如何操作呢？你来读我的博士生。"张致民回答："解决这个问题只能靠实践，我要想办法在实践中验证这个理论的有效性。"

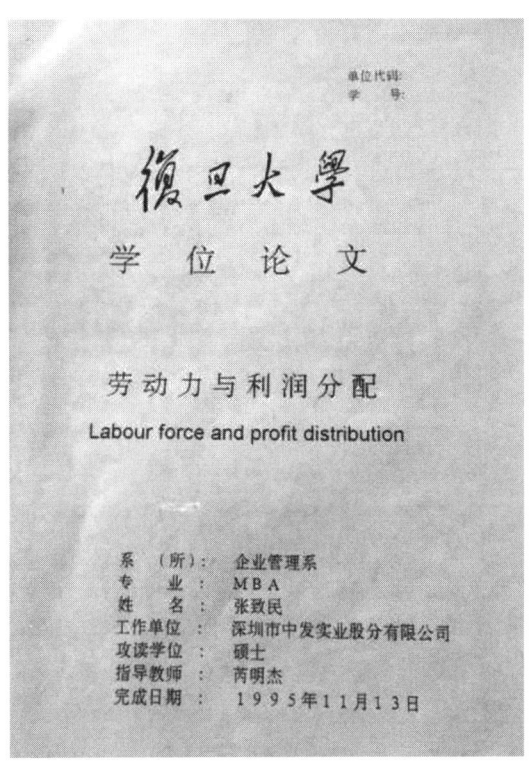

21 年过去，张致民的论文封面已泛黄

49 岁走出国企的动力

在如今的光器件行业，已经听不到"中和光学"这个名字，但如果是在资深人士的聚会上，有人说起自己曾经在"中和光学"工作过，那么说不定就和哪一位行业大佬是前同事。张致民一手创办的中和光学，在当年被称作光无源器件行业的"黄埔军校"。

与读 MBA 过程中的理论积累相结合，张致民想要改革企业分配模式，激发人的创造力的想法愈发清晰。然而中和光学在体制上的藩篱，绝非个人意志可以突破。张致民在中和公司的经营中提出了在保障公司收益更大化的前提下，上不

封顶地按贡献分配的激励方案。此方案使公司的经营效益快速提高，但由于员工的收入也不断增长引发各方对此的非议，致使此方案无法有效地继续推行。

他找到当时的上级，谈了自己的想法。上级一方面肯定了他的思路，另一方面不无遗憾地说："我们是国企，要考虑的因素很多，体制动起来比较困难。"

到了 2000 年，已经在中和光学担任总经理多年，年届五旬的张致民决定辞职创业。用他的话说，这次创业并不是为了钱——在深圳多年的他也小有积蓄，更不是为了名声，而是想要趁着还有时间和精力，实践自己的想法。于是，他和另外 11 名股东一起，创办了后来的太辰光。

小步快跑搭建生产线

新公司成立，并不意味着张致民可以立刻大展拳脚，实践自己的理论思想。任何初创企业都会面临的问题——"生存"同样摆在他面前。作为中国最早的光无源器件行业的从业者甚至可以说奠基者之一，张致民要在 49 岁的时候把自己曾经走过的路用不同的方式再走一遍。

这一次首先面临的就是资金的瓶颈，中和光学是国企，至少不用为资金的事情发愁。但太辰光成立时，注册资本只有 1000 万元，张致民后来评价说："每一个铜板都要最大化实现它的价值。"

生产线方面，张致民采用"小步快跑"的方式，先根据现有财力购进一批设备，搭建小规模的生产架构，之后逐渐添加设备，组成新模块，不断平衡完善模块之间的功能匹配。当时的太辰光就像在做一道方程式，不断地寻求有限资金和设备下的产能最优解。

如今张致民对设备依然如数家珍

张致民在创办中和光学前，在日本参与了一部分陶瓷插芯精密加工设备的设计工作，也与日方设计人员结下了深厚的私人关系。凭借着这层关系，他得以从日本的企业购进设备。此外，张致民在业内的名望也发挥了作用，听说太辰光是他创办的，曾有公司直接把设备赊给太辰光使用，太辰光再用产品来支付设备款。

几年后，当太辰光等一批中资企业逐渐进入光器件市场的时候，鉴于成本等因素，张致民说服日本公司将设备图纸一并转让给太辰光。拿到图纸后，张致民组织技术团队对设备进行设计的改进，搭建了比日本公司自动化程度还要高的生产线。那一时期，太辰光不仅生产光器件，还制造光器件的生产设备，还有国内的生产企业从太辰光购买设备。

与资本的合作和争议

生产线的搭建只是第一步，资金紧张的情况并没有解决，张致民的家人也拿出积蓄资助公司。最终，张致民还是决定引入资本来帮助公司存活、发展。此刻，张致民终于要直面一个之前并不急于考虑的问题：自己的理念能否被投资人所完全接纳。

公司创立时，张致民和合伙人们约定了一个原则：所有的营收减去成本，也就是企业的收益，从中拿出 20%～25% 的份额，作为人力资源分配，以此来实践他"劳动力与资本"共同分享"剩余价值"的理念。

伴随着企业的持续发展，需要继续增加企业的投入，新的人力资源也在不断加入团队。大家都看好企业的发展前景，但在如何增加投入资本的模式上产生了分歧。按照张致民的理念，此时应该给重要的团队成员，特别是新的成员多一点投资机会。而有的财务投资人不理解，只接受同比例

2000 年底太辰光成立时创业团队合影

增加投资的方案，甚至错解他的本意，提出愿意只给他增加投资的方案。

张致民耐心地向他们解释这是一种双赢的做法，不是为了他本人有更大的股份，而是为了团队有更强的向心力与创造力。这样做的结果，必然加快企业的经营发展，加强企业的竞争力，同时会给资本带来更大的收益。

经过反复的沟通，公司多次增资的过程，都不同程度地采纳了这一方案。特别是在股改前最后一次单独给经营团队增加投资时，还签下了"如达不成约定目标，则此次投资只当作付息借款退回"的补充协议。

当然，上下同欲，目标自然达成。公司随后业绩的持续增长就是对这一分享理念的双赢结果最好的诠释。

16年核心团队无人离职

张致民当时确立的劳动力参与"剩余价值"分配的制度的核心，就是前文提到的将收益的20％～25％作为人力资源所得分配。具体操作上，除了基本工资之外，公司每年将"剩余价值"的20％～25％拿出来作为绩效薪酬分配给员工，根据绩效考核的情况进行发放，使员工收益和企业的经营状况紧密相关。除此之外，创造机会给员工入股公司，让他们获得投资性回报。

2000年12月公司成立，随着制度确立，设备引入，生产开动，2001年公司就实现了盈利。张致民至今记得，当时在深圳车公庙，公司的最大一笔订单，发货装满了两个大货柜，公司上下都很激动。

而随着劳务分配制度的落地，公司的营收也确实如张致民预测的一样快速上升，8000万、1亿、2

太辰光生产车间

亿、3亿……业绩是最好的证明，投资人也彻底认可了他的这一番举措。

制度带来的不仅是业绩的成长，还有内部管理效率的提高。直到改制之前，太辰光公司内部都没有设副总经理，总经理直接对接部门经理，决策直接对应执行。这背后体现的是公司内部监督成本低，不需要再设专人推动执行。

"我们的队伍说不上出类拔萃，但是制度让他们站在一起了，有很好的向心力，最根本的是我们有一个共同的发展目标和对利益分配的一种合理安排。"比如说差旅费员工都自觉努力节省，甚至连张致民都看不下去了，需要吩咐经常出国的市场总监："出去了，咱们是中国人，代表着公司，代表着国家，你别那么省。"

也同样是受益于这个制度，太辰光成立 16 年来，中层以上没有一名团队成员离开。随着员工持股计划的推进，大部分中高级管理人员成为公司的股东，名正言顺地分享资本的收益。

一个"社会主义者"

上市之后，意味着公司从此要严格依照上市公司的制度来进行分配。如何在新条件下继续执行这种利益分享促进企业加快发展以求双赢的理念？如何让后来的重要人力资源也参与分享？一个个课题摆在张致民的面前。"企业因此而得到稳定的发展，如何做是一回事，但坚持这一理念是毫无疑问的。"他这样回答。

在采访中，张致民数次提到自己是一个"社会主义者"，他这样解释自己的立场：资本和劳动力，或者说人力资源应该形成合力，并不是说资本掌握一切，然后给劳动力发个奖金，就把劳动力购买了。社会主义在经济中最明显的一个特征，就是它重视人这个生产要素，而不是以资本为第一要素。

张致民（左二）敲响上市宝钟

回顾十多年来经营企业的历程，张致民认为，自己的实践很好地论证了 MBA 论文的主题，"焦点问题就是让人力资源参与利润分配，能够极大地改进生产力。"他说，"一旦劳动力在利润分配中的合理权利得到了明确的认可与保障，虽然在利润中必须除去劳动力占有的一块，但资本可能获得的增值必然比被动劳动条件下的增值要更安全、更丰厚。"

2016年12月6日，太辰光在深交所创业板上市。作为主要创始人的张致民持股比例仅占公司发行前总股本的11.78%，而以公司高管团队为主体的实际控制人合计持有公司发行前39.73%的股权。

提起公司控制权的问题，张致民称自己一点都不担心："更重要的是，我有这么多人在支持我。"

"这种制度、这种理念，你这么做，其实你就是将利益最大化。"他说。

（孙非）

董事长感言

上市如大海航行

进入资本市场的大海航行，顿觉天际的宽广与致远的方向。但宽阔的大海依然是有航道与航行规则的，认准方向、遵守航行规则——尽管会有点不够自由的感觉，但这是最快捷而经济地到达目标航线的方法，若对大海的宽阔产生错觉而任意航行，必迷失方向，永远到达不了成功彼岸。

太辰光将在我们认定的实业领域勤奋耕耘、认真学习和遵守资本市场的规则，实现我们的实业抱负，为投资者、为自己、为社会做出我们应有的贡献。

追逐太阳的铁三角

■ 容大感光　黄　勇

"容大就像我们几个人的孩子一样，我们还没有看着他完全长大，还没有打败日本的太阳公司（日本一家经营感光阻焊的大公司），我们怎么会停下呢？"

——黄　勇

一次聚会，一句无心之语牵出了一笔投资，以及一场跨越 20 年的合作。刚毕业一年的黄勇，和另外两名同样初出茅庐的年轻人，就这样被投资人一眼相中，开始了一段别样的人生征途。

20 年间，三个连"客户在哪儿都不知道"的工科男，将一家一开始不被业内人士看好、供应商都只收现金的初创公司，做成了国内龙头，做到了创业板上市。

"听者有心"牵出的机遇

1995 年，黄勇从南昌航空大学腐蚀与防护专业毕业，毕业后被分配到广东番禺环球电子厂从事一个电化学的相关项目。

在番禺，黄勇认识了同一届北师大硕士毕业的室友杨遇春，和来自华东化工

学院（今华东理工大学）的刘启升。
也是在这里，三人接触到了 PCB 油墨
这个决定他们往后一生命运的行业。

容大感光（证券代码：300576）总经理黄
勇接受全景商学院专访

黄勇工作不到一年时，由于一些
特殊原因，番禺这家公司的电化学项
目下马，公司整体也处于改制状态，
三个年轻人一下子闲了下来。

1996 年初，黄勇在一次聚会上认
识了做化工贸易的林海望，席间，林
海望透露出想投资实业的意向，黄勇暗暗记在心中。后来，黄勇将自己打算做
PCB 油墨项目的想法与林海望沟通后，双方都觉得此事可行。

回到公司，黄勇就拉来杨遇春和刘启升。黄勇鼓动说："咱们刚毕业没多久，
既然有这个机会就先创业，成了就成，不成再重新找工作也不晚。"于是三个人
连夜赶制了一份可行性报告，主要简述了当时 PCB 油墨行业的状况和存在的机
会。当时中国的感光油墨行业刚刚起步，了解的人寥寥，三个人带着这份报告再
次去见林海望时，林海望当场拍板决定投资。

林海望说："我就冲你们几个小伙子都不错，投资你们几个人！"随后，在林
海望主导下容大感光注册成立，黄勇、杨遇春、刘启升三个人以技术入股，占股
达到 45%。这在当时的创业项目中实属罕见，按照惯例，技术股占比一般在
20% 以内。林海望拿出先期 100 万元资金并表示："你们大胆去做，我不会在管
理上插手。"

高材生的困境

容大感光成立时，团队一共 7 个人，其中两名硕士生，五名本科生，分别来
自全国各地的高校，在 1996 年堪称豪华。然而高材生也遇到了问题——容大感
光的第一批货，就遭遇了大规模的退货。

新公司成立后，团队便马不停蹄地开展产品的开发工作。1996 年 11 月，容

大感光试产。第一个客户是熟人介绍来的，该笔订单签了 70 千克的油墨，结果因质量不达标被退回 50 千克。

PCB 油墨虽然在电路板的产值中占比不高，仅仅 2‰～3‰，但要求却十分苛刻。1996 年电路板面板的线宽线距就要求达到 100 微米以上，而容大感光第一批产品大多数达不到这个要求。退回来的 50 千克产品全部报废处理，黄勇和杨遇春、刘启升几人继续攻关，一个多月之后，容大感光终于生产出了合格的油墨。

对于这帮高材生组成的团队来说，技术问题也许还相对容易解决，最难的恐怕是开拓市场。当时，黄勇原来工作的番禺公司早有数波人离职，同样开办电路板油墨企业。不同的是之前离职的都是销售人员，手中握有客户资源，单干后立刻就可以打开市场。

容大感光的感光油墨产品

因此，创业之初，黄勇几个成立的公司并不被看好，供应商对他们都只收现金。"就是几个技术人员，没有搞市场的人。我们出来之后，一家客户都没有，客户在哪儿都不知道。"黄勇回忆道。

黄勇、杨遇春、刘启升做了分工，杨遇春和刘启升是学光化学和高分子的，而黄勇是学电化学的，技术上离电路板油墨最远，于是被分配去管销售。当时，公司拨出 3 万元买了一辆货车，黄勇和司机两个人载着一车产品出发，约定什么时候卖完什么时候再回公司。

尽管在销售方面没有任何经验，但黄勇在找客户上却有一项绝活——看垃圾。和普通销售人员要想办法找门路和厂家搭上线不同，学电化学出身的黄勇不用张嘴问，只要路过工厂，看看工厂门口的垃圾堆，就能判断出这家公司是否是生产电路板的。而只要是生产电路板的厂家，必然需要电路板油墨供应，他就拎着样品上去敲门。

敲门并不是一件容易的事情，有一次黄勇自己带着样品去找客户，在东莞一家规模较大的生产电路板的港资企业门口，他上前跟门卫搭讪。结果门卫不冷不热地说："小伙子，这个大门，开车的还不一定让进来，何况你走路来的。"

推销有失败就有成功，在公明田寮的一家电子厂，黄勇和一位湖南老板一见如故，老板拉着他聊了一下午。后来这家电子厂成为容大感光的第一个大客户，一个月订货 1 吨多，价值六七万元。随后在中山、顺德一带，市场不断被打开，1997 年 3 月，容大感光的销售做到了 20 多万元，实现了盈利。

挑战国际大厂

容大感光成立的 1996 年可以说是赶上了电路板油墨的红利期，当时市场上两大畅销产品，一是电视机，大多采用单面板，二是游戏机，包括大到小霸王小到电子宠物，都是使用单面板。此外 DVD、VCD、电话机等都要用到单面板电路板油墨，广阔的市场带来销售量的节节攀升。1997 年容大感光销售额达到 300 万元，到 1999 年就达到了将近 700 万元。

然而到了 2000 年，黄勇敏锐地感觉到市场在收窄。家用电话普遍换成免提，DVD 机等时髦的产品销量也在下滑。黄勇和伙伴们意识到，电路板油墨的"小打小闹"时代结束了，要想继续发展，就必须进军感光线路、感光阻焊这样技术含量和附加值高的领域，而在这个领域，横亘着真正的大山——国际大厂。

说是国际大厂，实际上主要是两家日本企业：日本三井和日本太阳，前者主攻感光线路，后者主营感光阻焊，基本垄断了市场。容大感光从成立之时，在已有 PCB 油墨的基础上，就进行了感光线路的技术攻关。然而公司的投资规模不大，积累时间短，市场上没有现成的技术可以学习，也没有现成的人才可以挖掘。

黄勇回忆公司研发感光线路和感光阻焊的历程时说："没有别的办法，只能不断地调配方，无数次的实验，一次次地试。"困难不仅存在于研发中，由于研发的实验室环境和生产的车间环境的不同，从研发完成到批量生产同样存在巨大的鸿沟。这个过程中，有两家客户甘当"志愿者"，主动使用他们研发的感光线路产品，并随时提供反馈数据，供研发团队调试、修改。

2001 年，容大感光的感光线路产品进入市场，迅速取代了日本三井的产品，销量直线上升。在容大感光的产品推出之前，日本感光线路的价格是 250 元/千克，而容大感光的定价在 180 元～200 元/千克，迅速拉低了市场价格。

征服台资厂

中国大陆的电路板生产占据了全世界的一半左右，但这个庞大的电路板生产集群中，半壁江山归台资厂所有。对于台资厂来说，尽管容大感光的产品有价格优势，但是他们还是更认可日本的产品。

在一次上海的展览会上，大陆最大的电路板厂、台资企业无锡健鼎电子的代表来到容大感光的展位上。本来无锡健鼎全面采购的是台湾本土的感光线路产品，但由于总公司有要求，不得拒绝供应商，于是答应试用一下容大感光的产品。

健鼎的采购总监后来对黄勇说："当时只是迫于制度，给你们个机会试试，根本没想到你们能通过我们的采购要求。"然而试用的结果是，容大感光的良品率要大大好于健鼎原来的供应商，同时价格上还有优势。于是健鼎大规模地换用了容大感光的感光线路。

健鼎的示范效应立竿见影，富士康等大型台资企业也都开始使用容大感光的感光线路，而日本三井的产品逐渐在市场上消失。一座大山已经被搬开，容大感光的对手，只剩下了日本太阳。

2006 年，容大感光推出感光阻焊的产品获得客户认可；2013

百级无尘实验室

年，容大感光推出静电喷涂油墨；如今，容大感光的光刻胶产品精度已经达到 1 微米的水平；在容大感光的实验室内，光刻胶的精度已经实现 100 纳米。

三十年河东三十年河西，今天的容大感光已经有了充足的底气去面对对手。

20 年前公司成立时，因为产品达不到 100 微米级的要求被退货的情况再也不会发生。近五年来，每年公司在研发上的投入都不少于 1000 万元。

容大感光的实验室采用的百级净化，1 立方米内的灰尘数目不超过 100 个；实验室的检测设备，二手的都要 400 万元。在惠州大亚湾，容大感光的新厂房已经通过验收，2017 年下半年即将投产，包含 1000 吨的光刻胶产能和 1 万吨的电路板油墨产能。用黄勇的话说："日本太阳在大陆的产值，去年也不过是十几个亿，我们离他已经不远了。"

"容大也真应了这个名字"

日常管理上，黄勇既是理工科出身的公司创始人，也是公司销售的开拓者，最擅长的就是调和研发和销售之间的矛盾。

对销售，他说，你要考虑现实的技术水平和生产水平，跟客户解释清楚，不能无条件地答应客户的要求；对研发，他说，你要理解销售提出的需求代表了客户的意愿，无论当前条件能否实现，都要考虑能否从中得到启发，甚至领悟市场未来的方向。

黄勇是个不怕有矛盾的人，他说，有矛盾就相当于一次培训，销售和研发有了矛盾，双方就能在交流中更了解对方的立场，从而对自己的工作产生帮助。

20 年来一步步超越竞争对手的过程中，容大感光的团队结构保持了异乎寻常的稳定。黄勇、杨遇春、刘启升三个实际经营管理者和投资人林海望、刘群英合计持有公司发行前 80％以上的股权，而在公司决议中从未出现过重大的董事会分歧，这在现代公司管理中堪称楷模。

林海望作为公司董事长和最早的投资人，20 年间却从未插手公司经营，他最常说的一句话是："只要你们三个达成一致，我就没有意见。"而回报他的，是如今的上市公司。

杨遇春、刘启升两人一个主管技术研发，一个主管生产和工艺，和黄勇依然如 20 年前一样是好朋友。黄勇身为总经理，每个月的工资仅仅比两位好友多一千块钱，他戏称这是"总经理特别津贴"。对于工作中的分歧，大家形成了一个默契：即便争执得再厉害，谁负责的领域，最终的决定权就在谁手上，由其拍板。

"在容大，我感觉是一个集体领导，我们相互尊重。像这种合作，这么一个架构，合作二十年没有大的矛盾，所以容大也真应了这个名字。"黄勇感慨道。

对于很多创业者来说，上市是终极梦想，是享受的时刻。而对于黄勇，工科男的特性让他格外地敏感谨慎，比起上市，他更担心的是风险。2014年申报IPO材料后到公司上市的三年间，黄勇主动把公司

容大感光于12月20日在深交所创业板上市

的客户从800多家缩减到450家左右，完全是基于财务风险的考虑。

他说，放弃的客户每年能给公司至少带来五六千万的销售收入，甚至可能对上市造成影响，但是也要丢掉，要彻底地规避财务风险。

在市场大环境还没有转好的时候，容大感光的现金流却在逐渐转好，从最困难时期的一两百万到三四千万，应收款账期从200多天缩减到100多天，三家银行给容大感光的9000万授信额度，仅仅使用了500万。

黄勇称，自己和伙伴们都不懂得过奢侈的生活，对于目前的生活非常满意，上市只是一个步骤，自己和伙伴们还有更重要的使命要去完成。他说："容大就像我们几个人的孩子一样，我们还没有看着他完全长大，日本的太阳公司还没有被打败，我们怎么会停下呢？"

（孙非）

董事长感言

容大公司成立于 1996 年，经过容大人整整 20 年的艰苦努力，终于在 2016 年 12 月成功登陆资本市场，从此容大公司有了属于自己的股票代码"300576"。

容大公司从 100 万注册资本起步，能够成为今天净资产近 4 亿元的行业龙头企业，个人总结起来主要有以下 3 点原因：

1. 企业总部设在电子产业高度发展的深圳，可谓天时地利人和；

2. 容大公司从成立至今，一直专心致志从事感光电子化学品行业，印证了一句古语"只要功夫深，铁杵磨成针"；

3. 容大公司"海纳百川，有容乃大"的企业文化，使得公司能够吸纳国内一流的人才。

很多人认为在中国做民营企业的最高境界就是上市，一旦企业上市了，老板们有了不菲的身价，就不要再像从前那样努力拼搏了。

其实，从我个人看，企业上市只是资本市场对企业的一个肯定，同时，也让企业上升到另一个平台，与更加强大的竞争对手去竞争，竞争的强度只能比以前更大，我们没有任何理由可以躺下休息。

我相信容大人会继续发扬努力拼搏的精神，也相信在容大人的努力下，容大感光将会以优良的业绩回报给广大的投资者。

君子和而不同

■ 同和药业 庞正伟

"做自己喜欢的事情怎么会觉得辛苦呢！就像有人很喜欢打麻将，天天打麻将，都不会觉得累。"

——庞正伟

有一段时间，龙应台写给儿子安德烈的信在微博上疯传，里面有句话是这样说的："当你的工作在你心中有意义，你就有成就感。当你的工作给你时间，不剥夺你的生活，你就有尊严。成就感和尊严，给你快乐。"

2017年3月31日刚刚在深交所敲响上市宝钟，登陆创业板的同和药业（证券代码：300636）掌门人庞正伟就是这样的践行者，创业13年来，他每天工作超过13个小时。有人问他，"累不累呢？"

"做自己喜欢的事情怎么会觉得辛苦呢！"庞正伟笑着说。

同和药业在全景网举行 IPO 路演，并接受全景商学院专访

五人创业小天团

庞正伟出生于 1962 年，整个青少年时期都在"文革"中度过。那时学校的课程很简单，平时只有"毛主席语录"和样板戏可以看。比一般人幸运的是，庞正伟的父亲是"老高中"（20 世纪 50 年代毕业的高中生），有很多藏书。

"父亲的书都是繁体字的。我看了很多，像四大名著、《古文观止》、三言二拍、《七侠五义》等等。"庞正伟笑着说，"所以，我也有文学的基础，当年如果考文科，我也考得上。"

1976 年，庞正伟初中毕业，"文革"结束，文化开始解绑。高中时候，庞正伟喜欢上了世界名著。大学读的是理工科，理工男的思维逻辑慢慢显现。到了中年，他开始研究哲学和宗教。

"我最喜欢'大乘佛教'，比如玄奘法师翻译的《成唯实论》。书中的内容像数学书一样严谨。对传统宗教，我们不能简单地以'迷信'二字来对待。宗教对我来说，不是信仰，是哲学。"

1984 年，庞正伟从浙江工学院（即现在的浙江工业大学）毕业，被分配到浙江海门制药厂（海正药业前身）抗癌药车间做技术员，后来被调到贸易公司从事进出口工作。随着行业的发展，外贸行业越来越艰难。庞正伟是做技术出身的，考虑办一个制药厂，更好地发挥自己的特长。

2004 年，庞正伟和工作中认识的梁忠诚、蒋元森、黄国军、赵鸿良一起，组成了一个五人创业团队。梁忠诚是香港人，20 世纪 80 年代后期开始就一直做医药化工产品相关的国际贸易，庞正伟在外贸公司的时候跟他有生意上的往来。蒋元森毕业于杭州大学（即现在的浙江大学），学的是化学专业。黄国军毕业于浙江工学院（即现在的浙江工业大学），学的是化工专业。赵鸿良有 20 多年的办厂经验，主要负责财务和行政后勤工作。

"梁忠诚管销售，蒋元森负责技术和质量，黄国军负责生产和工程，赵鸿良负责财务和行政，我没啥真功夫，就负责全面。我们五个人各有所长，互相补充。正所谓'君子和而不同'，这也是同和药业名字的由来。"庞正伟说，"有一句话说得好，你经历的每一件事都会在你的未来发挥作用。我做过的工作、认识的人，都为以后创办同和药业打下了基础。"

浙江人多地少，而邻省江西投资成本相对较低，经过考察和权衡，团队决定将厂址设在江西宜春市奉新县。

"我们当时都有家庭、孩子，但太太们有自己的工作，没有跟着我们一起过去。梁忠诚留在上海负责贸易工作，我们四个去了江西，开始了十几年的单身汉生活。"庞正伟说，"我还比较幸运，三年前，我太太提前退休，我把她接过来了，才结束了我的单身生活。"

选择更难的那条路

2004年，同和药业在工商注册登记，2005年开始建设厂房。一直到2006年初，才将第一条生产线安装好，开始试生产。当时，只有几十名员工。

药品管理非常严格，不能像其他商品一样生产出来就能马上销售。生产线建好后，要做试生产，之后还要6个月的稳定性数据，然后还要报批文件，申请药品文号，这之后才能销售。文件审批的时间不一定，快的一两年，慢的好多年。

2006年同和药业的工厂

"2007年以前，我们靠着部分备案制国家的低端市场勉强生存下来。前期资金投入大，回报却很少，我们的压力还是很大的。"

当初创建企业的时候，也有两种选择，但庞正伟选择了更难的那条。"中国大部分原料药厂都是先做门槛较低的中间体，中间体审批没有那么严格，做出来就可以销售回款。若干年后，企业有了一定积累才转去做原料药。"他说，"但中间体不需要GMP①认证，生产要求低，企业容易形成脏乱差、跑冒滴漏等坏习惯。"

"先做原料药的话，前几年要投入大量资金，回收周期长。早期有人质疑说，谁谁谁的企业，建得比我们晚一两年，效益比我们还高；当地政府也跟我们说，你们办的比人家早，税收还比人家少……"庞正伟回忆说。

"但我认为，做企业一定要把基本功打好，这样才会有后发优势。做原料药虽然更艰难，但一开始就按照GMP的要求来做，团队上下会养成良好的习惯，公司更规范。企业、员工是一张白纸，最开始的落笔很重要，如果画坏的话，最终很难得到漂亮的画。"

庞正伟说，2011年后，注册制逐渐取消后，同和药业的后发优势体现出来了，跟本地做中间体的企业差距越拉越大。同和药业末位淘汰出去的员工，都是行业里的抢手货。

员工的优秀素质也来自老板的言传身教。庞正伟一般7点半到公司，晚上9点下班，周日上午看一场NBA，创业13年来几乎没变过。"我的偶像是台塑集团的创始人王永庆，他92岁还在工作。我喜欢工作，不知道是不是天生的，我身边的兄弟也是如此。"

被问到有没有觉得辛苦，他说"做自己喜欢的事情怎么会觉得辛苦呢！就像有人喜欢打麻将，天天打麻将，都不会觉得累。"

"我打麻将从来没输过，你知道为什么吗？因为我从来没打过，哈哈哈哈……"庞正伟说，"我也从来不去卡拉OK。一些生意伙伴说我跟别的老板不一样。我想为私

庞正伟与员工一起打篮球

———————————

① GMP是英文good manufactring practice的缩写，中文含义是"良好生产规范"。世界卫生组织将GMP定义为指导食物、药品、医疗产品生产和质量管理的法规。

企老板正名：我们工作勤奋、生活节俭，不吃喝嫖赌，我们不是土豪、暴发户。"

后发制人，打开全球高端市场

原料药按创新程度的不同可分为原研药和仿制药。原研药是研究出来的新药，受专利保护。原研药的仿制品被称为仿制药，要等原研药专利到期后才能上市销售。同和药业主要生产的是仿制药，要等原研药专利到期后才能上市销售，但仿制药也是有很多创新的，生产工艺的研发需要较大的投入，需要一个研发周期。庞正伟说，研发实力是同和药业的核心竞争力。

目前，同和药业培养了一支 76 人的研发团队，占总人数的 11.29％，研发投入占营业收入比重的 5.09％。2015 年 11 月，同和药业还设立了博士后科研工作站。本次 IPO 募集资金中，将有 2900 万用于江西省特色原料药工程技术研究中心建设项目。

"为了抢占市场，一般在原研药刚上市我们就开始研发，这样，等原研药专利期一过，我们的产品就能马上上市销售，抢占市场先机。"庞正伟说。

"刚开始的时候，同和药业没什么名气。国外客户先去找国内知名的原料药企业，提出的指标可能比当时药店的标准高几十倍。好多制药企业都觉得怎么能这么高呢？以为客户在开玩笑，不愿意接单。"他说，"他们转了一圈没人做的时候找到了我们。我们想，客户既然提出来这个标准，肯定有他的道理，就咬咬牙接下单子，最后也给做出来了。"

2007 年，同和药业第二条生产线建成，公司研发的瑞巴派特获得韩国注册证书，开始销往韩国。2009 年，瑞巴派特获得日本注册证书。

"日本人要求苛刻，任何产品卖到日本都很难，药品更是如此。2008 年，中国还出了乳制品三聚氰胺污染事件、毒饺子事件，日本人那时对中国产品特别不信任。"他说，"我们邀请日本客户来工厂考察，进行现场审计，不断给他们提供试用样品。功夫不负有心人，我们最终获得了认可。"

"最开始日本客户定了 8 吨的瑞巴派特，我当时已经觉得很开心、很满足了。2010 年我去日本访问，希望能争取到一年十几吨的量。但在访问期间，不断有

客户找到我们，订单不断加码，访问结束的时候，订单达到了38吨。"

日本市场门槛很高，质量要求高的同时，价格也较高，毛利率比较可观。靠着日本市场，2012年，同和药业营业收入突破亿元。2012年，加巴喷丁、塞来昔布获得欧盟原料药批文；

2012年欧盟EUGMP到同和药业检查

2015年，塞来昔布在美国注册成功，同和药业一步步打开了全球高端市场。

同和药业的后发优势也得到进一步体现：2014年、2015年、2016年，同和药业的总营收分别为2.13亿、2.75亿、2.5亿，净利润为3921万、6288万、5800万。2017年3月31日，同和药业在深交所敲响上市宝钟，正式登陆创业板。

被问到上市后会不会有压力，庞正伟说，"初创的五人团队一直很牢固，管理、研发、销售……我们没有明显的短板。公司前期基础打得好，我认为以后的路会越来越好走。"

"别人做得了，你做不了的话，就没你什么事；别人做得了，你也做得了，那就要拼价格；别人做不了，你做得了，你就能获得更高的利润，在竞争中获胜。"

同和药业2014年到2016年主营业务毛利率连续三年接近40%。"我们选中一款产品后，我们就把质量做到最好。之前由于产能限制，要从有限的生产线上生产出最优质的东西。而且我们的竞争对手主要是日本企业，我们的价格跟中国企业相比偏高，但一跟日本本土公司比起来，就不算高了。"庞正伟说，"募投资金到位后，公司将会扩大规模，增加产能，毛利率我们也想往下降一降，让企业更稳固地发展。"

工厂要像珠宝店一样干净

早在 2004 年创业时，庞正伟就认为同和药业能够上市。"上市是将公司做大做强的手段，不是目的。我们也不会那么没出息，上了市就洋洋得意。"

"原料药行业天花板很高，国际制药巨头一年销售额几百亿美元，也没摸到天花板，何况我们现在只有两三亿的销售额。"庞正伟说，"现在国家政策鼓励药品生产，上市是一个契机。募投资金到位后，我们会继续扩大产能，继而转化为销售，我们的远期目标是做到 20 亿、30 亿的销售额。"

招股书显示，同和药业将投入 2.75 亿资金用于原料药和中间体的新、改、扩建设项目。

原料药属于化工产品，生产过程中会产生一定的三废污染物。随着本次募集资金投资项目的实施，公司生产规模将不断扩大，相应"三废"排放量也会有所增加，同和药业将会加大环保工作的力度。

同和药业生产车间

"当初我们选址江西，有些人就纳闷，说这个地方不靠大海、大河，排污不方便，你们干嘛去那里？我说，我们不是去转移污染的。研发、生产、销售……这些做不做得好是赚多赚少的事情；环保做不好，就是生存的问题，搞不好就要被关掉。"庞正伟说，"从建厂开始，我们就很注重环保，能用的环保处理手段我们都用了。这么多年来，我们在环保方面没有受到任何处罚。"

"珠宝店干净漂亮是很容易的事情，但要把一个水泥厂搞干净非常难。但这就是我的梦想——让化学合成的现场能够像珠宝店一样干净漂亮。"庞正伟说，"我希望未来大家都能认可我们，主动来找我们合作。我想让同和药业成为一个全球备受尊重的企业。"

（雷雪）

191

董事长感言

下一刻，是最好的时刻

"上市以后有什么不一样？"

这是公司上市以后，朋友见面问的最多的一句话。

我知道朋友想问的是，上市以后个人的自我感觉是否变得更好一些，企业经营上压力是否变得更大一些。

不管哪方面，我的感觉似乎是没有什么不同。

没有什么能让个人的自我感觉变得更加好或更加不好，上市与否，你是什么人还是什么人，能力、才华、智商并无什么不同。

就企业经营来说，上市前后，该干啥还干啥。上市，或者没上市，业绩才是硬道理。同和多年的经营习惯形成了一支扎硬寨、打呆仗的队伍，上市过程中没有什么取巧，上市后也没有短时间过大的经营压力。

虽然公司上市后，实力有了明显补强，但仍然不会乱上项目乱投钱，公司会按照制定的发展规划稳健经营。当然我们也有信心让公司持续稳定地发展，去实现不断的超越。我想，下一时刻，是同和更好的时刻。

扫码观看同和药业庞正伟专访视频

创业团队"三原色"

■ 弘信电子 李 强

"我们要有诗和远方，但是还得脚踏实地，不能只做一个浪漫主义者。我们希望做到商业利益跟情怀的一个完美的结合。"

——李 强

一个显示屏像一张纸一样，卷一卷放在口袋里面，打开是一部手机，再打开是一部电脑，再打开是一个电视，甚至是一个巨型屏幕。随着柔性屏幕的问世，科幻电影中很多令人脑洞大开的黑科技在不久的将来都有可能成为现实。柔性屏幕轻薄便携，又可弯曲折叠，柔性显示的实现离不开一个重要部件——柔性线路板（Flexible Printed Circuit ，简称FPC）。

如果你觉得科幻场景看起来还有些遥远，那么把目光聚集到日常使用的智能终端上。在电子产品智能便携发展的趋势下，柔性线路板几乎成了手机电脑、车载显示器、可穿戴设备等现代电子产品显示屏的标配。以一台智能手机为例，需要10~15片柔性线路板，来承载主板、语音、振动等不同的功能模块。

2017年5月24日上市的弘信电子（300657）就专注于各种高精密度柔性线路板研发，是中国少数拥有自主知识产权及核心研发能力的柔性板企业，也是中国资本市场FPC第一股。

世界电子电路理事会 WECC 发布报告显示，中国内地的 FPC 产值已从 2005 年的 6.74％提高至 2015 年的 47.97％，产值全球占比不断提升。但大部分国内产值由合资、外资企业创造。2015 年全球排名前十的 FPC 企业中，有九席来自日本、韩国以及中国的台湾地区。

"我们的团队是带着民族精神在打拼的，我相信以后还会有很多的 FPC 的企业上市，形成一个强有力的产业集群。我们一起来抢占全球市场，这是完全有可能的。"说这段话时，弘信电子董事长李强的言语间满是情怀。

弘信创业团队"三原色"

美国有个非常接地气的 3H 理论，总结了创业团队"三原色"，即应该具备的三种人才：Hustler（战略销售人才）负责产品营销和内外沟通，Hacker（技术执行人才）保证技术研发执行，Hipster（创意规划人才）敏锐捕捉市场上最流行的趋势。三种不同类型人才的有机组合和互动，才能创造出一支与众不同的初创团队。弘信电子三位创始人，董事长李强、总经理王毅、副总经理李毅峰，就非常好地诠释了 3H 理论。

李强就是个典型的战略者。采访中的他不苟言笑，低沉平稳的语调中透出一股强大的气场和威慑力。"因为我是从体制内国有大企业出来的，对整个战略、资本，包括大局的把控，还有一些特大型客户的交流沟通方面，我比较擅长。"

2002 年，李强的弘信创业工场投资集团正在寻找创业孵化项目。在李毅峰的引荐下，李强第一次认识王毅。

王毅是厦门柔性线路板行业第一批吃螃蟹的人。他曾开玩笑说，在厦门做柔板的，不是我的朋友，就是我的徒弟，甚至是徒弟的徒弟。1998 年，王毅自己创办过一个软板电子厂。"当时因为是市场比较超前，我们的财力也比较

弘信电子董事长李强（右二）在深交所上市敲钟仪式上

有限，各方面都很不成熟，后来算是失败告终。"

失败的创业经历并没有磨灭王毅心中对柔性线路板的热情。他花了三年时间辗转国内外做 FPC 市场调研，并将多年的研究成果汇成了一本商业计划书。

一次相见恨晚的会晤，王毅的 FPC 项目引起了李强和弘信创业资本的注意。"我做企业喜欢挑比较有门槛的项目去做，另外一定要形成自己独有的核心技术和核心竞争力，王毅本身在 FPC 的研究、技术工艺方面很擅长，也是中国最早一批，同时他对公司的管理也有一套办法。"

作为弘信电子的技术担当，王毅的身上有着明显的技术男特质，只要聊起技术的话题，他就会显得特别兴奋。随着各种专业术语脱口而出，王毅的双手不停比划着，试图用最通俗的语言和动作表达清楚晦涩的技术工艺。

弘信电子创始人合影（从左到右分别为：王毅、李强、李毅峰）

李毅峰是李强的高中同学，也曾和王毅一起创业。2002 年，李毅峰就职于亚洲领先的电子元器件分销商——新加坡世健系统有限公司。"李毅峰是当老师出身，他很擅长长远规划，也愿意琢磨一些事情，所以他在一些更细致、更长远的东西上发挥作用。"李强对于昔日的同窗给出了这样的评价。

一个熟悉战略投资、一个掌握领先技术、一个能深入行业细致规划，三个怀揣梦想的有志青年一拍即合。2003 年，厦门弘信电子科技有限公司正式成立，注册资本 150 万。

山寨高利润诱惑下的转型抉择

FPC 制造工业出现于 20 世纪 60 年代，美国等电子技术发达的国家最早应用于航天及军事等高精尖电子产品应用领域，冷战结束后开始用于民用产品。21 世纪初，国际消费类电子产品市场迅速成长，FPC 产业进入高速发展期。

随着欧美国家的产业转移浪潮，FPC产业在具备良好制造业基础的日本、韩国以及中国台湾地区得到快速的发展。中国内地的电子产品行业发展迟缓，FPC产业制造技术相对滞后。

"我进入这个行业的时候，当时电子工业还不是特别发达，FPC在类似VCD或者是电脑磁头都看得到，但是这些东西当时都是在国外，国内最多也就是组装。就拿VCD来说，当时里面的硬盘、磁头，都是从国外买回来，带着软板进来，到了国内就把它流水线一组装。"

和很多中国电子企业一样，初创期的弘信电子是一个家庭式的小作坊，当务之急是解决生存的问题。恰逢2003年前后，国内FPC迎来爆发式增长。当时国内市场风行山寨手机，连平板电视、数码相机、笔记本甚至是游戏机都开始出现了山寨机的身影，且利润是品牌商的四五倍。

山寨市场带来的丰厚利润让弘信电子很快就积累起了创业的第一桶金。2004年，弘信电子的销售额突破1000万。"实际上我们当时投入很小。设备是比较陈旧的，所以我们更多地从工艺上去做文章，当时我们大量做的是多层板，对设备要求不高，但是对工艺技术、定位这些要求很高，所以我们当时就成功了。"

弘信电子2003到2006年间的旧厂房

虽然弘信电子在低端市场取得了不错的战果，但他们清楚地意识到，不能止步于红海市场用低价位来进行搏杀，走品牌化之路才是长远之路。公司刚刚赚到钱，就马不停蹄地引进新设备，布局品牌客户。

由于规模、品控、产能尚未达到大型企业的标准，弘信电子当时直接面临的就是利润大幅缩水的局面。"其实当时这种转型是蛮痛苦的，就是说你得放弃一些很赚钱的业务，去做一些不赚钱的业务。但人生就是这样，你不舍不得。你如果天天满足于做这些很赚钱、很简单的事情，结果你就失去了未来。"

2005年，弘信电子在中国率先实现四层及以上柔性印制电路板的批量生产。同年，经厦门市科技局批准，成立即厦门市FPC工程技术研发中心。近十年来，在弘信电子的研发实验室里，一系列具有国际先进水平的新产品和新工艺不断诞生：HDI 柔性板、COF 柔性板、任意阶盲埋孔技术。弘信电子也一跃成为联想、欧菲光、京东方、天马、群创等大型品牌客户稳定的上游供应商。

招股说明书显示，近几年来，弘信电子前五名客户销售收入的占比达到一个较高的比例。2014 年、2015 年和 2016 年，弘信电子向前五名客户销售金额分别为 59187.53 万元、65460.39 万元和 82932.58 万元，分别占当年营收的 74.17％、84.81％和 79.58％。

对此，李强表示，不同规格的厂商对产品品质要求不一，但工厂管理模式却必须与品质战略保持一致。于是在规模和产能有限的情况下，弘信电子只能放弃很多小客户，将全部精力放在大客户的经营上。不过上市后，公司在产能提升的前提下，会不断尝试开拓新的优质大客户，降低客户集中的风险。

金融危机逆势大投入奠定基础

在中国 FPC 行业起步发展的初期，弘信电子掘得了第一桶金；在其他企业满足于行业的高利润时，弘信电子又率先聚焦品牌客户；当所有人都开始聚焦品牌客户时，弘信电子再一次走在了行业的前方——布局全智能时代的新工艺与研发。

2008 年 12 月 28 日，正是金融危机肆虐最严重的时候，全球制造业市场哀鸿遍野。弘信电子工业园却选择在这个时候开工。

"别人都害怕，都收缩了，我们反而在那个时候做了重大投入，形成了现在这个工业园。2008 年建这个厂，这个厂建完之后，我们的生产规模就超过 10 万平方米。"

李强分析说，只要看好行业的市场前景，2008 年投入的成本是最低的，所有东西都便宜得一塌糊涂，但收到的成效却非常显著。如今弘信电子工业园已经满产，预估 2017 年产值规模就可达 20 个亿，为弘信电子全智能布局打下坚实基础，不得不说当时这一步棋下得着实高明。

2011 年，弘信电子完成企业财务管理研发、企业生产、人力资源信息管理以及品质管理的信息化建设，并于 2014 年开始实行"弘信电子柔性印制电路板智能化生产工厂"的建设。2016 年，弘信电子"柔性印制电路板智能化生产工

厂建设"项目被列入"国家智能制造试点示范项目",这是厦门第一家国家级的智能制造试点示范项目。

品牌的竞争力首先来源于供应链的竞争力

就在上市之前,弘信电子工业园的五号厂房还引进了国际最先进的卷对卷生产线,成为了内资企业中的第一家。4亿元的投资额,对于一家尚未上市的企业来说,确实需要很大的胆量和气魄。

"我们跟一些客户说,也许现在这种细线条的占比还不够高,但是弘信愿意出来做尝试,愿意提前为你们做技术储备。超前的意识跟技术的领先,我个人认为是十分重要的,你等到他需要的时候,产品出来的时候,你已经来不及了,一定要有一个提前量。"

李强说,品牌的竞争力首先来源于供应链的竞争力。如果供应链技术落后,品牌品质不可能得到提升。"一个孔不通,一条线断了会带来灾难性的后果。我们现在重要的就是要把品质的一致性做得特别好。能够在稳定的品质跟合理的价格上大规模为企业提供FPC的企业,将极度稀缺,所以我觉得我们有机会成为这样的企业。"

弘信电子自动化生产设备,原本需要很多工人的生产流程变得简单

李强认为,到那个时候,弘信电子和很多终端用户就变成了战略关系。大家在同一领域中合作去做强做大的过程。"我觉得,如果从这个角度来看,我们的战略机遇就到了。"

成立之初,弘信电子的目标就是要做一家有江湖地位的企业,依靠创新驱动和技术优势,在行业里形成口碑和影响力。

在李强看来,上市不是企业的目标,而是发展中重要的阶段和助推力量,能够做一家有江湖地位的企业比一家上市企业更有意义。

但中国资本市场对实体经济现在的支撑作用越来越明显，一家有江湖地位的企业终究也要上市。上市之后，如何在资本市场和江湖地位上找一个平衡点，非常考验弘信电子掌舵人的智慧。

"我们要有诗跟远方，但是还得脚踏实地，不能只做一个浪漫主义者。我们希望做到商业利益跟情怀的一个完美的结合。"

（陈晓琼）

董事长李强感言

由硬到软　引领柔性电子"中国智造"

上市，对于弘信电子而言，意味着创业完成了最初的一段征程，这是过去的终点，更是未来的起点。作为与人类基因组草图及生物克隆技术并列的 2000 年后全球十大科技成果之一，柔性电子重新定义了未来的人机交互方式，并正在渗透到消费、建筑、交通等各个领域，为工业设计与制造带来划时代的变革。但是，目前柔性电子的市场大多还局限在相对简单或低端的设备上，整个行业的集中度也很低，未来，不论对于产品还是企业，想象空间都非常大。

上市之后在务实经营的同时，弘信电子也将放远目光，加强技术研发与产业布局。我们将与优秀的高校及科研机构合作，加大对高端柔性显示材料、传感器、智能系统等原材料与器件的应用研究，拓展产品的应用范围，从一个生产型企业真正转变为研发型企业，不断提升企业的内在价值。同时，我们也将借助上市带来的品牌影响力、丰沛的资本资源与产业链资源，加速推进产业链的整合，实现上下游的协同创新，拓展应用，扩大产能。我们将积极投身于这场由柔性电子引发的供应链革命之中，与我们的民族工业一起成长，全面迎接柔软时代的到来，在这个不断由硬变软的世界里，刻下"中国创造"与"中国智造"的印记。

总经理王毅感言

上市是弘信电子跳跃式发展的新启航

　　企业发展是员工发展的基础和平台。公司上市，不仅仅有利于员工的发展，还为公司可持续发展注入了新的动力，对未来的经营和发展也具有积极意义，是弘信电子新一轮跳跃式发展的新启航；同时有利于提高企业的社会知名度和市场影响力，极大地增强了公司对优秀人才的吸引，增强了员工的自豪感和归属感，提高了人才竞争优势。

　　一方面，上市后我们会进一步加强对企业职工的激励，激励公司骨干及员工为之奉献；同时将更严格地按照现代企业制度实施精细化管理，促进弘信人与时俱进，严格要求，不断加强自身学习，提升工作能力，在适应公司发展的同时实现自我价值。

　　另一方面，弘信电子在致力中国柔性电子领军企业的同时，更不忘作为公众企业应有的社会责任和使命。在关爱环境方面，将持续不断采用新材料新工艺，并以创新技术打造"绿色工厂"；在品牌建设方面，将始终坚持优化公司治理，持续提升运营透明度，秉承"创业报国、实业强国"的使命，为客户、股东、员工和社会不断创造价值，回馈社会。

扫码观看弘信电子李强、王毅专访视频

遇到任何困难都不准说风凉话

■ 赛意信息 张成康

"对一个企业来说，清楚'不该做什么'比'该做什么'更重要。比如前几年公司也有一些钱，很多渠道找到我，告诉我去买地、炒楼，说这样很赚钱。但如果你很容易就赚到几千万，之后是很难再去接受辛苦经营一年挣一两千万的。做实业，一定要能稳得下心来，要禁得住诱惑。"

——张成康

如果用一个词来概括互联网的本质，那就是"连接"。互联网在过去十几年的时间里给我们的生活方式带来了翻天覆地的变化，也由此诞生了一批优秀的IT企业：腾讯连接了人与人，阿里巴巴连接了人与商品，百度连接了人与信息……

2017年8月3日上市的赛意信息（证券代码：300687）也是中国互联网浪潮中诞生的优秀企业，这家公司连接的是企业的各方面的资源，帮助企业实现高效管理。

作为如今的IT新贵，没有人会想到，张成康也曾每天一睁开眼就要发愁工资怎么发，甚至抵押过

全景商学院对赛意信息董事长张成康进行专访

自己的房产……但在最困难的时期，公司还给员工免息购房贷款。如今公司成功IPO，张成康也没有忘记跟着自己一起打拼的兄弟，他说"我们这种公司是靠人的，只要在赛意工作满十年的员工，公司就会发股票给他，无论什么职位。"

手把手教客户开电脑

张成康毕业于北京航空航天大学软件工程专业，毕业后在美的担任软件工程师，1999年开始从事ERP开发。20世纪90年代，对普通人来说电脑都很新奇，更不要说ERP了。

"那时亲戚朋友问我是做哪一行的，我说是做ERP的，大家都不明白，我得解释半天。ERP是Enterprise Resource Planning的简称，翻译过来就是企业资源计划，就是将企业所有的资源包括人、设备、材料、工具等都整合管理起来。这个名词1990年才提出，对我们而言也是一个新事物。"张成康回忆。

2001年，张成康进入汉普管理咨询（中国）有限公司担任项目经理，带领一个十几人的小团队。团队第一个项目是为大连实德做ERP开发。那个年代，企业各个部门基本上是一座信息孤岛，财务一套账，销售一套账，生产一套账……项目团队要做的就是打通这些环节。

上ERP之前，员工只要将自己的一亩三分地做好就行了，上了ERP之后，工作习惯受到很大冲击，要考虑上游和下游的部门。对员工个人来说，工作量反而大了。因此，很多基层员工一开始很抵触ERP。

"一些仓管员是50多岁的阿姨，电脑都不会用，我们要手把手教她们怎样打开电脑进入系统，教一个晚上都教不会。第二天她们跑到领导那里哭诉，说自己做不了这个职位……"张成康说，"我们也能理解，因为之前她们连账都不记，就在本子上写一下，突然要让她们用电脑去记账，挑战确实挺大的。"

"让他理解为什么这么做，比教他怎样做更有效果。"张成康不厌其烦地跟这些员工沟通解释，"ERP叫管理信息系统，它首先是管理，跟着才是信息系统。"

很多仓管员搞不懂为什么仓库里要记一下入库的账，还要记一下出库的账。项目组告诉他们，如果入库的账做错了，影响的不仅仅是库存，还会导致财务搞错应付账款，影响生产计划……

慢慢地，大家理解了整个企业的管理流程。往往 ERP 系统做完了，员工对管理的认识也得到了很大的提升。一些原来做计划员、采购员的人，通过这个事情学到很多，甚至转型去给企业做信息化顾问。

担任项目经理的经历，使得他得到了很大的锻炼，逐渐从一个程序员成长为管理客户、项目、成本的综合型人才。

被推选做带头大哥

在行业浸淫多年，张成康觉得企业信息化很有前景，而且信息服务公司是轻资产公司，主要成本就是人，聚集几位核心人员，再找到一两个好客户，事业就能逐渐起步。于是，张成康和几个一起做技术的朋友一合计，决定自己成立公司。

2005 年 1 月，赛意信息正式注册成立。公司成立之时，现今的几位一致行动人都同时加入公司，各自分别担任销售总监、监事、财务总监、顾问总监等职位。一直到今天，这个由张成康、刘伟超、刘国华、曹金乔、欧阳湘英五位创业元老组成的团队，仍然是一致行动人，共同把握着赛意信息前进的方向。

公司刚成立时，对于市场如何开拓，交付规则如何制定，大家都有各自的想法。为了统一军心，张成康组织核心股东开了个会。"既然大家选我做带头人，细节的事情有分工，重大的事情我们要讨论。讨论一定要有一个原则：只要在会议上达成一致的，不管是四比一或者三比二，你同意了，大家定下来，执行的过程无论遇到什么困难都不准有人说风凉话。如果有人违反原则，其他人会一起谴责。"张成康说，"我认为这是我们合伙 12 年来能够持续经营、一条心向前的核心法则。"

当时公司只有 103 人，年营收一两千万。接手公司后，张成康并没有马上大力拓展市场，而是选择用三年时间苦练内功，解决公司内部问题。

"做任何事情都是有步骤的，如果没有做好充分的准备，目标定得再高都是空中楼阁。"他说，"不做新市场，外面诱惑很大，突然有一个项目丢过来，你说做还是不做呢？我坚持不做，因为我认为如果资源不足，项目经理不够，体系没搭好，我宁愿不做，只要能生存下来就行了。"

赛意信息通过 CMMI－3 评估

当然，苦练内功也带来很多痛苦和代价。公司没有新的业务，但该花的钱还是要花，该给的工资一天也不拖欠，就连员工的福利都不减少。

"最难的时候就是 2007 年、2008 年。有很多应收账款，但手头没钱，我们是轻资产公司，银行也不轻易贷款给我们。客户答应 25 号把钱汇过来，但公司 15 号就要发工资，就这 10 天，没有钱了，怎么办？员工很难接受拖欠工资，会觉得公司要不行了。"张成康说，"有段时间，我每天早上一睁眼就要考虑这个月的工资怎么发，最惨的时候，我们几个股东甚至把自己所有的房子都抵押出去。"

那几年虽然没有多少钱，但公司还是给员工很多福利。"组织旅游、商业保险、免费体检、各种户外活动小组……甚至员工要在公司当地买房子，公司还给十万块钱免息贷款。因此即使在 2008 年全球经济不景气的时候，我们的员工也没有流失，大家的归属感很强。"张成康说，"我们这种公司是靠人的，不能亏待跟着我的这帮兄弟。2013 年公司计划 IPO 的时候就做了股权激励，只要在赛意工作满 10 年的员工，公司就会发股票给他，无论是什么职位。"

这三年，张成康按照现代 IT 企业的管理规范将公司梳理了一遍，搭建内部管理体系，完善公司制度，补充专业人才……在张成康的带领下，公司通过了 ISO9001－2008 质量管理体系认证、ISO/IEC 27001：2013 信息安全管理体系认证及 CMMI－L3 软件能力成熟度集成模型认证，软件开发能力飞速提升。

赛意信息上海分公司成立

2010 年，赛意信息深圳公司、上海公司成立，之后全国开花，基本上每年开一个分公司或者办事处。到了 2013 年，赛意信息已经在全国市场占据了一定地位，在行业崭露头角。

与华为持续合作 12 年

华为是赛意信息最早的客户之一，2005 年就开始合作，最早做的是一个叫 CPP 的只有 2 人的小项目。

"那时赛意只是一个很小的公司，有很多竞争对手抢夺华为这个大客户。我们非常重视这个项目，因为如果这个项目丢了，华为的市场就丢了。我们不惜一切代价把华为的项目拿下来、交付好，最终得到华为的认可。CPP 这个项目我们一直跟华为持续合作了十年，也为赛意信息的华为市场奠定了一个很重要的基础。"

"那时我们没有名气，怎样打动这些大客户？我们就是全力以赴做好一个项目，用最好的项目交付去打动，而不是靠规模。为了集中全力服务好既有项目，我们甚至拒绝新的项目。"

直到今天，华为仍是赛意信息的第一大客户。2014到2016年，华为的销售额贡献超半数营收。2016、2017年，赛意信息分别获得华为颁发的最佳交付质量奖、最佳供应商合作奖，还获得包括金逸院线、高露洁、视源电子等来自不同行业的优质客户的肯定。

然而，投资者也有一些疑问：上市后客户过于集中会不会有风险？对此，张成康有自己的看法。

"华为是一个好公司，在企业信息化投入上跟国际接轨，每年的投入占总营收的1.5%到2%。而且从赛意成立到现在持续合作了12年，这是一个很稳定的市场。华为作为中国企业的标杆，是很多公司学习的对象。学习什么呢？主要就是研发、管理，其中就包括企业信息化服务。"

"欧美、日本的优秀公司企业信息化投入一般占到企业营业额的1.5%到2%，而中国企业基本上只能做到0.2%，中国企业的信息化服务市场有很巨大的增长空间。此外，公司对其他客户的投入也在不断增加，

赛意信息获得华为颁发的最佳交付质量奖

我们三年规划目标就是要跟中国500强企业里的100强建立长期的信息化服务合作关系。"

目前，赛意信息已成功为超过300家来自于制造、零售、服务等行业的企业客户提供了相关信息化实施开发服务，拥有华为、美的、松下、广汽三菱、索尼等众多优质客户。

此外，赛意信息的服务范围正在向智能制造与移动应用的行业拓展。赛意信息在移动解决方案领域发展迅速，2014～2016年收入平均年复合增长率为268.17%，获得蓝月亮、我爱我家、好太太、步步高（vivo手机）等不同行业的优质客户的肯定。未来，赛意信息还计划投入1.26亿用于基于智能制造与移动

应用的行业解决方案项目，其中有 IPO 募集资金 9361.14 万元。

2014～2016 年，赛意信息的营收复合增长率达到 59.25％，2016 年赛意信息的营业收入达到 6.12 亿元。2014～2016 年，公司净利润分别为 2595.75 万元、4309.65 万元、8199.95 万元，每年翻倍增长。

赛意信息管理团队与高瓴资本、宏企浩春资本合影

快速成长的赛意信息也得到了很多投资者的青睐。2015 年，赛意信息获得高瓴资本投资，这家公司在 2C 消费领域成功投资过腾讯、百度、京东、滴滴等知名互联网企业，其最近一次让市场较为关注的投资是摩拜单车，近年来其投资目光也开始逐渐转向 2B 企业级服务市场。2017 年 8 月 3 日，赛意信息成功 IPO，成为高瓴资本所投资企业中首家登陆中国 A 股市场的公司。

上市之前，赛意信息也曾面临过诱惑。2013 年，一家境外的公司花大价钱想要收购赛意，但张成康觉得这并不是自己想要的。"对一个企业来说，清楚'不该做什么'比'该做什么'更重要。比如前几年公司也有一些钱，很多渠道找到我，告诉我去买地、炒楼，说这样很赚钱。但如果你很容易

2017 年 8 月 3 日，赛意信息在深交所敲响上市钟声

就赚到几千万，之后是很难再去接受辛苦经营一年挣一两千万的。做实业，一定要能稳得下心来，要禁得住诱惑。"

（雷雪）

董事长感言

保持奋斗者的本色

敬业报国，实业兴邦。我们要求自己做一家有社会责任的企业，做一家有远大抱负的企业：乘风破浪会有时，直挂云帆济沧海。

今天赛意登陆资本市场，就是为了能够借助资本的力量，继续在企业信息化服务的征程上更强壮、更果敢、更坚定地走下去，继续为服务实体经济贡献绵薄之力。

我们将保持奋斗者的本色，坚持务实创新，为客户、为员工、为社会及广大股东创造应有的价值。

扫码观看赛意信息张成康专访视频

第五章
市场化的力量

"以前在国企，大家认为干两三年，未来是不是你干都不一定。变成民营企业后就要看得远，我们就想如何把这个公司长期稳定发展下去，变成一个百年老店。"

从烫手山芋到血灌之王

■ 健帆生物　董　凡

"我觉得专注于做一类产品，然后做精做透，做到世界的第一，我觉得这是做工业做实业的人应该有的态度。"

——董　凡

站在公司上市的当口，董凡依然对 14 年前的一幕记忆犹新。2002 年，身为公司总经理的他，为了 6 支血液灌流器的"大单"，在凌晨三点驱车前往深圳宝安，用于 6 位中毒病人的治疗。

彼时，他和公司 60 名员工，刚刚自掏腰包从集团公司手里接过了剥离的烫手山芋——连年亏损的丽珠医用生物材料厂。而在血液灌

健帆生物董事长、总经理董凡接受全景商学院独家专访

流器从零开始的市场推广中，董凡渐渐坚定了走"华山一条路"的决心。

或许，当时的他也没有想到，这家连续亏损经营困难的小型生物材料厂，在

14 年后的今天（2016 年 8 月 2 日）成了"中国血灌之王"——珠海健帆生物科技股份有限公司（证券代码：300529），并在深交所创业板成功上市。

买下剥离资产 成满腔热血创业青年

董凡，1992 年毕业于上海财经大学，大学毕业后直接进入珠海丽珠集团从事销售工作，在丽珠一干就是 10 年。1999 年，业绩出色的董凡，被丽珠集团派驻到旗下的丽珠医用生物材料厂做分管销售的副厂长（副总经理），并于 2000 年升任负责全面工作的厂长（总经理）。升任厂长两年后，董凡的事业发生了重大的转折，对于这一转折，他坦言"从来没有想过"。

"丽珠医用生物材料厂是丽珠集团的一个全资子公司，很小，而且亏损很严重。因为在别的领域工作比较优秀，我被派到这个企业做总经理。刚到这个公司的时候，我从来没有想过公司会被集团剥离。"董凡回忆道，"2002 年，丽珠集团做了聚焦制药主业的战略选择，而由于丽珠生物材料厂的医疗器械业务一直亏损且一直找不到好的发展道路，公司高层决定把它关闭或者转卖。当时，我作为集团的派驻干部，一旦企业关门或者被卖掉，集团公司会另有安排。"

然而，董凡并没有听由集团公司的安排。做产品营销出身的他，看到了做实业、做工业的机会，毅然选择了和厂子一起留下来。"我觉得这个值得去做，当时又正好是总经理，就和 60 名员工一起把公司买下来了。公司的注册资本是 200 万，61 个人，困难的时候，大家就拿自己的钱往里填。"

董凡说："公司买下来头两年依旧亏损，艰难的时候工资都发不出。我个人的薪资也比在丽珠的时候下降了一大半，而且还不一定能拿到。因为公司缺钱的时候肯定是优先员工的工资、优先市场的投入、优先产品的研发，最后才轮到干部的薪资。"虽然企业经营困难，但彼时的董凡对未来充满了渴望，他为自己定下了一个很高的目标："希望从无到有，创造出一个好产品，为世界做点贡献。"

现在的董凡应该感到欣慰，以丽珠医用生物材料厂为前身的健帆生物，主要业务为研发、生产及销售具有创新技术的血液净化产品，其自主研发的一次性使用血液灌流器、一次性使用血浆胆红素吸附器、DNA 免疫吸附柱及血液净化设备等产品，被广泛应用于尿毒症、中毒、重型肝病、自身免疫性疾病、多器官功能衰竭等领域的治疗。健帆生物主营产品的市场占有率，一直稳居行业首位。

转变主营业务方向 选择华山一条路

相关资料显示，健帆生物的前身丽珠生物材料厂自 1989 年成立，至 2002 年改制成有限公司期间，主要从事树脂绷带、含漱液、血液灌流器等产品的生产销售，其中树脂绷带和含漱液产品为主导产品。1997 至 2001 年底期间，丽珠生物材料厂处于持续亏损状态。截至 2001 年底，该厂累计亏损达 1331.68 万元。

公司改制了，如何才能扭亏？董凡一直在思考。"从 2002 年买断产权之后，我们就开始思考未来的路要怎么走。通过市场调研，通过自己的分析，我们发现血液灌流这项技术在当时的世界上，技术方向是被大家认可的，但是这项技术以及它的产品是相对处于早期的，连欧洲、日本等发达国家和地区也只是有早期的一些产品。中国从 20 世纪 70 年代起也有一些人在研究这项技术，但都没有形成产品。我们觉得沿着这条路走，虽然一开始肯定会很难，但是如果闯出来，将来的前景就会很好。因为这是一项前沿的技术，技术壁垒高，而且是中国原研的，与欧洲、日本同处于第一集团的一项技术。"

"我们觉得，既然公司那么小，实力那么微薄，那只能是华山一条路，冲出去才有可能。我们这些年也确实做到了。"董凡说。

据董凡介绍，健帆生物的中性大孔树

健帆生物血液灌流器生产线

脂灌流器是全国第一家，在世界上也是最前沿的产品之一。在树脂血液灌流器上市之前，世界上包括国内也有活性炭血液灌流器，但是以树脂作为吸附材料的血液灌流器是超越活性炭的。

他回忆道："当时我们这类产品的上市销售基本上是不被医院了解的，没人听说过，不知道怎么用，更谈不上喜欢用。我们就一点点去推广，从一家到十家再到百家。产品上市初期，公司里只有几十个员工，除了研发和生产每个人都是营销人，都得上。"

产品的初期推广到底有多艰难？董凡举了这样一个例子。"2002 年在深圳宝安，有 6 位病人中毒，要抢救，需要用我们的灌流器。宝安人民医院给我们打电话，要 6 支灌流器。为什么只要 6 支呢？因为 6 位病人每人要用 1 支，1 支也不多买。医院不认可你的产品，害怕万一买多了以后没人用。"他说，"6 支我是拆箱卖的，因为一箱产品最小的都有 10 支。当时整个公司只有我有一辆私家车，为了这 6 支的订单，我开着车，凌晨三点送到了宝安。结果这 6 位病人全部都救活了。"董凡笑了笑，继续说，"这证明，在那个时候推广一家医院都难，卖这么几支都很困难，6 支就是大生意，可我现在一年要卖一百多万支了。"

功夫不负有心人。从 2004 年起，董凡带领的公司业绩开始好转，他认为"这里的主要原因是转换了主营业务的方向"。如今的健帆生物，已将公司的产品销售至全国 31 个省、市、自治区的 3000 多家大中型医院的血液净化中心、急诊科、ICU 和人工肝室等。

从量变到质变 获国家最高奖项认可

2004 年后的几年时间里，珠海丽珠医用生物材料有限公司——即后来的健帆生物，虽然已经走出了亏损的困境，但经营仍然相当艰难。直到 2010 年初，公司遇到了发展过程中的另一个重大转折。董凡称："公司的科技项目'高性能血液净化医用吸附树脂的创制'获得 2009 年度国家科学技术进步二等奖。这是最重要的一个奖，这意味着我们前面那么多年的工作被国家认可了。因为科技进步奖不仅是科研的奖项，它一定要有技术的运用，我们就是从量变到质变，获得了国家的认可。而这种奖项、这种认可反过来又可以推动我们的产品被市场接受，推动公司的发展。"

正如董凡所言，获奖对于促进公司产品的销售起到立竿见影的作用。2009年公司销售额还不到1亿，2010年一举突破亿元大关，使用公司产品的大中型医院达到近千家。此后，公司进入稳步增长的阶段，2015年，健帆生物实现营业收入5.09亿元，净利润2亿元。

由于血液灌流器产品在公司的主营收入中一枝独秀，健帆生物被称为"血液净化领域的单打冠军"。对于这一称号，董凡认为，"单打冠军"是褒义的评价，因为企业发展从创业到初步成长，也就是上市

董凡（右一）在深交所敲响上市宝钟

前的这个阶段，专注做一类产品并把它做精做透做到世界第一，这是做工业、做实业的人应该有的态度。但是一旦有了上市以后的这个平台，就可以在自己原有的领域做越来越多的产品，丰富产品线，同时也可以跨出血液净化这个领域，去发现适合公司发展的其他领域。"不过，这是一个需要谨慎发展的过程。"

2016年8月2日，健帆生物在深交所创业板正式挂牌上市，继2009年获得国家科学技术进步奖，董凡觉得，公司又站到了一个新的起点上。

回顾自己的创业历程，董凡感慨："虽然公司现在有了一些成绩，但是我们也付出了十多年的努力，付出和回报两者是匹配的，我觉得非常值得。现在我所看到的，不止是企业的效益、上市，更重要的是我们创造出了一项新的医疗技术，一类新的血液灌流产品，这类产品真的拯救了很多人的生命，帮助了数以百万计的病人。而且这类产品源自于中国，是中国原研的。这种成就感对我来说是

最重要的。"

（王爽）

扫码观看健帆生物董凡专访视频

微笑曲线两端发力

■ 德艺文创　吴体芳

"这个公司做得比较成功，不是一个人做出来的，完全是靠这么一大帮人共同努力做出来的，我们的成果一定要大家共同来享受。"

——吴体芳

2017年3月31日，深圳一清早暖阳和煦，午后便化作了淅沥小雨。一天内暖阳细雨先后登场，这在福建人眼里是一个办喜事最好的日子。

就在这天，德艺文创（证券代码：300640）来到深圳，进行IPO网上路演。用公司董秘张军的话来说，"今天是赶上好日子了"。

出现在全景商学院专访现场的德艺文创董事长吴体芳一身深灰色拉绒的休闲西服，亮银色领带。金属的冷光与他理性低调不张扬的个

德艺文创董事长吴体芳接受全景商学院专访

性颇为吻合。

吴体芳说自己更适合做个办实事的人，他更愿意一腔热情投入到工作中去。"这是我第一次接受这么正式的采访。"吴体芳笑着说，"其实年轻的时候就有报社、电视台想来采访我，但我总是能躲就躲。"

德艺文创董事长吴体芳在上市敲钟仪式上讲话

"我做事情挺有激情的，而且速度比较快。实际上我不一定适合做董事长，我做总经理是非常合适的。执行力特别强，定下来的事情一定要做。"

年轻的 28 岁国企副总

对于出生在 20 世纪 60 年代的吴体芳来说，进入外贸行业，是天时地利人和。

20 世纪 80 年代，随着改革开放的逐步推进和四大经济特区的设立，沿海地区基本确立了对外开放的发展态势。面向出口的轻工、纺织、电子产品加工贸易蓬勃发展，带动了进出口额的迅速增长。相关统计数据显示，从 1984 到 1988 年，中国年进出口总额连续跨上 500 亿、600 亿、700 亿、800 亿和 1000 亿美元 5 个台阶，出口商品实现了长期以初级产品为主向以工业制成品为主的转变。对外贸易在当时来说，是一个炙手可热的行业。

"我们那个年代常讲三大件（冰箱、彩电、洗衣机），在国内是买不到的。如果是做外贸的，找老婆也好找。"回忆起外贸行业曾经的光辉岁月，吴体芳流露出来的自豪感是发自内心的，仿佛又回到了那个激情燃烧的年代。

在自古就有与海外通商传统的福建，外贸行业当时发展得如火如荼。吴体芳的外贸梦就在家乡起航。"我小时候从电视、媒体上看了那些国外的客商西装革履，当时挺羡慕的，就觉得今后我的工作一定要做这个行业。"

作为中国对外交流的一扇重要窗口，外贸行业在当时有着严格的选人标准。

"原来我们做外贸，要求条件挺高的。男的要多高，女的有多高，形象要好。"对于身高180cm，剑眉大眼国字脸，国际贸易专业的吴体芳来说，高门槛意味着更好的平台和更优越的机会。

1989年，吴体芳大学毕业，顺利进入福州市工艺品进出口公司。

"工作的前十年，我天天都穿西装，我有十几二十套西装。不同的西装、领带、衬衫。"

公司对于业务员的着装要求并无严格规定，但吴体芳却依旧坚守着心中外贸人西装革履的梦想。"我自己一

年轻时期的吴体芳

个外贸人，作为一个长期跟国外客商打交道的，那么我必须要有一个良好的形象。"

入职才两年，吴体芳就在1991年拿下了个人创汇500万美金的骄人业绩，并被评为"福州市出口创汇标兵"。而当年，吴体芳所在的国企销售人员有二三十人，总体销售业绩还不到2000万美金。

凭借出众的销售业绩，吴体芳很快从同期入职的员工中脱颖而出。接下来的几年，他走上了升职的快车道，很快从部门副经理升到了部门经理，1995年，入职仅5年的吴体芳在28岁的年纪就坐上国企副总的交椅。

放弃铁饭碗

人生的高度，一半始于持之以恒的努力，一半源自关键时刻的选择。1995年，刚刚当上国企副总的吴体芳迎来了职业生涯中最重要的一次选择。

福州市外经贸系统向吴体芳抛来了橄榄枝，希望提拔他进入公务员队伍，从

事管理工作。改革开放初期，虽然经济体制改革掀起了"下海"热潮，但稳定和体面的公务员职位还是很多年轻人梦寐以求的择业选择。

"我跟领导汇报一下我的想法。我说我可能在这方面（外贸）更有天赋一点，未来发展可能更有后劲一些，如果叫我去做公务员带领团队，可能不是我的兴趣所在。领导也尊重我的选择。"

放弃了公务员的铁饭碗，1995 年，吴体芳带着一个八人的团队，成立福州德艺陶瓷贸易有限公司。新公司作为福州市工艺品进出口公司的分公司，独立运营。借助在国企中积累的丰富外贸经验，吴体芳和他的团队很快就将分公司的业务带上了正轨。成立第一年，福州德艺陶瓷贸易有限公司实现两千万左右的营业收入，在同类外贸企业中名列前茅。

眼看新公司走得顺风又顺水，吴体芳并没有满足于现状，而是开始规划新的蓝图。

"西方国家的家居生活布置不光有陶瓷，还有布艺、有铁艺、有木的，各种塑胶的，各种东西集合在一起，所以我那个时候的想法就是我们公司要定位多材质的产品。可能我的思想更加多元化，国企毕竟有一定的约束。"

20 世纪 90 年代后期，外贸进出口权掌握在少数的几个国营外贸企业手里。1999 年，顺应国家打破国营公司外贸垄断、释放民营经济活力的号召，福州德艺陶瓷贸易有限公司走上了改制之路。德艺文化创意集团

在 96 届广交会上，吴体芳（左二）在时任中央政治局委员、广东省委书记张德江（右二）视察福州德艺展位时进行接待

股份有限公司（以下简称"德艺文创"）正式登上历史舞台。

"那个时候确实是一个契机，我可以放开手脚，去做我想做的事情。"

然而，改变意味着挑战，创新就要打破原有的格局，从头再来。从单一到多元产品线的布局，远不是"撸起袖子加油干"就能轻易解决的事情。

新产品的市场数据积累是第一步。吴体芳带着团队，既走访国内供应商把脉趋势，又考察国外终端市场了解需求，从材料性能到研发设备再到市场调研，几乎每一个环节都亲力亲为。由于新产品尚未打入主流的市场，也没有稳定的订单来源，对于吴体芳团队的造访，很多供应商都表现得相当谨慎。

"这个讲起来真的是很辛苦，泉州的大街小巷留下了我们多少的足迹跟汗水，我们深入到各个厂区，大街小巷挨家挨户地去拜访。你去了有的人不一定接待你，这种感觉你要能经受得了，被拒之门外的情况都会有。"

放下大国企的身段，吴体芳和他的团队用专业的业务素养和认真负责的态度，慢慢建立起了供应商和客户合作伙伴。

2000 年，改制后的德艺文创获得了一个来自瑞典的大单。亲自与客户谈判签单的吴体芳，至今对于当时的每一个细节，都依然记忆犹新。

"瑞典有个客户，跟我同龄，叫做 Alvin Servent。他跟我性格有点相似，性情中人，我们聊得非常愉快。那个客户和我们是坐在床上谈判的，他一会儿躺在床上，一会儿跳下来，订单一下就定下了，很有戏剧性。"

一言既合就下单。随性大方的瑞典客户让吴体芳预期的几十万美金订单翻了三番。一个单一系列的新产品，能够产生 150 万美元的大单，这在当时的外贸业界引起了不小的轰动。

微笑曲线两端发力

宏碁集团创办人施振荣提出了著名的微笑曲线，在产业链中，附加值更多体现在两端的设计和销售，处于中间环节的制造附加值最低。而长久停留在"微笑曲线"底端，是中国外贸的一个历史性痛点。吴体芳很早就看到了这一点。他认为，附加设计价值的销售渠道才能保持客户黏性，随时适应市场和客户需求变化的销售渠道才能保持可持续的利润回报。2007 年，德艺文创成立研发设计团队，开始向"微笑曲线"两端发力。

"我们从产品的研发设计到渠道，到销售，然后到整个产品质量的把控，到售后服务。我们提供的是多载体的、多材质的、多款式的产品，满足客户一站式的采购。让带有中国文化创意元素的产品与国外消费者的需求相结合，这是我们所要做的事情。"

吴体芳的目标非常明确。通过熟悉市场的骨干销售带动专业设计团队，培育多元化的自主品牌系列。十年来，随着"德艺PROFIT"、"月亮河 MOONRIVER"、"倍思家 BASISHOME"等自主创新品牌的不断涌现，德艺文创的品牌设计版图逐渐明晰。近年来，国家"一带一路"战略规划号角吹响。德艺文创主动研发设计出针对性较强的产品系列，着眼开拓埃及、斯里兰卡、印尼等"一带一路"沿线国家的新客户。

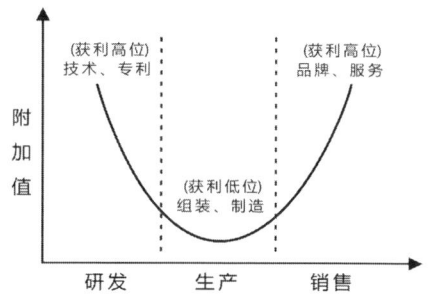

德艺文创招股说明书中关于文创行业企业微笑曲线的呈现形式

吴体芳说，家居文创行业的设计和产销链条看似简单，实际上是一个复杂系统在运作。就像一台机器一样，各个零部件如何各司其职又有效配合，门槛其实很高。德艺文创在"微笑曲线"另一端的实力，就体现在这些方面——客户谈判，销售团队与设计团队齐上阵，任何颜色、款式、结构问题现场解决；客户拜访，制订详细服务接待计划，兴趣爱好、风俗习惯、细节安排具体到人；5% 免赔率，多品种、多款式、多结构也不得超过 1%，产品合格率长年保持 99%。微笑曲线两端的发力有效地增强了德艺文创的核心竞争力，也为日后的发展奠定基础。

"可以说是带来了质的飞跃。有研发设计，原来比如说我们通过一些产品的促销推介，都是依赖于生产商、供应商给我们提供产品，现在我们所有设计的东西都是我们

德艺文创大连线下创意生活馆

自己的，在产品的商业秘密这一块，也能够保持。"

2011年，国内各类居住、办公、休闲为一体的城市综合体如雨后春笋般涌现。以出口为主营收入的德艺文创开始在福建的城市综合体中布局创意生活馆。2014年，国内电商平台发展迅猛，德艺文创又开始布局线上电商平台。

接地气的中国好老板

轻资产型的文创设计企业，员工也是核心竞争力。令吴体芳倍感自豪的是，公司成立20多年，八人的创始团队成员"一个都没有少"，其他员工队伍也高度稳定，入职十年以上的员工不在少数，很多人都是一毕业就跟随吴体芳到现在。热情敬业、细致体贴、还没有架子，这是员工对他最直接的评价。

还是业务员的时候，为了与国外客商更好地互动，吴体芳就养成了西方的生物钟，每天从下午两点到凌晨两点，经常一干就是12个小时，这个工作习惯一直保持了下来。在推进IPO上市进程中，德艺文创全员奋战，吴体芳与员工一起加班加点，忙起来和员工一起吃盒饭也是常有的事。

他不仅关注工作，还关心员工生活的方方面面。员工有没有吃饱穿暖、员工小孩的入学问题，事无巨细，吴体芳都会过问。

"上下级之间、同事之间，这种信任、这种包容，这种关怀，真的很重要。"

德艺文创早在2011年就实行了骨干员工持股计划，吴体芳当时将公司11.7%的股权分配给了28名骨干员工，通过深度绑定核心骨干成员利益，将大家更紧密地团结在一起。

"这个公司做得比较成功，不是一个人做出来的，完全是靠这么一大帮人共同

德艺文创部分团队照

努力做下来的，我们的成果一定要大家共同来享受。"

一晃 28 年过去，吴体芳也从意气风发的年轻业务标兵蜕变成了久经商场的外贸老兵。时间的历练让他多了成熟与稳重，也让他更坚定了心中的方向。

吴体芳说，中国轻工艺产品已经形成一个产业集群，去年出口市场就达到6000 多亿美元。很多中国传统的手工艺及技术无法被轻易复制，欧美市场在未来很长的一段时间内还将对中国的轻工艺品保有依赖性。欧美经济近几年都有不同程度地复苏，未来中国轻工艺产品的国外市场一定是越来越大。

"企业一旦上市，我充满了激情，第二次创业那种激情。"

（陈晓琼）

董事长吴体芳感言

IPO 如马拉松 全程两个字：酸爽！

企业上市是一项工作量大、涉及面广和专业性强的系统工程。IPO上市从开始准备到最终上市，八年的时间很普遍（号称 8 年抗战）。我们前期的准备比较充分，用了 5 年时间，厚积薄发从兴业券商进场（2015 年 11 月 12 日）到敲钟上市（2017 年 4 月 17 日）用了 1 年半时间，之前 IPO 还暂停了 4 个多月的时间（2015 年 7 月～11 月）。其中申报（2016 年 3 月 17 日）到过会（2017 年 3 月 6日）用了不到 1 年（也因此上了一次小头条），发行（2017 年 4 月 5 日）到敲钟上市（4 月 17 日）不到 2 周时间。

德艺文创上市这么快的因素有很多，我讲一些和其他申报上市公司不同的地方吧，一是因为我们是小而美的公司，公司业务相对清晰，各方面非常规范，相对于那些体量大但业务复杂的企业来说，我们的速度反而更快，所以，我们在制

定上市方案时，尽量选择简单清晰且相对独立的资产上市；二是我们的产品基本是销往海外，是为国家赚外汇的，赚老外的钱，而且解决国内的就业，可以说改革开放近四十年"三驾马车"里贡献最大也最稳定的就是出口。三是选了合适的上市中介机构，我们公司所在地在福州，中介机构团队也是本地的，他们在我们这个项目上花的时间非常多，基本都是现场办公，这个非常重要，当面沟通的效果和远程办公完全不一样的，虽然任务繁重，但可以高质量和及时地提供所需的资料，总体工作效率和工作质量极高。因此，我们占据了非常好的天时地利人和。

IPO的感受就是政策变化快，从2014年开始，新股发行速度逐年加快。2014年全年共有125支新股发行，2015年有220支，2016年有248支。2017年至上周已拿到批文160家，有预计2017年全年将达500家。上面是宏观数据，作为参与人还有微观的切身体会，IPO在经历1年多的暂停后于2014年1月重启，总体发行节奏不快，到2014年底和2015年上半年，发行速度突然加快，我们当时也就相机决策，急着赶进度把材料报进会里，接着众所周知的原因IPO又暂停了，后来2015年11月份重启，我们公司和兴业证券的合作就是这次重启后正式拉开大幕的，当时IPO节奏也不快，这中间有传闻要注册制，后来有传闻IPO审核权下放交易所，我们也给予了密切关注。然后到2016年9月份以后又有加快节奏的感觉，2016年12月24日拿到反馈那天起，我们开始发力，反馈和年报同时在春节前确保完成，初审会和发审会审核过会，最终实现弯道超车。我们是紧跟政策变化，因势而动，乘势而上。

上市期间经历的不一样的事情其实很多，因为这个过程之前都没有经历过，而且每个公司还有他自身的特色情况，碰到的很多事和人都不一样。期间也碰到过不少困难，甚至有很难进行下去的时候，但开弓没有回头箭，因此我们总体的原则就是"逢山开路、遇水架桥"，想办法解决。

整个过程，感觉就是酸爽，真实的劳其筋骨、苦其心志，身心备受考验。记得公司去年圣诞节那天收到证监会的反馈意见后，由于涉及的广度和深度都很高，工作量极其巨大，我们要求所有项目人员在上报材料前每周全天候必须加班进行准备（有中介老师统计了下一共熬了22个通宵），到了今年情人节那天递交了一套 3 大本的反馈回复等文件。其中单《反馈意见回复》这个文件就 500 多页，每个内容都要有理有据，这背后还有大量的工作证据和底稿支撑。可见这里面的工作量多大。现在想想那段时间都觉得好辛苦。当然，这个过程公司团队也收获很多，成长不少，而且由于我们扎实细致的工作，为公司顺利成功上市保驾护航，因此也很欣慰，感觉很值，确实很像跑了一场马拉松，终于跑到了终点。这是对上市工作的总结，上市后又是新的里程。

扫码观看德艺文创吴体芳专访视频

不要活在别人的阴影之下

■ 香山股份　赵玉昆

"我们从'唯一'变成'第一'，'唯一'是独吃，'第一'是做大整个产业的蛋糕，大家一起吃，我们反而吃得更多。"

——赵玉昆

　　说起"衡器"很多人觉得很陌生，但说起"秤"，大家都会恍然大悟："哦，原来就是秤啊！"衡器的历史可以追溯到原始社会末期，早在公元前5000年，古埃及就开始使用等臂天平。中国最早的衡器出现在夏朝，汉代开始出现木杆秤，此后一直沿用了2000多年。

香山股份董事长赵玉昆接受全景商学院专访

　　到了近代，陆续出现了机械秤、电子秤；随着互联网时代的到来，衡器已经突破了"秤"的局限，不仅可以称重，还可以追溯货物的来源，分析食品营养成分，甚至可以判断人体肥胖情况，与APP相连，还能成为智能健康管家……

　　说起中国衡器制造业，不得不提香山股份（证券代码：002870），这家公司创造了中国 3 个"第一"：第一家做弹簧度盘秤，第一家做机械健康秤，连续 9 年家用衡器销售量、销售额、出口创汇额第一。

　　作为国内最早的衡器制造企业之一，香山股份还带动中山地区形成了一个家用衡器制造产业群。"我们从'唯一'变成'第一'，'唯一'是独吃，'第一'是做大整个产业的蛋糕，大家一起吃，我们反而吃得更多。"香山股份董事长、总经理赵玉昆说。

"要让领导觉得我是最棒的！"

　　1954 年，赵玉昆出生在广东中山县，从小进入体校，练过田径。1972 年底，18 岁的赵玉昆进入中山县石岐镇修配厂，成为一名工人。可能是练过体育的原因，赵玉昆有很强的进取心："领导交代的事情，想到、没想到的我都做到位，凡事都要做到最好，要让所有领导觉得我是最棒的！"

　　1980 年，赵玉昆被调到中山市石岐衡器厂担任工会主席。他组织扫盲班提高妇女文化水平，还搞员工培训、劳动竞赛，将工会活动搞得有声有色。由于工作做得好，赵玉昆被提升为副厂长分管文宣、人力、行政事务。但他觉得这些已经得心应手，没啥进步空间，跟厂长说想挑战财务工作。于是除了做好本职工作，赵玉昆还学习财务知识，慢慢地把财务也管理起来了。

　　但他仍不满足，想提升市场营销方面的能力。"别人能把产品销售出去，我也不笨，为什么不可以做？后来通过努力，我把销售也做好了。"

　　"跟现在的一些年轻人不同，我不会看报酬做事，做一件事情，一定会做到最好。"赵玉昆回忆说，"好到什么程度？好到让领导离不开我，如果我不在他身边，他就会觉得不自在，遇到事情会想'要是昆仔在就好了'！"

给计量司司长推荐弹簧度盘秤

　　1987 年，33 岁的赵玉昆担任厂长。石岐衡器厂是出口型工厂，针对国外客户的需求研发生产出弹簧度盘秤。这种秤很直观，比木杆秤先进，比杠杆式台秤精度更好，但可能是由于技术认证滞后的原因，弹簧度盘秤在国内被禁止销售使用。石岐衡器厂也是当时国内唯一一家制造弹簧度盘秤的企业。

赵玉昆心想，"我们研制的弹簧度盘秤漂洋过海在国外使用，已经达到了国际水平。这种秤更先进、更好用，为什么不能在国内销售、使用呢？"商用衡器是国家法定计量器具，如果没有经过形式鉴定和制造许可，就不能在国内市场上销售和使用。那时年轻胆子大，他竟然带

20 世纪 80 年代中期，石岐衡器厂门口

着弹簧度盘秤跑到国家计量局找到计量司的司长，跟他介绍这种产品有多好。

赵玉昆的"大胆"介绍引起了这位计量司司长的重视，后来专门委托检测认证中心到石岐衡器厂考察。经过反复的检测、鉴定，最终，弹簧度盘秤这种商用衡器在 20 世纪 90 年代初被批准在全国销售和使用。

弹簧度盘秤能在国内市场销售和使用后很受欢迎，订单纷至沓来。但赵玉昆并不满足，还想做一些别的延伸。由于经常跟外商打交道，赵玉昆能接触到很多世界上最先进的新产品。

"有一次，广东省机械进出口公司拿来一台人体健康秤，问我能不能做？我马上觉察到这是一个商机——健康秤的用户是家庭，突破了弹簧度盘秤只在菜市场和工厂使用的局限；经济发展，人们生活水平提高，越来越多人对自身体重的管理产生了需求。"

通过三四年的研发，人体健康秤的制造工艺逐渐成熟，生产效率和产品质量不断提升，订单也就越来越多。"但当时生产自动化水平很差，基本全靠人工操作，所以怎么发力也没办法大幅提高产量。"赵玉昆回忆道，"产品供不应求，很多外商拿着大叠美元来我们厂，说'你这批货必须要供给我'！"

之后，赵玉昆又带着大家研发出了电子人体秤。虽然市场需求很大，但由于

体制的原因，工厂的生产能力跟不上，融资、扩张也受到限制，企业的生产规模一直上不去。1999 年，中山市人民政府颁发文件，要求公有制企业包括所有的集体所有制企业全面进行转制改革。

20 世纪 80 年代末，石岐衡器厂自行研制的度盘秤弹簧疲劳试验台

1999 年 6 月，石岐衡器厂改制为香山衡器有限公司（"香山股份"前身），原工厂的实际经营者赵玉昆、程铁生、陈博、邓杰和一起接手了企业。谈起 3 位共事几十年的老朋友，赵玉昆说，他们是"可以托付生命的兄弟"，家庭之间经常一起聚会。

企业改制解放了生产力，在赵玉昆的带领下，公司在之前的基础上奋力一跃，一下子提升到了一个新的高度：2004 年，香山衡器产量突破一千万台，销售额达到 2 亿。

衡器进家庭，小产品创造大市场。香山衡器打开了中国家用衡器的广阔市场，一时间产品供不应求，一些敢想敢干的员工觉得有了机会，离开香山进行创业，由此在中山地区形成了一个全国知名的家用衡器制造产业群。

"同行越来越多，一开始

1999 年，中山市香山衡器有限公司成立

我心里会有一些冲击，但也觉得坦然。因为按照市场规律，有竞争才有发展，有竞争力才能立于不败之地。衡器这块蛋糕变大了，香山衡器从'唯一'变成'第一'，我们也吃得更多了。"赵玉昆说。

不活在别人的阴影之下

在衡器制造产业，OEM①（也称为贴牌生产，俗称代工）是一种常见的经营模式，但香山股份的OEM份额却为零。2000年左右，有国外大品牌想要跟香山股份进行OEM合作，但前提是香山必须断掉所有的国外销售渠道，一心一意跟着这家公司做代工。

"大品牌给OEM订单，一口饭很好吃，销量也很稳定，但我们不甘心让三五个大客户把我们的货全部垄断，让自己的发展空间受到限制。何况，那些国际大品牌对我们很不客气，甚至根本就看不起我们，认为我们是他们的附属，这种感觉很憋屈。"赵玉昆说。

拒绝OEM的决策成为香山股份的一个分水岭：国际大牌由潜在客户变成了直接对手，而香山股份产品主要是外销，因此竞争变得格外激烈。自主研发、自建网络、分散客户，这口饭虽然开始吃着辛苦，但吃得硬气、长久。

目前，香山股份主要采取OBM（自主品牌生产）和ODM（原始设计制造）相结合

2000年香山股份首创研发的指针式透明机械体重秤

①　OEM和ODM（原始设计制造）的区别：OEM是由委托方提出产品设计方案，且被委托方不得为第三方提供采用该设计的产品；而ODM从设计到生产都由生产方自行完成，在产品成型后被贴牌方买走。

的经营模式。OBM 强调设计、制造、品牌营销全价值链运营，在定价方面更有自主权，主要针对国内市场；ODM 模式下，产品的外观、结构、功能、工艺都由公司自主开发，客户下单后生产，用客户指定的品牌进行包装、销售。另外，香山股份还注册了 CAMRY 品牌，专门用来出口。2007 年，又在香港成立佳美测量科技有限公司专门从事出口贸易服务。

事实证明赵玉昆的决策是正确的。2007 年、2008 年全球金融危机，国际大品牌订单急剧下滑，行业很多吃"一口饭"的厂家倒下了。而香山股份由于拥有自主研发的工艺和技术，外销和内销并行，一千多家客户分布在全球 80 多个国家和地区，因此金融危机产生的影

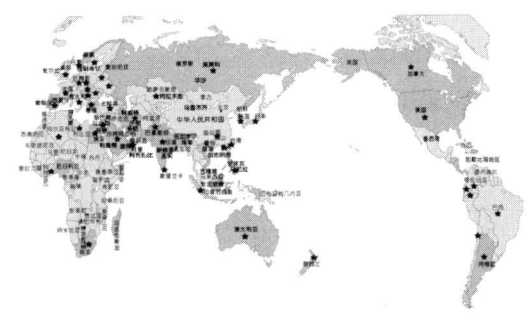

香山股份国外主要客户所在国家分布图

响只有半年。用赵玉昆的话来说就是"东方不亮西方亮，欧洲订单下降我还有美国，美国订单下降，我还有东南亚和非洲。欧洲当然是我的桥头堡，但不能决定香山的成败。"

1997 年，赵玉昆去法兰克福参加世界家庭用品展的时候，国外的品牌根本不把香山当回事，看都不看一眼。"有一个大品牌商说自己一年销售 700 万台，当时我都震惊了。那时我们的年产量只有几十万台，700 万台对我来说好像是个天文数字！我觉得他是高山，而我们就像小土包一样渺小。"

"但到了 2004 年的时候，我们的产量达到了一千万台，远远超越那家企业，而他们正逐渐走下坡路，现在几乎都不做秤了。从弱小到强大，我们把那些曾经瞧不起我们的国际大牌打败了。"赵玉昆说，"我很赞同乔布斯的一句话——'不要活在别人的阴影之下'。现在回头看，当初冒险拒绝 OEM，选择香山自己的道路是十分正确的。"

目前，香山股份已形成外销为主（约占总营收 65.7%）、内销（约占总营收 34.3%）快速增长的产品销售格局。国际上，通过国际经销商渠道或直接与 Wal-mart、K-mart、Auchan 等国际大型零售连锁集团建立战略合作关系，产品

覆盖全球五大洲 80 多个国家和地区。在国内，建立覆盖全国的销售网络，覆盖绝大部分地（县）级市，还与沃尔玛、家乐福、大润发、万佳等国内大型连锁卖场建立合作，销售公司产品。

传统销售渠道之外，香山股份还积极拓展网络渠道。2010 年开始，公司开始进军电子商务，在淘宝、天猫、京东、苏宁易购等开展网络销

1997 年，赵玉昆首次出国参加法兰克福家庭用品展，当时借用以色列一个朋友的展位放一些初级电子产品

售。2014 到 2016 年，香山股份国内网络销售渠道（包括对电商的销售和自营网店的销售等）的销售额从 8665.69 万元增加到 1.21 亿，年复合增长率达到 17.97％。

不局限在"衡器"的小天地

赵玉昆和团队努力付出没有白费。2014～2016 年，香山股份的总营收连续三年超过 8 亿；净利润分别为 7459.95 万元、7891.48 万元、10412.58 万元，年复合增长率为 18.14％。2006 到 2014 年家用衡器销售量、销售额、出口创汇额连续 9 年第一。2016 年，香山股份家用衡器、商用衡器和健康运动信息测量产品总产量达到 2445.69 万套，销量为 2424.49 万套，产销率达到 99.14％。2017年 5 月 15 日，香山股份在深交所敲响上市钟声，成功登陆中小板。

"说一句很狂妄的话：国内家用衡器厂家都想超越我们，但这不可能，我们已经积累得够深，领先很多年了。"赵玉昆说，"但我却有很强烈的危机感，这个危机并不来自同行业，我害怕业外的人用一种全新的方式来颠覆我们，就像苹果颠覆诺基亚一样，我们连还手的机会都没有。"

近些年，随着生活水平的提高，人们对健康管理越来越重视。科技的兴起为

"互联网＋衡器"提供了更多可能性。身为家用衡器界的龙头老大，近些年香山股份也在积极布局健康运动信息测量产品，这也是公司未来几年重点拓展的新业务。

今日香山股份新貌

赵玉昆坦言，在这方面他很佩服乐心医疗："乐心是做电子秤核心配件起家的，现在已经跨界互联网健康领域，他们转型转的特别好。"

2012年，赵玉昆就看到互联网电子测量技术、健康信息技术的发展前景，但没有冒进转型。"衡器有几千年的历史，只要有交易就会有衡器，不会突然间消失掉。我们的家用衡器、商用衡器已经做得非常好，衡器这口饭我们一定会继续吃下去。"

"'互联网＋衡器'是一片大有可为的蓝海，我们会在'守成'的基础上积极拓展。手中有粮，心中不慌，即使以后这个新方向出现了什么变故我们也不至于被击倒。"他说，"高科技产品的发展是跳跃式的，现在的技术刚刚起步，以后必然还会被创新、被颠覆。"

目前，香山股份已成功研发出智能体脂秤、智能食品营养秤、智能手表、智能运动手环、计步器、婴儿成长秤等

香山股份研发的智能手环，有计步、心率监测、睡眠监测、来电提醒等功能

健康运动信息测量新产品，还在大力研发建设"香山健康运动大数据分析云平台"，本次IPO募集资金中将有2.45亿用于家用衡器和健康智能测量产品新建项目。借助多年积累的品牌和渠道优势，健康运动信息测量产品有望成为香山股份

新的业务增长点。

"公司的证券简称叫香山股份，而不是香山衡器，你知道为什么吗?"赵玉昆问。

"因为我不想把公司局限在衡器的小天地里。公司上市后可以跟互联网公司合作，也可以跟高校合作研发，更可以从 BAT 引进先进的互联网科技人才……过去我们从默默无闻的衡器小厂变成世界第一，现在也有信心进军'互联网＋'，做健康运动信息测量细分行业的龙头企业。"

（雷雪）

董事长感言

脚踏实地，仰望星空

从 2008 年股改，筹备上市至今，虽历经资本市场变化和政策、时局变动，然"十年抗战"，终修成正果。回顾这十年，我们一直为打造香山百年品牌而努力，保持平稳发展，居行业首位。

香山的历史始于 1975 年，40 多年来的专注和坚持，我们在家用衡器这个领域做到了最大、最好，我们希望香山这个牌子能一直传承下去。近年来，随着电商的普及和健康互联、智能穿戴的高速发展，几乎是一场颠覆的革命。然而在这颠覆的背后，我们同样看到了希望和机会。

公司上市之后，香山的品牌得到进一步的加强，我们将以"脚踏实地，仰望星空"作为我们发展方针，一是要坚守本业，继续保持我们行业龙头的地位；二是利用好资本市场的平台和资源，寻找新的发展机会。

香山股份成功登陆资本市场，这是一个新的起点、新的征程，更承载着新的使命、新的责任。站在新的起点上再次启程，香山股份将迎来更多的市场机遇，也必定要接受更大的市场竞争与挑战，但我们不忘初心，更有信心去取得更好的发展。

扫码观看香山股份赵玉昆专访视频

纵然一手烂牌，也要梅开二度

■ 正海生物　秘波海

"你有目标可能不一定实现，但你没有这个目标，连个想法都没有，根本就不可能实现。"

——秘波海

1954 年出生的秘波海，在他 57 岁的时候迎来第一家公司——正海磁材（证券代码：300653）的上市。在他 63 岁的时候又见证了第二家公司——正海生物的上市。他是创业板第一位带领 2 家公司成功 IPO 的董事长。在这两家上市公司之前，他掌管的企业规模更大，人数更多。

他从 15 岁开始当上工人，14 年以后当上一把手，此后 30 余年从未退居二线，经历无数大风大浪，始终坚持梦想。他的成功不仅仅是幸运，困扰企业家的诸多问题，在他身上或许都能找到答案。

15 岁当工人 29 岁当上了一把手

出生于 20 世纪 50 年代，秘波海属于经历丰富的一代人，从出生以后面临着灾荒，吃不饱，在学校学工学农，还停课闹过革命，耽误了学习，后来便开始上山下乡。

秘波海说自己是幸运者，因为正好赶上了毛主席要备战备荒、三线建设，所以他就被招收到兵工厂到三线去当工人了，从事车工。那一年，他 15 岁。那时候能够到兵工厂当一名工人是一件非常光荣的事儿，选人的条件比当兵的审核还严格。

1972 年，全国恢复大学的招生。在工厂干了一年多的秘波海已经对自己的人生有了初步的规划，"我还是要学习，将来还要当一名

秘波海在红旗机械厂工作照

技术人员。"在这种梦想的驱动下，秘波海开始找一些 1970 年以前毕业的老大学生进行基础课辅导。

1973 年，秘波海所在的工厂分到了一个大学名额，他就报名了，有三个人去参加考试，秘波海得到了唯一的名额。秘波海考上的是华东工程学院，也就是如今的南京理工大学，学的是火箭体专业。

经过三年半的学习，再次回到原来的工作单位，但这回"不当车工了"，回去后便分到了技术科，成了一名火箭弹的制造工艺技术员，实现了当技术员的梦想。后来厂里成立了产品研究所，秘波海就调到了产品研究所，从工艺到设计一做就是六年。

1982 年，因父亲身体不好，秘波海选择调回烟台，而从调回烟台开始那天起他便置身于钟表行业。

这一年，秘波海 28 岁，尽管刚刚涉足钟表研究所工作，"基本交给的任务都能很好地完成，这个是组织上和领导非常喜欢的，按照现在时髦的话来讲叫执行力。"

同样是在 1982 年，邓小平提出的干部四化，即革命化、年轻化、知识化、

专业化。在这个背景下，秘波海就进入了钟表公司党组织部的视野。"年轻人，党员，大学毕业，又有工程师职称的，还是很少的。"

至此，秘波海的工作顺风顺水，仅仅干了九个月的钟表公司副经理以后，在1984年12月，秘波海被调到北极星木钟厂干厂长，当上了一把手，那时候秘波海29岁。工厂很多老师傅、工人都说，"咱们厂来了个小厂长。"

"自己感觉也是非常吃惊的，因为木钟厂是一个三千多人的大厂，当时在烟台，在工业口还是非常有名的一个企业，组织找我谈话的时候，我说你们放心吗，我太年轻了，去掌管这么一个大企业，干砸了怎么办？组织上对我讲，我们经过考察，我们认为是合适的，我当时就回答说，组织上既然相信我，那我就干，我无所谓，我干砸了，干不好，最多回来再趴图板。"

秘波海卯足了干劲儿，将工厂原有的机械钟做到了极致，添加了石英钟，还拿到了国家级的质量管理奖，国家级质量管理奖在全国的轻工行业一共仅四块奖牌，北极星钟表产品拿到了银牌奖，那时候钟表厂的销售收入和利润都达到了历史最高峰。

烟台第一大项目 第一年便做到了盈利

在烟台木钟厂，秘波海做了六年厂长。1990年，烟台市投资5.1亿元上马电子网板业务。这个经过国务院批准的烟台第一大项目，在一把手的选择上有三条标准：年轻、有管理大厂的经验、有技术引进的经验。35岁的秘波海又成了不二人选。

首先他去做的就是筹建处主任。对于秘波海来说又是一个全新的开始。

一开始，秘波海主要是带领着团队去做技术考察，到日本、德国进行技术考察，看选谁家的技术。选完了进行商务合同谈判，谈判完以后进行工厂的技术设计、工艺设计，再就进行基本建设。从立项开始到投产又是一个五年。

新厂投产第一年就开始盈利，对于当时的工业项目来说，是非常少见的。人们都觉得秘波海非常幸运，但其中经历的磨难也只有他最为清楚。

"当时我们烧钱的时候，有谁知道呢？刚开始试生产的时候，合格率一直上不去，我们的材料是非常贵的，当时国内产不了，钢带都是日本和德国进口的，贵的都十几万一吨，你出不了产品，出来的都是废铁，整个是烧钱的，烧得我满嘴都是泡，上火。一个一个组织大家攻关，进行技术攻关，解决问题，后来慢慢的合格率在不断地提升，合格率上了70%以上就开始盈利了。"

1999年，秘波海任烟台电子网板厂总经理时期工作照

盈利以后，第二年，该工厂利润就做到了六千多万，头一年是一千多万，后来都到了一个多亿。顶峰的时候利润在1.5亿元左右，20世纪90年代的1.5亿和现在的1.5亿完全不是一个概念。

在电子网板厂最鼎盛的时期，秘波海没有选择加大投入，抱着这棵"摇钱树"不放手，而是考虑转型。

那时候，平板电视已经出现，像液晶、等离子这种技术已经开始出现了。

"如果你不寻求新的业务，你必然是等死，产品生命有成长期、成熟期，它已经开始到了衰退期，如果你这时候不考虑转型的话，那你必然就是死路一条。"

实际上，电子网板厂的经营业绩直到2004年才开始往下走，但秘波海在2000年就开始寻找其他的业务。因为有着丰富的技术合作经验，他在新业务的选择上也有着独到的眼光。一个偶然的机会，让他看到了稀土永磁领域的前景。

正海生物诞生 秘波海压力最大之时

网板厂开始停产进入后续的处理，秘波海所在的正海集团是网板厂的一名股东，新的业务也是由正海集团逐步组建起来的。

磁材和网板工厂的业务从投资方、技术原理、管理团队等方面都完全没有

关系。

秘波海的做法是和技术方进行合作。"最先介入者，就是谢宏祖教授，他当时在实验室发明了无氧技术生产工艺，因为当时国内生产稀土永磁的工厂很多，大概一百多家，但大部分是生产中低档，我们当时就定位在高档，利用他这个无氧工艺，进行产业化。"

2000 年正海集团已经开始有了稀土永磁的业务，但一直到 2003 年磁材还没有盈利，还需要进行一些业务的探讨。

那时，秘波海看到比尔·盖茨的一篇文章，讲到未来 21 世纪是生物产业的世纪，这给了他很大的启发。正在这时候，山东省计委科技处带了一个美国的技术团队来国内寻找发展机会。

"我们进行了一番技术交流和探讨，我们认为，可以。首先它这个生物技术是生物再生组织材料技术，可能要比生物制药的周期相对来讲短一些，对我们这个企业来讲比较适合，而且在投入上，不像医药、生物医药投入资金量超过我们的能力，所以我们想，这可能是我们进行合作的一个很好的项目。"

于是，2003 年，正海生物项目诞生。正海生物主营的是生物再生材料的研发生产和销售。2003 年，国内做这一行的公司并不多。

同是 2003 年，烟台市政府批复烟台正海集团有限公司整体改制实施方案，2004 年，烟台正海集团改制为正海集团有限公司。秘波海的心情也变得复杂。

"我记得我们改制完了以后，组织部给下的文件是组织部以后不再管理正海集团领导班子，那时候感觉自己失去了组织。"

秘波海内心非常矛盾，有过兴奋，从此以后命运掌握在自己的手中，但也有烦恼，因为从此以后，无论是好是坏，将来都要自己来承担责任，很有可能会失败，也很有可能会破产。

改制以后，正海集团逐步形成了以稀土永磁、电子信息、汽车内饰、生物医用材料、建筑节能保温材料、典当金融等多元化产业格局。

从 2003 年成立到 2006 年，正海生物一直做的都是理论研究和技术成果转换，仍处于亏损阶段，正海磁材也还没有开始盈利。那个时候也是秘波海压力最大的时候。

"我晚上睡觉经常会被一身冷汗惊醒，那时候我们老业务在急剧地下滑，新的业务还在继续亏损，还要继续加大投入，这种折磨和压力不是说每个人都能体会到的。"

"亏损时说上市，别人肯定在想我在说梦话"

2007 年，正海生物终于实现销售。从口腔修复膜，到生物膜，再到皮肤修复膜，产品不断升级，但仍然未走出亏损困境。

2011 年，正海磁材成功登陆创业板，这一年，秘波海 57 岁。此时，秘波海的心中还有一个梦想，正海生物将来一定要登陆资本市场。

"但是别人肯定都想，我在说梦话，因为那时候正海生物还一直在亏损。所以首先你自己得有想法、得有目标，然后下面的人才能围绕你这个目标去努力做。"

2011 年 5 月，秘波海在正海磁材上市仪式上

秘波海到正海生物开会，给正海生物定的第一目标就是登陆资本市场。在他看来，生物行业是一个高新技术行业，未来想要继续做领先者，就必然要登陆资本市场，如果不去，很可能做不大也做不持久。此外，在监管局的监督下，企业也将更为规范，也可以做得更好、走得更远。

他对于优秀企业的认定也有自己的一套标准。"我认为一个优秀的企业短时间的辉煌，你辉煌那么几年不算优秀，企业能够走多远，或者是大的经济形势和大的行业环境不好的情况下，你能生存下来，我认为这才是优秀的企业。我们提的口号百年正海，百年正海的概念就是要持续地、稳定地发展，我觉得，能走得更远的企业才是更优秀的企业。"

到 2016 年，正海生物营业收入达 1.5 亿元，净利润 4547 万元。2017 年 5 月 16 日，正海生物正式登陆创业板。

他也成为创业板第一位带领两家公司成功上市的董事长。

对秘波海来说，正海生物的上市更多的是代表一个新的起点。就像他过去所经历的所有变化，每一次变化，都是一个起点。

2017 年 5 月 16 日，正海生物在深交所敲响上市宝钟

尽管秘波海旗下拥有众多公司和业务，但生物仍是他最为关心和关注的板块。上市之后，他将正海生物定位为行业先行者，"在再生生物组织材料领域，无论是从企业发展的技术优势，还有生产的规模上要保持领先地位。"

当被问到还会有第三家（上市公司）吗？秘波海说："梦想总是要有的。"

（朱雨蒙）

扫码观看正海生物秘波海专访视频

民营企业要做百年老店

■ 飞鹿股份　章卫国

"路摆在面前，你不走，就没有希望；走出去就有可能就打开一片天下。"

——章卫国

涂料油漆，被称为轨道交通的"保护伞"和"美容师"。但如果你对涂料的认识只停留在保护外层、改变颜值上，那你就 out 了。如今的涂料不仅要求环保无害——包括中国在内的很多国家出台了低VOC（挥发性有机物）涂料的强制性标准，还出现了定制化功能——美国佛罗里达州有个紫外线强照射区，经过这里的部分列车涂上了专属的防晒涂料。

飞鹿股份董事长章卫国

世界范围内，轨道交通涂料行业正朝着环保性、功能性、涂料涂装一体化三大方向发展。在中国，以高铁为代表的轨道交通近年来飞速发展，涂料业由此进入了发展的快车道。

2008 年，中国开通了第一条高铁线路——京津城际。飞鹿股份董事长章卫国力排众议，决定进军高铁涂料市场。

2016 年，中国高铁运行里程达 2.2 万千米，跃居世界第一。中国涂料行业全年规模以上工业企业产量 1899.78 万吨，稳居全球第一。

2017 年 6 月 13 日，飞鹿股份（证券代码：300665）在深交所正式上市。

"在新的起点上，还有新的目标，还有新的梦想，肯定是要去实施。我从来没有，甚至一分一秒都没有想通过 IPO 把我的资产放在第一位，我都是考虑企业持续长久地发展。"

要做百年老店 先从一个亿的小目标开始

1987 年，章卫国从同济大学（原上海铁道学院）铁道车辆专业毕业，分配到中国南车株洲车辆厂。随后的十一年，章卫国做过工艺技术、产品开发和人事管理，一直做到了国企中层管理的职位。

1998 年，株洲车辆厂投资创办飞鹿油漆实业有限责任公司。2001 年，根据组织安排，章卫国调任飞鹿实业总经理，从此就与油漆、涂料结下了不解之缘。

"当时我调到那个公司，市场主要是铁路货车用的涂料。年销售收入 1200 万左右，利润 50 万左右。"

章卫国意识到，飞鹿实业当时面临的主要问题是产品单一，而铁路油漆在客车、机车应用上还有广阔的市场，必须尽快丰富产品线、扩大规模。

但国企的发展定位需由上级派驻的董事来决定，章卫国的想法无法完全施展开来，只能在原有的版图上进行小规模拓展。三年的时间，章卫国带领着国营时代的飞鹿实业，在波澜不惊中将业绩翻了三番，2004 年销售收入接近四千万。

2004 年，飞鹿实业进行主辅分离，改制为民营企业。是回到熟悉的株洲车辆厂继续管理干部生涯，还是留在飞鹿实业接受充满不确定性的挑战，章卫国走到了人生的十字路口上。

"让自己的想法通过规划，带领一帮人去尝试，这是我自己想干的。以前在国企大家认为干两三年，未来是不是你干都不一定。变成民营企业后就要看得远，我们就想如何把这个公司长期稳定发展下去，变成一个百年老店。2004年改制的时候，目标是争取超过1个亿。"

摆脱了国有体制的束缚，章卫国开始在一片更加广阔的天地里，实践他的大交通梦想。

轨道交通行业有两大块，轨道装备包括铁路货车、客车、机车以及现在的高铁；轨道建设工程则涵盖铁路工程上防水、地坪等产品。

"我们的战略是一个滚动性的战略发展规划。以前的主业是铁路货车，之后我们可能将铁路客车纳入这一块，再之后我们可能就延伸到机车，到高铁动车出现，我们就延伸到城轨、动车这个行业。"

力排众议进军高铁市场 五年实现小目标

都说顺着大浪游泳，怎么样都能游得快一些。然而商海横流，要在这片浪急风高、暗流潜藏的海域中，精准抓住一个发展浪头，并不是顺势而为那么简单。

2009年，金融危机开始蔓延到各行各业，世界经济形势变得严峻复杂，中国的内外需商品市场也面临着非常大的不确定性。直接在轨道交通行业上表现是，由于货运不足，铁道部当年铁路车辆采购较预期急剧下降。作为上游企业，飞鹿实业很多股东纷纷建议收缩产能。

也是在2009年，中国政府的四万亿经济刺激政策开始陆续投放。中央提出的扩大内需、促进经济增长十项措施中包括了高速路网的基础建设，加上国家铁路网建设的"十二五发展规划"，章卫国有一种预感，这轮经济危机中涂装行业将迎来新一轮的发展契机。

为确定高铁建设能带来的市场空间，章卫国"走了后门"，带着两名技术人员到施工中的京津城际考察。"我们爬上高铁，一看这个需求量，混凝土桥梁上要刷那么多防水涂料，保护混凝土的钢结构不被腐蚀，当时那个产品全部是国外引进的，我看了这个以后就下决心，一定要开发这个产品，一定要进入这个市场。"

中国高铁巨大的市场规模人尽皆知。可以说,抓住了高铁,就抓住了未来发展命脉。

但对于章卫国的提议,飞鹿实业80%的中高层都表示反对。他们担心的问题是,国家高铁建设要求非常高,当时规模尚小的飞鹿实业能否真正实现技术突破?如果企业进行大笔的资金投入却

章卫国在工程施工现场

没有收到预期成效,下一步又该怎么办?

"这个也就是民营管理决策的一个灵活性,他们没有更多的理由说服我不上,那么就同意我上,而且我认为我想清楚的事情,要力排众议,坚决地要上。上可能就打开一片天下,你不上可能就没有前途。"

高管们不赞成,也没有投反对票。就这样章卫国单方面决定上马高铁涂料项目。他给技术团队几个月的时间进行生产线改造,随即参加了2009年的京沪高铁招标。

京沪高铁整个防水材料招投标项目将近十亿,飞鹿实业中标了一个多亿,当年的销售业绩就一举突破1.5亿。章卫国用了五年的时间,实现了自己一个亿的小目标。

让涂料物尽其用 涂装人尽其才

看到大城市的地铁建设进行得如火如荼,章卫国盯上了轨道工程涂料这块蛋糕。2010年,飞鹿实业开始推进地铁防水和地坪涂料,并陆续取得一定的市场规模。

在涂料施工的过程中,章卫国发现,涂料生产企业与下游企业因缺乏良好的

沟通和对接，使得涂料生产企业单方面注重涂料产品的技术研发，忽略了实际应用效果。反观涂料下游企业，注重涂装技术的提高，却未深层次把握涂料产品的性能，导致涂料在实际应用中得不到充分的发挥。在这种情况下，如果后期出现质量问题，很难区分是涂料商还是施工方的责任，这增加了客户的管理难度。国际上刚刚兴起的涂料涂装一体化就可以很好地解决这个问题。

"我们从 2007、2008 年提出这个方案的时候，大家并没有马上接受。客户认知不完全一致。他就觉得这种模式是不是能够使质量更好，管理更简单，生产成本更低。从我们自己的调整，建立这样一个业务模式的时候，我们是不是能够真正为客户带来增值服务。"

客户的疑虑和公司中高层的担忧并没有打消章卫国发展涂料涂装一体化的信念。他坚信涂料涂装一体化带来的整体解决方案，能让客户实现从产品开发到设计施工，再到售后环节的全程把控，未来将给涂料行业带来一场新的革命。在涂料涂装一体化逐渐成为行业普遍业务模式的今天，章卫国当初的规划不得不说很有前瞻性。

和涂料涂装一体化并肩的另一个行业变革是环保材料的兴起。目前，全球都非常重视新型涂料的研发和推广，其中最重要的是涂料低 VOC 化。传统的涂料中有机溶剂占比一般超过 60%，常温常压下易挥发，在车间容易引起火灾爆炸、同时挥发的 VOC 会造成大气污染。

"我们在 2010 年左右就开始做一些基础的工作。从两大体系解决涂料的环保性，一个水漆，还有一个高固体分涂料，我们在这里有比较好的技术储备，现在根据客户的需求在逐步地使用。"

2015 年 1 月，中国财政部与国家税务局联合发布了"关于对电池、涂料征收消费税的通知"，对施工状态下 VOC 含量高于 420 克/升（含）的涂料征收 4% 的消费税，2015 年 6 月出台收费试点办法，10 月 1 日开始施行。

章卫国在环保涂料上的规划又一次走在了政策前面。对于环保涂料未来在轨道交通上的应用，章卫国表示整体趋势不可逆转，但是现阶段在国内的推广还需要政府、轨道装备工程企业以及涂料商的共同努力。

"环保性产品比原有产品成本更高，单靠油漆生产制造企业是推不动的，要靠政府或政策倒逼用户用。这里面就有一个政策杠杆，现在大家对环保更加重视，我相信未来环保涂料的市场会越来越大。"

七年 IPO 之路 是金子总会发光

飞鹿股份的 IPO 之路走得并不平顺。2010 年正式启动 IPO 进程，到 2017 年成功上市，一共七年，期间经历过 IPO 停摆、中止审查、第一次过会遭否等一系列波折。谈及曲折的 IPO 之路，章卫国也没有回避。"（第一次 IPO 被否）不仅是遗憾，而且非常痛心，可以说是我参加工作以来遇到的最大的一次挫折吧。虽然第一次被否了，我们只要把存在的问题分析清楚了，对未来的事情看清楚了，我觉得就能够走下去。"

从进军高铁项目到推行涂料涂装一体化再到布局环保涂料，章卫国长年超前规划，让飞鹿股份在行业中总是快人一步。而在叩开上市的大门之前，他已经悄悄定位把涂料推到更广的行业中去。

章卫国（右三）在深交所上市仪式现场

"在轨道交通行业的相关产品，高铁动车维修市场同样要涂料，还有很多的维修配件，高分子材料产品，在未来这是一个新增的市场。早几年我已经有一些规划，但是因为这个需要有更多的投入，要做好更多的技术、管理准备、市场铺垫，我们先把环保涂料这个市场做深做透。除了轨道交通以外，未来可能向风电、新能源汽车，军工、海洋装备领域进军，目前这些领域被国外的品牌垄断，作为国内的民营企业，我们有信心、也有责任在这一块提高我们的地位。"

（陈晓琼）

董事长感言

我的梦想就是让飞鹿成为百年老店

飞鹿股份通过六七年的努力才成功上市。但对于我而言，上市带来的兴奋感和成就感只持续了几天。如果要说那几天真的做了什么特别的事情的话，那就是鲜有发朋友圈的我，在上市当天连发了5条朋友圈：回顾株洲飞鹿的上市历程，并以此感谢各界领导和朋友的关心和帮助！感谢公司团队和全体员工的奋斗和努力！感谢家人无条件的理解和支持！一切的谢意，尽在不言中。

然后，我的工作生活一切照旧。直到有一天，一个朋友问我，"上市了，你怎么还不请客啊？"我恍然大悟，自己淡然得确实有点不近人情啊。虽如此，但我高兴激动的时刻已经过去，又已经投入到新的工作中了，而当又一次把精力集中在工作上的时候，就会发现已经没有请客庆功的劲头和心思了。

上市后，我们面临着更严的监管，以及强化企业管理和提升公司业绩的更大压力。但企业的上市，也让我们的技术和产品有更多元的发展机会，我们想干活、能干活、干好活的员工将获得更优厚的待遇和更长足的进步，我们的企业有了更广阔的发展空间，我们可以有更大的梦想。

我内心最大的梦想就是：让飞鹿股份成为一家跨越百年的民族企业，这也是我们企业的核心价值观。根据公司的规划战略，未来三年公司主要聚焦的行业是轨道交通领域以涂料涂装业务为主的高分子产业，以及以动车为主的轨道装备材料及配件产业；同时稳健拓展风电、新能源装备行业的涂料与涂装业务，探索海洋装备、军工等战略性新型产业涂料涂装业务，并通过优质技术和产品质量，打造公司核心竞争新优势。

千里之行始于足下。除了不断夯实主业，飞鹿股份的百年大计还任重道远。而成功上市，让我们在通往"百年老店"的愿景之路上，又迈出了坚实的一步！

扫码观看飞鹿股份章卫国专访视频

"小马达"走向大世界

■ 科力尔　聂葆生

"中国（电器）有海尔，电机有科力尔"。

——聂葆生

"当时国家领导人南下，说了一句有名的话就是'科学技术是第一生产力'，还有一句，'可以可以'，（谐音）'科力科力'。"

接受全景商学院专访的开始，董事长聂葆生兴致勃勃地向我们解释着"科力尔"这个名字的由来。

但科力的名称和商标当时已经被一家港资企业抢先注册。聂葆生索性在科力后面加了个"尔"字。

"中国（电器）有海尔，

科力尔董事长聂葆生接受全景商学院专访

电机有科力尔"。一个"尔"字，将聂葆生带领中国微电机"小马达"走向世界的梦想，表达得巧妙而含蓄。

2017 年 2 月 10 日上市的科力尔（证券代码：002892）也确如聂葆生所愿，逐渐发展成了一家为全球家电品牌生产配套电机的企业，合作伙伴涵盖伊莱克斯、通用、惠而浦、阿瑟力克、松下等全球知名家电企业。

"50 后"生产队电工变身民营电机厂老总

有媒体将"50 后"点评为"折腾的一代"。裹挟在历史洪流中成长，"50 后"自身发展在多次的经济社会变迁中发生不确定性，他们因此更加随遇而安，骨子里专注实干，很少脱离现实。

这在聂葆生身上体现得非常明显。出生于 1951 年，聂葆生在人生的黄金年代赶上了上山下乡，19 岁便作为知识青年下放农村。

3 年后，聂葆生在生产队接触到电机维修，对基础电机产生了浓厚的兴趣，知青返城后便在祁阳县五金厂（后更名为祁阳县微型电机厂）找到了一份电工的工作。

1977 年冬天，高考恢复。抓住青春的尾巴，只有初中学历的聂葆生通过自学参加了理科考试并顺利通过。"1979 年考上了，想读湖南大学电机系。但是那一年结了婚不行。工厂看到我是个人才，就让我搞开发，以后慢慢的就提升为副厂长、厂长。"

1992 年正值中国第八个五年计划时期。湖南省第二轻工业厅一个要求生产 300 万台微电机的项目落户永州祁阳。时任祁阳县微型电机厂厂长的聂葆生被委以重任。

"当时（承接项目）还是比较难。中国微电机刚刚发展。正从日本传到中国台湾，从台湾传到大陆。深圳也有一个电机项目，跟我们发展历史差不多，我们地方比较偏僻而已。"

受到多方面的掣肘，国营性质的微电机厂并没有很好运营起来。2001 年，顺应政府国企民营化的号召，聂葆生成立湖南科力尔电机股份有限公司，收购湖南黎海微电机厂，协助后者完成改制。

"我觉得这个项目市场比较好。虽然有负债，但是原来那些历史的负债破产掉了，其余的我都承担了，共享债务、银行债务，还有员工改制。那个成本比较高，但我觉得应该承担。"

年轻时的聂葆生（右）在生产车间

解决工作 也解决终身大事

聂葆生认为，微电机是技术密集型行业，研发和技术人才是第一要素。但科力尔成立之初聂葆生恰恰找不到人用。为了招到合适的人才，聂葆生有80%的时间泡在广东市场。

"在这边（广东）台湾企业和香港企业较多。人才市场，就在这里。"

然而让专业技术人才从发达的沿海地区自愿流向偏远的湖南小县城，谈何容易。

"很多人不愿意过去。不过去，就做工作，把待遇提高一点。"

好不容易从广东招了一百多人，聂葆生准备把他们套牢在祁阳。他不仅为外来员工安排了住房，配偶也顺便给"安排"了。

"我还在家乡招了一批女生回来，很多人恋爱结婚了。当时办了交谊舞会，颁发了"扎根奖"，"忠诚奖"，总之想了很多办法。现在这些年轻人，是第二代了，他们生儿育女，又第三代了。"

科力尔的职工在公司"庆祝建党95周年文艺汇演"上表演

2000年初，在相对传统保守的祁阳县城，聂葆生的这一做法不得不算是新奇又拉风。但正是这种接地气的招工方式留稳了外来的人才，高素质人才的注入也让科力尔顿时焕发新生。成立一年，科力尔生产电机约300万台，净利润七百多万元。接下来的每年，科力尔保持45％的年增长率。2004年，科力尔电机实现产量接近千万台，营收破亿。

愚公移山搬客户 打开外销门路

尽管科力尔的总部设在祁阳，但聂葆生的眼光绝不仅限于此。人才问题在广东解决了，接下来是客户问题。聂葆生继续不辞辛苦、三番五次地往广东跑。对于找客户，他用了一个比较形象的比喻——愚公移山，即把客户一点一点地往祁阳山区里搬。

"天天跑。那时候专门有一趟桂林到深圳的车，我坐那趟车比较久，要20个小时，以前年纪轻，专门坐小车跑广东，很辛苦，有时候修高速公路，堵车一堵就是一晚上。"

就算经费有限，聂葆生每年也绝不会错过有"外贸风向标"之称的广交会。

"我每年泡在广交会，一年两届。开广交会的时候，我们在广州湖南宾馆，一间房子住了7个人，为了省钱，打地铺。"

聂葆生参会，绝不是走过场。五天会期，他天天驻守在会场，精神保持高度集中。用聂葆生的话来说，是"两个眼睛睁得大大的，生怕错过一个客户。"有时候碰上翻译没有空闲，聂葆生使用蹩足的英语应对。

"我在广交会学了三句话，一见面，Hello（你好），Sit down, please（请坐），Nice to meet you（见到你很高兴）。"说完，聂葆生哈哈大笑了起来。

聂葆生至今记得自己的第一个外销客户，来自土耳其的尼古拉斯，买了70万台微电机。对自己单枪匹马和一个意大利客户斡旋3个小时的经历，聂葆生也津津乐道。

"我能跟老外谈3个小时，为什么呢？那个电流、电压、转速，就是RP、RPM，还有数量、机件制图，这是全世界通用的。我就利用写文字和画画，和他沟通。有一年，一个意大利客户要来接我，我事先就告诉他，哪月哪日，到飞机场开车来接我，画一个飞机，画一个小车。我如果要问他的手机号码，画一个手机，打一个问号，他不就知道了嘛，就把手机号码告诉我了。"

除了参展，聂葆生也经常出国考察。他走过三十多个国家，经常到美国、德国、日本等电机设备先进的国家去观察市场。

"我到俄罗斯还跑到人家家里去，看人家的家电怎么使用的，看得很细。给他们带一些礼品，人家就开心嘛，你不知道老外的生活习惯，你怎么制造产品呢？"

聂葆生前期的大胆尝试，为科力尔日后在外销方面的发展打下了基础。但聂葆生坦言，当时外销并没有真正做大，每年大概只有一百多万美金。

海归二代接班 "小马达" 打入世界 500 强

众所周知，科力尔是国内第一家打入世界 500 强企业——通用电气、伊莱克斯的罩极电机企业。目前科力尔的产品成功进入欧美等 30 多个国家，并在美国和意大利设立了营销代表处。很多世界 500 强家电品牌，如伊莱克斯、通用、惠而浦、阿瑟力克等，都在使用科力尔生产的配套电机。

而从每年 100 多万美金到成为世界 500 强家电企业的标配，科力尔这一步跨越式的发展，离不开其副董事长兼总经理、聂葆生的儿子聂鹏举。

聂鹏举是一个 80 后。聂葆生对于儿子一贯的教育方式就是 "低调做人，认真做事"。在聂鹏举身上，既继承了父辈低调实干的稳健作风，也不乏年轻人与时俱进的创新精神。

"他读大学，没有买一件好衣服给他，别人也不知道他爸爸是个老板。他毕业那一年，我去了北京，给他买了一点好衣服、鞋子，后来出国了，去加拿大自费留学，同学那个时候才知道家里条件不错，（之前）一直比较低调。"

聂鹏举就读于北方交通大学，毕业后去了加拿大留学，2006 年加入科力尔。进公司后，他从最基层做起，一开始担任的是最普通的外销业务员。通过国外接触的文化和经营理念，立足销售岗位，聂鹏举认识到，科力尔位于湖南边远的小城镇，各方面资源相对匮乏，要想发展必须打破常规。而要真正打开国际市场、树立民族微电机品牌，就必须瞄准世界最顶尖的客户和最先进的同行业发展方向。他建议公司积极拓展对外业务，开发海外市场，并在沿海发达地区建立产业基地，将研发的新产品做成熟后，再转移到内地生产。在他的主导下，科力尔陆续在深圳设立了营销中心、研发中心和实验工厂，并组建了国际贸易团队。

科力尔副董事长兼总经理
聂鹏举

在聂鹏举负责的销售部门拉动下，科力尔外销出口额相比 2006 年增长了 40 多倍，从 120 万美元到 2016 年度的 5500 多万美元；销售收入也增长了 4 倍，从 1 亿元到 2016 年度 5.04 亿元。

聂鹏举同时向公司建议将原来在沿海采购的一部分零部件，转给当地企业配套。截至 2016 年，科力尔共扶持 7 家当地企业为公司配套，每年为当地企业增收超过 2000 万元。

"我们的定位是高端客户，这方面同行也有外销客户，不多，大概就是一家，量很小很小，我们应该占比较大的市场份额，超过 70%～80%。"

聂葆生和聂鹏举为科力尔的发展各自奔忙，最长的时候三个月都没有见过一次面。但对于儿子的加入给科力尔带来的新变化，聂葆生看在眼里，喜在心里。

"后来者居上，长江后浪推前浪。内销外销，一步步，都放给他管。"

进军伺服系统 只专注做好电机

结合人工智能和工业机器人的市场趋势，科力尔 2014 年开始涉足伺服电机[①]，2015 年起步研发，至今投资达一千多万。在募投项目中，科力尔拟投资 2900 万元建设 3kW 及以下伺服电机系统产业化项目，五年内，计划实现 30 万台的产量。

"自主研发，还要配合客户。客户要嘛，市场不要不行的。姑娘要嫁得出去，

———————————

① 我们可以简单地把伺服电机叫做"3+1"，1 是伺服电机，2 是驱动器，3 是控制器，1 就是编码器，所以它也叫机电一体化，可以理解为实现人工智能最基本的单位。

男人讨老婆要讨得进来。"聂葆生打趣地说。

聂葆生说，目前在这个领域，国内企业起步晚，与国外企业差距较大。例如国外有些电机转一个圆圈，可以精确到 0.01mm，而目前国内企业只能做到 0.02 mm。想要实现同步，只有分三步走，慢慢实现跨越。

"第一步结合资本市场，将国内最好的人才招纳进来，将国外，像日本、德国、瑞士，把他们的技术和国内的结合、消化。第二步，在吸收消化的基础上，再来创新。第三步才能够达到追赶或者同步。我觉得是三部曲，像我们国家的高铁，还要出口，我是这样想的。"

聂葆生的目标，是让科力尔的微型电机逐渐从家用电器发展到办公自动化、智能安防监控，再到工业机器人领域。而伺服系统的研发，就是其中的第一步。

"三百六十行，行行出状元，只要专注，就会成功。我们不是所有的（都做），我们是把这一个电机做好，做到极致。"

儿子顺利接班之后，聂葆生考虑更多的是把公司大权交出后，自己的生活定位。聂葆生平常喜欢听音乐，也喜欢到 KTV 唱歌。他说日后可能有更多的时间来消遣这些兴趣和爱好。但自己属牛，喜欢做事情，应该还是属于闲不住的。

"把握战略发展，提一些可靠的意见，这样就稳健嘛，我可以当董事。不管具体事，掌握大的原则、方向，但是经营要以他为主。"

（陈晓琼）

扫码观看科力尔聂葆生专访视频

第六章
制造业 "极客"

很多技术被西方国家视为国家机密，他们仅仅是听说过传闻，硬是一咬牙给做出来了。中国能迅速成为全球制造业中心，这些 "疯子" 一般的制造业 "极客" 们，可谓功不可没。

攻破"神秘"的车载导航

■ 路畅科技　张宗涛

"路畅科技希望在汽车智能化的浪潮中依赖自身在汽车电子方面的积累和优势，找准自己的位置，服务好汽车厂，成为汽车智能化浪潮中的弄潮儿。"

——张宗涛

在眼下的时代，最红的企业是那些互联网公司，最红的企业家要么思维活跃脑洞大开满满的"互联网思维"，要么偏执得犹如处女座对产品无限讲求"工匠精神"，要么一身休闲装眼里只有那些"改变世界的伟大技术"并被人冠之以"极客范儿"。与他们相比，"传统行业"的老板们并不为媒体和大众的视线所宠爱，聚光灯、热门话题也往往与他们无关。

说起车载智能导航，已经属于汽车后市场中再成熟不过的一部分。而整个汽车后市场，连同汽车行业一起，也都被视作"传统行业"。成立十年的路畅科技（证券代码：002813）作为其中的一员，却显得并不那么传统。如果你和公司总经理张宗涛深入交流，那么你会发现，无论是总经理，还是这家公司，不仅保持着跃动的创新思维，甚至还有些"极客范儿"。

埋头 5 年 攻破导航难关

2001 年，新世纪刚刚开局，一系列大事正在发生，中国加入 WTO，男子足球队破天荒进入世界杯决赛圈，北京申奥成功等。但如果从 IT 产业的角度看，这一年却显得波澜不惊。百度还在中关村，阿里巴巴在杭州，腾讯在深圳，都属于起步阶段，各大门户上还聚集着看新闻和看美女的人群，BBS 刚刚兴起。国际上，谷歌的搜索引擎进入运营的第三个年头，微软刚刚应付完美国政府的诉讼，唯算得上对于日后影响深远的一件事是苹果推出了 iPod，这一产品后来成为苹果的翻身利器。

在这一年，张宗涛的命运发生了转折。之前他正在内地一家国有企业做一份技术工作，收入在当时也算不菲，而高学历的光环在那个年代尚未褪去，自身又有不错的技术素养，用他的话说，生活稳定到没有一丝波澜，"一眼望穿今后几十年的日子"。这时候有个朋友神神秘秘地找到他，问："你听说过 GPS 定位么？"

路畅科技总经理张宗涛接受全景商学院独家专访

张宗涛对新技术充满了好奇心，在听朋友介绍了 GPS 定位这一"高精尖"的技术之后，他产生了浓厚的兴趣。朋友趁机怂恿："现在有人在南方投资搞这个，你去的话就是技术骨干，以后做成了可不得了。"一边是"一眼望穿"的生活，一边是完全未知的城市、未知的技术领域和未知的未来，张宗涛并没有犹豫太久，就做出了选择。

张宗涛到深圳时的头衔是软件工程师，从这个角度来说，他也是今天深圳无数程序员的前辈。但当时的软件工程师面对的环境更加简陋，与机器的交流也更为"直接"。更为重要的是，与今天互联网开放的氛围不同，在 2001 年研究 GPS，几乎是找不到指引的。国外的成熟厂商不会把技术细节分享出来，国内的同行们都在埋头研发，相互间交流更是谨慎得很。张宗涛所在的团队和那个时候所有的从业者一样，都要从原理开始摸索。

做一套车载GPS产品，考虑的不仅仅是定位的实现和信号的交互，还有各式各样的问题会出现在应用中。对于产品来说，实现成功导航只是第一步。因为汽车行驶是一个时刻变化的应用环境，在几乎所有的应用场景下正确运行产品才能算是研发成功。而中国又是一个幅员辽阔的大国，覆盖了从−40℃的寒温带到40℃的热带，从崎岖山地到水网密集的水乡等。

设计—试验—调试—优化，这样不断循环下来，直到2006年，市场明朗、产品成熟，路畅科技正式成立。

打通4S店 用产品破垄断

2006年的车载导航市场刚刚兴起，路畅科技成立时，已经有动作快的同行抢先一步开拓了市场。理所当然的，同行们的主要铺货渠道是汽车改装店、汽修汽配店、汽车用品店，这也是当时车载导航的主要安装渠道。因为在大家的认知中，"导航"并不是汽车的必需品，只有锦上添花的功效，和车窗膜等属于同类物品。

但路畅科技却不这么认为，一方面出于对新渠道的渴望，另一方面也是对车载导航系统在汽车整体中的重要性的深刻认知与坚持，张宗涛带着销售人员来到了厦门，目标直接瞄准4S店。当时国内市场的4S店主要以合资车为主，日系的本田丰田、德系的大众等均配有原厂的导航，但价格非常高。一台20万左右的车，原厂导航往往售价超过2万元，被视作"高配"的象征。

路畅科技第一代GPS产品

而另一方面，如此高的售价，利润却绝大多数归属于车厂，4S店每销售一台，利润还不到 10％。售后服务更是薄弱，4S 店苦于和车厂漫长的沟通过程，往往倾向于多一事不如少一事。因此，在买车时，导航只是那些"不差钱"车主的选择，买者少有问津，卖者意兴索然。

路畅科技的出现为 4S 店的车载导航销售业务带来了一股清流。张宗涛和销售人员找到 4S 店的时候就表示：第一，我们的产品质量绝对没问题，就算性能比不过合资大厂的原装货，至少也能达到 80％；第二，性能上的差异我们用售后服务弥补，只要有问题，我们第一时间退换，售后团队时刻待命；第三，价格上，我们只是原厂价格的一半，这样利润空间要比原厂大得多，4S 店导航销售的利润是原厂产品的一倍以上。

"我当时就跟 4S 店的负责人说，我们的产品你试着放在这里，让客户自由选择嘛。如果卖掉了，利润全部归你。"张宗涛当时对着 4S 店的负责人"循循善诱"。因为这对于这些负责人来说，只是多一件产品，但对于路畅科技来说，一旦成功，不仅意味着销售渠道的成功建立，更意味着一种全新的销售模式就此打开。

事实上，正是这段经历让路畅科技成为车载导航"4S 店销售模式"的开创者。这一模式成为路畅科技的起家法宝，在 4S 店渠道销售了近三年后，2009 年 9 月，路畅科技在东莞举行的经销商大会上，才开始开辟其他的销售渠道。

从导航到"车机"野心就是梦想

从研发成熟到建立渠道，对于传统的企业来说，这意味着商业模式正式成熟，接下来能做的就是扩大规模，击败竞争对手以获取最大可能的份额，但"极客范儿"的企业却未必如此。何为极客？时刻关注技术的最前沿，永远充满技术革新的冲动。路畅科技无疑就是这样一家公司。

路畅科技生产车间

"在路畅科技，我们有几十辆各种品牌的新车供研发团队测试、研究和试驾。"张宗涛略带炫耀地说，路畅科技早已不满足于仅仅是车载导航与娱乐系统的整合，而是要做真正的"车机"——对汽车整体性能参数实现监控和读取，甚至让车机成为汽车信息融合与交互处理的中枢。

实际上，互联网汽车时代给了路畅科技从车载导航一举跃进汽车信息处理"中枢"的机会：在油气动力时代，汽车的核心模块是动力系统，导航等电子设备只是辅助。但随着特斯拉开启的电动汽车、互联网汽车时代的到来，汽车有可能从一台传统的油气动力驱动机械转变为纯电驱动的"大号3C产品"，动力和能源退居次席，信息处理和控制中枢将成为汽车的大脑。

在张宗涛的设想里，未来路畅科技的车机系统不仅仅是导航、汽车参数的读取，甚至可以代替人工，实现路径动态调整等交通智能、高级驾驶辅助（ADAS）乃至无人驾驶。

2015年9月，腾讯对外公布车联网生态战略，并强势推出合作伙伴——路畅科技。实际上，早在一年多前，路畅科技就与腾讯"暗度陈仓"。腾讯在一年多前开始在国内车机领域物色

智能车机产品

合作伙伴，着手打造能够给车主带来卓越体验的车联网应用，并且定制开发出了专用的腾讯车联ROM。

路畅科技则凭借强大的研发实力、多年的品牌口碑及开放的合作态度，成为了腾讯车联网拓展中的战略合作伙伴，共同打造出了一款具有革命性意义的智能

车机产品，已正式进入规模销售。

　　不仅是腾讯，张宗涛介绍，近两三年阿里巴巴、百度在车联网、智能车机、互联网车机方面都和路畅科技进行了实质合作，并推出了相应产品。与互联网公司的联手，意味着路畅科技挺进汽车信息处理"中枢"的梦想正在变为现实。而这个"中枢"正逐渐成为广大高科技公司，包括一些巨头感兴趣的，实现汽车智能化的中枢。

　　张宗涛说："路畅科技希望在汽车智能化的浪潮中依赖自身在汽车电子方面的积累和优势，找准自己的位置，服务好汽车厂，成为汽车智能化浪潮中的弄潮儿。"

（孙非）

扫码观看路畅科技张宗涛专访视频

用七年打破外国技术封锁的"膜法师"

■ 星源材质　陈秀峰

"既然做了就要把它做成功，我们没有想过失败的问题，如果有这个想法，我估计可能早就打退堂鼓了。这个过程充满艰辛，确实太难了。"

——陈秀峰

黑框眼镜、不苟言笑、声音洪亮、四平八稳……星源材质（证券代码：300568）董事长陈秀峰看起来更像一位教书先生。

就是这样的他，用7年时间打破国际垄断，进军隔膜行业并成为龙头企业，击败国际竞争对手拿下大客户，成为挥舞魔棒的"膜法师"。

让我们一起看一看陈秀峰的"膜法"吧。

"既然做了就要把它做成功，我们没有想过失败的问题，如果有这个想法，我可能早就打退堂鼓了。这个过程充满艰辛，确实太难了。"

把时钟拨回2000年，陈秀峰正在经营自己创立的贸易公司，这已经是他的第三份工作。1988年大学毕业时，陈秀峰被分配到蛇口海上世界，拿着每个月500港币的工资，是内地同学工资收入的将近十倍。1991年看银行"有房子分"，他又通过考试进了银行。

1997年，不安分的陈秀峰决定创业，和哥哥陈良成立了自己的贸易公司，和当时大多数贸易公司一样，从事电子元器件、布匹等商品的进出口贸易，虽然不算轻松但也称得上是财源广进，两兄弟也都过上了富裕的生活。

就在 2000 年，有人来找陈秀峰，希望进口一样新奇的玩意儿——"隔膜"。当时国内听说过隔膜的人少之又少，从事相关产业的更是凤毛麟角。陈秀峰起初不以为意，贸易公司的生意本来就是五花八门。然而当他找到了供货商，略作了解之后，却大吃一惊。

当时全世界的隔膜生产都掌握在日本和美国的三家公司手里。陈秀峰找到的日本公司，听说是中国公司要买隔膜，便首先声明要先款后货，并要提前 45 天将货款打到其公司账户上，再慢慢等待发货。此外，还要审查购买公司的资质，因为隔膜可以被广泛应用于导弹、潜艇、鱼雷的电池上，如果对方判定陈秀峰的客户"有用于军事目的可能"，可以随时终止合作。

陈秀峰还了解到，隔膜的原材料 PP、PE 等，价格大概只要 2 万多元一吨，而制成的隔膜成品，价格超过 300 万元一吨！150 倍的利润，陈秀峰之前做的电子器件、布匹生意跟隔膜比起来简直是小巫见大巫。

一边是国内产业受制于人的现状，一边是丰厚的利润吸引，几次生意往来之后，陈秀峰决定，自己干！一定要在隔膜行业拥有自己的一席之地。

关于隔膜的制备，当时全世界都没有一份公开资料，陈秀峰只能另辟蹊径。作为四川人，他找到了"乡党"四川大学，川大的高分子研究当时在国内处于领先地位。陈秀峰押上了自己做贸易赚来的全部身家，又凭借自己过去做贸易，乃至在银行工作的老关系到处找贷款，拉投资。

"我毕竟是银行出身，对于贷款的一整套流程比较熟悉，对金融业务都很了解，融资渠道相对多一些。而且一旦投入市场，回报是非常丰厚的。"尽管如此，陈秀峰也没想到，大家等待隔膜的回报等了整整七年。

尽管有四川大学的科研团队助阵，隔膜的技术壁垒依然不容易打破。之前贸易接触的日本隔膜公司认为这是国家级别的机密技术，绝不对外扩散。陈秀峰和团队从原料配方、工艺技术到设备设计全部从零开始。掌握隔膜的制备原理后，他们自己设计设备——因为市场上根本不会有隔膜制备设备出售——设计完成后找国外厂家代工。

2006 年，星源材质终于掌握了湿法隔膜的制备技术，但由于湿法隔膜工艺特殊，整个深圳都找不到专用的厂房。陈秀峰一咬牙，开弓没有回头箭，继续攻关干法。

拿着风投的 4000 万元，2008 年，陈秀峰租了厂房，开建了两条干法生产线。当年 8 月 18 日，第一卷干法制备的隔膜下线，这也是中国自产的第一卷隔膜。尽管在技术指标、外观等方面与国外产品仍有差距，但这意味着隔膜制备的壁垒已经被突破。接下来的优化极其顺利，2009 年 3 月，星源材质生产的隔膜正式投放市场。经过 7 年的努力，陈秀峰终于在隔膜领域占到了一席之地。

"很快可能日本、美国的企业要逐步退出这个领域，他们在技术上垄断时，是可以赚取暴利的，我们掌握这个技术后，他们就逐渐没有竞争力了。"

2009 年，当星源材质的隔膜出现在市场上的时候，大家都还没有意识到整个行业会发生怎样的巨变。而今天，想知道陈秀峰的"膜法"有多强大么？到全世界的隔膜市场上看一看，有 40% 的隔膜生产自中国，其中星源材质占据了很大一部分。

而且，隔膜 300 万元一吨的"美好时代"也已经一去不复返，如今低位的时候，隔膜的价格只有 70 多万元一吨。

由于此前隔膜贸易的积累，陈秀峰很快打开了市场。先是中航锂电，随后进入比亚迪。大客户的口碑效应立竿见影，星源材质的隔膜市场快速打开。

星源材质的华南制造基地

2013 年，星源材质的隔膜出口韩国 LG 化学——全球最大的动力电池生产厂商，实现中国隔膜出口零的突破。与此同时，星源材质的产能也迅速扩张，2010 年公司建成华南基地，整个产能快速转化为市场份额，销售、利润飞速增长。

LG 作为全球最大的动力电池生产商，此前使用的一直是美国产品。2012 年前后 LG 和供货商发生了诉讼纠纷，开始寻找新的隔膜供应商，这时陈秀峰的星源材质出现在他们的视野内。

星源材质的华南基地规模、管理水平、产品品质都达到国际级水平，在强度等指标上甚至超过同类产品，同时价格还有优势。这一单直接奠定了星源材质的市场地位，如今 LG 化学的动力电池隔膜 100％采用星源材质产品，也是星源的第一大客户。

"汽车市场是一个巨大的市场，化石能源总是要枯竭的，石油肯定是要用完的，而且也不环保，所以当时我们认为，新能源汽车肯定是一个产业发展的方向。"

动力电池随着新能源汽车的兴起变得炙手可热，从比亚迪、北汽再到乐视以及一众互联网汽车创业公司，个个号称自己有了最独特、最有效的新能源汽车动力解决方案，就连中关村的扫地阿姨都知道电池"18650"能让车跑起来。然而，鲜有人知的是，新能源汽车的动力电池里，最主要的部件就是隔膜。

高中的物理课上讲过，电池的内部主要由电解液提供离子，向正负极移动产生电能，而隔膜正是牵引离子实现电池充放电的关键部件。电池工作时放热，达到一定温度时，隔膜上的孔暂时关闭，停止工作。实际上，电池的解决方案，很大程度上是"隔膜使用方案"。

不得不承认，陈秀峰这位"膜法师"是有些运气的。伴随着星源材质突破干法制备技术成功进入市场，同时兴起的是 3C 消费电子大潮。而陈秀峰的过人之处在于，不仅抓住了时代赋予他的消费电子浪潮，还高瞻远瞩地看到了，在这个潮头之后还跟随一波更大的浪潮——新能源汽车。

星源材质的合肥园区落成后将极大提升动力电池隔膜产能

陈秀峰通过动力电池在消费电子产品上的应用，结合方兴未艾的新能源汽车概念，想到了化石能源的枯竭，想到了风能、太阳能在储存上的解决方案，更想到了全球巨大的汽车市场。

当时全球并没有人单独瞄准动力电池，大家都沉浸在苹果、小米、华为等手机厂商带来的消费电子以及智能装备的快速增长中。但只有陈秀峰看到了，相比起汽车市场未来巨大的增速，眼前的只能算是"小钱"。而且"恰好"，星源材质的干法制备技术非常适合为动力电池制备隔膜。

如今，星源材质在国内动力电池隔膜市场占据20％～25％的份额，根据日本的B3报告，2016年星源材质在全球动力电池隔膜中占有率可以达到将近10％。LG化学、天津力神、比亚迪、国轩高科、万象、中巨、亿纬锂能等上市公司和国内大动力电池生产商都是星源材质的主要客户，这些客户也在迫切地督促陈秀峰扩大产能。

"中国在材料领域这一块，目前在全球可以叫得响的企业基本没有。所以我觉得，这块星源材质应该可以去尝试一下，可以去努力发展一下。"

网上有一种说法，有些人的眼里，世界上只有两个国家，一个是"中国"，一个是"外国"。陈秀峰在隔膜行业恰好就是这种人，他要击败的，不是韩国、日本、美国，而是整个"外国"的隔膜竞争对手。

2014年时任国务院副总理马凯视察星源材质

"虽然我们处于领先地位，但是全球市场的主流还是国外厂家，60％的份额还是日本、美国和韩国企业，星源材质应该去把国外厂家的份额拿回来，所以我想我们未来的市场发展空间还是非常巨大的。"

实际上，动力电池的市场已经满足不了陈秀峰的期望，他想把星源材质真正做成一流的材料企业。做材料资金投入大、研发周期长，唯一的好处是"毛利率高一点"，基本上都属于资金密集型＋技术密集型的产业。但陈秀峰觉得，自己可以试一试。

作为高分子材料，隔膜的应用领域才是真正的"星辰大海"：光学膜、水处理膜、透析膜……功能膜的世界更加广阔，而陈秀峰心里想着的，就是把星源材质真正上升到高端材料领域，成为更加强大的"膜法师"。

（孙非）

董事长感言

上市是公司发展的分水岭

上市，是公司发展的分水岭。

星源材质作为技术和资金密集型企业，离不开资金支持。上市后，在应对新能源产业快速发展的挑战时，能够有充足的资金持续支撑公司的高速发展，以适应新能源产业的快速发展，同时为公司未来的发展打开了空间。

但是，作为一个公众公司，上市更增加了企业的责任和压力。星源材质只能利用资本的力量把产业作好，产业做不好，则无颜面对股东和中小股民。巨大的社会责任和压力，要求星源材质必须更加谨慎小心，但又要积极进取。

我们坚信，上市后，星源材质的资金、人才和客户的聚集能力将得以加强，而星源材质也因此走得更稳，更快，更好！

扫码观看星源材质陈秀峰专访视频

"张疯子"的神技能

■ 金银河　张启发

> "出来创业的时候,并不是为了挣很多的钱,但你又必须要挣钱。创业首先要瞄准一个行业,这个行业有没有发展前景,你有没有机会挣到钱,要事先判断。第二个判断就是我能不能适应这个行业,在这个行业,我能不能有所作为。"
>
> ——张启发

一家企业要想成功 IPO 上市,最重要的是什么?尽管这个答案各有不同,但相信所有走在这条路上的老板们第一反应是回想起自己的财务报表——毕竟,财务数据的红线是摆在那里的。

金银河董事长、总经理张启发接受全景商学院专访

然而,要想成功过会,并不是只看谁的利润高,谁的财务数据亮眼。比如金银河(证券代码:300619)这家公司,要论财务数据,只能说是达标,但其 IPO 成功的案例证明,选对行业,做好管理,有时候真的很重要。

靠行业前景登录 IPO

在近期 IPO 的公司里，金银河的财务数据属于相对不起眼的一个：2015 年度净利润 2394 万元，2014 年度净利润 2701 万元。2016 年公司的净利润增长较为明显，达到了 4312 万元。

投行业内人士表示，尽管创业板上市的净利润要求要比主板宽松得多，仅仅要求企业最近两年连续盈利且净利润累计超过 1000 万，或者最近一年盈利，营业收入超过 5000 万，但在实际操作中，券商往往会选择利润较高的企业。一般券商会要求申报创业板的企业最近一期净利润在 3000 万以上，有些大型券商甚至要求在 3500 万以上。

从这个标准来看，金银河的财务数据绝对谈不上亮眼，但在众多排队的企业中脱颖而出，并且对证监会反馈意见的回复也完全过关。上述投行业内人士就认为，金银河所处的行业的优越前景，以及其在行业内技术的领先地位起了重要作用。

是什么行业如此有前景？招股说明书是这么说的："2008 年，由本公司自主研发的具有完全自主知识产权的双螺杆全自动连续生产线投产成功，打破了世界有机硅生产巨头对于有机硅橡胶连续法生产装置的技术垄断，经中国石油和化学工业联合会鉴定整体技术达到国际先进水平。公司于 2010 年正式进

金银河的锂电池浆料搅拌设备生产车间

入锂电池设备领域，虽然时间较短，但是通过将有机硅设备的成熟技术移植到锂电池电极浆料生产中，在锂电池浆料专用设备领域迅速取得突破。"

而锂电池行业的市场可谓极其广阔，2012 年全球销售规模 600 亿，预测 2020 年全球锂电池市场规模将达到 3700 亿元人民币。作为锂电池上游设备生产商，金银河在其中自然能分到大大一杯羹。

所以，一个企业的命运，除了要看企业的历史，更要考虑企业的未来发展。

农村娃到企业大当家

1995年，张启发决定开启个人的奋斗时，对历史的进程还一无所知。

单论出身，张启发也是师出名门。在他之前，他成长的村庄连个中专生都没有过，他考上了华南理工大学的化工机械系，等于把标杆一下子抬高了几十倍。中国工程院院士瞿金平先生便出自那里。

毕业后，张启发被分配到国企佛山化工机械厂。1996年他辞职创业前，算上年终奖一年收入有五六万——那一年中国的平均工资水平是每年六千元左右。尽管收入不菲，但张启发依然决定辞职创业。

与今天双创风潮下的创业者们不同的是，1996年没有格调满满的车库咖啡，没有从滨江区或者南山科技园股权变现了几千万的投资人跟你大谈平台整合与生态化反，也没有人要你准备好PPT和段子到综艺上秀出真我。

1996年摆在张启发面前的只有无数的陌生人，他们有的叫老板，有的叫书记，有的叫领导，但他们统一的标签是"客户"。客户需要的，你能做出来，价格合适，OK，你就能赚到钱。做不出来，价格比别人贵，再见。

今天的张启发慈眉善目，经常笑盈盈的，已经很少有人记得20多年前那个农村出来到华南理工读化工机械的小伙子。人们都夸张启发是有为的企业家，但实际上，20世纪90年代"下海"，最终没被海浪卷走，反而立于潮头的，个个都是猛人。

1996年"下海"时，张启发选的行业是涂料行业的反应设备和工程。当时商品房市场刚刚开放，涂料化工火得一塌糊涂，大把涂料项目上马，各种工程设备供不应求。

在做涂料的过程中，1998年，张启发接触到了有机硅产品。那个时候建筑行业用的密封胶就是有机硅产品，来源全都是进口，只有佛山一家化工公司，在引进国外的产品销售的同时，自己试着生产。

建筑密封胶在生产工艺上和涂料有相近之处，都是要搅拌，无非是从单轴变两轴，两轴变三轴。但有机硅的密封胶黏度比较大，基本不流动，而涂料是稀的，搅拌起来完全不是一回事。张启发看了这个产品，琢磨了一下，觉得"没问题，原理是相通的，我们来试着做"。

从 5 升的小型设备，到 50 升、100 升、500 升、1000 升、2000 升，公司研发用了两年时间，这期间全靠涂料设备的利润支撑着公司的投入。直到 2003 年前后，第一代有机硅设备产品成型，市场上本就稀缺类似的技术，客户猛然注意到了这家佛山的公司。

金银河的第一台设备卖到了山东，客户用了半年就开始出现问题，先是搅拌的时候出现一些颗粒，随后开始漏油。客户一反馈，张启发就组织修改。公司这边对设备有了更新，也立刻给客户做提升。就在这样不断的维持下，这个客户直到现在，依然是金银河的大客户。

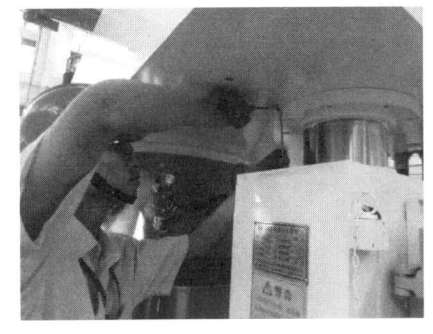

金银河的员工在调试设备

金银河真正的龙门一跃，应该说是 2008 年，研发成功了双螺杆全自动生产线，这也是招股说明书里，金银河豪气的表示"我要上市"的底气之一。因为这项技术的突破不仅提升了生产效率，更重要的是，打破了国际垄断。

中国的有机硅产业过去是处于被国际封锁的状态，因为可以用于军工，所以无法进口先进的生产设备。有机硅生产，要把物料、粉料、液体料放入一个料缸内产生成品，要提高效率就要提高料缸的规格，规格提高，整个配套的计量技术和冷却技术、输送技术，各种进料的参数都要相应改变。要实现自动化

金银河的"成名之作"双螺杆生产线

生产，就要对料、人和生产环境都实行严格控制，实现一致性。

这套产品，张启发带领团队前前后后研发了三四年，直到 2008 年第一套线

成功。这一套自动化设备生产技术成了金银河超越同行的杀手锏。从这一年开始，金银河坐上有机硅设备生产行业龙头老大的位置，再也没有让出这个宝座。

不疯魔不成话　敢拼才会赢

张启发在业内还有一个外号叫"张疯子"，他用五年时间，把捕风捉影听来的一项技术变成了现实。

有机硅产品里有一类产品是高温硫化硅橡胶，这个产品的自动化生产线现在是张启发手里压箱底的宝贝之一。

在自己研发之前，张启发只是听说过高温硫化硅橡胶有自动生产线，是他的一个朋友听"在日企干过的朋友"转述的不知道多少手的消息，说日本人1983年成立过研究院，做了三年后宣布失败不做了。现在只有德国有一条生产线，但是不给外人看。去企业参观，德国人只给你看后端，也就是生产包装出来的产品，前端怎么生产的？无可奉告！

张启发对搭档说："这个线我们可以试着干一下。"同行都说张启发疯了，这连个样子都没有的事情，怎么能干得成。头三年，他带着团队设计设备，装了拆、拆了装，就是做不出来。就连他自己都开始怀疑，是不是异想天开了。

2014年，这套设备终于研发成功，实现高温硫化硅橡胶的全自动化生产。这时候还有很多客户不信，直到在工厂亲眼看到，才相信"张启发，你个疯子真的把这套设备做了出来"。

张启发在技术上的"疯"，也许跟他科班出身的"基因"有关。但在市场方向上，他冷静得很。2012年，张启发判断行业发展到了瓶颈，决定停止对有机硅设备的大量投入，转而切入锂电池设备制造领域。

如果概括金银河的技术特性，那么万变离不开"搅拌"二字。一开始搅涂料的树脂，比较稀一点，后来到有机硅制胶，比较稠一点。

而锂电池的浆料又不一样。锂电池正极、负极材料要制成正极和负极的浆料，要用到搅拌混合设备，对搅拌的混合性、分散性有很高要求。这个技术需要把固体物料和溶剂均匀分散，并且达到细度。从工艺来说，搅一缸料8个小时，要想提升到 4～6 小时，效率和方方面面的综合参数都会发生巨大变化。而如果间隙把握不准，可能 20 个小时都搅不出来。最早锂电池行业苦于找不到合适的搅拌机，甚至有"用打蛋器来搅浆料"的段子。

然而这个技术已经难不倒金银河。不到一年时间，金银河试制的设备就交到客户手里，客户使用后马上下了第二套的订单。尽

生产中的金银河

管如此，在市场推广的过程中依然困难重重。客户对自动化的设备要求很高，采购的前端分析非常谨慎。

"自动化的产品，你看一眼没有用的，你当着我的面做两个小时、三个小时，做的产品没有问题，假如我买回去，我是 24 小时生产，你能不能保证 24 小时都没问题，甚至是一个月没有问题，一年没有问题?"为了推广生产线，张启发在自己厂里建设了一条展示线。这条线不光是为了展示，而是让客户把材料带过来，真真正正跑上一段时间，给客户看实际的生产效果。

走科技创新的发展之路

有机硅和锂电池都是欣欣向荣的朝阳行业，尽管不像互联网的各种风口一样引人注目，但打开专业网站你会发现，有机硅目前正处于供不应求的市场周期，锂电池全球旺盛的需求更不必多说。相比起今天孜孜以求"风口"的创业者们，张启发只是选了一条自己擅长的路，并一路走来二十多年。

当然，实现技术突破的过程不可能一帆风顺。"有的时候搞研发投了几百万下去，没成功，客户又急着要;有的时候跟客户共同开发的东西，地方腾出来，东西搞不出来，所有的想法都想尽，也是很迷惘的。这个时候一定不能放弃，和搭档，和顾问团队多进行思维碰撞，也许转机就在下一次尝试。"张启发说。

对于创业多年的心得，他表示:"出来创业的时候，我并不是为了挣很多的钱，但你又必须要挣钱。创业首先要瞄准一个行业，这个行业有没有发展前景，你有没有机会挣到钱，要事先判断。第二个判断就是我能不能适合这个行业，在这个行业，我能不能有所作为。"

"对装备制造业来讲，特别是做自动化智能装备制造业，我觉得，还是要静下心把技术做扎实，技术很重要。然后就是研发的团队和力量、方向，这永远是我关注的问题，只有这样我们才能够走得更远。"

（孙非）

董事长感言

这次访谈带我重温我的创业路

回想起来，有过错失和弯路，但确实收获了企业发展的宝贵经验与财富。

我将继续走科技创新的发展之路，敢于担当，坚持实业报国，将金银河公司发展成为世界行业中领先的好企业！

扫码观看金银河张启发专访视频

创业 12 年　至今觉得自己是个工程师

■ 联合光电　龚俊强

"我刚刚开始创业，资金出了一点问题。"龚俊强说。

"需要多少钱？"朋友问。

"大概要 100 万。"

"我借 150 万给你。"

"你别开玩笑，我可能还不起。"龚俊强说。

"我说真的。"朋友回答。

——龚俊强

夕阳余晖般的诗意，小桥流水似的静美，固然是值得欣赏的人生风景。但人生如果都是这样的图景，不免少了一些跌宕起伏的恣意与风流。想象一卜，雄峰峻岭间，断壁悬崖纵横交错，瀑布飞流直下三千尺。这样巨大的冲击力与落差，是否会让人生更加大气。

龚俊强的 2005 年，就经历了人生中最

联合光电（证券代码：300691）董事长龚俊强接受全景商学院专访

有落差的 365 天。离职创立联合光电，让这位原本身居高位的光学上市公司副总一下子变成了不知明天有没有着落的创业公司老板，薪水也从一年妥妥到手的三十万，锐减为一个月几千块，仅够维持一家的基本生活。

更糟糕的是，创业不到一年，公司就面临资金链濒临断裂的困境。当时一家很有诚意的上市公司开出了不错的收购价码，绝望中的龚俊强几乎做好了把公司卖掉的准备。

然而，仅仅过了三年，龚俊强就带领联合光电来了一个漂亮的绝地反击：凭借一款 22 倍安防高清一体机变焦镜头，成功填补国内变焦镜头领域的空白。2015 年，日本工业技术研究所 TSR 的权威数据显示，联合光电生产的 20 倍、30 倍及以上安防视频监控变焦镜头，占全球总销量 79.47%，稳居第一。

逆境中支持龚俊强和创业伙伴们走下来的，是技术男的匠心和对于变焦镜头近乎任性而执着的追求。"最重要的还是我们几个人内心都不甘，当初我们的定位就是想做变焦镜头。"

创业半年资金链几近断裂

龚俊强毕业于长春理工大学光学仪器专业，是一名典型的技术男。接受全景商学院专访时，龚俊强的回答由始至终都保持着技术男特有的简洁理性和言简意赅，不带任何延展和随意发挥的空间，曾经创业的危急时刻在他口中说出来就一句话，十三个字——"创业哪有简单的，真的蛮辛苦的。"回顾自己和其他创业团队小伙伴 12 年的情谊时，他选择的也是"团结"、"信任"、"和谐"这一类谨慎低调的形容词。

大学毕业后，龚俊强的职业生涯走得一帆风顺，先后在信泰光学和凤凰光学就职。2001 年 2 月，年仅 27 岁的龚俊强已经当上中国第一家光学上市公司——凤凰光学（广东）有限公司的副总经理。就在大家都认为他在公司前途一片光明时，龚俊强选择在 2005 年离职。

"惋惜的有，鼓励的也有，很多人肯定是没信心的。当时之所以离开凤凰，是凤凰以来料加工为主，而我们想自己去开发产品。"

龚俊强一心想开发的产品，就是现在在数码产品上应用非常广泛的自动变焦镜头。

"在机械相机时代，我们有海鸥、凤凰，国内都有。到数码介入媒质的时代，你看几乎全军覆没了，大部分都是来料加工了，替别人加工。如果自己开发出能自动对焦、自动变焦镜头，应该有很大的机会。当时中国没有嘛，你的竞争对手主要是日本企业。"

2005 年，正好赶上了中国智能手机市场发展的爆发期。《中国电子报》当时的报道指出，如果 2004 年智能手机还被人们认为是一种贵族消费品的话，那么进入 2005 年，智能手机已然"飞向寻常百姓家"。2005 年的中国智能手机市场呈现了价格平民化、产品功能日趋统一以及多厂商参与打破市场稳定局面等特点。龚俊强决定抓住这一契机进军手机镜头市场，既积累公司的第一桶金，也进行新团队的内部磨合。

"最初做手机的原因是我们需要。手机镜头虽然不好做，但它相对简单一点，因为我们刚出来，没办法就一下子去做像自动变焦、自动对焦这么复杂的系统。第一它的投入很大，第二公司也需要一定时间的内部整合和磨合，这个也很重要。"

手机定焦镜头在技术层面相对简单，但变化快，更新换代迅速，需要生产商随时起量和减量，对供应链和流程管控有很严格的要求。作为一家初创企业，联合光电并没有那么人的制造规模和管控体系。于是，和当时很多专注生产手机镜头的初创企业一样，龚俊强很快就碰上了资金链紧张的问题。不到半年，资金链几近断裂。

"内心从来就没有想过要放弃，但是主要的问题在于，当时确实资金上面临一些困难，担心经营不下去了，怎么办？当时我们是想卖给一家公司，现在想想他们也很有诚意，给了一个非常好的条件。"

那个时候，龚俊强有千般纠结、万般压力无法排解。钓鱼成了他平抚心情的有效手段。"有时候整宿去钓鱼，晚上大概八九点开始到第二天一早，咬一身包也没钓到什么鱼。就是从那时养成了钓鱼的习惯，现在有空还会去钓。"

研究变焦镜头花光几年积累

正在公司内部一筹莫展之际，龚俊强在一个偶然的饭局上碰到了一位以前自己曾经帮助过的前同事和老朋友。多年的老朋友看到龚志强满脸愁云，便询问发生了什么事情。

"我刚刚开始创业，资金出了一点问题。"龚俊强说。

"需要多少钱？"朋友问。

"大概要100万。"

"我借150万给你。"

"你别开玩笑，我可能还不起。"龚俊强说。

"我说真的。"朋友回答。

几番询问，几句寒暄，一个星期后朋友就将150万打到了联合光电的账户里。而这解燃眉之急的150万属于朋友的个人借款，没有借条，完全以龚俊强的个人信用做担保。龚俊强在此前的采访中，谈及这段经历也显得毫不避讳。

仿佛久旱逢甘霖，150万的借款让联合光电重新焕发了发展的动力。

彼时，手机的照相功能还处在实验室研究的初级阶段，能投产的30万像素摄像头基本拍不清晰。但为了制造新卖点，诺基亚、爱立信等一批老手机厂商还是会在新产品中加入这个元素。觉察到这一点，联合光电马上集中研发团队，做出当时最高的130万像素定焦摄像头，并迅速占领市场。2007年，联合光电的手机镜头出货量已经达500万个/月，稳居全国第一。

又一次在良好的市场前景下，龚俊强选择调转方向。而这一次他想要酝酿的，是联合光电的下一场变革。"我们当时研发规模很大，又比较追求品质，成本比山寨厂商高了很多，继续做手机定焦镜头肯定不行。"

2006到2008年联合光电研发的手机镜头

龚俊强说，当时变焦镜头，尤其是高倍率的，竞争对手都在欧美和日本，国内基本是一片空白。制作定焦镜头只有几片镜片，而变焦镜头往往都是几十片。一百多个零件在狭小的空间里，要实现非常高的清晰度、非常小的噪声及非常平稳的配合，其技术难度可想而知。

"手的抖动，其实是一种频率很高的振动，你要想把它完全平衡下来，就得在手往下抖动的时候，有一个装置把镜片往上抖以校正过来。"

这个过程看似原理很简单，但要实现非常困难，涉及机械、软件和控制，机械需要侦查到抖动信号和方向，再由软件反馈它，这需要超高速反应的一套精密机械，随着手的抖动随时向相反的方向高速运动，及时刹住车再回来，并且还要成本低，小型化，每一个环节都需要大量的测试和实验，往往一次实验的费用都高达几十万人民币。

"我们团队都理解做这些技术研发是需要不断投入的，我们研发变焦镜头，几乎花掉了之前做手机定焦镜头时积累的全部利润。"

终于，龚俊强和技术团队的苦心浇灌结出了硕果。

2008 年，凭借一款 22 倍安防高清一体机变焦镜头，联合光电成功填补了国内变焦镜头领域的空

22 倍安防高清一体机变焦镜头

白。第二年，这款镜头投入量产。当年其销售量便占公司全部产品的三成，盈利占五成。

为了纪念这一历史性的时刻，龚俊强还特别买了尾号为 581 的汽车牌照。581 正是 22 倍安防高清一体机变焦镜头的内部研发编号。

"现在我们公司几辆车的车牌都用当时那个机种的编码。我们公司买的第一辆车也是这个编号，我自己买的车也是，我太太买的车也是。"

至上而下的"技术控"

究竟是什么样的初创团队能够全力支持联合光电前期对于变焦镜头技术研发堪称"疯狂"的投入？翻阅这些创始人简历，我们就会明白其中的原因——他们都是工程师出生的技术男。其中两位为光学设计出身，另外三位为机械、电子控制和精密加工出身。

龚俊强说，涵盖光学镜头设计各领域的他们不仅在能力上互补，在各自的领域也均有权威性，这样的组合可以避免一些不必要的矛盾和争执。

"大家因为相互信任，很少出现意见不合。如果意见不合，大家讨论好要怎么做，虽然可能有一些看法，但还是会去认真执行。这也是我们相互之间多年的磨合，或者互相信任的一个结果。"

而除了工作之外，创业12年间，五名技术男在生活中的交集却并不多。

"我们相互的信任跟别人的不一样，整天要一起吃饭，坐一下，我们很少，工作完之后就很少在一起。我们到现在几家人，甚至可能互相都不认识。"

创始人超乎理性的相处方式让旁人出乎意料，却也避免了不必要的感情束缚。在技术男龚俊强看来，技术公司就应该排除一切干扰因素，专注技术发展。

"一直以来，我更多的精力都是关注技术。我们公司是做最终消费品的，是做一个非常核心的步骤，所以无论怎么样，技术太重要了。到现在我还认为我是个工程师。"

不仅创始人如此，在联合光电内部，任何员工也都可以发表自己对技术的见解。对于与技术有关的讨论和争执，永远民主而开放。或许正是在这样的氛围中，联合光电才能够孤注一掷投入技术研发，并在专业领域不断创造奇迹。

2009年，联合光电开始为中国领先的监控产品供应商——海康威视供货。当年营业收入即接近千万元。2012年底，新工厂的投产让联合光电的产能得到充分释放。用龚俊强的话来说，联合光电真正迎来了"爆发性的增长"。

这都体现在了数据上，2014到2016年联合光电分别实现营业收入约4.36亿元、6.10亿元和7.33亿元，年复合增长率达到29.65%；实现净利润约3469万元、4452 万元和 7510 万元，年复合增长率更高达 47.14%。

目前，联合光电已成为海康威视、大华股份、宇视科技、华为、欧菲光、比亚迪、DXO、AXIS、松下、日立、索尼、爱普生等核心客户的重要合作伙伴。

龚俊强说，光学是技术密集、资本密集型的行业。在往高精尖技术领域发展的时候需要购买更多的精密设备，加工技术以及检测技术。光靠自己积累资金的速度太慢，这就是联合光电寻找风投，并努力把自己变成一家上市公司的原因。他同时也希望通过上市，让公司管理更规范、透明一点，减少风险。

联合光电另外四位创始人，分别为肖明志（左上）、蔡宾（右上）、邱盛平（左下）、谢晋国（右下）

对于人工智能给传统技术行业带来的颠覆性冲击，龚俊强认为这对于光学镜头行业来说，反而是一个利好。因为正如人的眼睛一样，无论多么先进的视讯和流媒体场景都需要有一个入海口，后端的大脑才能进行处理分析，光学镜头充当的正是这样一个角色。

他坚信，未来随着国家"一带一路"以及世界性的深度学习以及反恐等行业的进一步发展，镜头的应用场景还将继续扩大。

"我不觉得它会有颠覆性的可能，可能未来的感知会是不可见光，比如说热，比如说在将来对距离的感知，对障碍物的感知，可能都是通过光学，或者接近光学的方式来实现的，并且对镜头的要求越来越高。这个行业（镜头）可能会有一个更长足的发展，并且是越来越大的市场。"

（陈晓琼）

董事长感言

做一家受人尊敬的光学公司

在公司上市的那一刻，我内心很激动，但很快又趋于平静，体会更多的是压力。联合光电创业艰辛，当时一起奋斗的创始人、长期跟随公司成长的老员工，他们整个精力和青春都奉献给了联合，现在又增加了很多的投资人和大众股民，面对他们，我心里暗暗下定决心：我必须要把公司做好、做强，对股东、员工、客户、投资人和股民负责。

自上市以来，我每天都在思考：公司虽然上市了，但这不代表一劳永逸、并不代表可以养尊处优。相反，我更加迫切地需要加强企业内部管理，注重细节和规范标准；联合光电是以技术领先为核心，依赖公司创始人和工程师的勤奋努力而成长，现在的技术更加日新月异，稍有不慎就可能落后了，以前的单一性思维已经跟不上时代步伐，现在的技术需要互联网思维模式加快速迭代。

在前段时间，我给联合所有的中高层干部发了一个微信："拜托大家更加努力，对公司和自己来说，艰难的挑战才刚刚开始，漫漫长征路，不要掉队！"在上市后，我对我的团队要求更高，号召管理团队一定要提升学习能力、不能固步自封！必须要努力，不忘初心，我们任何时候都不能丧失斗志和激情！认为能，真的能！让所有人团结起来，为把联合光电建设成为一个受人尊敬的光学公司而共同努力。

扫码观看联合光电龚俊强专访视频

第七章
合作共赢的时代

"大客户都是行业的引领者，大客户战略不仅能更好地服务他们，跟他们在一起，也能使我们更早地了解行业最前沿的技术和信息，促进企业的技术更新升级，这是互利共赢的。"

为合作伙伴"All in"，
如今双双上市

■ 朗科智能　刘显武

"作为个人来讲，我一直讲求让企业以做人的原则去做事，我想这应该是企业能一路走到今天这一步的原因。"

——刘显武

先来做一道选择题：

一家净资产300万的供应商，对一家下游厂商已收货款接近350万，假如下游厂商的产品因自身原因突然出现质量问题，作为供应商老板的你会怎么做呢？是撇清关系还是共担责任？

刚创业不久的刘显武就遇到了这个对很多人来说也许不算棘手的问题，而他毫不犹豫地选择了后者。艰难的路越走越宽，正是他这种甘愿押上全部家当，只为圆满履行合同责任的破釜沉舟的魄力，才有了企业的今天。

他所创办的深圳市朗科智能电气股份有限公司（证券代码：300543）如今已经成为一家出众的智能控制设备制造商，更是国内外多家电器巨头的长期合作方，并于2016年9月8日登陆深交所创业板。而这背后，有一段他与小家电上市公司九阳股份（证券代码：002242）不得不说的故事。

"有我你会做得更好"

许多成功的公司都有优秀的企业文化，而优秀的企业文化，往往与掌舵者的情怀有关。刘显武的目标朴实而坚定，他希望他的企业能成为一个在客户背后默默耕耘、百分百可靠的供应商，用他的话来讲，就是"有我你会做得更好"。

早在创业前，刘显武就已经在职场上崭露头角。在 1993 年底放

朗科智能董事长兼总经理刘显武接受全景商学院独家专访

下安徽老家国企的铁饭碗后，他来到深圳从事微波通信行业，出色的技术水平、优秀的业绩和领导的赏识让他的职场前途一片光明。但这一切并没有改变他从当时如日中天的微波通信行业辞职的想法。他毫不犹豫地投入到当时最前沿的智能控制制造业领域创业，于 2001 年 11 月创立了朗科智能的前身——深圳市朗科电器有限公司。凭借他对这个市场独到的眼光和洞察力，新公司在开张不久后便接到了来自美国的首个订单。

朗科的第一个订单是要为美国客户做 2000 瓦取暖器的智能控制器。由于美国的标准电压是 120 伏，相较于中国 220 伏的标准电压低了很多，因此同样的功率会导致电流增加近一倍，对于当时他们设计的电路造成了障碍。而为了适应这个情况，刘显武带领技术团队进行集中攻关，最终凭借着他对大功率通信设备制造的经验，成功开发出能承载更大电流通过的新工艺，并使得他们的产品至今仍从中受益。

与九阳股份不得不说的故事

一个人的情怀是不是真正的情怀，最终看的还是他的行动和坚持，企业也是一样。也正是这种利他就是利己的情怀和踏实的行动，让朗科在面对 TTI 对合

作方苛刻的标准中脱颖而出。更是让九阳，这个如今中国小家电的领导者，在当年还是个小品牌的时候就已经对朗科坚信不疑。

"刚创业不久时我们在顺德参加一个家电展会，由于客户非常少，在展位上看到有人过来，我就去搭讪。那个人不说话，就一直很仔细地看我们的产品，过了许久才开口说，我们的产品有一些创新之处，正好解决了他们产品的效率问题，我这才知道他是九阳的总工程师。"说起展会上的这段邂逅，刘显武一脸笑容。正是这家当时并不太起眼的小家电厂商，后来成为了朗科最忠实的客户之一，彼此在长久的合作中不断成长。而在后来九阳遭遇重大困难的时候，朗科也选择了与其一起携手面对。

聊起那段创业以来面临的最大挑战，刘显武的语气出人意料的淡然，当年的每一个细节他记得十分清晰。2003年，朗科正和九阳合作为其提供一款电磁炉控制器，由于九阳其时刚刚从 OEM 处把产品转到自己的生产线，在初次使用自家生产线期间有诸多不适应，导致产品出现质量问题。4 万套的订单都已经组装成整机，甚至有部分产品已经出售，面临要全部召回的艰难局面。

"当时签订的价格是 96 元每套，4 万套总价接近 400 万元，九阳当时已经付了 90% 的款项，而我们那时候的净资产总共也就 300 万左右。"在当时的情况下，九阳因为自身整机质量出了问题，作为上游供应商的朗科大可不闻不问，因为责任不在他们身上。更重要的是，如果选择和客户一起面对这个困难，朗科自己将会搭上全副身家，这样的代价对于这家规模尚小的企业来说，无疑是一座大山。

即便如此，刘显武还是义无反顾地站了出来。他当即决定把所有销售给九阳的产品召回，全部报废，并重新生产。经过这次事件，九阳变得特别谨慎，主动和朗科一起研发，过了约一年之后才再次完成这批产品的生产。而此时的电磁炉控制器价格已经从 96 元降至 73

朗科智能生产的电磁炉控制板

元，朗科便以最新的市场价向九阳交货。面对供应商的仗义之举，九阳也是报之以李，召回产品期间一分钱的退款都没向朗科要，而是挽起袖子和朗科一起把这批产品做好，终于一起渡过了难关。

这对如今都已成为上市公司的合作伙伴，自始至终保持着良好的合作关系，九阳更是常年保持在朗科前五大客户的位置。这恰如刘显武本人对朗科企业文化的总结——"有我你会做得更好"。"作为个人来讲，我一直讲求让企业以做人的原则去做事，我想这应该是企业能一路走到今天这一步的原因。"刘显武这样总结自己做企业的原则。

布局智能电源，开发新能源储能蓝海

作为一个竞争激烈且非标准化的巨大市场，智能控制器产业难以产生占绝对优势的行业领导者，因此抓住优质的客户并在专注的细分领域获得较高占有率成为朗科智能的制胜法宝。如今这家国家级高新技术企业在家用电器、电动工具、智能电源三个领域已经形成强大的竞争力，并分别与九阳股份、TTI、苏泊尔、爱仕达、大宇国际、德豪润达等多家国内外大型企业建立了长期紧密的战略合作关系。2015 全年，朗科智能实现营业收入 7.14 亿元，净利润 6272.05 万元。

问起朗科未来哪个业务最具潜力，刘显武略显为难地笑了一笑，这个选择于他大有点像当面问一位父亲觉得哪个孩子更优秀一样。

"智能电源。"刘显武的回答道。显然，这项正处于快速拓展阶段的新业务最受青睐。据了解，这一部分将是朗科智能未来快速成长的新领域。公司招股说明书显示，2015 年，朗科智能在智能电源及控制器业务上的收入达到 2.08 亿元，其中锂电池控制保护装置业务收入1.43 亿元，占比高达 69.11%。

从传统家电的角度来说，由于电源

朗科电子锂电池包整机产品样本

配件的升级，因此市场需求较为可观。"智能电源方面，我未来更看好一些 BMS 和智能电源的结合，在储能方面，市场的前景可能会更大一些。"对于智能电源业务未来的趋势，刘显武成竹在胸。当然，在锂电池大规模替代传统储能电源的时候，不管是储能产品的智能控制、电源的拓扑结构，还是电池的 BMS 系统，都将会是朗科智能大显身手的舞台。

"随着锂电池安全系数不断提高，功率密度在提升，单价也在提升，加上整个人类对未来能源短缺担忧等多方面原因，我认为储能是未来市场一个很好的方向。"刘显武表示，朗科已经从小功率模组入手，推出了一些新的产品，例如手提式的储能逆变电源，已经在市场上赢得部分客户的认可，未来他们还将逐步向大功率模组做布局，力争推出更多产品。

（张聪聪）

董事长感言

以工匠精神面对挑战

2016 年 9 月朗科智能成功登陆资本市场。如果说上市是一种做企业的标准，那么这些标准规定的背后蕴含的理念和要求，就是企业能长治久安的一个很好的走向，甚至是必由之路。

朗科智能成立十几年来，全体朗科人始终以精益求精的工匠精神面对市场的各种挑战，以追求客户满意的品质及提供专业而周到的服务为根本，坚持管理创新，保持了持久发展的动力。

中国资本市场历经三十余年的发展，在规范中渐渐成熟，一批批公司借助上市东风不断发展壮大，同时也有一些上市公司淡出人们的视线、退出历史舞台。

　　朗科智能将牢记根本，不忘初心，以成功登陆资本市场作为公司扬帆启程的新起点，牢牢抓住历史机遇，以战略为牵引，充分借力资本市场，并将利用资本市场的平台充分转化为产业发展的竞争优势，从而实现产业与资本的良性循环。

扫码观看朗科智能刘显武专访视频

与大象共舞

■ 科达利　励建立

"我觉得自己挺幸运的。都说做实业很累，但创业20年来我并没有觉得特别辛苦。这种幸运就来自专注和创新，如果我朝三暮四，又或者一直傻乎乎地做手机锂电池，可能现在就没这么好过了。"

——励建立

10年前，人们谈起"电动车"，头脑中浮现的还是"电动自行车"，是大爷大妈们的首选。而现在，提到电动车，大家脑海中浮现的是酷酷的电动汽车，是科技、环保、时尚的代名词。几年前，电动汽车专卖店还门可罗雀，如今，路上随处可见的电动汽车早已成为人们生活的一部分。

电动车火起来的同时，股市中新能源汽车概念也炙手可热，正极、负极、电解液、隔膜……产业链中优秀的公司纷纷上市。2017年3月2日，作为国内领先的锂电池精密结构件和汽车结构件制造商，科达利

科达利董事长兼总经理励建立接受全景商学院专访

（证券代码：002850）也成功登陆中小板，这家公司近三年动力及储能电池精密结构件的销售额，复合年增长率高达 115％。

高速增长的业绩得来绝非偶然。当大家还在用 BP 机的时候，他已经开始研发手机锂电池结构件；在新能源汽车不被看好的时候，他又提前站到风口上，布局动力锂电池结构件。21 年来，专注又不局限，创新而不忘初心，科达利的创始人励建立说，这也是一种幸运。

24 岁创办工厂

励建立是浙江慈溪人，上学的时候读的是模具专业。1989 年，励建立毕业，到浙江一个塑料厂打工。当时浙江的个体经济蓬勃发展，但大多以家庭作坊式为主，形成不了规模。

"那时浙江人大多喜欢当老板，赚钱就好，不注重技术。我是技术出身，想要在技术上有所作为。"励建立回忆说，"而此时，深圳改革开放正热火朝天，优秀的企业拔地而起，我想去看看，学习一下。"

1991 年，励建立来到深圳打工，仍从事模具制造工作。当时模具产品供不应求，订单多到做不完。1993 年，他产生了自己办厂创业的想法："我自己有这个技术，又不缺订单，为什么不自己做呢？"此后，除了做好本职工作外，他还留心学习企业管理方面的知识。

1996 年，科达利有限公司成立，励建立此时只有 24 岁。"当时只有五六个人，只能说是一个小作坊，主要做五金冲压模具。"励建立说，"那时没有宏大的目标，我想专注于技术，做一个自己喜欢的、小而精的模具厂。"

那时模具订单没有持续性，闲的时候特别闲，忙的时候喘不过气来。工厂没有几个人，除了管理企业，从技术到生产到销售，励建立都要做。好在弟弟励建炬一开始就加入科达利，可以帮他分担一些。

"弟弟 20 岁就来科达利帮我了，我的性格比较沉稳冷静，适合做全盘的战略规划、决策、经营，弟弟雷厉风行，适合冲锋陷阵。我俩性格互补，非常有默契，配合得很好。"励建立说。

在手机时代来临前布局锂电池

20世纪90年代，深圳的优秀企业正在萌芽。1995年，比亚迪成立，彼时还只是一个20多人的电池厂。1998年，比亚迪开始做手机便携式锂电池。一开始比亚迪的锂电池结构件全部从日本进口，价格贵，运输成本也高。由于科达利曾帮比亚迪做过一批电池封口盘的模具，做得又快又好，获得比亚迪的信任，所以1999年，比亚迪尝试与科达利合作，一起研发锂电池结构件。

锂电池结构件工艺复杂，技术门槛高。科达利连续奋战6个月，研发出跟日本产品质量差不多的结构件，但价格只有他们的三分之一。之后两年内，科达利逐步实现了比亚迪锂电池结构件的进口替代。

那时科达利还做其他的精密结构件，在与比亚迪合作之后，科达利的主业慢慢清晰，转向便携式锂电池结构件。

"锂电池结构件是当时结构件中最难的，技术含量高，利润空间自然也大一点。"20世纪90年代，BP机方兴未艾，手机在中国还是稀罕物。但励建立认定手机以后一定会有大发展，而便携式锂电池是手机的必备部件，市场空间很大。

确如他所料，接下来的几年，手机在中国普及，便携式锂电池产业迅速发展。2003年，比亚迪成长为全球第二大充电电池生产商。跟比亚迪一起成长的科达利，产值也由1999年的两三千万到突破亿元大关，员工从20多名增加到200多名。比亚迪也成为科达利的大客户，并一直合作到现在。

站在新能源汽车的风口

2000年以后，手机进入千家万户，便携式锂电池业务正如日中天。2007年，科达利的营收达到四五亿元，当大家沉浸在胜利的喜悦中时，励建立却感受到行业微妙的转变。

这一年8月，比亚迪总裁王传福在深圳坪山基地落成仪式上宣布了"两个第一"的发展目标："2015年中国第一，2025年世界第一。新能源汽车将是比亚迪致胜未来的核武器。"也是在这一年，科达利与比亚迪合作，向动力及储能锂电池结构件领域探索。

　　接下来的五年，科达利专心研发动力及储能锂电池结构件。"最难的时候是2010年，研发初成，但客户需求很小，甚至只要一些样品。我们要拿出最好的产品，就得投入最好的设备。一台设备差不多要2000万，而且接下来还要投入两台、三台，成本很高，那个时候还是有些犹豫的。"励建立坦言。

　　当时，科达利动力及储能锂电池结构件业务占比很小，利润和投入比起来几乎可以忽略。而且当时国内对新能源汽车不是很看好，认为将来还是燃油汽车的天下。公司有些一起打拼的元老也有点担心："便携式锂电池我们不是蛮赚钱的吗？为什么还要冒险投入上亿元去发展一个并不是很明朗的领域？"

早期的科达利

　　但励建立认为新能源汽车会是行业未来的希望。"虽然投入很大，但当时企业积累的利润也有一些，还是能承受的。我认为动力及储能锂电池这个方向是对的，所以作出决策，采购了一批国际上最先进的设备。"

　　新设备投入后，公司业务不断增长，两三年后逐渐有了收益回报。"不在这个行业的人可能不太清楚，早在2013年上半年，我们就有了很强烈的感觉：路子走对了。"励建立说，"2013年，技术和设备已经成熟，比亚迪、ATL等好几个大客户都给了未来两三年很明确的订单增长计划。"

　　接下来几年，科达利动力及储能电池精密结构件销售额翻倍增长，2013年达到6600万元，2014达到2亿，2015年近6亿，2016年超过了9亿。

　　提及当初略显冒险的投入，励建立认为，第一台设备最大的贡献不是赚钱，而是让科达利掌握了最先进的技术。"接下来新成立的生产线都是以新设备为标准来做的，好的产品又吸引来更多高端大客户。"他说，"现在很多人觉得这种模式很好，但这么做已经有点来不及了，因为我们不是搞一台、两台机器，而是布局十台、二十台，把这种业务规模化、产业化了。"

2015 年，动力及储能电池精密结构件收入占比超过科达利营业收入的一半，2016 年，这一比例更是上升到 64%。站对风口也给公司业绩带来了突飞猛进的变化，2014～2016 年三年间，科达利分别实现营收 6.7 亿元、11.3 亿元、

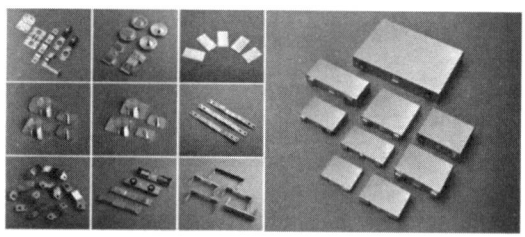

科达利新能源汽车及动力用锂电池精密结构件

14.6 亿元；净利润分别达到 7252 万元、1.5 亿元、2.3 亿元。

如果说，抓住锂电池发展机遇让公司在 2003 年产值突破亿元，新能源汽车的风口则助推公司跨过了第二座里程碑。

为客户建一个生产基地

锂电池行业客户比较集中，松下、三星 SDI、LG、索尼、ATL、比亚迪等几家大客户加起来市场份额很高，可以说抓住了这些大客户，就等于抓住了锂电池结构件市场。

2007 年起，科达利逐渐筛选掉一批低端客户，瞄准高端市场，推行"大客户战略"。励建立说："大客户都是行业的引领者，大客户战略不仅能更好地地服务他们，跟他们在一起，也能使我们更早了解行业最前沿的技术和信息，促进科达利技术更新升级，这是互利共赢的。"

贴近客户进行生产基地布局也是科达利大客户战略中的重要一环。动力锂电池结构件体积比较大，贴近客户生产可降低运输成本。而且，科达利采取的是与客户全程对接的交互式研发模式，贴近客户方便与客户交流，及时了解客户的需求，更好地服务客户。

2003 年，科达利成立上海科达利，服务长三角的国际锂电池厂商，如松下、LG、三星、日立等。2007 年和 2014 年，为配套比亚迪在西安和长沙的生产基地，科达利分别设立陕西科达利和湖南科达利。2016 年，为配套大连松下等动力锂电池客户，公司设立子公司大连科达利。

"我们也不是说客户到哪个地方，我们就跟到哪儿去，我们是有选择的。比如长三角和珠三角周边聚集了几十家锂电池企业，高端客户都在那里，所以在那里布局生产基地。另外，我们会给有明确未来计划的大客户做配套。比如，2016年我们在大连开设新厂，就是专门给大连松下配套的，松下也给了我们未来每年很明确的增长计划。"励建立介绍。

目前，科达利已与松下、LG、三星、波士顿、德国大众微电池等国外知名客户，以及比亚迪、ATL、力神等国内领先厂商建立了长期稳定的战略合作关系。例如，从1999年开始科达利就与比亚迪合作，从电池模具到便携式锂电池结构件，到汽车结构件，再到动力锂电池结

科达利的研发实验室

构件，18年来科达利和比亚迪一起成长壮大，建立了亲密的互信关系。

谈起跟客户保持长期合作的秘诀，励建立说："你要给客户想要的东西，性价比要高。这是最核心的，你产品没人家好，再怎么做也没用。另外还要诚信，无论是价格还是产品质量都要讲求诚信，这样才能被客户长期信任。"

专注＋创新＝幸运

"从一开始到现在科达利只做精密制造产业，专注锂电池结构件，二十年如一日的积累让我们做出很好的产品，放到国际上都被认可。所以一定要专注。"励建立说，"如果说一个人今天觉得这个好就做这个，明天觉得那个好就做那个，哪怕真有本事，做的东西也不是一流的。看别人做得好就去做什么，这种人肯定要失败的。"

"除了专注，还要创新，不断满足客户的需求。比如结构件，我们不仅能给

客户便携式锂电池结构件，还能满足客户动力锂电池结构件的需求。在小的方面也要创新，比如近期研发的防爆安全部件、低内阻部件，不断给客户更好的产品。"

近些年智能手机崛起，传统手机没落，连手机老大诺基亚和摩托罗拉都相继被收购，锂电池行业很多没有创新，或者转型不成功的企业纷纷被洗牌出局。从大环境来看，近些年实体经济过得有点艰难，但科达利的营收、利润还以接近翻倍的速度增长，动力锂电池结构件可谓功不可没。

"我觉得自己挺幸运的。都说做实业很累，但创业20年来我并没有觉得特别辛苦。这种幸运就来自专注和创新，如果我朝三暮四，又或者一直傻乎乎地做手机锂电池，可能现在就没这么好过了。"他补充道。

励建立坦言，对行业趋势精准的判断是科达利成功的关键。在手机时代来临之前，布局便携式锂电池，经历传统手机的崛起和没落，又提前站到新能源汽车的风口，这对于旁观者来说可能只是一段恰到好处的传奇，但对于亲历者而言，却是艰难的判断和取舍，是意料之外，又在情理之中。

"现在大家都觉得新能源汽车行业好，但回头看和当时做是不一样的。我1999年开始做锂电池结构件，是业内最早的一批，对行业的感知自然敏锐一点。我们跟大客户一起搞研发，也能够了解行业最前沿的需求和信息。"励建立说，"但那个时候大家都还没开始做，我们只能通过纸面上的信息，去判断未来可能的趋势。2007年我们就开始研发新能源汽车电池结构件，现在回头看，虽然有些超前了，甚至有点点冒险，但方向是正确的，而事实证明，我们的路也是对的。"

2009年前后，锂电池产业链中的一些公司陆续上市，如做材料的南洋科技，做电解液的新宙邦等。2002年，科达利的大客户比亚迪在香港主板上市，第二年，比亚迪成长为全球第二大充电电池生产商，还组建了比亚迪汽车。

"上市对公司发展的好处我都看在眼里，当时公司有了一定积累，一年能赚3000多万。公司在快速发展，需要大量资金支持，2009年前后便萌生了上市的想法。"励建立说。

2017年3月2日，科达利在深交所中小板成功上市，逾20年的专注坚持与不断创新将公司带到了资本市场。

在生活中，励建立也是个科技迷，自己开的、公司用的都是电动车。对于未来，他表示继续看好电动汽车行业。"现在全球越来越重视环境保护，提倡新能源汽车，欧洲、美国、中国等国家地区都出台了具体的政策支持新能源汽车。科

2017 年 3 月 2 日，科达利在深交所敲响上市宝钟

技的革新不断促进新能源汽车的发展，未来的智能汽车也要以电动汽车为基础。目前全球电动汽车只占汽车数量的 1%，增长空间非常巨大。"

（雷雪）

董事长感言

道阻且长，行则将至

每每谈到创业经历，内心总是感慨万千。就如同最近火爆了朋友圈的阿里地铁广告里那些扎心的文案，相信许多曾经或正在创业的人都会多少有同感共鸣。梦想、奋斗、专注、坚持、创造……这些看似高频的词汇，其实是每个创业者必经的真实写照。

而今天我想分享的，还是那句最普通却也是最难做到的——坚持。

创业路上多崎岖，会遇到许多各种各样的困难挫折，又一次次逆境重生，我的感受是，最困难的时候往往是转机来临的时候。还记得 2005 年，公司第一次接触国际客户——松下公司。松下对供应商有着严格的评定标准，对生产、研发

和品质等方面有全方位严格的要求。而当时我们的水准距离松下的要求还有很大差距，我们有的，只是我们必胜的决心和诚恳好学的态度。松下的考核持续了2年，相关人员先后20多次现场考察。这两年期间，没有任何订单，相反，还要不断地投入费用，买设备、做研发、改善生产流程。没人知道结果会怎样，也可能最终无法通过考核，一个订单都拿不到。但是我们坚持住了，2年的时间里不断进步，终于成为松下的合格供应商。我们的坚持也得到了回报，随着自身的提升，三星、LG等客户也慕名而来，科达利朝着国际化的道路不断进步。而这也为我们后来的上市之路，打下了坚实的基础。

而今天我想说的坚持，不仅是在困难时坚持不放弃，也在于在成功时不被胜利冲晕头脑，不忘初心正念。虽然现在公司上市了，各方面比以前有了很大改善。但我和我的管理团队依然秉承艰苦奋斗的企业文化，继续二次创业！

创业之路，道阻且长，行则将至。在此只想以这句话与千千万万在创业路上或准备创业的小伙伴共勉！希望每位创业者，都能坚持梦想，达到成功的彼岸。加油！

扫码观看科达利励建立专访视频

彪悍的技术不打价格战

■ 麦格米特　童永胜

"麦格米特是科技型公司，主要靠员工，让员工保持好的幸福指数，才能保证公司利润的持续增长。"

——童永胜

他是浙大学士、南京航空航天大学硕士＋博士、浙大博士后；本要当访问学者，却以普通工程师身份进入华为电气，半年内即升任副总裁；后来一手主持艾默生对华为电气 7.5 亿美元收购事宜；5 年后离职从新的领域做起，如今公司年营收超 10 亿，于 2017 年 3 月 6 日成功登陆 A 股市场。

拥有如此传奇履历的是智能家电电控产品、工业电源和工业自动化产品供应商——麦格米特（证券代码：002851）董事长兼总经理童永胜。平时，同事们习惯性地叫他"童博"。

初见童博士，他精力充沛，谈起公司的业务饱含激情。都说知识是第一生产力，今天和全景商学院一起，

童永胜接受全景商学院专访

倾听这位学霸的创业故事，见证什么叫"科技创造财富"。

第一个落户深圳的博士后

1996年，童永胜在浙江大学电工学科博士后流动站做研究，浙大考虑派他去英国当访问学者。这期间，恰逢华为到杭州招聘高端人才。20世纪90年代时，华为并不像现在这么知名，摩托罗拉、爱立信这样的外企才是高材生就业的首选方向。

童永胜从本科到博士后都从事电力电子技术研究，他深感，这种技术研究，一定要去做产业，而不是待在研究所、学校搞理论。"当时华为来招聘，我感到这是一个机会，就去了。"

那时候，博士后还比较"稀罕"。童永胜至今还记得，办理落户手续的时候，深圳人事局的办事人员对他说："你是第一个落户深圳工作的博士后。"

华为电气是华为的子公司，主要做通信电源系统。当时，华为电气研发部只有几十人，产品比较单一，销售额也不是很大。童永胜以普通工程师的身份进入华为电气，最开始做项目组的辅助人员。凭借多年扎实的科班功底和研究实践，他解决了很多技术难题，开启令人难以置信的升职之路：一个月就被提升为开发部经理，三个月做到总裁助理，六个月做到副总裁。

"虽然我有博士后的背景，但也有很多高学历的人一起进来。在华为，无论什么样的人进来，都要靠本事晋升，只要能解决问题，就会提拔你，给你升职加薪。"童永胜说。

浙大和南京航空航天大学是当时国内为数不多的、拥有电子电力博士点的高校。童永胜凭借自己在高校和行业里的人脉，大力招揽人才。短短几年内，华为电气研发部从几十人扩张到几百人，产品从单一的通信电源，发展到UPS、变频器、定制电源等多个品类，销售额做到20多个亿。

"我在华为电气，真正动手做研发只有一年多。担任副总裁后，我更多的工作是做技术研发管理。"童永胜说，"华为电气这个平台很好，管理层可以参与公司的生产、财务、营销、股权等各个方面。在这个过程中我学到很多，得到全面发展。"

20 世纪 90 年代末期，随着全球电信市场的蓬勃发展，当时全球电信企业有一种趋势：聚焦核心，卖掉非核心业务，爱立信、朗讯等大公司都卖掉了自己的能源部。华为的主营业务发展得很好，也考虑把通信电源这块业务卖掉。

身为副总裁的童永胜成为这项工作的主要推动者。"当时我们找了很多家，最开始的时候朗讯想收购，后来没谈成，它把自己的网络能源部卖掉了。后来又跟好几家谈，最后锁定和华为电气有互补性的艾默生，以 7.5 亿美金的价格卖掉了。"

童永胜说："60 多亿元人民币，在当时算是天价了。那个时候大家很专注做事情，并没有多轰动。当时互联网不发达，不像现在，一点点事情就搞得所有人都知道。"

放弃优厚待遇创业

2001 年，童永胜随华为电气一起进入艾默生，担任艾默生网络能源有限公司副总裁。童永胜说，华为电气就像自己的孩子一样，卖给艾默生后，他本打算长期做下去，但后来被调去负责海外业务，不再涉足国内的开发和营销管理。

"负责海外业务每天和外国人沟通市场问题，我对这些不太感兴趣。去过那么多国家之后，我看到一个趋势——中国未来会成为全球的制造中心。"童永胜说，"而且，很多创新产品，大公司做不了，要靠小公司去做。那时我逐渐萌生了创业的念头，想要缔造一个全新的电力电子技术的公司。"

"当时想过两个方向：电视和电动自行车。后来还是选择了电视，因为当时液晶电视已经做到十几寸了，而大屏等离子电视当时卖十几万一台。我去过 60 多个国家，了解到全球很多企业开始往这个方向投资，这是一个判断的风向标。"童永胜说，"当然，还要跟我的知识范围相匹配，如果我没有能力去做，那行业机会再好也没用。"

不过，童永胜此时还主要停留在对产业的观察和思考阶段。2003 年，曾在华为电气工作，当过童永胜下属的张志在外创业几年一直没找到合适的方向，便向童永胜请教，未来要做什么好。童永胜建议他，可以想一想未来电视方面有什么业务可以做。

在童永胜的建议下，张志等人出资50万，成立了深圳市麦格米特电气技术有限公司。麦格米特（MEGMEET）这个名字也是童永胜帮忙想的，他解释："这是一个没有意义的组合单词，只是考虑发音容易被老外记住，方便开展国际业务。"

然而，新公司一直经营困难，2005年亏损了近300万。张志又找到童永胜寻求帮助。此时，童永胜刚好有离开艾默生的想法，于是答应加入麦格米特。

2005年4月，童永胜放弃外企优厚的待遇，从艾默生辞职，注资260万加入麦格米特，成为公司董事长、总经理。那个时候，公司还不知道产品的研发方向。没有客户，还要交房租，养活十几个员工。至今想起来，童永胜都觉得压力很大。"好在我们很聚焦，咬定平板电视电源这个目标来做。"

当时流行的是大块头彩电，但平板液晶电视已经有厂家在推了，虽然一个月销量只有千台左右，但价格也很高，几万块一台。新产品推出阶段毛利较高，给了麦格米特一个靠技术生存的机会。

在童永胜的带领下，麦格米特很快做出了对口的产品。2005年底的时候，公司销售额达到2600万，账面盈利300万。

谁料天有不测风云，就在公司经营状况出现转机的时候，2006年初，麦格米特被深圳一家公司骗走了30万美元的货物，上一年辛辛苦苦赚来的钱血本无归。

麦格米特最早的办公场地：蛇口碧涛中心的2个房间

真正让麦格米特活下来的第一单不是卖产品，是卖技术。2006年，公司研发出一个关于CCFL的颠覆性技术，被一家企业看上了，专利使用授权费600万。就是靠着这600万，公司才缓过来，能够继续投入。2006年底，公司就赚了2600万利润。

"那时公司小，大牌子看不上我们，我们是靠着二三线电视品牌生存的。2007年是我们赚钱最辉煌的时候，纯利4000万。当时，算上前台接待和保安只有41人。"童永胜说，"我们是完全靠原创技术起家的，可以说平板电视电源的行业标准是我们引导出来的。"

2007年，麦格米特完成了原始积累，也打开了知名度，开始与TCL、创维、长虹等大品牌合作。公司的平板电视电源业务进入高速发展期。

不做"独脚兽"公司

就在2007年麦格米特平板电视电源业务最红火的时候，童永胜就清醒的意识到，这块将来一定会饱和，价格会雪崩，必须延伸产品类型。

童永胜认为，作为制造型公司，技术日新月异，如果只做一个板块，市场出现饱和的时候，竞争变得激烈，利润空间被压缩，会带来灾难性的问题。他说："如果不是垄断型公司，即使曾经业绩很辉煌，也会像烟花一样转瞬即逝。我称这种公司为'独脚兽'公司。"

童永胜看到医疗是未来的大产业，但大型的医疗企业大多在欧美。因此，2008年5月，他们和Robert Staub（现为美国麦格米特销售负责人）合作，在硅谷成立美国麦格米特，布局海外医疗设备电源业务。2016年，麦格米特的医疗设备电源营收达到8735万元。

之后，麦格米特又尝试工业定制电源。"这块业务国内有人做，但都比较低端，天天拼成本。我不喜欢在价格上斤斤计较，只做高端跨国公司市场。"

接下来，麦格米特又涉足工业自动化相关业务。"我离开艾默生这么多年，从来不做跟他们竞争的市场。虽然有所相

麦格米特的电控产品

关，但我做的是高端的、有技术难度的特殊细分行业的电机控制。沈阳机床、中联重科都是我的客户。"他说。

麦格米特后来又陆续开发了轨道交通制冷压缩机、打印机电源、机器人焊机……重点服务各行业龙头企业，发展了北汽新能源、中国中车、飞利浦、发那科 FANUC、东芝、西门子、爱立信、ABB、松下、乐视等一批高端知名客户。

2013 年开始，麦格米特陆续收购智能卫浴企业——怡和卫浴的股权。"这原本是我的客户，由于资金问题运转困难。与其看着客户死掉，自己的生意也没了，不如干脆救活它，这样对双方都好。"童永胜说。

"很多人不解，为何你们要收购一个做马桶的。前一阵郭台铭说过，'汽车已经是个电子产品了'，我想借用这句话说'马桶已经是个电子产品了'。这跟麦格米特的自动化、智能化在本质上是一样的。"

收购怡和卫浴不久，知名财经作家吴晓波写了一篇文章《去日本买只马桶盖》，在国内掀起一股智能马桶热潮。本无心插柳，谁料怡和卫浴一下子站到风口上：2014～2016 年，怡和卫浴营业收入分别为 3360 万元、7289 万元和 1.47 亿元，每年翻倍增长。

正如童永胜所料，随着平板电视行业的发展，低功率平板电视电源价格和毛利率逐渐下降。2015 年，麦格米特进行策略调整，收缩了低功率平板电视电源业务。

2016 年，随着互联网智能电视的兴起，市场对高功率平板电视电源需求增强，互联网电视巨头乐视电视成为麦格米特的第二大客户，年销售额近 6000 万，平板电视电源业务收入保持了稳定。

从设立之初的电视电源产品开始，目前，麦格米特已基本形成智能家电电控产品、工业电源和工业自动化产品三大产品系

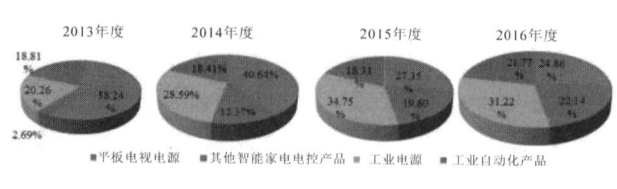

麦格米特近年来主营业务收入结构变化

列，培育了变频空调功率转换器、变频微波炉功率转换器、智能卫浴控制器及整机、医疗设备电源、通信设备电源等多种快速增长的新产品，产品结构逐渐

丰富。

技术创新和产品拓展也为麦格米特带来显著效益：2014 到 2016 年，公司营收分别达到 6.35 亿、8.13 亿、11.54 亿；净利润分别为 3769 万、5658 万、1.1 亿。

童永胜说："智能家电、工业微波、新能源汽车、轨道交通、海外市场开拓会是公司未来重点发展的方向。我想要做到 MEGMEET EVERY WHERE，让麦格米特在我们的生活中无处不在。电视、冰箱、微波炉、高铁、医疗设备……各种机器打开后都有麦格米特，在各个行业大品牌背后默默提供支撑。"

逾亿资金投入研发

在多元化探索的道路上，麦格米特也曾遇到挫折。五六年前，麦格米特曾经开发过智能 LED 路灯控制系统，但由于不适应市场最终放弃这个项目。

"那个产品很成熟，用手机可以控制一整条街的路灯。但客户总是一味地压低价格，拼成本的事情我不会做。"童永胜说，"所以，一直以来，我只跟大公司合作，他们更看重我们的技术和创新，这是麦格米特的价值所在。"

"有的大公司要开发新项目，也会找到我们一起研发。只要你技术不断进步，产品不断迭代，跟大公司的合作基本上会很稳固。"童永胜说，"不像一些小公司，喜欢拼价格，你卖 100 块，他要 90 块，你要 90 块，他给 80 块……这种生意没法做。我们公司的营销人员非常少，我们主攻研发，用技术和创新牢牢抓住核心客户。"

2014 到 2016 年，麦格米特研发费用分别为 7699 万元、9698 万元和 1.27 亿元，占当期营业收入的比例均超过 10%。过亿的研发投入，几乎相当于一个小公司的年营收。

对研发的大力支持也带来良好的效益。目前，麦格米特拥有有效使用的专利290 余项，其中发明专利 37 项，被认定为广东省智能电源工程技术研究中心、深圳市市级研究开发中心、深圳窄间隙焊接技术工程实验室。

随着深圳土地成本越来越高，一些企业陆续外迁到中山、东莞等周边地区，麦格米特则将生产基地迁到株洲。童永胜表示，除了成本考虑之外，也是为员工着想。"到东莞打工的人是谁？大多是江西、湖南、湖北的人，与其让他们背井离乡，不如把工厂建到家门口。而且我们的工程师坐高铁去也方便，3个小时就到了。"

2017年3月6日，麦格米特成功登陆中小板。回首十多年的创业路，充满激情、看似坚强的童永胜也有自己的辛酸。"早期客户跑路被骗，公司只剩一堆物料，心里还是很崩溃的。创业早期，有些股东、员工不认可我，要离职的时候，我心里也不好受。2012年，由于一些事情没解释清楚，公司申请IPO被否，一些员工意志不坚定也走了。"他说，

童永胜敲响上市宝钟

"不过现在看来也不是坏事，留下来的都是对公司充满信心的，团队反而更团结了。"

童永胜表示，上不上市都不会影响麦格米特的生存，上市只是给公司装上了翅膀，可以飞得更快。上市后，他考虑更多的是员工个人和公司发展之间的平衡。

"深圳的房价越来越高，从我刚来时候的几千块，到现在的七八万一平，这么高的房价，员工的心态怎么可能不改变？麦格米特是科技型公司，主要靠员工，让员工保持好的幸福指数，才能保证公司利润的持续增长。这种平衡是需要董事长每天去考虑的，也是很多公司面临的社会挑战。"童永胜说。

麦格米特员工及其家人合影

（雷雪）

扫码观看麦格米特童永胜专访视频

第八章
不同凡"想"

"上市公司里有太多很典型的企业家，但我却是一个自由的企业家。我希望生活更美满一点，更美好一点，我先走出这一步，让大家有个模板可以参考。"

一位"德鲁克主义者"的
高端时装王国

■ 歌力思　夏国新

"上市之前，我们是用现在的钱在做未来的事情，上市之后，我们是用未来的钱做现在的事情，这个逻辑是不一样的。"

——夏国新

1996 年，深圳，服装设计师夏国新从国企辞职，创立了人生中第一个女装品牌"ELLASSAY"。之后长达 19 年的时间里，他的心血和精力全部贯注在上面。这是夏国新创业的前半生——让一个中国品牌走向世界。

作为服装设计师、创业者，夏国新的每一步走得很慢，他是一个求稳的人，"我一定不会拿企业的生命去冒险、去赌博。"

2015 年，上海，歌力思董事长夏国新敲响上市宝钟，歌力思正式登陆 A 股，成为上交所第一家女装上市公司。上市至今两年，歌力思共发起了五宗并购，囊括美国、

2015 年 4 月 22 日，歌力思在上交所成功上市

法国、德国多个知名女装品牌。这是夏国新创业的下半场——让中国企业拥有更多的世界级品牌。

作为上市公司管理者、资本投资人，现在夏国新要求自己去适应一个迭代快速的社会，“原来做的东西都要怀疑，原来没有做的东西要敢于尝试。”

要做自己能力范围内的事情

托马斯·弗里德曼在他那本著名的《世界是平的》一书中提到的企业制胜七大法则中的第二条就是——小公司想要发展，就要学做大。关键就在快快学会怎么利用新工具，参与全球竞合，把事业搞得更远、更快、更广、更深。

2015年9月，也就是歌力思刚刚登陆A股仅仅5个月不到，就宣布以1118万欧元收购德国高级女装品牌Laurèl，开启了超高效率的买买买之旅。两年不到的时间，歌力思先后完成了对美国轻奢潮流品牌ED Hardy、法国轻奢设计师品牌IRO以及电商代运营企业百秋网络的股权收购，合计耗资超过8亿元人民币。

最新的一个案例是，2017年8月8日，歌力思宣布将出资3700万元人民币收购薇薇安谭时装（深圳）有限公司75％的股权，完成收购后，歌力思将获得美国华裔时装设计师谭燕玉所创立的高端时尚女装品牌VIVIENNE TAM在中国大陆地区的所有权，并将陆续开设终端店铺进行运营。

夏国新与Laurèl品牌方洽谈合作

这几次行动迅速、目标明确的收购行动令外界侧目，人们惊讶于这家登陆资本市场时间并不长的女装公司所展现出来的强烈的收购欲望和行动力，但也疑惑这样密集的收购节奏是不是太快，公司的资金和管理都准备好了吗？

"我们根本就不想追求特别快的收购，但我觉得这个节奏对我们来说完全是可控的。"对于外界的看法，夏国新显得颇为自信，"我上市的唯一目标就是利用资本的力量，将歌力思做成有世界影响力的高级时装品牌集团。"

"歌力思没有银行负债，也没有大规模的举债，所以说我们的负债率非常低，都是我们自身能力范围内的，我自己做事情非常的保守，上市到现在，股票从来没有质押过，所以说我们要做的就是我们自己能力范围内的事情。"

"能力范围"成了夏国新重复和强调最多的几个字。

"对于一个企业来说，绝对不能盲目地收购，实际上我们每天接触的也有不少，平时接触的其他品牌，包括有些是主动联系我们的，实际上我们也是拒绝了很多的。"夏国新说。

他强调，对于歌力思而言，并不是说只要是一个品牌不错，就要去收购，或者是有机会控股和投资就一定要投资的，如果不符合歌力思的公司战略，哪怕有利润，哪怕投资价格也足够便宜，也不会去做这个投资。

这种外人看起来好像放弃了很多赚钱的机会，但对于夏国新来说，从1996年创立歌力思到2015年上市，只做了一个品牌，正是抵制住了各种各样的诱惑，想清楚了上市以后真正要干什么。

"歌力思上市之前是只做一个品牌，上市之后我们要做多品牌，原因在哪儿？就是上市之前，我们是用现在的钱在做未来的事情，上市之后，我们是用未来的钱做现在的事情，这个逻辑是不一样的。"

这个逻辑，夏国新形象地用"做面包理论"来概括。"我们上市之前，知道从种小麦开始，到磨粉，直到最后做出好面包的所有环节，所有的东西要可控，这是我们非常非常重要的能力。我们能做好一个面包，就可以做好很多的面包，也才有可能做好其他的面包。反过来，我们上市之后，吃面包就不一定从种小麦开始，要借助资本的力量去选择一些好的面包，但如果你不懂的话，你都不知道什么是好的面包，不知道面包是怎么做出来的。所以只有自己做过面包，你才知道这个面包的与众不同，为什么它是好的面包。"

我们的目标就是要做高端品牌

对于一个普通消费者来说，人们往往可能更熟悉 H&M、ZARA 这类快时尚品牌和 LV、CHANEL 这类顶级奢侈品牌，在夏国新的创业路上，有人建议他向下往大众品牌、向上往奢侈品做做看，但都被他拒绝了，"一个人一定要知道自己能干什么，不能做什么"，他很清醒。

也有券商研究员，将歌力思与全球奢侈品集团巨头 LVMH 对标，夏国新对此连连摇头，"歌力思是歌力思，LVMH 是 LVMH，我们跟他是不一样的。但我们可以从 LVMH 的成长之路找到很多借鉴。"

2016 年 11 月 2 日，歌力思在北京太庙举行时装大秀

"歌力思的定位就是高级品牌，这是公司成立就已经形成的基因。既然我们有了歌力思这么多年的品牌积累，所以在收购时，我们不会收购一些大众品牌，也不会做很高端的奢侈品牌，我们做的就是一种高端品牌，最多到轻奢，这样的话，我们的战略就是统一的。"

夏国新说，"做奢侈品不是我们的能力范围，做大众品牌，也不是我们的目标，因为我认为做大众的可能有时候更难，因为它做得要快速，要控制低成本，然后做大规模。对于我们来说，我们更加希望把产品做好，然后每一个品牌做出独特的个性，塑造它独特的形象，追求是一种很高的性价比，但是又不是说低价的，是一种有附加值的，所以这是我们的能力范围，那么我们就应该沿着这个方向走自己的路。"

在构建歌力思高级女装品牌版图的过程中，谈起每一个品牌蕴含的独特的风格，夏国新如数家珍：Laurèl 讲究当代艺术，设计线条干净利落，适合职场高级白领；ED Hardy 讲究年轻潮流，会将老虎头、骷髅等时尚元素融入设计；IRO

体现的是法式浪漫，大量使用蕾丝、刺绣、荷叶边表达带有摇滚的女性化设计。而刚刚并购的Vivienne Tam，则是非常西化的服装，款型、设计、剪裁，整个风格看上去都是非常年轻和充满个性，但图案充满了中国元素，具有中西合璧的设计。

法国轻奢设计师品牌 IRO 门店

"每个品牌的风格都是完全不同的，但是有一个共同的特点，就是都是定位高端到轻奢的品牌，而每个品牌都有独立的顾客群，也都是一些有消费能力的顾客群，对服装的风格会有不同的选择。"夏国新说，"所以对每个品牌来说，既然我们要投资，收购的前提就是我们要非常热爱这个品牌。"

尽管当下在歌力思的时装版图里，最吸睛的是一个接一个的国际品牌，但在夏国新的心里，他亲手创立的、过去歌力思以此营生的"ELLASSAY"始终是那个最重要的孩子，"我们永远将"ELLASSAY"放在最重要的位置。"

好产品是第一位的

短短两年时间，依靠资本的强大力量，夏国新的时装王国已经拥有好几个颇具规模的国际品牌，接下来歌力思面临的是运营管理问题。要知道，国际品牌进入中国市场遭遇水土不服是惯常现象。

"水土不服最重要的原因是资方不了解中国市场，而这恰恰是歌力思作为本土企业的优势。"对于市场的担心，夏国新显得信心十足，"如果简单地把国际品牌服装原封不动地拿过来，实际上很多中国的消费者是不太适应的，至少说很多的版型各方面是不太适应的，所以对于我们来说，引入这个品牌，除了对产品要保持国际品牌，引入国际的设计团队的同时，特别强调一定要针对中国的消费者特点进行调整。"

尽管近年来跨境电商呈现爆发式增长，海淘市场蓬勃发展，国外品牌对本土品牌的冲击在增大，但在夏国新看来，品牌是很重要，但相对品牌更重要的还是产品本身。

"核心的问题一定要搞清楚，顾客买的是什么，他买的品牌，但品牌背后代表的还是产品，所以对于我们来说，我们一定要清楚我们如何做好一个产品，这是我多年的理念。无论是互联网带来的冲击，还是现在国外品牌的冲击，我觉得背后的一个逻辑改变不了的，就是顾客购买的最终是产品，你只要能够提供给顾客优秀的产品，那么你不用担心你品牌未来的生命力。"

夏国新非常认真地说，"对于一个企业来说，你永远要知道自己的使命是什么。好的形象非常重要，好的渠道非常重要，好的服务也非常重要，但是在这所有东西背后的东西，好的产品是第一位的！"

越来越成功 越来越轻松

现代管理学大师彼得·德鲁克说过，"你所招的人才决定了你公司的未来。"在经营上奉行产品至上的夏国新，在企业管理上则是德鲁克思想忠实的追随者。

从 2004 年开始，他每周都要在公司组织一次德鲁克学习会，这项学习运动至今坚持了 13 年，夏国新带领员工读遍德鲁克出版的全部书籍。但光学不用是不行，夏国新不仅要用，还要全盘通用，歌力思的管理制度中有一条是"德鲁克说的都照做"。

"我认为面试是选人非常重要的环节，一个非常初级的岗位，可能是文员、助理，但是如果从选人、培养人的角度来说，这就是一个选人的机会，是在培养未来的人才，未来的经理，未来的总监。除了设计，公司很多业务我现在不管的，全部都授权下去了，但是不能放松的就

夏国新

是人。"

就像夏国新自己所说的，在歌力思，从助理级别开始的所有岗位招聘，他都要参与面试，这是他还在亲自抓的两项工作之一，"我内心里非常坚定地相信，人和人是不一样的，有些人就是参天大树，有些人就是小树苗。选人就像种一棵参天大树一样，前提是先选个好树苗。要想体现企业重视人才，企业家最起码在选人上要多花一点时间。"

除了重视选择人才、培养人才，夏国新在歌力思推行的"力求简单"的管理理念也是深受德鲁克思想的启发。任何一个企业经营扩大、人员增加，都意味着经营和人事在逐渐变得复杂。然而，德鲁克思想却提倡管理者去对抗这种变化趋势，他认为社会进步都是让事情变得越来越简单的过程。

在"力求简单"理念的指导下，公司组织以扁平化为目标，尽量减少不必要的岗位、尽量减少书面文件、尽量减少会议。这意味着，在歌力思，一个部门只需要一个管理人员，不设副职，不需要时刻跟上级作书面汇报。

这种至简主义也在影响着夏国新的人生追求，这位正值壮年的董事长说，他的人生目标就是希望能够越来越成功，同时能够越来越轻松。他时刻在警惕自己成为没日没夜埋头苦干的老黄牛，又不愿放弃自己做个一事无成的清心闲人。

然而，这种人生追求从目前看来，好像只能是夏国新一个美好的愿望，在他过去二十来年的创业生涯中，他从来都不是一个能够轻易放松自己的人。2015年歌力思上市后，夏国新转身变为一个上市公司的管理者、一个战略规划家，这些新的角色所赋予的比以往更具挑战、更具压力的责任，他比谁都清楚。

在歌力思上市前一年，2014 年夏国新从深圳到北京读了清华五道口的金融EMBA，"我希望我能多接触一点金融的东西，企业家到一定程度一定要有一种资本的思维，金融的思维，要知道如何利用这些东西，如何能够把企业视野变得更开阔，而不光是一个设计师，或者是一个品牌的运营者，更重要的是未来如何借助资本的力量，我需要不断地学习。"

夏国新把 2017 年定义为歌力思的管理创新年，要求自己去适应一个迭代快速的社会，"这个世界变化太快了，科技的变化，消费者习惯的变化，沟通手段的变化，现在所有都在变化。我们企业必须要根据社会的变化不断地进行调整，要保持敏锐的心态，如果心态没有随之变化，很容易固步自封，慢慢就僵化，所以我们今年叫管理创新年，目的就是要大家打破思维，原来做的东西都要怀疑，原来没有做的东西要敢于尝试。"

说起未来的小目标，夏国新说："我们目标就是把品牌做好，把每一个品牌做清楚，长远的目标就是要做有世界影响力的中国高级时装品牌集团。但是这一步，我们相信路还很长，很远，我也希望用我毕生的精力去做好这件事情，我觉得把这一件事情做好，我就非常高兴了。"

（陈怡珊）

扫码观看歌力思夏国新专访视频

资本圈第一时尚先生

■ 亚泰国际 郑 忠

"上市公司里有太多很典型的企业家，但我却是一个自由的企业家。我希望生活更美满一点，更美好一点，我先走出这一步，让大家有个模板可以参考。"

——郑 忠

深圳中洲万豪酒店、北京三里屯、通盈中心洲际酒店、三亚海棠湾康莱德酒店、深圳京基100瑞吉酒店、成都丽思卡尔顿酒店、丽江铂尔曼度假酒店……无论你是经常出差，还是热爱旅游，这些名字对你来说一定都不会陌生。而在这些酒店的背后，都有一家共同的设计公司，一个共同的设计师。

他，是一名设计师，将个人品牌的设计事务所做到了全球三甲。他，是一位董事长，将自己创办的公司带上了资本市场的舞台。他，是深圳市亚泰国际建设股份有限公司（证券代码：002811）董事长兼总经理郑忠。这位"资本圈第一时尚先生"笑称，要给上市公司董事长们的时尚生活"打个版"。

不想创业的大学老师不是好设计师

初见郑忠，你可能很难想象他是一家上市公司的董事长。卡其色西服套装搭配棕色休闲皮鞋，西装前襟点缀着奶油色的袋巾，领间系着一条墨绿色针织面料的领带，左手腕间佩戴着棕色腕带的手表，右手则是黑色皮质手环，细节之处皆充满时尚感。

有人笑称他为"资本圈第一时尚先生"，对于这个称号，他回应说："上市公司里有太多很典型的企业家，但我却是一个自由的企业家。我希望生活更美满一点，更美

亚泰国际董事长兼总经理郑忠接受全景商学院独家专访

好一点，我先走出这一步，让大家有个模板可以参考。"

事实上，无论是事业还是生活中，郑忠都敢为人先，勇于改变。

1985 年，郑忠进入广州美术学院学习设计，那是中国环境艺术设计专业第一次面向全国、全社会招生，教学模式采用了很激烈的"淘汰制"。据郑忠回忆，"当时室内设计对于中国来说是一个很陌生但也很吸引人的专业，我们那一届一共有 47 名学生，分成专科、本科来筛选。前两年读专科，专科读完后，筛掉大约四分之三的学生，只有十几个人可以继续留卜来读本科。所以我们读书读得很辛苦，大家互相竞争。要想留下来，就必须努力学习。"

1989 年，郑忠顺利地从广州美术学院本科毕业，并进入华南理工大学建筑系继续深造。学业结束后，他留在广州美术学院，成了一名老师。可仅仅两年后，郑忠就选择了离开这个令人羡艳的岗位，踏上了创业的道路。

凭效果图打天下 第一桶金没犯愁

郑忠是幸运的，因为他赶上了市场经济的大潮。作为中国环境艺术设计专业面向社会招收的第一届学生，在改革开放初期很受欢迎。那时中国的酒店业刚刚起步，市场对于装修、设计的需求量很大，但国内这方面的专业人才却十分稀

缺。"在学院的时候我们就已经开始对外接一些任务，也就是我们所谓的'炒更工作'①。渐渐地我们在社会上开始小有名气，所以我自己出来单干的时候，就有很多人找我。"

大约有一年多的时间，郑忠一直在"单干"，靠一个人的力量支撑整个工作室。在那一年里，他做得最多的事情就是画效果图。"以前的效果图和现在的不同，现在的效果图就是画效果图而已，以前的效果图则要把所有设计摆进去，包括设计、平面、效果，全部呈现。相当于一张图就把自己所有的设计想法呈现给客户。"郑忠做出的效果图收到了客户良好的反馈，"他们（客户）拿着我的效果图去投标，中标率很高，（客户的）领导很高兴，下次还会继续找我。"

就这样，刚出社会便已小有名气的郑忠似乎从来没有发愁过市场开拓的问题。他半开玩笑地说，自己并不知道什么是第一桶金，因为一切都是自然发生的。"当然，那时候也是蛮辛苦的，因为自己单干，当有很多人找你，活很多的时候就会很累。"他说，"这一行的职业特点就是熬通宵，所以熬通宵对我来说是家常便饭，最长的时候有过两天两夜不睡觉。"

随着事业越做越大，在工作室成立一年多后，郑忠开始组建自己的团队。从效果图到施工图再到现场监督落成，他不断招兵买马，为此，他成立了一个公司。那时，是20世纪的90年代初。

打破欧美垄断 把中国设计带向世界

2000年，中国的房地产市场进入快速发展时期。那一年，郑忠和他的团队的作品深圳中信城市广场正式开业，这也是深圳当时的地标性建筑之一。彼时，中信城市广场作为郑忠颇有影响力的作品之一，为他吸引了更多的机会。不久后，他便收到了来自国际品牌酒店的邀约。

"2002年之前，国际品牌酒店到中国投资的并不多，那个时候高端酒店来中国做投资，都带着自己的设计师。直到我们得到了一个机会，与法国雅高酒店集团合作了第一个项目，做出了影响力，就慢慢地扩展到其他品牌。到现在，不止

---

① 炒更来源于粤语，形象地说明：要取得业余收入，就必须把握好晚上的时间。

是雅高，包括希尔顿、洲际、万豪等，我们都在他们的名单中。"郑忠不无骄傲地说，"他们的名单里中国的设计公司很少，我们应该是其中的一两家。"

公开资料显示，在业界著名的美国《室内设计》（Interior Design）评出的"2013年全球酒店设计百大排行榜"和"2012年全球酒店设计百大排行榜"中，亚泰国际综合实力分别位居全球第三和第四名，打破了欧美设计机构对高端设计市场的垄断。

作为设计师的郑忠，不仅抢下了国际高端酒店在中国的设计资源，还带领团队走向了世界。2012

丽江铂尔曼度假酒店

年，对于郑忠来说是丰收的一年。那一年，亚泰国际旗下设计品牌 Cheng Chung Design（CCD）揽获了八项国际性设计大奖。其中，丽江铂尔曼酒店获得了有"室内设计界的奥斯卡"之称的"金钥匙"大奖，同时还荣获了美国《酒店设计》杂志（HD）室内设计比赛最佳酒店奖。

回忆起拿奖时的情形，郑忠记忆犹新："那一年我们去纽约领奖，整个派对上都是美国本土人居多，华人面孔都很少有，上台拿奖的亚洲面孔只有我们一家。所以，从此以后，我们就被国际上的各大媒

公司屡获国际大奖

体、各大评选机构所熟知了。"

近年来，亚泰国际已经在多个著名的国际性室内设计专业评比中获得 20 余个奖项。郑忠说："我们可能算是代表中国室内设计在国际上拿奖最多的公司，国际上的肯定对我们来说很关键。现在我们已经不止在中国做设计，在美国、德国、东南亚，都有我们的工程。在我们之前，没有中国公司在美国做酒店的，只有美国公司在中国做酒店的。"

不一样的设计基因

从某种意义上讲，设计师出身的郑忠给亚泰国际带来了不一样的基因。

他说："我们公司很特别，因为我本身是设计师，这就跟那些老总不是设计师的公司不一样。除此之外，我们是先有设计公司，再有装饰公司，这跟那些装饰公司里有一帮设计师的情况又不一样。"

亚泰国际在其招股书中写道，设计是建筑装饰的灵魂，装饰工程建设和装饰配套是装饰作品完美呈现的途径，设计、装饰工程建设和装饰配套由同一家公司完成有利于忠实体现设计理念，同时在建设过程中不断进行设计深化，最终达到装饰作品的神形贯

郑忠在项目施工的一线

通。"很多客户就是看中了我们设计方面的 DNA，才过来找我们的。"郑忠说。

正是基于这种不一样的"基因"，2013～2015 年度，亚泰国际设计师人均产值、设计业务毛利率、设计业务收入占比和利润占比均显著高于国内同行业可比上市公司。

直到现在，郑忠仍然坚持参与公司接手的项目，他说这是他的习惯。"管理上，我们会引进很多专业人才来进行管理，但是设计，我们还要坚持。我们虽然在体量上是大公司，但在做法上仍然是小公司。"

对于上市以后的期许，郑忠表示，有了资本市场的平台，有了投资以后，希望继续扩大公司的规模，收购一些与公司业务相关的或互补的、又有特色的小公司。同时希望可以为公司多引进各种类型的人才，而自己则慢慢抽身出来，为公司制定一些大的战略。"我的理想的状态就是我手下多一些创意超过我的人，我就是看看战略，能去打打球。"他说。

在资本圈，郑忠是第一时尚先生；在设计界，他是率先拥抱资本市场的人。他说："我觉得我是自然而然地走到今天，今天的我就跟一年前、两年前一样，无论公司的市值多少，我的身家多少，我都很平静。"

"明明可以靠脸，却偏要靠才华。"亚泰国际的员工在微博上如是评价这位董事长。

（王爽）

扫码观看亚泰国际郑忠专访视频

世界商业设计殿堂的中国"风"

■ 杰恩设计　姜　峰

"我们的使命就是用设计在人间创造天堂。"

——姜　峰

天蓝衬衣、深灰点领带、灰白西装、浅卡其九分裤，英伦休闲鞋，不同于出现在全景商学院专访现场传统的黑西装和皮鞋，杰恩设计董事长姜峰身上带着艺术家特有的品位和时尚感，一如他本身喜欢的现代建筑风格。

杰恩设计董事长姜峰接受全景商学院专访

从小喜欢画画，大学又读了建筑和室内设计专业，姜峰说自己很幸运，能三十多年如一日坚守自己的爱好和艺术追求。

但姜峰绝不只是一个在纸笔方寸间描绘理想的艺术家。从市政工程到商业地产，从酒店写字楼到轨道交通，他敏锐地把握住了深圳每一次发展建设的机遇期，在见证中国城市化发展的同时，一步步将 J&A 杰恩设计（证券代码：300668）推上了中国资本市场。

杰恩设计，全称 Jiang&Associate，2015 年 8 月由姜峰设计更名而来。Associate，意为合作、同伴，体现的正是姜峰对合伙人的重视。"虽然我的名字去掉了，但是我觉得我们把蛋糕做大，把团队做大，把我们的设计能够做得更好，应该说这是我最希望看到的。"

姜峰身上有很多头衔：国务院政府特殊津贴专家，2015 中国室内设计十大年度人物，建筑高级工程师（教授级），中国建筑学会室内设计分会副会长，天津美术学院等多所院校客座教授、研究生导师，深圳地方级人才等。其中，姜峰最看重的是各院校的导师职位。

"我喜欢做一名教师，这个是我的人生理想。可能在退休之后把精力更多地放在设计教育，为中国培养国际一流设计人才。现在最著名的设计院校还都在国外，中国的设计教育，从某种程度上还受到体制、传统观念，还受到教师本身的视野和见识等方面的限制。"

从东方小巴黎到改革开放南大门

哈尔滨，中国东北边陲的一颗明珠。独特的异国风情、中西合璧的建筑风格，处处闪耀着"东方小巴黎"的风采。哈尔滨的欧式建筑保存完好，连在欧洲留存不多的新艺术运动建筑类型，在哈尔滨也可觅其迹。

姜峰是土生土长的哈尔滨人。周围环境的耳濡目染让他从小就对画画和建筑情有独钟。大学时期，姜峰报读了建筑学专业，研究生继续攻读室内设计。

1993 年，姜峰从哈尔滨建筑工程学院毕业。作为建设部直属的高校，当年毕业生选择到建设部、下属设计院或北京、上海的其他大设计院就职都是顺理成章的事情。姜峰却另辟蹊径，选择了 3000 多千米外的深圳。

"室内设计最好的一个区域是香港。深圳离香港是最近的，所以当时深圳的设计水平，或者这个行业的成熟度已经在全国处于一个领先的水平。深圳是一个创业的热土，而且是一个改革开放的前沿。我自己想，要给自己一些挑战，不要

过得那么安逸。"

带着研究生时期帮导师做项目攒下的 8000 块钱，姜峰只身南下深圳，先后在深圳市洪涛装饰股份有限公司以及深圳市建筑装饰（集团）有限公司（后称"深装集团"），两家早期的国有设计公司就职。

1994 年，初出茅庐的姜峰主持设计了职业生涯中的第一个五星级酒店项目——长春海航名门酒店（原名"长春名门饭店"），这也是当时吉林省的第一家五星级酒店。项目通过全国招投标，层层选拔，最终花落姜峰团队。一切看似运气眷顾，实则努力使然。

"那个时候有点误打误撞，因为客观上我们那个时候的水平还达不到，挺幸运的。其实，我们在上研究生期间跟着导师做了四星级、五星级酒店，这段经历培养了自己对高端酒店的了解和认知，后来又经过毕业以后一年多在企业当中的实践，应该说在这方面有一定的掌握。"

随后在深装集团，姜峰从高级工程师一路做到总工程师、设计研究院院长。期间正值深圳掀起新一轮市政建设热潮，姜峰主持设计了深圳市民中心，会展中心，地铁一号线、四号线车站等一系列标杆性市政工程建设项目。"市政是一个公共空间，它更多的是满足大多数人一种审美和实用功能要求。同时它还要平衡政府的形象，还有造价的控制，所以它做出来的东西得具备公共性，更多的是满足政务方面的功能。"

姜峰（右）刚到深圳的岁月

2004 年，深圳市国资委对深装集团进行改制。利用这个契机，姜峰带领一个几十人的团队，成立姜峰室内设计有限公司（后称"姜峰设计"）。尽管当时在业界已经小有名气，但用自己的名字命名设计院，姜峰坦言还是承受了很大的压力。

"我们当时的想法很单纯。原来虽然是设计研究院，但还是依附于一些体制内的施工企业，我们很难去干预对方的业务，水平参差不齐，影响了大家对我的印象。这是行业的共性，就是有一些挂靠。我们想做得更纯更专，只做设计这一块业务。"

成立不久，姜峰设计就拿到了国家甲级设计资质，成为当时国内第一家以个人名字命名的甲级设计公司。

参与设计深圳80％的大型购物中心

21世纪初是中国国内商业地产高速发展的时期。相关资料显示，房地产升温，港资企业的进军以及国内开发商对购物中心的探索，构成了当时中国商业地产的基本面貌。姜峰设计抓住中国商业地产长达十多年的高速发展期，逐步崛起为行业的领军者。

姜峰设计的第一个商业项目是深圳金光华广场。金光华广场位于人民南路，与地铁一号线国贸站相连，是深圳第一家与地铁无缝连接的国际购物广场。当时刚从体制内剥离的姜峰团队并没有商业地产的设计经验。没经验就走捷径，姜峰选择了与境外成熟的设计公司合作。

"商业的业态，我们认为在一定时间内一定是中国社会发展的方向。当时只有百货公司，没有购物中心，人们刚刚开始对好的购物环境有了一个简单的印象。同时知道业态的组合，动线的分布是怎么来做。当时我们敏锐地把握住这个方向之后，就调集了公司大部分的骨干设计力量投入到这个项目中来。先跟这些国际顶级的企业去学习，自己不断成长。"

学建筑出身的姜峰对商业建筑布局有着天生的敏感度。在他看来，艺术设计纯粹追求造型和美感，商业建筑设计却是对人及其生活习惯的研究和再现，带有更多理性的成分，包括人和货物流动线怎么走，业态如何合理分布，空间布局显得非常重要。

"商业建筑更多的是为特定目标人群服务的，怎么样能够让消费人群喜欢在这样的空间里面更多的滞留，更多的时间花在消费上，从而实现商业建筑的

目的。"

金光华广场的设计花了将近半年的时间。随着项目的落成，姜峰设计在外逐渐打开了知名度，在内培养了一批商业设计方面的专家。很多业主慕名而来，COCOPARK、海岸城、海上世界、欢乐海岸、益田假日广场、华润万象城、万科广场、佐阾购物中心……深圳很多大型的购物中心和休闲生活综合体都出自姜峰设计之手。

姜峰透露，现在行走在深圳各大购物广场，除了内心油然而生的自豪感，还时不时会犯下设计师的职业病，比如推敲一下哪里可能做得更完美。通过身临其境的体验，寻找设计改进和提升的空间，是设计师保持创意和前进的动力。姜峰说，设计师的工作和生活是分不开的，一个设计师不能闷在家里做设计，而应该了解社会、了解生活。灵感源于热爱，更来自于生活。

"我们去国外渡假，在一个非常好的渡假酒店。你说它是一种生活，但我觉得也是在体验。我们一般去酒店住下来，都要把酒店客房的平面图画下来，这是一个很正常的要求。如果建筑确实给你带来一些冲击力，会摸一摸、敲一敲，会驱动你去把它描述下来。"

国际高度 中国深度

三十多年的职业生涯中，姜峰设计过1000多个作品，很多在他的生命中留下了不可磨灭的印迹。"很多建筑其实跟我们是有一种灵魂上交流的，要么你在这个项目上付出了特别多的心血，要不然它可能给你的生命带来某些改变。"

大连国际会议中心和上海文华东方酒店，是姜峰认为最棘手的两个项目，却也是这两个项目成就了姜峰设计的国际化定位和影响力。

大连国际会议中心是夏季达沃斯论坛的中国区主会场，规划区域内五星、超五星级酒店10余家，定位世界级项目。设计采用解构主义理念，内外空间完全扭曲、充满动感，独特的建筑外观及复杂的内部空间意味着更大的设计和施工挑战，难度堪比"鸟巢"和"水立方"。

"大连国际会议中心完全用了另外一种语言，我们整个制图的软件都不同了，我们沟通的平台都不一样了，我们以前用的是 CAD 软件，而这个项目我们都要用 Rhino 软件，以前都是平面的，现在变成三维的了。"

上海文华东方酒店是第一个交给中国设计师的国际顶级品牌酒店项目。国际品牌近乎苛刻的水准要求以及中西文化差异与融合，在文华东方酒店 SPA 空间设计上体现得非常明显。设计中姜峰团队秉持中国传统尊重隐私的原则，而酒店管理层则要求效益最大化。

"他们希望你冲完凉进去按摩，按摩之后马上就出来，另外一个人再进去，他们完全是以房间使用的效率作为一个参照。但是在我们中国不是这样，要讲究私密的。房间里面必须有单独的纱网，单独的按摩床，不可能像公共浴池一样。因为那是文华东方酒店第一次进入国内，所以我们帮他去改这些理念，最后他也接受了。"

实在与开发商存在巨大的理念出入，无法说服对方，姜峰也曾直接放弃到手的项目。

"我们有自己的理念，不会一味去迁就不合理的要求。有个开发商希望做一个皇宫一样的商业，我们说商业的本质并不在于你是不是皇宫，而在于你的功能是不是合理，

姜峰（中）与蓝天组设计公司讨论上海文华酒店模型

流线是不是流畅，业态分布是不是满足客户的需要。更多的是把商品作为主角，而不是环境打造得多好。但他不听，后来我们就断然地退出了。"

姜峰说，每一次思想和理念的碰撞都很痛苦，但痛苦的蜕变后是成长的喜悦，有时候也不乏一些有意思的经历。"有些设计师从上午开会到下午，中午是不吃饭的。他不饿也就不吃饭，我们很饿的时候他还在开会，搞得我们顶不住，之前没经验，以后就买点面包什么的。"

中国开发商如果和国外设计公司合作，经常会遇到这样的问题：首先知名国

外设计师长年处于休假状态，签合同后经常要一年才能拿到设计图；其次国外设计师只做前端设计，不会综合考虑后期的施工效果。

"国外公司说我只做这部分，那部分我不管。业主还要去找人，还要去整合，之间有矛盾了还要去处理，去评判，所以给业主带来很大的麻烦。"

为了解决这个问题，姜峰提出了"国际高度、中国深度"的发展定位。"国际高度就指我们的创意要跟国际一流的公司接轨。中国深度指我们跟国外公司比更了解中国开发商。"

"国际高度、中国深度"在具体的执行中就是姜峰所说的一体化全流程的解决方案。2013年，姜峰在深圳成立博普森机电，专注机电设备、机电工程技术信息咨询与服务。2015年，姜峰在香港成立全资子公司杰拓设计（国际）有限公司，聘请的设计师大部分都来自国外。

"我们香港团队完成创意部分，国内团队完成后期实施部分，这样创意不比（国外）对手水平低。同时我们提供的服务更加细致周到。我们有全链条，机电设计跟室内设计紧密相连，比方说天花上有很多管网，管网综合不好，影响空间的使用效果。我们有导向标识部门，我们还有软装陈设部门，所以我们很多这些配套设计，让业主感觉到交给我们他就很放心。"

用科技和资本为设计创意插上翅膀

2015年，是中国房地产调控非常严格的一年，加之"八项规定"出台，很多商业项目、高档场所规划建设被叫停，设计行业也进入了一个低迷的发展阶段：很多公司关门裁员，设计师面临项目短缺的境况。

然而，招股说明书显示，2015年，杰恩设计实现营业收入14845.85万元，其中主营业务收入14596.91万元，同比增长16.77%。2016年营业收入增长率更是达到23.65%。

房地产调控对于杰恩设计的冲击，仅停留在业主方付款进度变缓上。因为在此之前，姜峰已经对业务领域进行了提前布局，即"把鸡蛋分装在了不同的篮子里"。

"我们的项目都分配在商业、轨道交通、办公类项目。我们给一些高科技、金融类企业做办公设计，这些企业并不受房地产调控影响；我们给轨道交通做设计，轨道交通是国家大力提倡发展的一个业务类型；我们做高端商业综合体设计，其实也是没有受到很大影响。"

姜峰对于杰恩设计未来的定位是聚焦商业综合体（购物中心、酒店、办公），轨道交通综合体（地铁、车站、地下商业街）以及医疗养老综合体。而现在杰恩设计正致力于研发互联网＋设计，这是姜峰预判设计界正在酝酿的下一次大变革。姜峰说，目前设计公司主要靠人力驱动，公司业绩跟设计师的数量和能力成正比。这在某种程度上也给设计公司设置了一个发展的天花板。只有打破这个天花板，设计公司才会有更多无限的可能。现在BIM（建筑信息模型技术）已充分运用到杰恩设计的日常工作中。

INTERIOR DESIGN 2017 全球设计巨头排行榜显示，杰恩设计在商业设计领域排名第 9

"我可以在不同的地方同时做一件事情，用互联网同时在做一张图，甚至你不用拷文件到另外一个地方，给你一个 ID，上网之后就可以来做工作，甚至你在家里，你在度假。这样我们未来不一定需要很多人上班，但是可以有很多合作者，我们的整个效率将人人提升。"

在前不久的米兰设计周上，姜峰还带着团队为意大利顶级家具品牌 Turri，设计了一个系列家具，开创了"中国设计、意大利制造"的先例。

"每年的米兰设计周都是顶级设计师'朝圣'的目的地。因为过去我们只知道'意大利设计、中国制造'，没听说过'中国设计、意大利制造'，现在我们实现了这样的一个逆转。它的意义在于改变了外界对中国设计的看法。"

随着杰恩设计的国际影响力日渐提升，在刚刚出炉的 INTERIOR DESIGN（美国室内设计杂志）2017 全球设计巨头排行榜中，杰恩设计综合排名第 42 位，成为国内唯一入选的室内设计机构。更值得一提的是，在商业设计领域，杰恩设计排名全球第 9。

2017 年，姜峰作为十二位顶级设计师之一，参与了中央电视台的家装真人秀——《秘密大改造》。节目中，姜峰的任务是让一个没有起居室、没有餐厅的三代之家变得更有活动和私密空间。最终，姜峰成功改造出了一个有单独的起居室和餐厅的房子，也让小朋友有一个双层的睡床。

姜峰说，设计不光是为高大上的开发商或豪华的企业主做项目，也有责任为社会大众服务。此前，姜峰和其他九位知名设计师一起，成立了中国设计界第一个公益慈善基金会——创基金。作为第一届理事长，他一直践行着回馈行业、回馈社会、回馈设计教育的责任。

（陈晓琼）

董事长感言

与时代同步

J&A 从初创到现在成为第一家登陆 A 股市场的室内设计公司，我总结每个突破与转变几乎与这个时代向前的进程同步。

对于 J&A 而言，这十几年的创业之路，我们几乎没有走过弯路，而每一步依旧走得比别人快一点点，其中很重要的原因就是在恰当的时间做了正确的选择。

在 21 世纪初期，全国各地城市建设迅速升温，J&A 选择了在当年社会经济和城市建设高速发展的深圳设立总部，开启室内设计创业之路。

之后，J&A率先开辟了国内的商业设计之路，又陆续开拓了酒店会所、办公空间、公共建筑、医疗养老、轨道交通等多元设计领域，在提升J&A综合设计实力的同时，我们还引入了国际设计力量及前沿创意技术，成立了香港全资子公司JATO和机电顾问公司BPS。

十余年来，J&A坚持做"最好的设计"，秉持"国际高度·中国深度"的发展理念，为客户提供量身定制的一体化专业设计服务。

J&A上市，对我而言，不是终点，而是起点。

扫码观看杰恩设计姜峰专访视频

很不成功的艺术家，
很成功的音响艺术企业家

■ 惠威科技　姚洪波

"国际顶尖企业都有一个共同点，就是在一个很窄的领域做到极致。中国就需要这样的企业，踏踏实实在一个很窄的领域深耕，当有无数个这样的企业的时候，中国才会成为真正的世界经济强国。我们就想做这样一颗螺丝钉，在音响领域做到极致。"

——姚洪波

世界上最美好的两件事，一是和心爱的人结婚之后，时间流逝却仍然爱意不减；二是把爱好变成工作，多年后仍然劲头十足，不忘初心。2017 年 7 月 21 日上市的惠威科技（证券代码：002888）的董事长姚洪波就是一个幸运儿：他从一位音响发烧友成长为世界音响大

全景商学院对姚洪波进行专访

王，将少年时期的爱好变成一生奋斗的事业，并推动了中国发烧友文化的发展。

姚洪波喜爱音乐，设计过获得众多世界大奖的音响，又将一手创办的企业带

上资本市场……面对众多身份，他说"我是一个很不成功的艺术家，但我又是一个在音响艺术方面非常成功的企业家。"

16 岁花一年工资买一台音响

姚洪波是东北人，11 岁的时候跟随支援"三线建设"的父母来到陕西汉中。1978 年，14 岁的姚洪波考上当地的 012 基地航空技校，读了当时非常新颖的电子专业。技校毕业后分配到一家航空军工企业在深圳办的一个工厂，于是姚洪波毕业后来到深圳的工厂工作，主要生产磁带。

繁忙的工作之余，姚洪波也经常到刚刚建市的深圳街头转转。一次偶然的机会，16 岁的他看到了一套日本 TEAC 的音响，试听之后爱不释手。

"我就像被美妙的声音迷住了一样，花了 470 元买下。这可是一笔巨款，因为我当时的工资只有几十块钱，相当于一年的工资了！"姚洪波回忆，"从此以后我爱上了音乐，迷上了音响，此后很多年都不断换更好的音响，就像现在手机发烧友不停换手机一样。"

在深圳工作一段时间后，姚洪波又回到了陕西原单位做收录机修理工。修理收录机既要懂理论，了解电路、电声，又要能实际操作，能排除故障。姚洪波通过修理工的工作积累了许多电声知识和技能。

青年时期的姚洪波

姚洪波想要很好的音质，但买不起很昂贵的组合音响，就想自己组装一个。他看了很多书，自己慢慢琢磨，在组装的过程中，他把音响基本的理论和操作都摸透了。音响的成功组装给了他很大的自信。

后来，姚洪波考上了陕西航空职业技术学院，学习当时非常新潮的计算机自动控制专业，但他的爱好一直没有变。"我那时候喜欢用大音响来放音乐，震耳欲聋，听着很 high，自己觉得很高兴。我喜欢听邓丽君的歌，我觉得这可能就是命运吧，让我一生都从事自己喜欢的事业。"

27 岁创立惠威，为中国发烧友而生

姚洪波大学毕业后又回到深圳工作，做的是仪表相关的工作，但是他的心还是在音响上。玩音响的人都自称"发烧友"，姚洪波也是其中一个。

"发烧友"这个叫法产生于 20 世纪 80 年代的香港，是香港人对早期的"狂热的音乐爱好者"的称呼。为什么叫"发烧"呢？因为最初的音响功放主要是胆机，即电子管功放机。胆机有一个很大的缺点，就是开机时间长了会发热，香港人称为"发烧"。

胆机发烧（其实是电子管发热）时，大部分人都会关掉胆机，等它冷却下来后再继续玩。但有的音响爱好者入迷了，停不下来，胆机发烧也不管，甚至玩到电子管烧掉。久而久之，发烧友就成了"狂热的音乐爱好者"的俗称。

20 世纪 90 年代初，借着改革开放的春风，"发烧友"文化传入大陆，兴起一股音响"发烧热"。或许是看到了商机，或许是理想驱动，1991 年姚洪波辞职创办了惠威，主要是做音响的喇叭扬声器，最初的产品研发设计者就是他自己。

"那时中国很多发烧友很喜欢听音乐，很喜欢进口音响的效果，但是他买不起。我就想，我要做一系列高端的扬声器单元产品，让广大发烧友能够用比较低的价格，听到更好音质的音乐。"姚洪波说。

跟现在不同，20 世纪 90 年代初，中国的电子爱好者们只看有限的几本书、几本杂志和一张报纸，姚洪波在这些报刊上刊登惠威的产品介绍，把箱体的参数、尺寸都告诉读者，采用"邮购"的模式销售，发烧友买完惠威的套件之后，可以回家自己组装。这既让这些"发烧友"学到很多电声方面的知识，又能体会到自己"DIY"的乐趣，更重要的是可以低廉的价格享受到高级音响带来的音质。

通过媒体广告和"发烧友"之间的口碑相传，惠威的产品迅速火了起来。1992 年，惠威的喇叭扬声器第一年大规模投产。

"你知道产品供不应求到什么程度吗？音响喇叭的胶要干了才能发货，门口就排着一队货车天天在那等着。"姚洪波说，"那个年代没有互联网，不像今天人们可以玩手机、玩电脑，玩微信、玩游戏，大家娱乐方式很单一，最大的享受就是听音乐，好的音响是一种高级精神享受。我们的用户群体就是那些有文化但又比较寂寞，并且有一定消费能力的群体。"

欧洲音响展受"刺激"转型做音响

1997 年，杜希电器（惠威科技前身）成立，姚洪波说这是公司规范化的开始，想要以此为百年老店的基业。

由于消费水平的提高和技术的进步，人们觉得完全可以自己买成品音响，没有必要自己组装了，1998 年前后，DIY 市场开始下降。此时，惠威面临一个转折和挑战——要不要从喇叭扬声器转型做音响？

2000 年，姚洪波去德国法兰克福参加欧洲最大的音响展 Hi-EndShow。他问惠威在欧洲的代理商，这个展览中哪一家音响做得最好，代理商将他带到了"柏林之声"（即 Burmester，世界上最受推崇的高品质立体音响系统制造厂家之一）的展位。排了 20 分钟的队之后，姚洪波进入了试音室。柏林之声的音响很漂亮，声音也很好，但价格很贵，要 5 万多马克。

姚洪波与心爱的音响在一起

"我仔细观察了一下，觉得这个喇叭怎么那么面熟，好像是惠威的产品，但

音响上写着'High-end Made in Germany 顶级音响德国制造',我又不敢认,就出来问代理商,他说,'那就是我卖给他们的啊,660 马克一只卖的。'"姚洪波说,"我当时很受刺激,惠威的喇叭装在世界顶级音响上卖好几万马克!我很激动,一刹那间感到无比自豪。后来我就想,喇叭是音响的核心部件,相当于 CPU,我喇叭都能做这么好,被世界顶级音响看中,我为什么不可以自己做音响呢?"

说干就干,当年惠威就推出了第一款家庭影院音响——杜希 5.1,这是一款家庭影院音响,在当时非常超前。随后,电脑开始兴起,惠威又涉足电脑音响。"我们用'发烧'理念打造了世界第一款具有'发烧'音质的电脑音响 M200 多媒体音箱,受到广大'发烧友'的欢迎,这款产品直到现在卖得还非常好。"姚洪波说。

姚洪波决定转型做音响还有一个原因,就是这样他可以更好地控制最终的音乐品质。为了追求更好的音质,姚洪波还远赴加拿大学习电声科技。

"那个年代,电声科技绝大部分的专利、发明都来自美国,但我去不了美国,就去了加拿大办厂,请设计师帮我们开发产品。"姚洪波说,"刚到加拿大的时候,我问公司的工程师,美国和加拿大这个市场怎么进去?他说,很难,这个房间已经挤满了人,你想进去就要跟别人不一样,这样才能有你的位置。"

姚洪波听从了建议,把创新作为公司的根本文化。但创新也不是盲目的,是以追求音质为首要目标。"我不像某些老板,工程师设计的时候要给一个成本预算。我们工程师开发的时候,我对他的设计没有限制,只有一个要求,就是不惜一切代价把产品设计到最好,声音体验设计到最好。"

"声音有两个指标,一个是物理指标,一个是主观评价。不管物理指标再好,最终还是要靠耳朵来听。我们收货的时候会对照国际上最好的同类产品,在同等声压之下高速切换,通过对比马上就能发现哪个音质更好,以保证我们惠威的产品一直保持世界一流的音质。"姚洪波说,"大家可以随便去买来对比听听,跟贵好多倍的进口产品没有多大差别。"

惠威追求极致的设计研发也获得了国际国内的认可,多次获得美国国际消费电子展(CES)创新与工程设计大奖;公司各细分系列产品拥有较高的市场评价，获得了数个细分领域的奖项。目前，公司拥有 75 项外观设计专利，57 项实用新型专利。

让更多音响爱好者用上惠威

目前，惠威的产品线拥有从扬声器单元、音箱到各类电声产品的完整产业链，覆盖多媒体音响、家庭影院、专业音响、汽车音响、公共广播系统和扬声器单元等。

虽然比同等音质的进口产品便宜很多，但由于产能限制，惠威专注于高端市场，价格对于大众消费者来说还是有点偏贵。

"比如惠威 MS2，音质特别好，设计特别高端，好多人听完特别喜欢，但一问价钱，都说，好贵啊买不起。上市后有了资金，我想扩大产能，让产品线向中端市场延伸，价格更亲民，让喜欢惠威但买不起的消费者也能享受高等的音质。"姚洪波说，"举一个例子，好比炒瓜子，你只有一口锅，只能炒一锅瓜子，肯定要做高端才能赚钱；但如果有 20 口大锅一起炒，成本就会降低。"

由于产能限制，产品供不应求，惠威科技的销售特别保守，除了第一大客户京东是战略合作伙伴以外，其他的代理商都是直接带着货款来进货。"以前产能不足，我们丢失了很多好客户、大客户。上市之后资本充裕了，我们就能扩大产能，还可以进军许多其他领域，比如汽车前装、OEM、ODM……这些都是要欠款的。"

为了解决产能问题，惠威科技将 IPO 募投资金中的一半用于生产线自动化与产能扩建项目，投资金额达到 1.09 亿元。随着本募投项目的实施，公司产能将得到有效扩大，公司也有能力为价格较低的产品分出一部分产能，公司

2017 年 7 月 21 日，姚洪波在深交所敲响上市宝钟

产品在进入中低端市场后将会受到广泛关注，受众面扩大将有效提高公司产品的销售；同时也有利于发挥规模效应，提高运营效率，降低运营成本，进一步增强公司的盈利能力和市场竞争力。

面对今年炒得火热的智能音响，姚洪波表示不会盲目跟风。"不管社会怎么变，人们爱音乐的天性不会变，对高品质声音的追求不会变。智能音响从技术上讲是软件和平台，最终还是要靠音箱来播放声音。对于智能音响，我们把接口做好就行了，至于平台和软件，让更擅长的公司来，比如阿里巴巴、京东和科大讯飞。"

"国际顶尖企业都有一个共同点，就是在一个很窄的领域做到极致。丰田不重要，它背后的供应商很重要，它们在各个配件领域做到第一，丰田自然就是最好的。中国就需要这样的企业，踏踏实实在一个很窄的领域深耕，当有无数个这样的企业的时候，中国才会成为真正的世界经济强国。我们就想做这样一颗螺丝钉，在音响领域做到极致。"

（雷雪）

董事长感言

专注电声领域，深耕音响市场

时光荏苒，惠威科技从成立到现在已经走过26个春夏秋冬。从最初的默默耕耘到如今在深交所敲钟上市；从当初在深圳街头第一次听到组合音响的好音质带给我的震撼，到对高品质声音的执着追求，再到现在变成我一生的事业。

当然，任何一个企业家创业不可能都是一帆风顺，惠威也曾经历过一段比较困难的时期，依靠持续的创新和研发投入，惠威逐渐走出低谷并焕发新的生机。

一直以来我都在电声转换这个领域，这里面沉淀了我太多的欢笑与汗水，每一次新产品在国外展出并获得大奖都是对我们创新能力的肯定与鼓励。

　　未来，行业的发展变化可能会是多种多样，但惠威将始终坚持"专注声音品质"的理念，致力于追求完美声音重放，以卓越的品质及尽善尽美的声音，为消费者提供完美影音视听享受。坚持把科技创新与技术进步作为核心手段，发挥品牌优势，抓住电子消费行业快速发展的战略机遇，特别是以互联网音频为主的市场大潮，坚持走自主创新、规模发展的道路，进一步增强公司的核心竞争力，创造更好的效益，回报社会，回报投资者。

扫码观看惠威科技姚洪波专访视频

一个人狂欢尖叫的创投教父

■ 创业黑马　牛文文

"创业，就是一个从苦的状态到更苦的状态的过程，这个是创业的常态。"

——牛文文

如果说哪一个时代对创业的支持力度最大，眼下的中国当之无愧。"万众创新、大众创业"的口号在神州大地响起的时候，创业者似乎得到了全社会的支持和共鸣。

但早在这个时代浪潮之前，就有一个人已经默默在为创业者们提供着温暖，让创业者们的创业路上不再孤独。——这个人就是创业黑马（证券代码：300688）的董事长、创始人牛文文。

如今 9 年过去了，创业已经成为一个时代潮流、网络热词，大大小小的创业公司也悄然改变

牛文文接受全景商学院专访

着我们的生活……然而，谁懂得温暖创业者的创业者背后的荣耀与孤独？

不做"追星族"　做"星探"

牛文文 1966 年出生于陕西省神木县一个普通的农家，1988 年毕业于人民大学经济系，1991 年毕业于中共中央党校获得经济学硕士学位。1992 年，牛文文加入经济日报社做记者、编辑，见证了 20 世纪 90 年代中国经济的腾飞。

1999 年，牛文文加盟经济日报社旗下媒体《中国企业家》杂志，他做总编的那 10 年，是中国经济、民营企业家崛起的黄金时期。所谓"近水楼台先得月"，作为《中国企业家》总编辑，牛文文接触到很多"大腕"，与柳传志谈心、和马云吃饭、跟冯仑讨论未来趋势……他关心的是"一个阶层的生意与生活"（《中国企业家》杂志广告语）。

在体制内相对舒适安逸，但牛文文并没有停止进步：2005 年，获得长江商学院 EMBA 学位；2007 年，带领《中国企业家》杂志跃升成为中国最具影响力的商业杂志。但就在职场春风得意的时候，已经官至副局级的牛文文却选择了离职。

2004 年 12 月，企业领袖年会在北京举行。时任中国企业家杂志总编辑牛文文（右）与时任万科董事长王石（左）在现场。

"从《经济日报》到《中国企业家》杂志，我们报道的都是大企业和大企业家。可我后来感觉，只有那些从小到大、从 0 到 1 的年轻人才能给未来经济增添更多活力。"牛文文说，"所以我 2008 年就想着回到原点再创未来，不要再围着大企业做追星族，要去当当星探，以已经成功的企业家的样子，来提前寻找下一批成功的企业家。所以说，我的职业连贯性一直都是有的。"

2008年，牛文文创办《创业家》杂志从服务大企业家走到了服务小创业者的路上。这一年是经济严冬，牛文文希望《创业家》成为创业者相互取暖的火炉，在创业者和投资人之间搭建沟通、互动的桥梁。

彼时，微博还没有诞生，新媒体还没有概念，但传统媒体已经出现颓势，《创业家》杂志办的并不是那么理想。但杂志中一个"黑马"栏目爆火，这个栏目每期介绍十位小企业家，一人一页，被客户批量购买。

创业家这东西永远是千娟万隐，他们的事永远是披荆斩棘，所以，创业家永远是待批社会的拳头！

柳传志
2008.6.16.

柳传志为《创业家》杂志题写的创刊词

这给了牛文文启发，他围绕"黑马"栏目延伸出"创始人俱乐部"，之后又推出了"黑马成长营"，第一期20名学员接受了王石、史玉柱、何伯权、王文京等商界领袖的亲自授课。黑马商圈从这里开始起步。

然而，报纸、杂志出身的牛文文并没有固守纸媒的阵地，而是果断放弃，转战新媒体。2012年4月，线上创业服务平台——i黑马网正式上线，成为"黑马事业"的重要组成部分，这也标志着牛文文舍弃纸媒彻底向互联网创业者转变。

2012年8月，创始人俱乐部理事河北沽源行

"让创业者不再孤独"

"我经常碰到这样的创业者，一直看上去都很坚强，但会突然在某一刻脆弱起来，他会问'我行吗？你们觉得我行吗？'"牛文文说，"每一个创业者，不管看起来多么光鲜亮丽，当他转

身的时候，要面对太多的不确定，创业者很焦虑，他非常需要你跟他说一声'你行！'"

触动科技的CEO陈昊芝就是其中一位。他先后创办的爱卡汽车网和译言网，一个因为融资问题而被出售，一个则遭遇关停。连续创业失败，让陈昊芝备受打击，甚至有点轻度抑郁。

2010年，陈昊芝一见到牛文文就问，"牛哥，你觉得我行吗？"牛文文拍拍他的肩膀肯定地说，"你当然行！"

2010年，陈昊芝（左）、牛文文（中）与拉卡拉CEO孙陶然（左）一起做客新浪财经直播室

"其实，我也不确定他到底行不行。"回忆起来，牛文文半开玩笑道。但陈昊芝就凭这一个"行"字，勇敢地加入了牛文文创办的"黑马营"。牛文文还给他找来了周鸿祎当导师。周鸿祎告诉他：移动互联必须靠免费抓海量用户，然后捕捉盈利点。

得到真传的陈昊芝成立了触控科技公司，开发游戏"捕鱼达人"，迅速风靡全球。陈昊芝趁胜追击，又开发了手机游戏分发平台。2015年7月9日，触控科技的韩国子公司 Gurum Company 在韩国KONEX上市，正式挂牌交易，成为首家韩国中概股。

风靡全球的游戏"捕鱼达人"界面

在创业服务中，牛文文接触到形形色色的创业者，比如黑马大赛，每年举行大大小小的比赛四五十场，每年有一两万人报名，但最终到决赛的人不多；黑马

成长营每年也只能为两三千人提供辅导。"剩下的那些创业者怎么办？他们的需求也很迫切，我们就设法用社群的方式来将大家分行业、分地域凝聚起来。"

"创业者面临很多困难、问题，不能跟家人说，没办法跟员工说，也不能跟投资人说。但创业者和创业者之间是可以互相倾诉交流的。"为了让更多创业者能够相互取暖，2013年，黑马社群成立，其精神追求就是"成为创业者的精神家园，让创业者不再孤独"。

牛文文说，黑马（创业者）有一个口号，叫"不装不端有点二"，就是讲不要审美要审丑。当创业者面对投资人、公众的时候，可以讲你很好，但真实的创业是苦的，是完全不知道未来是怎样的，所以他一再提醒创业者要真实面对创业的困难。

"当黑马和黑马在一起的时候，大家都在表达自己的困惑和痛苦。你痛苦吗？肯定有人比你还痛苦。我们在一起都是精神上相互鼓励，方法上相互完善。"

"黑马会"由地方分会和行业分会组成，行业分会致力于打通行业内的资源，围绕行业发展相关主题开展活动，为会员提供同行业、跨地区的企业成长服务；地方分会以会员集中地为标准划分，致力于向全国传播创业创新理念，对接商业资源，促进会员间产生合作。截至

黑马会天津分会成立

2016年底，"黑马会"已成立27个地方分会和18个行业分会，成为国内覆盖面积较广、影响力较大的创业者社群。

"我们的企业文化中第一条就是创始人情怀即草根情怀，就是我们一定要爱创业者，一定不能瞧不起创业者。创业是很苦的，有时候大家会觉得这个人好苦啊，但他是有未来、有追求的人。"牛文文说，"我们也会用快乐、阳光的态度来服务我们的创业者，要释放积极正能量的东西，很幸福，也很痛苦，因为我们的

同事也经常加班,甚至常年加班,我为我们的黑马小伙伴感到骄傲。"

创业黑马 IPO 募集资金中,将有 1.2 亿资金用于黑马众创空间项目,这个项目总投资 1.75 亿元,旨在通过物理空间落地完善线下业务体系,进一步拓展业务覆盖的范围,增强对黑马社群和创业社群的本地化服务能力。

一个人的喝彩

牛文文用充满自信的"你能行!"来鼓励创业者,用社群抱团取暖融化创业者的孤独,在充当安慰者、带头人的角色中,大家似乎忘了他也是一个创业者。然而,面对不确定未来的时候,他的孤独又有谁懂?

新东方联合创始人、真格基金创始人徐小平受邀在"2016 创业黑马社群大会"上演讲时,曾讲述过关于牛文文的一个故事。

2011 年 6 月,为创业者搭建投融资平台的"黑马大赛"正式开赛,邀请了徐小平、李彦宏、雷军、薛蛮子等大腕担任嘉宾。

黑马大赛

"我在现场看到,大概来了一两百人,一整天时间,就牛文文一个人,在那个会场上狂欢尖叫,其他人也不叫,整个啦啦队就他一个人,既是队长也是队员,从头到尾在嗨。"徐小平说,"我当时在旁边想,老牛你真牛,但下来心里在暗中流泪啊,做个创业家真不容易。因为你要想把一个事业撑起来,把一个场景撑起来,真的很难很难。"

在那无人喝彩的岁月,牛文文自己为自己喝彩,为自己感动,结果他感动了一个时代,也感动了黑马创业者和导师们。京东商城创始人刘强东、新东方创始人俞敏洪、格基金创始人徐小平、创新工场创始人李开复、著名经济学家张维

迎、斯坦福大学教授谢德荪等业内大腕纷纷受邀成为黑马导师。

目前，黑马大赛已经连续举办7年，每一次举办都是创投圈的盛典。赛事扩展至全国30多座城市，涵盖14个热点行业，大小赛事累计超过100场，累计参赛创业企业超过6000多家，担任大赛评委的企业家和投资人超过1200人次。

黑马大赛明星评委

黑马大赛也不是光说不练的假把式，作为投融资平台，最终进入决赛的100多个人，过半数能在半年内都能拿到钱。黑马大赛也挖掘出包括十月妈咪的创始人赵浦、酒仙网创始人郝鸿峰、触控科技的陈昊芝等在内的一批创业新星。挖掘出这么多创业"明星"的牛文文，也成为创投圈的教父级别人物。

"苦"是创业的常态

在专访过程中，这位创业者的精神导师一共说了16遍"苦"。

"我们公司是一个服务创业者的公司，但自己本身也是一个创业公司，9年来我们走过了一条完整的、从初创到探索再到发展的路子。创业者自身的痛苦，无论是资金痛苦，还是模式痛苦，还是团队痛苦，我们都感同身受。"

"创业者这个人群很独特，创业者就是疯子、傻子，是偏执狂。因为他要挑战不可能、驾驭不确定，这个过程确实苦。"

"创业，就是一个从苦的状态到更苦的状态的过程，这个是创业的常态。"

如今，苦尽甘来，创业黑马已建立完整的服务链，通过线上线下相结合的商业模式，向创业者和创业企业提供包含创业辅导培训、以创业赛事活动为代表的公关服务、会员服务、创业资讯等在内的综合服务。2016年，创业黑马营收达到 1.84 亿元，净利润 3179.62 万元。

2017 年 8 月 10 日，牛文文在深交所敲响上市宝钟

　　"创业家的前面永远是千难万险，创业家永远在披荆斩棘，所以创业家永远能够赢得社会的尊敬。"正如柳传志为《创业家》杂志题写的创刊辞写的那样，历经 9 年的披荆斩棘，遍尝创业之"苦"，2017 年 8 月 10 日创业黑马上市，敲响上市宝钟的那一刻，就让牛文文尽情享受他的荣耀与孤独吧。

（雷雪）

扫码观看创业黑马牛文文专访视频

第九章
诗和远方

　　"我们现在要考虑一样东西的时候，就要想象，五年以后这个世界会是什么样的？我们要为未来做准备。"

在最好的时候转型

"我们现在要做一件事情，不能只看现在，要看到整个趋势，包括科技的进步、人的需求的变化，整个同行业是怎么走的。我们现在要考虑一样东西的时候，就要想象，五年以后这个世界会是什么样的？我们要为未来做准备。"

——潘伟潮

西装笔挺，手腕上戴着公司最新款的ZIVA 智能手环，乐心医疗（证券代码：300562）董事长兼总经理潘伟潮笑言，自己每天都戴着手环，但计步的成绩在朋友圈中不算高的，因为经常换着不同的手环戴，交替试用公司的各款产品。

说这话时，这位自称"天生的创业者"的企业家所带领的公司，已经经历了两次重大转型。从最初的电子秤方案提供商，到为国际大牌生产整机的家用医疗健康电子产品代工厂，再到软硬件结合的智能医疗健康管理服务商，每一步的跨度不可谓不大。

潘伟潮接受采访时手戴公司最新款的手环

而每一次转型，都开始于公司在原有领域业务达到顶峰的时候。这其中，需要怎样的勇气，又伴随着怎样的阵痛与收获呢？

不安分的"码农"

潘伟潮是广东中山人，大学毕业后先后任职于中山健威电子有限公司、中山市读书郎电子有限公司，曾是儿童学习机"读书郎"的研发工程师和产品工程师。

在公司上班时，潘伟潮就是一个爱折腾、不安分的人。1998 年，潘伟潮利用工作之余，帮别人开发一个 MP3，那时候差不多一千块钱的 MP3 能存储约 6 首歌，而国内还没有这种东西。他当时觉得，这个东西没什么用，还不如买一个 MD，又便宜又可以随便换带子，成本也低多了，所以最后决定放弃，不做这个项目。

"后来看看，其实没有动态地去考虑，像摩尔定律那样，未来它是会不断演进的。所以我们现在要做一件事情，不能只看现在，要看到整个趋势，包括科技的进步、人的需求的变化，整个同行业是怎么走的。我们现在要考虑一样东西的时候，就要想象，五年以后这个世界会

乐心早期的工厂外景

是什么样的？我们要为未来做准备。"虽然没有研发成功，但这段经历给了潘伟潮很大的教训，也在他日后的创业路上时时给他提醒。

"当时就不想去上班，天天固定时间打卡，我觉得挺无聊的，不想受太多约束，自己有很多想法想去实现。"2002 年，潘伟潮选择了辞职，和几个同学一起

创业，成立了中山市创源电子有限公司（乐心医疗前身）。

公司成立之初做的第一个项目是圣诞灯饰的控制芯片开发，但没有成功。当时恰逢机械秤转到电子秤的关键时点，潘伟潮了解到原来做机械秤的一些厂商在技术转换过程中的需求，而他在这方面有一些专利和技术。于是，公司决定为电子秤企业配套生产模组和传感器。

确定了方向后，潘伟潮天天到东莞、江门等地找客户，半年后公司才开始有了真正的业务，客户主要是香港和国内一些做电子秤整机产品的工厂。

三年间，创源电子逐渐做成了国内最大的电子秤控制板、传感器供应商，顶峰时每个月的出货量达到70万套。到了2005年，公司销售额突破1亿元大关。

第一次转型差点想被别人收购

尽管销售额突破新高，但就在2005年，乐心做了一个决定，就是要转型，把整个公司的方向转到做整机产品。因为潘伟潮判断，单纯供应配件，这条路长远走不下去。

"当时我们的直接客户已经阻碍我们的发展了，他们追求的是便宜再便宜，所以他们没有创新的动力，也不会追求一个更高附加值的产品。我们看他们做的产品，觉得很丑陋，质量也不好。我们是研发型公司，会有很多创新，但这种创新在他们看来是不值得的，我们觉得，这条路已经走到尽头了。"潘伟潮回忆。

这一次转型非常彻底，2006年开始，配件方面公司就不再接任何新的客户，只是维持老客户和老产品。然而，新产品、新客户的开发并不顺利，当时公司花了几百万开发了一批新产品，由于成本、价格太高，几乎无人问津。因此，2006年，公司的销售额一下子就遭遇了滑坡，降到

潘伟潮称，飞利浦、博朗等公司负责人到乐心工厂参观，他们说这是一个五星级的酒店

6000 万左右。

"当时做得很辛苦，却好像没什么起色。"潘伟潮坦承，最难的时候，团队差点想放弃，甚至想找别人收购，退出算了，"那时候我很痛苦。"

经历了这次挫折后，潘伟潮和团队痛定思痛，找出自身的问题所在，并重新分析了市场情况。"真的是沉睡了几个月，终于下定决心，不管多难，我们都要做下去。"

做整机产品就要跳过原来香港和内地的厂商，直接面对国际客户。公司通过广交会以及阿里巴巴的海外平台等渠道不断寻找客户，加上之前在电子秤领域积累的口碑，业务逐渐打开了局面。次年，公司销售便摆脱了下滑的困境。

随着业务的拓展、技术研发和产品设计能力的增强，公司产品线不断丰富，开发了电子体重秤、电子厨房秤、脂肪测量仪、电子血压计、电子体温计等。2010 年，公司多款产品获得德国 IF 工业设计奖、Red Dot 设计奖等工业设计界的顶级奖项。

由此，乐心成为博朗等全球 20 多个知名品牌的家庭医疗产品代工商，年出口欧美等国家产品达 800 万台。

不贴牌的智能医疗健康硬件

从第一次转型的结果来看，乐心可谓实现了华丽转身。不过，用潘伟潮的话说，"做企业就像打怪，永远不满足，这一步走对了，很快就要想下一步我们要怎么办，下一个目标是什么。"

2010 年起，由于金融危机的冲击，传统 ODM 业务面临压力。很多同行都在拼价格，到广交会现场可以看到，这边竖起个牌子"4 美金一台"，那边就写"3.95 元一台"，还有 3.9 元的……

这种现象令潘伟潮深思："这个业务还有得做吗？你想去提高市场份额，就必须牺牲利润，我们不想这么拼价格。但这个行业发展就是这样子，很多小厂就是这样拼的。所以我们开始思考未来的方向在哪里。"

带着这个疑问，潘伟潮到中欧国际工商学院读了 EMBA，这让他开阔了眼

界，也更加坚定了再次转型
的决心。

潘伟潮决定切入互联网
领域，向当时国内公司还鲜
有认知的智能硬件进军。他
希望以家用医疗健康管理为
发展方向，研发生产基于互
联网的智能家用医疗健康电
子产品。

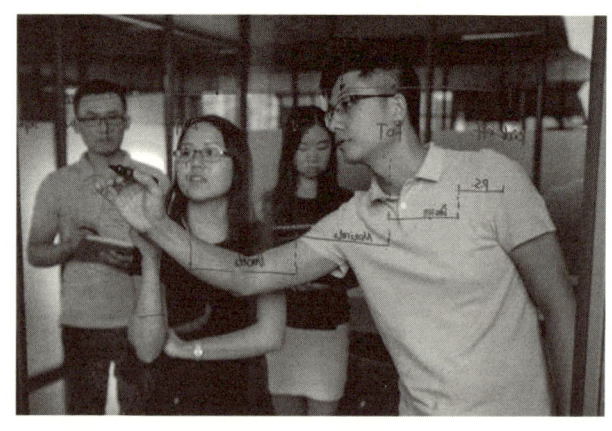

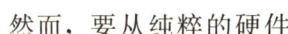
乐心的研发办公室

然而，要从纯粹的硬件
制造商变身软硬件结合的服务提供商，传统技术只是一方面，对消费者体验与需
求的理解同样重要。就像当初从方案提供商转向产品商，新领域总要面临诸多未
知的问题。这次转型，乐心需要克服的困难更多。

乐心首先面临的问题便是相应人才的缺失。此前乐心并没有开发和运营 App
应用的相关经验，而在工业重镇中山，要招到合适的软件开发工程师和产品经理
并不容易。潘伟潮原本寄希望于外包来快速解决问题，但第三方 App 开发公司
无论在开发进度上还是在对产品的理解上，都无法满足需求。

乐心随后成立了自己的移动应用研发部门来进行应用产品的开发工作，并在
广州开设一个新的研发办公室，专门用于开发应用软件和云服务端的数据分析，
这样可以使公司离优秀的开发者更近。

另外，此时营业收入几乎全部来自国外的乐心医疗，将新的客户群体瞄准在
国内。在做贴牌生产业务时，乐心只和下游品牌商打交道就行，甚至没有设置市
场部。而一旦在国内市场推广，销售渠道薄弱、自有品牌知名度不高等问题便暴
露出来。

2011 年开始，全资子公司深圳乐心开始重点开拓国内销售市场。在产品推
出初期，乐心曾尝试进入连锁药店进行销售，但由于没有专门的市场团队维护销
售渠道，销售情况并不理想。潘伟潮随后从快消和电子消费品领域招来有运营经
验的销售人员，专门负责乐心国内的品牌推广与销售。

尽管在外界看来困难重重，但这一次潘伟潮始终没有丝毫动摇，因为他相信"乐心真的不是一个代工的企业"。

"这个事情很难，但有一点是其他同行绝对没有的，就是基因，乐心是一个非常创新、技术型的公司。在创业第一个阶段，国内超过 90％做电子秤的企业是我们培养起来的，我们的技术研发本身是很领先的，同时也是不断创新和变革的，这是一般工厂没有的基因。虽然我们有工厂，也有挺多工人，但我们最核心其实是在研发。"提起技术实力，潘伟潮信心满满。

创新绝对是要跨界

2013 年，乐心追随"可穿戴热"，推出了智能远程血压计、脂肪测量仪、身高测量仪以及智能手环等多款产品，用户在使用产品监测的同时，可自动上传测量数据至乐心智能健康云平台，分析处理后形成图表同步到用户手机等移动终端，用户便可在手机上查看数据和报告。次年，乐心还第一次作为微信的首批接入厂家，打通了智能硬件产品与微信社交关系的入口。

比如乐心推出的远程血压计，家里老人在测量完血压之后，子女就能马上收到微信消息，提示："××量了血压，数据×××，建议×××。"

销售渠道方面，目前乐心已开拓了包括京东、天猫等电商平台，沃尔玛、华润万家等大型商超市，酷动数码等苹果经销店在内的内销渠道。

乐心 i5 智能血压计

随着销售渠道的布局和知名度的提升，公司国内销售迅速增长，从 2013 年的 3230.57 万元增加到 2015 年的 2.12 亿元，占营业总收入的比例也由 8.49％增至 33.73％。2016 年上半年，公司内销收入更是达到 1.68 亿元，占比 46.4％，

几乎与外销平分秋色。

目前，公司的主要产品线包括传统优势产品电子健康秤、脂肪测量仪，还有电子血压计和智能手环等。其中，智能手环于去年一跃成为国内仅次于小米的第二大品牌。今年上半年，其手环销售达到 1.41 亿元，占乐心主营业务收入的近四成。智能秤和智能血压计也处于领先地位。

对于互联网公司切入医疗领域的动作，潘伟潮并不担心。他觉得，医疗类产品不是谁想做就做的，因为一个医疗产品从研发设计到生产有很严格的管控，FDA 的认证，单是生产认证都要半年到九个月。对于制造工厂的认证，也不是说互联网公司开设一个厂，或者找一家小工厂就能够做出合规的医疗产品的，这个和健康数据有关，有很高的门槛。

相反，他担心的是"已经卖开的传统的血压计，他们已经做了十多年了，甚至更长时间，他们已经占据了这个地位。我们需要怎么样用新的模式、新的产品去颠覆，就像当初智能手机怎样把功能手机颠覆一样。"

在潘伟潮心目中，乐心医疗已经是一家不折不扣的互联网公司，"原来无论给多高的薪水，都招不到合适的人，现在我们互联网产品、研发方面的人才，很多是腾讯、阿里很高级别的员工过来的。"

另一方面，他也清楚，乐心离目标还很遥远，"我们给自己定的要转型到互联网，不是说开发个 APP 就叫互联网，现在离我最远大的目标还有距离。经过这几年，发现这个难度很大，终于感受到不是那么容易跨越的。"

2016 年 11 月 16 日，乐心医疗在深交所创业板上市。细数公司的数次转型，其实和潘伟潮对创新的理解有莫大关系。他称："创新并不是简单地把一个东西抛光，当抛光到一定程度，改变的只有一点点，这一点点对用户来说有用吗？有必要吗？创新其实有很多可以做的事情，就是跨界，绝对是跨界。"

（陈丹蓉）

董事长感言

上市是再次创业

乐心上市已经九个月了，在上市之际，我曾经说过，乐心上市是再次创业的开始，这是一句心里话。事实上，这九个月乐心也在这样要求自己，不安于现在的固有成绩，积极主动地投资未来。

记得 2006 年，乐心有着不错的收入和利润，而我在当时认准行业已有潜在风险，企业必须转型投资新的领域才会有发展，于是坚定地推进了公司的首次转型，那次转型虽然导致了利润的大幅下跌，但是事后正如预期，公司迎来了更大的快速成长，而原有行业却不久后就进入了衰退期，复盘下来，幸亏我们坚定地对未来进行投入才避免了危机，拥有了未来。

后来的乐心又有过两次类似的转型。今天，在拥有了资本的平台后，我们仍然清醒地认识到，虽然如果不投资未来，不启动包括新技术研发与渠道建设在内的转型，我们短期会有很不错的利润和财务成绩单，但是正如同 2006 年首次转型，我们看到了只有坚定地拥抱变化，投资未来，才有更灿烂的明天。

任何一个伟大的企业都要经历九死一生的不断磨砺，乐心有志做一家伟大的企业。

扫码观看乐心医疗潘伟潮专访视频

互联网＋、O2O，
他们二十年前就在构思

■ 尚品宅配　李连柱

　　"光想着挣钱，光想着通过降低成本挣钱，这条路不能算是健康的发展之路。很多时候就必须要多付出一些成本，让顾客获得一些好的服务，换句话说，凭什么利润那么高？你为什么不能够在你的利润里面多拿出一部分出来，让顾客的体验感好一点点呢？我觉得是这样。"

——李连柱

　　中国家具界的格局，历来有"北香河、南顺德、东蠡口、西成都"的说法。其中，以顺德为中心，广东本就有家具生产制造的传统。改革开放后，佛山、中山、东莞、深圳的家具业均兴旺一时。

　　在强手如云的广东家具界，尚品宅配（证券代码：300616）也称得上赫赫有名，位列"十大定制家

尚品宅配董事长李连柱接受全景商学院专访

具品牌"。但与广东家具企业多为业内人士起家不同，尚品宅配的董事长李连柱，却是一名不折不扣的"门外汉"。

而这名"门外汉"，如今带领公司上市，成为家具行业数一数二的领军人物。他的创业经验，又有什么值得学习的地方呢？

走出五山的"铁三角"

家具行业白手起家的故事里，有将近三成的老板回忆起当年，会略带感慨地说："我以前是木匠出身……"广东开埠早，改革开放后又与香港近水楼台，很多家具企业的老板都是业内出身，头脑灵活胆子大，把家传的手艺跟开放的东风一结合，就成了事。

李连柱的出身放在这里显得比较特殊，下海之前，他是老师，而且是华南理工大学机械专业的老师。初次创业，他也没想过要跟木头打交道，而是在广州科技街上，开了一家软件公司。

广州天河五山科技街，1989年建成开业，题字的是时任广东省省长的叶选平，当年与中关村、深圳赛博并称中国科技创新的摇篮。这条街位于华南师范大学后门，地铁三号线华师站出口便是。"五山"的叫法，源于该地区为五个山头环绕，分别是嵩山、茶山、黑山、象岗山、凤凰山，故名五山。其中，凤凰山就在华南理工大学。

李连柱1990年在华南理工大学机械制造专业研究生毕业，留校任教。那时候的大学还是象牙塔，工作清闲，一周只要给学生上几节课，大把的空闲时间。李连柱在学校里待不住，就到科技街上转悠，接触市面上最新的计算机软硬件。别人知道他

创业时的李连柱与周淑毅

是华工的老师，有时候也会向他请教一些问题。久而久之，李连柱发现外面的世界日新月异，处处充斥着蓬勃发展的气息。1994年，他决定离开高校，下海创业。

与李连柱一起创业的，是他研究生的同学，又是一同留校的同事周淑毅。周淑毅和李连柱兴趣相投，同样愿意往学校外面跑，接触社会上的新鲜事物。当时学校的教材和大纲，已经跟不上现实发展的速度，反倒是李连柱和周淑毅这样视野开阔的人，讲的内容更贴合实际，也更新鲜，在学生中广受好评。

李连柱当时带的学生里，有一名叫彭劲雄的学生引起了他的注意。20世纪90年代的机械系以手工绘图为主流，彭劲雄却已经掌握了计算机绘图的技能，毕业设计时，更是实现了软件模拟，被视为"软件天才"。彭劲雄据说从来不参加升学考试，一路保送进的华工，大一就参加广东省的绘图竞赛拿奖。李连柱和周淑毅成立公司后，第一个想到了彭劲雄，而彭劲雄也感到学校里教授的内容"吃不饱"，平时经常利用空闲时间接触校外的科技公司。于是师生一拍即合，日后尚品宅配的"铁三角"就这样形成了。

20世纪90年代的科技创新大潮，实际上奠定了我们今天看到的互联网行业格局。无数优秀的人才从那时起投身科技行业，经常有人说的一句话是："今天中国互联网行业的发展依然没有超出20世纪90年代那批创业者的构思。"

阿里巴巴、腾讯、百度、联想、金山、网易、新浪……这些今天响当当的名号，实际上都兴起于20世纪90年代，那时有一批又一批怀揣着梦想，投身计算机、科技、互联网行业的年轻人。

很难讲，李连柱、周淑毅和彭劲雄三人，如果按照起家时软件公司——互联网公司这样的路径发展下去，今天会是怎样的局面。但命运就是这样神奇，抱着对科技的满腔热情创业的三人，却发现了一条截然不同的道路。

用机械软件做装修是怎样的体验

20世纪90年代的天河科技街上有几百家公司，绝大多数都带有"科技"二字，但实际上不是卖软件，就是卖硬件，要不就是卖设备的。李连柱和周淑毅成立的圆方软件，做的是当时为数不多的自主研发的 CAD 软件。

李连柱的本意，是研制一款国产的 CAD 软件提供给机械工程师和各大院校使用。他们觉得，第一自身懂技术，开发出来的软件功能未必就比进口的差；第二，他们都是机械系出身，比计算机系写代码的更了解实际操作和工程师的使用习惯，一定会更受欢迎；第三，两人是华工出身，同学、校友、师生的关系网可以说遍布全国的机械行业，开展起业务也方便。

理想很丰满，但现实却很骨感。当时国内的机械制造工业水准并不高，民营经济占比也很低。民营厂的老板往往追求短平快，花好几万买一套软件，还要专门培训人使用，不如几千块找人出个图，立刻就可以投入生产完成订单。国企的决策周期长，一套软件要过采购关，要厂长签字，再到财务批钱，有的时候还要过会，再遇到拖沓的情况，回款时间完全拿不准。再加上进口软件的冲击，以及盗版的影响，市场并没有想象中的大。

尽管这样，圆方软件当年的生意也不能算不好。今天搜索圆方软件的报道，在 2000 年前后就已经成为当时中国软件行业的翘楚，入选各种榜单都是家常便饭。除了卖软件，圆方软件也从事一些副业。公司有一台 4 万多元买来的绘图仪，用来给购买绘图软件的客户出图，看效果。当时这种专业的绘图仪很少，圆方软件就顺便承接一些为客户出图的业务。

没想到的是，出图业务开展起来后，来的人络绎不绝，而且绝大多数不是机械行业的，而是装修公司的。很多装修公司画好图之后没有能力打印，就拿到圆方软件来出图。

令李连柱印象深刻的一个客户，每次都从东莞过来，客户腿脚不太好，每次拄着拐杖上三楼，李连柱就跑到楼下接他。在和客户的聊天中，李连柱发现，装修公司在这方面有很大需求。当时装修公司几乎没有使用专用的绘图软件的，图都是用通用软件画出来，很多功能缺失，只好凑合一下了事。

但从市场环境来看，装修公司在当时可是大大的有钱：民营比例高，体制机制灵活，回款迅速，是极为优质的客户。更重要的是，比起机械制图，室内装修设计的制图难度要下降好几个层级。用今天的话说，做机械制图的再去做室内设计，完全是"降维攻击"。

于是，李连柱三人就合伙开发了"圆方室内设计系统"这款软件，这直到今天都是室内设计装修的"标配"之一。也是从这款软件开始，李连柱开启了从"技术"到"服务"的思维转变。

跟机械设计软件相比，室内装修设计的难度更低，但对服务的要求更高。客户不再是工程师，可以自己操作一切功能，所以需要更多的成熟模板。为了增强服务，圆方室内设计软件里增添了三维图库，设计师在设计的时候，可以直接调取家具、沙发的成品模型，在设计过程中免费使用，而不需要单独为每一个沙发、家具建模。

这套软件的应用也打开了李连柱的互联网思维。在模型库的基础上，圆方软件添加了更多的产品信息。例如设计师调取瓷砖的模型，数据库里会提供瓷砖的品牌、规格、型号、价格等，并最终形成清单。设计师不再凭空设计，而是有了市面上的现成产品作为参考，设计图可以直接附加采购清单。而另一方面，厂商也乐于扩大自己的影响力和销路，如联邦家具等很快都成了圆方软件的广告客户。

用户都是凡人

每一代的技术创业者，都有一个"通病"——见不得自己的产品不被理解。在李连柱等人的眼里，圆方设计软件对装修行业有着极大的促进，如果放在今天，绝对是颠覆性的。但对于客户来说，这只是一款能够画出设计图的软件，甚至有些客户还觉得这软件不怎么好用。

就这样，每一次软件的销售和与客户的沟通中，李连柱发现自己都要"教育市场"。他跟客户说，你可以把效果设计出来，让顾客看着图来选家具。有的客户觉得，这么麻烦，顾客订单都没有我干嘛要设计；有的则觉得，好啊，给你加几万块，你把整套体系帮我建起来好了……

总之，当时的家具市场上要么是给顾客看实物，要么是等着顾客下单之后再设计。"卖设计"的概念还未出现。

市场不理解、不接受难不倒李连柱，"我行我上了"。2004年，尚品有限成立，并率先推出前期免费服务，即免费上门量尺、通过设计软件为消费者提供免费的设计方案，再利用软件平台向消费者销售个性化定制家具。

当时的市场行情是，顾客要做一个橱柜，找到商家，画一个线框图，要收500块。图画出来顾客觉得好，下单买了，这500块可以折在货款里，要是觉得不好，那就是设计费。但李连柱的尚品宅配不是这样，对于三个机械系出身的高材生来说，用绘图软件做这样一个图太简单了，半个小时，出来的不是线框图，而是效果图，顺便连施工图都有了。

不过另一方面，李连柱三人发现自己的产品还是有问题。过去他们销售软件给家具厂，经常会听到客户抱怨，软件不好用，或者太贵了之类的声音，他们都不置可否，对于软件的完善主要集中在功能和流畅性上。等到他们自己拿起软件，开始进行家具设计的时候，才发现，原来自己的软件真的"不好用"。

这个"不好用"并不是圆方室内设计软件的质量差，而是理念上的差异。

客户体验圆方软件

软件功能很强大，但他们无形中，把使用者当成了和他们一样熟练的、有工程机械制图基础的工程师。而事实上，家具行业的设计师很少具有机械制图的知识和经验。他们设计的软件的各种功能和使用习惯，都是给工程师用的，当他们从设计师的角度来使用时，发现与用户习惯的差异真的很大。

这件事不仅教育了李连柱，也对周淑毅和彭劲雄触动很大。尤其是彭劲雄，作为软件天才，这一刻才体会到"用户都是凡人"这个道理。

30万片不一样的板材

尚品宅配从一开始，就强调从客户的角度思考。从2004年到2007年，尚品宅配主打差异化营销，在服务层面推出免费设计、免费量尺以及免费出图纸和数码定制等免费服务。在产品层面，开始慢慢从单一产品定制向全屋定制演变，并过渡到开始提供便捷的一站式产品方案。从设计的层面，尚品宅配让"定制"这个词首度实现了真正意义上的按需定制，打破了当时市面上已有的定制橱柜和衣柜只能提供模块化定制服务的固有模式。

全屋家具定制在当时的市场上不是没有人想过，但是很少有人真的实践。因为涉及各式各样的不同的空间，等于要为每一个空间制定解决方案。尚品宅配手握自行开发的设计软件，才有了打破常规的底气。

技术出身的李连柱在当时就敏锐地意识到了数据的重要性。他亲自带队在广州、上海等大城市，收集数千个楼盘、数万种房型的数据建立"房型库"，并且根据不同空间、不同价位、不同年龄和性别，设计出若干个解决方案和配套产品要件。消费者的个性化需求可以通过数据快速匹配，可以像试穿衣服一样，把店里所有的家具款式、风格尽情"试穿"，直到找到自己喜欢的为止。

尚品宅配的销售和服务模式在全国的家具界掀起一股风潮，很快供不应求。随着销售规模的不断扩大，2006年，尚品宅配开始兴建自己的第一家工厂。一开始李连柱外聘厂长等管理人员，发现外聘人员的批量化生产经验完全没法应用在尚品宅配的定制化生产管理上。最后，还是公司内部人员出马进行管理。

一个软件公司，建家具工厂，在当时还是很稀罕的。有同行和客户到工厂来参观，看了几台设备和简陋的厂房，又看了尚品宅配的管理系统和生产流程。看完，有参观者对李连柱说："你们的厂房是五流的，但你们的系统是一流的。"

早期的维尚工厂

现在尚品宅配的工厂里每天生产大约30万片板材，几十种、上百种花色，颜色不同，大小、形状都不同，甚至两块板看起来是一样大小的，但是里面的孔位不同，在家具里的位置也完全不一样。30万片板再打成几百上千个包装，发送给几千个不同的顾客。

人们传统的认知中，做成品家具，大规模生产一模一样的产品，成本肯定要更低。但李连柱不这样认为。一条成品家具的生产线，涉及销售、库存方方面面的问题。当面对市场变化的时候，整条生产线停下来重新调整，需要花费巨大的成本。而尚品的定制化生产管理系统，从一开始就为个性化生产设计。对尚品宅配来说，生产 100 个不同的柜子与生产 100 个一模一样的柜子成本没有什么区别，甚至更低。

在尚品宅配，前端服务形成订单后，后端的内部流程管理系统把设计图纸发送到总部处理中心，定制家具的需求被拆分成各种规格的零部件，自动生成制造指令，由工厂进行数码化生产。基于网络，尚品宅配将分散的个性化需求汇聚成大订单，通过圆方家具设计系统、网上订单管理系统、条形码应用系统、混合排产及生产过程系统，最终形成大规模定制化生产能力。

O2O＋C2B

早在 1998 年，李连柱、周淑毅、彭劲雄几个人就已经接触了互联网。在那个"跨越长城与世界拥抱"的年代，他们三人已经开始设想，未来如何在互联网上做设计、做销售。从为家具行业提供设计开始，他们就会经常聊到，在网上给顾客做方案、在线方案、效果图设计、效果搭配、瓷砖等产品的销售与购买，几乎是今天尚品宅配的构想雏形，已经在那个时候诞生。

所以"互联网＋"的风口兴起的时候，尚品宅配完全是准备已久了。在李连柱的意识里，线下和线上本来就是闭合的，协同的。线上引来流量，把众多的个性化需求聚沙成塔，集腋成裘。而线下的 600 多家门店分布全国各地做服务。

2007 年，李连柱便看到了线上销售的契机，并决定把先前成立

来自尚品宅配官网的室内设计展示

的"72家网站"变成尚品宅配的官方网上商城"新居网"。通过新居网，消费者可在线上实时咨询、免费预约量尺、与设计师互动并享受免费产品方案设计，再根据地区由旗舰店、标准直营店、加盟店提供线下的上门量尺、方案设计、成品的配送和上门安装等服务。

从此，在尚品宅配购买产品的服务场景大致是：消费者登录尚品宅配的官方直销网站新居网或尚品宅配在第三方平台的旗舰店了解尚品宅配，在线上免费预约设计师上门量尺。然后由线下设计师上门量尺，根据消费者的需求设计出方案，双方再通过尚品宅配线下的门店面对面讨论需要修改的地方，最终确定方案、签合同。然后将家具图纸传递至工厂，再由尚品宅配配送安装。

高管全家福

这整套商业模式，如今被总结为"O2O＋C2B"，被认为是尚品宅配成功的"秘籍"。中国家具市场每年销售额逾万亿元，但年销售额超过10亿的大企业屈指可数。2016年，尚品宅配的营业收入超过40亿，净利润2.56亿元。李连柱和尚品宅配，已经将目标放到了百亿营收上。

卧则同榻的老交情

从1994年到2017年，李连柱、周淑毅的合作已经23年，如果从二人同学算起，这份交情已经将近30年。他们二人以及与彭劲雄这位"学生"组成的"铁三角"，一直是业内人津津乐道的传奇。

三个人"铁"到什么程度？创业初期，公司赚来的钱，李连柱除了拿点家用，剩下的不是交给太太，而是交给周淑毅，让他放在公司的账上。周淑毅负责公司的管理多一些，两个人从来没有在账目上有过疑问。直到今天，两个人都是身家不菲的企业家，出差依然是住同一个标准间。李连柱开玩笑说："有老周在身边，我睡觉也能安心一点。"

彭劲雄依然是当年那个才华横溢的"软件天才"，李连柱和周淑毅也放心地让他专注于技术，公司的行政事务、销售业务这些完全不需要他操心。

周淑毅在公司年会上

周淑毅则有另外一个特点，低调到已经很少有人记得，他当年也是华南理工大学计算机图形学的高材生。每次公司发展遇到转折，都是周淑毅来想办法。搞互联网、搞家具项目、搞工厂的生产系统，为了不动彭劲雄的主要技术团队，周淑毅就带着"预备队"随时补位。

达晨创投通过旗下的达晨财信和天津达晨向尚品宅配注资时，负责投资该项目的达晨创投上海分公司总经理傅忠红就对媒体表示过，"铁三角"是达晨创投看中尚品宅配的重要因素。

李连柱三人和尚品宅配成功 IPO 的故事，也许给后来创业者最重要的经验，就在这里面了。

（孙非）

扫码观看尚品宅配李连柱专访视频

中流击水，成就"首长点赞"工程 ■ 维业股份 张汉清

"你看得到的，是我做完一个项目，'哇，好漂亮好厉害！'；看不到的，是我背后的汗水、委屈和不眠之夜。"

——张汉清

张汉清，维业股份（证券代码：300621）董事长，来自"装饰之乡"汕尾陆河，从木工水电做起，做成全国知名的建筑装饰公司董事长。无论是国家领导人，还是建筑装饰工人，都给过他"好评"。他曾说："我这一辈子都在做服务工作。"

就让我们来听他讲一讲，在人民大会堂、故宫、颐和园里搞装修，是一种怎样的体验。

维业股份董事长、总经理张汉清接受全景商学院专访

影响深远的小目标

1994 年创立维业股份时，国内建筑装饰行业的民企很少，拥有一级资质的企业也很少，基本都是国企。在深圳，由于经济蓬勃发展，订单很多，民企并不把一级资质当做必需品。但张汉清知道，如果日后要进入一些大型项目，一级资质是必须要过的门槛。

于是张汉清的"小目标"和当时的同行们都不同，同行们忙于接订单排工期，他憋足了劲要冲刺一级资质。到 1997 年，经过三年的努力和项目经验的积累，维业股份拿到了当时民企中还比较稀少的建筑装饰行业一级资质。

"那时候一个民营企业拿到一级资质，说实话，比今天 IPO 上市还轰动。"张汉清没有说大话，今天沪深两市有上市公司 3000 多家，新三板更是有一万多家挂牌企业。但在 20 世纪 90 年代，全国有一级资质的建筑装饰公司也就百家左右。

张汉清的决定在今天看来，绝对称得上"目光长远"，甚至奠定了维业股份今后的道路。

张汉清在施工现场

布局祖国的"心脏"

拿到一级资质，维业股份的平台也随之打开。深圳当时的建筑装饰行业如火如荼，一方面本土很多民营企业兴起，另一方面香港的公司跨过深圳河，承接各种大工程。对于很多大型项目，如深圳香格里拉酒店等，甲方更青睐香港的建筑装饰公司。张汉清决定，不在这片"红海"里挣扎，维业股份北上北京，去布局祖国的心脏。

1997年，维业股份拿到了在北京的第一个项目：深圳大厦。深圳大厦的成功施工，奠定了维业股份在北京的基础。当时深圳特区名声在外，很多北京的职能部门、企业到深圳大厦来办事的时候，都对深圳大厦印象深刻。张汉清不管是和人谈合作，还是招投标，都不忘记借机宣传自己："我们公司是维业装饰，这个大厦的装修就是我们做的。"借此在北京打响了一定的品牌。

但是维业股份并没有因此止步，他们希望能有一个更具备品牌效应和社会影响力的工程。为此，他们瞄准了一个"大工程"——人民大会堂，并开始热火朝天地投入到竞标筹备中去，本来信心不足的维业股份却意外地中标了人民大会堂国家接待厅。

公司最新参与装修的人民大会堂新闻发布厅

说是大项目，其实项目的造价金额并不高，但只要是中国人，就明白人民大会堂的意义。国家接待厅功能显赫，是党和国家领导人接见外国政要和各国大使递交国书的重要场所，被誉为共和国"第一客厅"。

国家接待厅的工程持续了两三个月，装修改造后的国家接待厅，既保持了历史风格，又展示了祖国的丰功伟绩，实现了民族传统文化和时代精神的有机结合。竣工仪式上，印有维业名字的横幅挂在国家接待厅上，张汉清带着他的公司也在首都北京彻底站稳了脚跟。

"交给民企没有错"

让维业股份真正打响品牌，享誉国内的，则要属人民大会堂的金色大厅改造项目和常委厅项目。金色大厅是党和国家领导人举行我国最高规格新闻发布会的大厅。这个项目主持设计的是清华大学建筑学院，光是对设计的理解，就是对施工单位极大的考验。除此之外，进出人民大会堂的施工人员的安全培训规格极高，要求施工单位对施工人员非常了解并且有很强的管理能力。

张汉清带着团队对进场的所有工作人员"过筛子"，包括背景调查、保密意识教育、安全意识培训，同时在培训的基础上，加大现场巡查的力度，对每一个环节都进行严控。

在人民大会堂施工，管理好自己是第一步，而更难的，是怎样流畅地和各方交流。这其中要打交道的，除了大会堂的管理方，还有安保单位、监理单位、机电等其他部分的施工单位、消防部门、美术部门。

"现场画国画的都是有名的国画大师，你的装饰效果怎么和他的作品配合，都要和他一再地沟通、协调。"张汉清说，在这样重要的项目中，维业能做的，就是"主动一点"。

张汉清确实做得很主动。施工时，维业从来不等别的单位来找自己协调，只要涉及其他部门，一定会主动找上门去询问意见，并积极配合。

在现场，除了维业股份，基本上其他单位和部门都是机关单位或者国有企业，决策周期长。而维业股份就没

2011年，全国人大常委会会议厅改扩建工程签约仪式，第一排右四为张汉清

有这样的问题，周末国营的施工单位和学校的设计人员休息，维业的人继续现场施工。有领导午休时到现场视察，总能看到维业的人在轮班施工。遇到问题，只要不违反设计精神和规定，维业绝不拖延，工程进度突飞猛进。后来金色大厅竣工时，前来视察的领导感慨："中国装饰看广东，广东装饰看深圳，这句话有道理啊！"

之后的常委厅施工的时候考验更加艰巨。常委厅的改造既要考虑到开会、采

访、接待，也要考虑人大常委会和委员长的日常办公需要，有些部分还涉及几十年的旧构造的变更。

高峰期维业股份有680多名工作人员在现场施工，进出的安检都是重中之重。要想提高效率，维业就要在内控上下功夫。张汉清说那时候自己简直睡不着，每天都在操心安保问题。

常委厅竣工后，张汉清获得了国家领导人的接见。首长说："刚开始这个项目要不要交给民营企业，我们是犹豫过的。后来他们说你的企业在这里做了几个厅，效果挺不错的，也很有责任感，就选择了你。现在来看，这个工程交给民营企业是没有错的。"

压力最大的项目

故宫慈宁宫修缮工程也是张汉清和维业股份的手笔，今天他回忆起来，第一句话却是："一开始接这个项目我很后悔。"

如果说人民大会堂的一砖一瓦，都是国家的精神象征，那么故宫里的一草一木，都是中华民族的文化瑰宝。在这样的环境中搞装修，对于张汉清来说，压力真的很大。

慈宁宫决定修缮时，已经很多年没有开放过了。装饰的要求是基本恢复从前的面貌。所有的材料，甚至一块石头都要定做。对每一个用品的颜色、样貌、规格，图纸上都有严格的要求。对于品质控制来说，要比做人民大会堂项目更加艰难。

施工的安保要求就更严格了，故宫里原有的每一棵树，每一块砖都有专门的编号和标记，这些无价之宝容不得任何一丁点的损坏，更别提遗失。施工时，灯光、装饰都需要相应的技术。

当时负责项目的故宫博物院的领导本人就是一位学者，以严谨著称，经常想到要点立刻就给张汉清打电话。有一次张汉清吃饭时把电话落在办公室，没有接到，三分钟后，接到了政府部门打给现场负责人找他的电话，老院长在电话那头吼道："你再不接电话我就找你们市长！"

这个项目堪称张汉清在企业壮大以后，接手的压力最大的项目。但当项目竣

维业股份部分代表项目（依次为人民大会堂国家接待厅、人民大会堂金色大厅、故宫博物院慈宁宫、北京颐和安缦酒店）

工，故宫博物院慈宁宫开张的时候，站在现场的张汉清，心中曾经的压力消失得无影无踪，只留下自豪感与荣耀感。

做过这些项目之后，维业股份的名声在业内也是响当当的了。颐和安缦酒店的负责人在人民大会堂金色大厅开过会之后，对金色大厅的装潢非常赞赏，打听是哪个企业施工的，很快就找到了维业股份。公司的业务也随之越做越大。

"我是做服务的"

张汉清一直强调自己是"做服务的"。"我们的行业是个服务行业，要负责方方面面。上有业主，下有工人，旁边有监理，还有配合单位，处处都要照顾好，协调好。"

曾经有一个项目，甲方突然通知张汉清，董事长两天后要来视察，现场需要增加人手，从两百人增加到四百人。两天时间，不仅是把人聚齐这么简单，还要组织物料进场，人员分组，分配工作，临时增加的成本的核算。这一切，都源于甲方的一句话，而维业股份就要全力满足。

张汉清常说："你看得到的，是我做完一个项目，'哇，好漂亮好厉害！'看不到的，是我背后的汗水、委屈和不眠之夜。"

维业股份在施工时，经常与全球有名的设计师合作，对方的设计往往比较抽象，用装饰材料实现已经很有难度，更别提要转化成建筑装饰工人可以理解的施工图。

证券代码 300621 证券名称 维业股份 最近价 10.32 涨跌 +1.72

张汉清在深交所敲响上市宝钟

而张汉清认为，做建筑装饰，门槛不像电子科技和互联网信息那样高，无非是把图纸变成实物，最重要的是责任心。企业发展，要循序渐进，稳中求进，通过机械化、标准化，减少人员技术成本，做得扎实了，就再上一个新台阶。

2017年3月16日，维业股份在深交所创业板成功上市。

提及公司登陆资本市场的感受，张汉清说："上市之后，最重要是管理风险。说实话，我们行业相对集中度低，市场很大但是很散，要通过上市进行公司规范治理和提高风险防控意识，把公司做得扎实，让企业抗风险能力增强，持续健康发展，在资本市场上的知名度就会越来越高，对企业的未来扩张也就更为有利。"

（孙非）

董事长感言

坚守与创新

2017年3月16日，公司成为创业板首家装饰企业，这对我们来说不是奋斗的终点站，而是公司新里程的开端。面对更广阔的未来，我们有所坚守，有所创新。

　　坚守，坚守我们一直以来所崇尚的"唯诚、维信、优质、高效"的企业文化，坚守公司艰苦奋斗、精益求精的工匠精神，坚守诚信维业、品质维业，为社会创造更多经典工程，为大众创造科学舒适的空间环境。

　　创新，上市公司是一个新的平台，公司的品牌和资本实力有所增强，我们可以做的也更多，空间更大，通过产业链一体化建设、产融结合以及资源整合，不断提升公司核心竞争力，打造公司增长新引擎，为实现全体股东价值以及公司的长期市值最大化而不懈奋斗。

资质和实力永远是最好的招牌

■ 达安股份　吴君晔

"我这个人就喜欢自己掌握自己的命运，因为每一次改革，我们都是被动的。被改来改去，还不如自己来做。"

——吴君晔

说到工程监理，很多人可能会想到自家装修时候跟着装修队到处检查的监理。但是在 PPP 发展大潮席卷中国大地的时代，这个以前听起来跟包工头一样满面尘土、有很多潜规则的行业也已经迎来了新的纪元。而这当中，2017年3月31日在创业板敲钟上市的广东达安项目管理股份有限公司（证券代码：300635）便是 A 股中跨行业工程

达安股份董事长吴君晔接受全景商学院采访

监理的第一家，公司的董事长吴君晔也从一个资深的通信老行家，一跃成为手握多个工程领域甲级资质的多面手。

创立于 1998 年的达安在最开始就是脱胎于通信工程的民营企业，在 19 年的

创业生涯里，吴君晔和他的好拍档李涛（现任达安股份总经理）带着这家公司从一家"刚好凑两桌吃饭"的 100 万收入小公司，带成现在员工人数超 2600、年营收超 4 亿，净利润达 5500 万的新上市公司。

根据行业报告显示，2015 年我国建设工程监理行业市场规模达 2474.94 亿元，十年间增长超过 9 倍，年均复合增长率达 24.36％。有趣的是，这个市场蛋糕虽然越做越大，但是行业集中度始终非常低，排名前五的企业收入规模仅占整个市场的 1％。就在这么一个没有领导者的行业里，吴君晔凭借自己对通信行业多年的从业和深耕，在通信行业工程监理这个细分市场里面成功突出重围，如今不仅赢得了细分市场领军者和广东地区长期排行第一的地位，更是将触角伸向房屋建筑工程监理、市政公用工程监理、机电工程监理等多个领域，成功实现跨界蜕变。

甲方到乙方，通信行业变革中的创业意念

1998 年的时候，国家刚刚推出了注册监理工程师考试，当时在中山邮电局担任基建科科长的吴君晔抱着跟国际项目接轨的希望参加了这个考试，结果一举就通过了这个业内最难的考试，成为当时单位里唯一的注册监理工程师。之后的吴君晔便迎来了自己主持的第一个，也是跟进时间最长的一个项目，中山邮电局通讯大楼建设项目。而在这个过程里，吴君晔也结识了后来的创业伙伴、当时项目监理的负责人李涛。

李涛的出现让当时有点茫然的吴君晔找到了知音，在当时通信行业飞速发展的大背景下，邮电局这个平台已经无法满足行业的新需求，而中国移动的诞生让他们找到了自己发展的机会。

"我这个人喜欢自己掌握自己的命运，因为每一次改革，我们都是被动的。被改来改去，还不如自己来做。当时有这个机会，所以自己就出来做这个事。"回忆起当年出来单干创业的这个决定，吴君晔表示自己只用了 15 分钟就完成，尽显霸道总裁范儿。

虽然拥有行业首屈一指的资格认证和深厚的行业积累，但是出来创业终归不是容易的事，即使在出来的时候，面对的是一片蓝海。谈起当时面临的最大困

难，除了小企业一贯面临的融资难、融资贵，最让吴君晔感到吃力的问题是人才和市场壁垒。做工程项目的地域性壁垒在那个时候是显而易见的，那人才呢？

通信工程监理在当时是一个崭新的行业，如何找到既有行业经验又懂工程监理的人才成了公司发展的头等大事。当时学校出来的毕业生连这么一个领域都不知道，要想吸引他们谈何容易。但是吴君晔却有两大法宝：第一

达安股份的工程监理技术队伍

是深入内地，寻找电信系统内退的老员工，请"老师傅"来坐镇；第二是和高校紧密交流合作，培养行业急需的新鲜血液，充实未来业务中坚力量。在这样的新老搭配之下，达安的业务团队在开始就有了很好的基础氛围，为随后的快速发展打下了坚实的基础。

扎根通信行业，随中国移动实现起飞

由于老东家中国电信旗下的中国通信服务公司（简称中通服）因归属关系占据中国电信工程监理业务的大半壁江山，因此吴君晔在做好老东家仅有的业务之外，马上便把目光投向了刚刚成立、需要大规模建设自身的中国移动。

当时由于通信工程监理尚属于比较创新的环节，吴君晔在推广的过程之中，往往也肩负着推广通信工程监理这一环节自身优势的任务。凭借自身过硬的行业资历和极为踏实的做事风格，甫出道的达安作为通信领域为数不多的优质监理方，很快就获得了移动的青睐。

由于庞大的设施基站和机房建设需求和订单，达安在创立不久即迎来自己的第一次起飞，在头4～5年的时间里即实现翻倍式增长，营收站上5 000万。而公司的总体规模也出现了高速的扩张。在2005年经历公司权力架构集中的调整之后，达安进入平稳期，继续维持着平均20%以上的增长速度，并早早地坐上了广东省的头把交椅。

达安股份参与的代表性项目

序号	项目名称	建设单位	投资金额（万元）
1	中国移动南方基地	中国移动通信集团广东有限公司	250000.00
2	庙头、亨元、南岗保障性住房项目、大沙东保障性住房项目委托代建为（标段一）	广州市住房保障办公室	181833.00
3	中国移动广东公司电子商务中心（广州移动生产指挥中心）项目管理支撑服务	中国移动通信集团广东有限公司	86000.00
4	中国移动广东公司佛山分公司生产调度中心项目管理支撑服务	中国移动通信集团广东有限公司佛山分公司	71524.00
5	中山纪念图书馆项目代建	中山市代建项目管理办公室	48260.00
6	中国移动（广东东莞）数据中心第一通信机楼项目管理支撑服务	中国移动通信集团广东有限公司东莞分公司	47,661.00
7	广州市环境监测与预警中心项目代建管理服务	广州市环境监测中心站	38905.00
8	广东体育职业技术学院改扩建项目委托代建	广东省代建项目管理局	19535.00
9	中山市黄圃人民医院扩建项目代建	中山市黄圃人民医院	18682.00
10	中国移动广东公司阳江分公司生产调度中心项目管理支撑服务	中国移动广东公司阳江分公司	18000.00

但是面临省外业务的壁垒，达安的业务拓展也显得尤为吃力。他们一边在继续深耕广东市场之余，也一边在耐心等待机会，而这个转机出现在2013年。"在2013年到2014年的时候，我们迎来了一次大的爆发，"吴君晔说到这段时期，神情愉悦，"特别是我们的主要客户中国移动，他们可能在集团已经充分认识到监理的一个必要性和加强监理规范的管理，所以就采取了一种方法，就叫全国集采，就是由集团来组织监理的招标，这样凭借自身的实力，我们一下子就把我们的业务推向了十六个省。"

跨界多领域，布局信息化＋标准化

随着工程市场招标竞争制度的优化和发展，越来越多的领域都开始向民营背景公司提供了一个公开、公平竞争的舞台。而在一个竞争充分的市场里，资质和实力永远是最好的招牌。在获得中国移动全国平台的竞标成功后，达安乘胜追击，在全国各地设立了11个分公司和多个办事处，将省外推广的战略提升到了一个全新的层次。而集团化竞标成功的经验也让吴君晔意识到，必须要让自己成为一个优秀的综合解决方案提供商，才能够在国家级招标的竞争中脱颖而出。

吴君晔的这个"综合解决方案提供商"的战略包含三大维度：第一是纵向拓展，从工程监理业务延伸，拓展到招标代理、咨询与代建业务；第二是跨界进入其他领域的工程监理业务，第三是建立标准化的管理体系，同时加强信息化技术的应用，进一步优化工程监理的流程管控。

在达安股份上市招股书上显示，目前公司的工程监理业务占比86%，其中通信监理业务占应收比例为70%，土建监理占15%。与此同时，经过多年积累，达安已取得多项甲级资质。除去通信工程监理领域合共5项甲级资质外，达安还取得房屋建筑工程监理甲级、市政公用工程监理甲级和机电安装工程监理甲级等数项甲级资质，已经成为跨领域监理的综合服务商。

达安股份业务资质情况（来源：兴业证券研究所）

资质名称	等级
信息通信建设企业服务能力证书	甲级
通信建设项目招标代理机构	甲级
房屋建筑工程监理	甲级
市政公用工程监理	甲级
机电安装工程监理	甲级
工程招标代理机构	甲级
通信工程监理	乙级
信息系统工程监理	乙级
工程咨询单位	甲级

当然吴君晔对达安的定位并不止跨界。此番带领公司登陆资本市场，他最希望通过融资去成就他"监理标准化"的愿景。"监理行业，特别是工程领域，大家会觉得都是靠经验，靠老师傅、老工程师，"总结起外界对工程监理的固有印象，吴君晔觉得已经落伍。在他看来，工程监理最重要的意义不仅在于保证品质和执行，更在于管理效率的提高。而达安要做的，就是通过推广监理流程的标准化，以及提升信息技术，尤其是云计算技术的运用，来帮助工程管理效率得到更大的提高。

监理流程的标准化在项目千差万别的工程行业中似乎看起来并不容易，但是吴君晔却对此充满信心。标准化工程监理模式的成功，将为盘活项目监理数据的商业价值提供最重要的帮助。而未来云计算技术的运用，将会让公司在短时间内深刻理解潜在客户的需求。"这就是核心竞争力，核心的竞争力应该掌握在自己手上。"吴君晔总结道。

（张聪聪）

董事长感言

不忘初心 感恩前行

19年的创业，达安股份今天又上了一个新的平台！

感恩父母，给了我生命和智慧！感恩家人，一路给予的理解和支持！感谢领导和组织，对我的培养和造就！感谢师长和学友，给我的鼓励和帮助！感谢投资者，一路以来的无私信任！感谢中介机构和朋友们，给予的鼎力相助！感谢业主，一直以来对达安的信任与鞭策！感谢达安管理团队，为公司的上市提供了过硬的业绩支撑！感谢全体达安人，多年来的努力和付出！

这是我五十岁生日最好礼物！雄关漫道真如铁，而今迈步从头越。达安股份肩负着更大的责任，将开始新的起航！

扫码观看达安股份吴君晔专访视频

一个医疗器械团队的
"破坏性创新"之路

■ 开立医疗　　陈志强

"医疗器械企业要做到上市，要成功，第一要做一个在国内有影响力的产品，第二要跨过多产品线的门坎。"

——陈志强

个头不高，戴着一副黑色半框眼镜的陈志强儒雅、谦和。温文尔雅的举止和平易近人的谈吐中丝毫没有架子，但交谈下来我们却可以从他笃定的眼神中读出气场。陈志强分析企业发展战略时眼光宏观而长远，涉及专业问题时却能将枯燥的技术细节和流程描述得非常具体。

开立医疗团队上市当天合影留念（左三为陈志强，右二为吴坤祥）

基于技术，而不囿于技术，得益于陈志强十五年的研发工程师背景，以及十五年的创业经历。"一般人假如专业不行的话，是很难进到我们这个团队里面来。"

389

在多学科交叉、知识密集、资金密集型的医疗器械行业里，一支尖端技术团队在国内外医疗器械领域攻城掠地、创造多项行业第一，不仅在行业内玩得风生水起、还将企业推上了资本市场。

"医疗器械企业要做到上市，要成功，第一要做一个在国内有影响力的产品，第二要跨过多产品线的门坎。"关于医疗器械企业的发展路径，开立医疗（证券代码：300633）现任掌舵人陈志强的一句话总结显得非常精辟而接地气。

黑白超声时代 他们超前定位全数字彩超

说起开立医疗，就必须提及已故的中国超声仪器行业先驱姚锦钟。从1963年成功研制国内首台工业化生产的超声诊断仪开始，姚锦钟就一直奋斗在超声仪器行业的第一线。

1978年，姚锦钟参与创建汕头超声仪器研究所（后称"汕超所"），并任所长至2002年1月。期间，汕超所于1982年在国内率先推出CTS-18型线阵超声诊断仪；1989年和1997年，汕超所分别引进日本日立公司黑白B超系列产品和美国ATL公司彩超，并消化、吸收，随后推出自己的创新产品。也就是在姚锦钟主管汕超所期间，开立医疗的另外两名创始人——陈志强和吴坤祥开始了他们的超声生涯。

陈志强和吴坤祥都是名副其实的高材生。陈志强1987年毕业于同济大学应用物理专业，学的是声学；吴坤祥1983年毕业于华南工学院（现华南理工大学）

中国超声仪器行业先驱姚锦钟

金属学及热处理专业。两人先后进入汕超所，担任研发工程师。

彼时的汕超所正在进行从工业超声无损检测为主，到医疗诊断超声的转型。陈志强和吴坤祥正好赶上了这波转型的发力期。事业起步期就有机会在当时国内最好的超声单位，接触最先进的超声系统，这为他们日后的创业打下了坚实的基础。

随着汕超所崛起为国内黑白超声的龙头企业，陈志强和吴坤祥的研发技术也打磨得愈发成熟。然而，国企传统的管理体制和难以突破的思维局限让两人感到可以施展的空间越来越小。

2001 年，陈志强和吴坤祥萌生了"单飞创业"的想法。时任汕超所所长的姚锦钟对此表示理解。起初，陈志强和吴坤祥只是想办一家探头厂，生产超声探头，销售给整机厂家。2002 年 1 月姚锦钟退休后，一下子把新公司定位在全数字化的彩色多普勒超声诊断仪，即彩超。自主研发彩超，这一领域当时在国内尚属空白。

"国内黑白超都做得不是很好的时候，也只有姚总具备眼光和胆识，为一个初创的企业定位彩超项目。"回忆起公司初创时的定位，陈志强如是说。

国内市场受阻 他们转战海外大放异彩

陈志强的一句话道出了 20 世纪初中国超声行业的发展现状。2002 年，中国的三级医院，已经大量使用彩超，黑白超声面临更新换代。但国内彩超设备的研发和生产水平却严重滞后于社会医疗发展需求。国内三级医院的彩超设备完全被以 GPS（通用电气、飞利浦、西门子）为代表的"洋彩超"垄断。一台进口设备价格动辄上百万，甚至两三百万。只有大医院才能装备，县级小医院、边远农村地区的医院根本无力购买。

在这样的背景下，开立医疗的前身——开立有限于 2002 年 9 月在深圳正式注册成立。对于把一生都献给超声产业的姚锦钟来说，开立医疗承载着他"把全国在用的约 10 万台黑白超都升级为彩超"的梦想。

理想很丰满，但现实却略显"骨感"。在一块陌生的领域里从头开始谈何容易。踌躇满志的开立创始团队首先就碰到了技术和资金两只拦路虎。

想改变国外彩超产品垄断国内市场的局面,自主创新研发是唯一的出路。彩超设备制造集医疗、电子、化工、机械、声学等多种技术于一体,主要的核心技术有两个——超声探头技术和整机系统技术。第一个技术开立的初创团队具备了,但第二个技术是很难突破的瓶颈。对此,开立团队另辟蹊径,

开立医疗团队及美国团队合影(右二为陈志强,左一为吴坤祥)

采取中外合作的模式。自成立第一天起,一支由 20 多名中国员工和 5 名美国员工组成的团队,就投入了热火朝天的技术研发中。

彼时的中国风险投资市场不是很发达,开立创业团队缺乏试水风险投资的想法。定位高端、技术复杂的彩超项目可能预示着未来巨大的市场价值,也可能意味着大笔的投入在若干年后打水漂。一方面是科研需要大量的资金投入,一方面是前期资金筹措困难。眼看开立创始团队辛苦筹集的 400 万自有资金就要消耗殆尽,技术投入的成果转化为开立团队带来了一线曙光。

2003 年,公司完成了第一台彩超原理样机。2004 年,SSI - 1000 便携式彩超相继取得欧盟 CE、美国 FDA 认证以及中国药监局的产品注册。他们只是引进了少量的资金,就让公司度过了资金困难期。

随着开立彩超的横空出世,中国医院彩超被国外厂商完全垄断局面逐渐被打破。

"我们当时生产基于软件的彩超设备,技术路线是和世界同步的。"陈志强说,"基于软件的彩超,性价比、产品升级的灵活性等都有很好的优势。技术方向的正确也是非常重要的!"

回忆起这个过程,陈志强显得很自豪。大幅降低国内医院设备的采购成本,增加设备数量,缓解看病难看病贵的问题,普惠医疗,不正是每个国产医疗器械

企业希望看到的吗？

不过，从产品进入市场到打开销路，开立一路走来并不是一帆风顺。与国际医疗器械巨头相比，一般的国内企业起步晚、规模小、技术水平低，长期在低端市场中混战。很多国内医院都习惯性地给国产医疗器械贴上了"质量差、性能落后"的标签。尽管有价格优势，

开立医疗研发的第一台彩超设备（左一为姚锦钟）

但大医院迷信国际大品牌不愿购置国产设备，小医院又无力消费，并且缺乏超声医生。这让开立最初国内市场的路变得步履艰难。

国内彩超普及的实现暂时受阻，开立创始团队同时转战国外。海外发达国家的彩超普及率较高，各类小医院和诊所对中低端产品需求旺盛。开立团队开始不停出现在各种国际医疗器械展上。

公司创始团队中，黄奕波副总具有长期的海外医疗器械销售经历，姚所长带领他 1995 年成为第一家参加德国 MEDICA 的中国企业。黄奕波的海外经历和渠道基础，使得开立能够快速进入海外市场。

看到开立的产品，国外客户先是抱着怀疑的态度，尝试采购后发现开立彩超性价比确实高，订单便

开立医疗海外参展照

随着纷至沓来。由于在国际市场上的出色表现，2008 年开始，开立连续两年荣获 Frost& Sullivan（全球企业增长咨询公司弗若斯特沙利文）颁发的欧洲超声企业市场成就奖和欧洲产品质量领先奖。

进军中高端市场 走多产品路线

2011年，开立医疗销售收入超过3亿元，公司也成功实现重组，引进中金公司的投资。在当时国内彩超厂家竞争白热化的背景下，开始中高端彩超产品布局。

2012年，陈志强和吴坤祥带领开立医疗走了非常关键的"两步棋"：一是收购长年合作的美国超声成像技术开发团队Sonowise，布局中高端彩超，随后发布Vista、Seagull两个中高端彩超平台；二是开始多产品线战略，布局更多医疗器械细分领域。

"医疗器械的每个细分领域总量都不大。超声市场全球每年市场规模大约60多亿美元，而中国市场规模为70亿元人民币。"公司发展稳定后，需要进入更多细分领域。

开立多产品线的其中一个项目，是消化内镜。中国软性内镜人才基本都集中在以上海为中心的长三角地区，广东在这方面的人才储备基本为零。为了拓展内镜市场，开立医疗相当于是重建了一个团队，一切从零开始。

五年前的播种去年才渐结硕果。2016年，开立医疗开始推出首台国产高清电子内镜HD-500，在临床和市场上均表现出相当的竞争力。五分类血液分析仪以及试剂等产品也通过研发临床等环节的考验，陆续推出市场。

陈志强说，医疗创业初期企业精力资金有限，应该专注于某个细小领域，产品

开立医疗研发现场照片

做出影响力，实力壮大后就要开始走多产品路线。招股说明书也显示，上市后开

立将继续聚焦于超声、内镜、体外诊断、介入诊断（首先是血管内超声，IVUS）四大产品线，以多产品布局摆脱对超声产品超 80％营业收入的依赖。

多产品线的路子能走多远多宽，是开立医疗上市后的一个新考验。不过，陈志强对此显得信心满满，他对国内外环境都有充分的预判。

"与发达国家相比，中国目前还存在研发人才的人口红利。同时，领先的外国公司需要同时投入基础技术和应用技术研究，作为后来者的中国企业只需要专注后者，具有效率优势。和国内其他公司比，开立属于国内彩超产品最早进入海外市场以及大批量在海外市场销售的，在全球市场的认可度和知名度上也有优势。"

任何一家企业的强势崛起都离不开其管理团队的审时度势、精准定位和高效决策，这在开立医疗身上体现得尤为明显。无论是最初的国内市场受阻，同时转战国外，从低端到中高端彩超产品的布局，还是单一产品线到多产品线的跨越，背后都有一双无形的手在高效决策和指挥。这双手来自于开立医疗的核心创始团队。

从入职汕头超声到参与创立开立医疗，从姚锦钟去世后共同担起企业责任再到一步步把企业带到上市轨道，陈志强和吴坤祥在过去长达 30 年里高度同频共振，保持着极为稳定的合作。

"我属于比较粗线条的，没有做到那么细致。在董事长这个职位，更多地考虑公司发展方向和核心竞争力的建立。吴总更敬业，公司日常的管理也更为繁杂，花的精力跟时间也会相对更多一些。"

陈志强坦言两个人的性格存在差异与互补，与其说简单地归结为默契度，不如说是信任以及基于分歧处理时产生的思想火花，给开立医疗带来了源源不断的发展动力。"两个人合作的最重要的还是基于信任。各人的经历不同，看法不一样，分歧一定是有的。要坚持以公司利益和发展来作为判断。争论需要依据，这样一些依据会提升两个人的思想和看法，其实对整个公司的发展是一个利好。当然在执行层面，要避免过多的分歧和争论，以免耽误战机！"

几年前大热的电影《中国合伙人》里，主人公创业中途分道扬镳的情节及"千万别跟最好的朋友合伙开公司"的台词至今让我们记忆犹新。而在开立医疗，

联合创始人陈志强和吴坤祥却在互补与分歧中，15年拧成一股绳，用行动诠释了什么是医疗器械行业的"最佳中国合伙人"。

（陈晓琼）

扫码观看开立医疗陈志强专访视频

不创新，就灭亡

■ 超频三 杜建军

"失败是很正常的，但是我们到现在为止失败的非常少。创新的东西肯定是有失败的。这个项目有 70%～80% 的成功率，那就很好了，20% 左右的失败，那没关系。"

——杜建军

杜建军的吉利数字是三，他说，一生二、二生三、三生万物。他将公司名命名为"超频三"，如果你不了解电脑 DIY，或许很难将超频和散热联系在一起。尽管超频是一个专业词汇——将 CPU 和其他硬件的工作频率提高并稳定运行，以获得更好的性能。因为想要做到更高，在杜建军眼中，这个专业词汇还有一层寓意——超越。这两个词合在一起意思就是希望公司越来越好。

超频三在杜建军的带领下确实就像它的名字一样逐渐地实现着自我超越。2017 年 5 月 3 日，超频三（证券代码：300647）正式登陆 A 股，而他们的"自我超越"仍未停止。

创业：谨慎乐观

在建立超频三之前，杜建军一直做着设计的工作。1992 年毕业于景德镇陶瓷学院的工业造型设计专业，分配到深圳市南和有限公司做工业设计，六年的时

间，做的是当时很时髦的 BP 机、大哥大和对讲机之类的产品。

但因希望设计的产品别人一定用得上，杜建军萌生了创业的想法。"在一个企业里工作，因做不了主，很多东西做出来不一定能用，所以当时也就想出来帮别人设计，自己做个服务公司。"

于是，从 1998 年开始，杜建军开起了设计公司。作为创业者中的普通一员，创业过程也曾因资金、团队等问题挡在了创业成功的门口。

创业就是一场修行，有人悲观，有人乐观。杜建军无疑是谨慎地乐观那一类。

几年的创业经历也让他感触颇深，杜建军说："因为在创业过程中就有失败，失败也知道哪些方面

超频三董事长杜建军接受全景商学院专访

有问题，特别是资金方面，如果资金链一断裂，那企业就很危险。"这也为后来的超频三提供了借鉴。

从而在 2005 年他建立超频三之始，资金问题一直是严格把关的。尽管资金没有出现问题，但一开始进入市场还是阻碍重重。

"刚开始，同行业有几家较大的企业，例如台湾企业、国内一家企业，还有非常多的小企业。当我们进去之时，别人一般都不理。最大的困难是找小经销商的过程中发现，客人说你把东西放在这里，我不给钱，因为我有别的产品在卖。"

这样的竞争环境让杜建军意识到，要找志同道合的且一定要现款现货的客户，同时产品方面一定要有差异化。

敢做：靠性价比取胜

擅长工业设计的杜建军自然想到了用创新设计去突围。他早就看准了当时计算机性能对于散热的需求。

在散热领域，原来的传统产品，靠的都是一种传统工艺，散热器件看起来笨重，杜建军带领团队创造了一种新的散热产品，工艺先进、用的人特别少、成本

非常低。

新的产品意味着新的定
价权，为了将产品顺利销售
出去，他们将更大的利润空
间让给了经销商。

"当时的市场环境是互相
串货，我们当时成立一个法
务部，用法务部控制串货，
控制价格的乱卖，让我们的
经销商赚有最大的利润，就

2009 年超频三全国代理商大会

是说他卖我一个产品，他能赚到像别人卖十个产品才能赚得到的钱，他就非常愿
意帮我来推，所以说我卖的价格稍微高，那我的空间就更大。"

当然，这也意味着产品的品质一定过硬，且经得起市场检验。其产品的差异
化体现在，公司做出来的产品和传统思维的产品不一样，别人认为不好卖但却卖
得非常好。

公司成立之初，比别家的东西
贵，量也少，投入的资金也不够，
用杜建军的话来说是依然"生存条
件特别艰辛"。

幸运的是，一个客户下了几十
万的订单，对于彼时的超频三来
说，恰逢甘霖。产品顺利交付、货
款也及时到位，让公司避开了资金
链断裂的风险。尽管较为保守，杜
建军成立公司之初设定的从不赊账

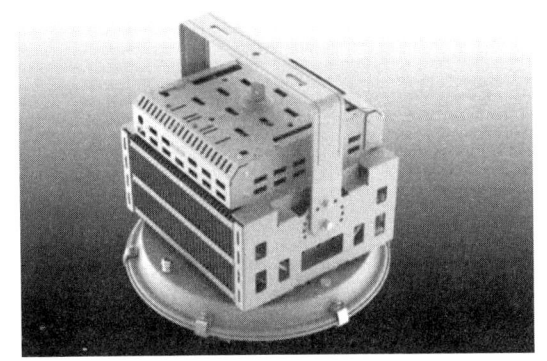

公司产品．投射灯套件

的要求却也让公司此后的发展过程中资金十分稳健。

三五年之后，超频三的产品已经逐渐占领市场，而当初对他们不理不睬的人
们开始感受到威胁。

他指着带过来的一个产品说，"像这款产品，原本都是圆形的，我们做了一

个方形，当时大家不认可，但实际上市场却买账。"

敢闯：进军 LED 领域

随着那几年 LED 产业的迅速发展，LED 照明应用逐渐进入大家的视野。然而 LED 产品的质量问题却一直困扰着行业的发展，其中散热问题就是影响灯具寿命的一个瓶颈。

在 PC 散热领域深耕几年，公司已经在市场取得了良好的口碑，销量也无须烦恼。看起来似乎一切都依然运转良好，杜建军却提出要转去 LED 行业。

这一想法一提出，就有股东开始质疑："这个行业发展得挺好的，你现在去转型，你的精力不会分散吗？"

深具危机意识的杜建军解释道："如果公司不转型的话，等市场发生变化了，我们再转型就来不及了。"

实际上，杜建军所指的转型也是小心翼翼的，公司一开始是将电脑产品的散热技术和生产工艺运用在 LED 散热上，从一些小的球泡灯开始去试。

这一转型，原来的客户一个都没有留下。在新的领域怎样去抓住新的客户又成为一个迫切的问题。

"主要是通过一些学习探讨，各种展览，把产品展示出来，那马上就有人找上门来。"杜建军所采用的方式都是先做产品，几乎都是靠产品说话。

"其实产品 2010 年就出来了，不停地在加品类，刚开始做小的球泡灯类似的产品，因为这种类似产品就跟我们以前的 PC 非常接近，大小都接近，当时就那样开始，产

超频三生产车间内部

品出来也卖得非常好，但是我们售价非常高，那个市场确实是火了一阵子。"

而后的一两年，公司开始从小的研究转到大的研究。而在大产品这一块公司的优势更强。

"因为在 PC 行业里，我们对五金工艺的了解非常够，在这个够的基础上加上我们在 PC 行业的经济地位，我们要做大的话就要容易多了。"

进军 LED 散热以来，凭借先进的散热技术，超频三仅用两年的时间就发展成为 LED 散热领域的佼佼者。

2012 年上半年，杜建军带领团队研发设计出了单颗 LED 大功率散热器，弥补了市场上的大功率照明散热不足的空白，参加了工业设计大奖，荣获 2012 年第六届"省长杯"工业设计大赛的二等奖。

经过十几年的发展，这个成立之初注册资本仅 100 万的公司也鱼跃龙门，正式登陆资本市场。

发展：关键是创新产品

尽管说起来轻轻松松，但由于 LED 灯具产品的特殊性，市场对 LED 散热产品的成本、效果、面积和质量要求格外高。

如何解决这些问题的？杜建军的回答是"创新"。这也是他认为公司发展十余年来最重要的因素。福特汽车公司创始人亨利·福特说过"不创新，就灭亡"。

"公司的产品创新，贯穿了所有的发展历程，如果没有产品创新，我认为这个公司是非常难生存的，因为你在市场上没有定价权；如果一个企业没有市场产品的定价权，就很难发展起来，没有利润去支撑，想要发展会非常不易。"

杜建军补充道，"因为所有的产品开模都是要花很多代价，研发和产品的投入非常大。在这个过程中，你又必须得掌握自己的产品的定价权，什么情况下有定价权，只有差异化的产品、自我创新的产品才有定价权。"

做技术的企业都知道，要做好公司的产品必须要在研发上投入大量时间和资金，有的产品试验会非常长。做出的产品可能会面临两种结果，一种是一上市就卖得很好，而另外一种却是一上市就可能砸掉。

就拿超频三最近做的一款太阳能路灯来说，尽管模具在七八个月前就已经做完，也到了验证的收尾阶段。可一开始将产品看得过于简单，实际上对太阳能和电池的了解都不够深入，因此投入时间会很长。市面上同类的产品最大的痛点就是几个月就坏了，没有回头客。从而从产品的研发到最终痛点的破解再到打入市场，周期已经很长。

面对可能出现的产品失败的风险，他笑着说，"这个失败是很正常的，但是我们到现在为止失败的非常少。创新的东西肯定是有失败的。这个项目有 70%~80% 成功，那就很好了，20% 左右的失败，那没关系。"

上市："没有压力"

"我就是没有压力，工作没有压力，啥都没有压力，我自己会释放压力。我上市都没有压力，我认为，把自己的每件事做好，符合逻辑。我在这方面非常有信心，对我的业绩方面非常有信心。"回首十几年的创业岁月，杜建军说自己没遇到过什么特别的挑战。

在每一个阶段，杜建军都会有自己的应对，将每个阶段做好，自然就不会有压力。这都归功于他一直以来的长期规划，2010年公司转型做LED之前，他的头脑中已经有大致的规划。

对于上市之后的计划，杜建军只说公司的目标非常大，也认为大功率领域的市场仍然有很多潜力可挖。

一直到现在，杜建军只要看到产品出来都特别高兴，他依然每天工作十几个小时，并乐在其中！

2017年5月3日，超频三在深交所举行上市仪式，正式登陆创业板

（朱雨蒙）

董事长感言

以上市作为新起点

不忘初心，方得始终。超频三上市已经是昨日辉煌。今天，超频三将开创新

纪元，以上市作为新起点，我们将向更宏伟的目标持续迈进。上市后，超频三与资本市场对接，提升公司融资能力；整合社会资源，不断加快公司软硬件升级与技术改造；积极引进各种优秀人才，全方位提升公司各项运营水平。

LED行业近年来高速发展，新产品新市场新竞争不断涌现。我们每时每刻都要用"超越"来激励我们的团队。"超越"是我们企业的三大核心价值观之一，它从三个方面时刻提醒着我们：第一要拥有危机意识："超越或者被超越"，拥有危机意识，积极向前；第二要勇敢坚定：拥有挑战现状的决心，超越自我；第三要创新突破：持续研发创新，打造企业核心竞争力。

超频三更加聚焦创新产品的研发，在LED照明和PC散热两个领域同时发力，特别是加强LED大功率产品开发力度。同时要进一步扩大我们的产能及优化产品质量，并开展散热、LED主业上下游产业链整合，使之更有效快捷运作。作为上市公司，我们还有更广阔的全球化视野，走出国门，着手规划打造全球化战略布局。

综上所叙，超频三作为上市公司，如今有着更强使命感和价值感，我们会用我们的产品创造更多社会价值，用更优秀的业绩来回馈我们的股东、我们的社会。

扫码观看超频三杜建军专访视频

"我们从来不是之一，
华大就是老大！"

华大基因　汪　建

"你们参与人类基因组计划是不是先斩后奏的？"

"不是先斩后奏，是先奏不批，不批我们就斩了，因为我知道我那个不犯法。"

——华大基因董事长　汪　建

成立于 15 世纪的剑桥老鹰酒吧，是 19 世纪 60 年代科学家喝酒聊天的好去处。

1953 年，一个叫 Watson 的年轻人在这里宣称发现了生命的密码。随后，Nature 杂志上发表了 Watson 和 Crick 讲述 DNA 双螺旋结构的论文，由此揭开了人类生命繁衍的秘密。今天用于临

华大基因董事长汪建在敲钟仪式上讲话

床的无创产检和正在发轫的精准医疗，其根本原理也基于这种神秘的双螺旋结构。

华大基因 CEO 尹烨习惯性地用他远超每分钟 300 字的语速，科普无创产检和精准医疗的发展与应用。"通过基因测序的方法，可以在基因病上，如出生缺陷、肿瘤防控、心脑血管病、感染，感染就是被外来的基因侵入，有一个很好的指导效果。"

1990 年，人类基因组计划启动，解开人体约 2.5 万个基因、30 亿个碱基对的序列，耗资 30 亿美元，耗时 13 年；2007 年，地产大亨王石参与华大基因第一例亚洲人基因分析科研项目，耗资 999 万元。而今天在深圳，人体全基因测序只需花费 4000 元和两天的时间。

"您觉得未来测自己的基因会普及吗？"

"一定会普及，我们提出了一个 2020 计划。2020 年前，我们的机器做，从样本到数据，24 小时，2000 元人民币做完，相当于 300 美金。今天美国要 900 美金，中国 600 美金，中国已领先美国了。"对于华大和基因测序的未来，尹烨有着满满的自信。

2017 年 7 月 14 日，在万众期待的目光中，华大基因正式登陆中国资本市场。

敲钟仪式上，汪建、尹烨以及华大基因的高管团队都站在一旁，让六位亟需基因技术关怀的特殊人士举起了敲钟锤。他们之中有肿瘤患者、有唐氏综合征患者、有地贫患者，还有瓷娃娃患者。一个细节令人印象深刻——担心其中一位嘉宾够不着敲钟台，汪建二话不说就回到台下，搬起自己的凳子，又快速跑回台上，想给他垫脚。

华大基因请六位特殊人士上市敲钟，公司上市，自己却不上台敲钟的董事长，上一个是马云，这一次是汪建

尹烨说，上市可以吸引更多人来关注生命经济，这是他最希望看到的。

"我们将致力给资本市场带来一股清风。炒壳是怎么做的，市值是怎么管理的，我们不想这么做。我们踏踏实实地去做好产业，我们想做一个真正有中长期价值的公司。这么去看华大，更符合我个人或者华大人的追求。"

而华大基因董事长汪建的目标远不止于此。他在上市仪式上说，华大基因的发展早已远远超出原定的目标。"我们从来不是之一，老大就是老大，华大就是老大。"

他给华大基因的定位，是在未来的某一天，经济总量和社会贡献上都超过享誉世界的美国苹果公司。

人类基因组计划的赌注

玉米地、蹦蹦车、地图上毫无存在感的北京郊区，是华大基因给尹烨最初的印象。

"华大是在一片玉米地里建起来的，在北京，打电话给人力资源部，问这个公司在哪儿，说你把这个地图翻过来，变成郊县图了，沿着这个线往上找，就这儿，记住了，下车以后打一个蹦蹦，给两块钱，就这样子找到华大的。"

2002年，尹烨大学毕业。四年前放弃保送北大、在大连理工大学64个专业中一眼相中了生物工程专业，全凭那句"21世纪是生命科学的世纪"，却没想到一毕业就几近失业。

"我是毕业生工作组组长，看到我们班同学签的约都很差，都是酱油厂、醋厂、酒厂、传统药厂，还有些人干脆就改行了。我当时就问，我说21世纪不是生命科学的世纪吗？为什么毕业就这样了？21世纪有一百年啊，现在是2002年，太早。"

想明白了，尹烨直奔北京。在三元桥老国展的招聘会上，华大基因招聘横幅上的一句"参加国家人类基因组计划"让他久久驻足。

"华大基因就立了一个小展位，没钱，那个展位大概就只有两米到三米宽，但后面那个横幅很牛，参加国家人类基因组计划，这是我们念书的时候觉得特别牛的一个事。"

人类基因组计划（Human Genome Project，HGP），1985 年由美国科学家率先提出，并于 1990 年正式启动，由美国、英国、法国、德国、日本和中国科学家共同参与，预算高达 30 亿美元。

按照计划设想，2005 年要把人体内约 2.5 万个基因的 30 亿个碱基对的密码全部解开，同时绘制出人类基因的图谱。简而言之，就是发现所有人类基因在染色体上的位置，破译人类全部遗传信息。该计划在当时与曼哈顿原子弹计划、阿波罗计划并称为三大科学计划，也被誉为生命科学的"登月计划"

人类基因组计划的提出让在华盛顿当研究员的汪建怦然心动，毅然决定回国。1997 年，汪建与杨焕明、于军和刘斯奇在北京成立了华大基因，瞄准人类基因组计划，然而当时国内业界并不支持参与这一计划。

1999 年，在未获得中国政府授权的情况下，杨焕明在联合国舞台上表示中国愿意承担其中 1%，

华大基因创始团队，左一为汪建

即 3 号染色体短臂上约 3000 万个碱基对的测序任务。中国因此成为参加这项研究计划的唯一一个发展中国家。

"你们参与人类基因组计划是不是先斩后奏的？"

"不是先斩后奏，是先奏不批，不批我们就斩了，因为我知道我那个不犯法。"

汪建曾在接受媒体采访时如是说。擅自代表国家接卜如此重大的科研项目，这种常人都不敢孤注一掷赌一把的事情，从汪建的口中说出来，显得那么理直气壮。

几年后，正是因为人类基因组计划，认准了生命工程行业的高材生尹烨，选择了起薪最低的华大基因。一家研究人类基因计划的公司，一个月只给到 1266 元的工资，强烈的反差在尹烨眼中却毫无违和感。

"我是天生具有非常强的、具备企业家精神的人，喜欢冒险，喜欢挑战。我今年 38 岁，第一个 19 年，在这个时间，我拿到了大学保送通知书；这是第二个 19 年，我拿到了上市批文。大事上，我好像还没输过。"

难忘 SARS 经历 不发国难财

2002 年底，非典型性肺炎（SARS）开始在广东的河源、清远一带出现，并逐渐由南往北扩散。"当年大家没有遇到过这种疫情弄得天下大乱，大家都隔离，每个医院都关了很多的发热病人，谁是 SARS，谁不是 SARS，不知道，你怎么敢放呢？但是再这么关着，不是 SARS 的人也都变成 SARS 了，所以我们就去研发这个诊断试剂。"

当人们纷纷从重灾区的广东撤离时，汪建收拾行装南下广州，获取 SARS 病原体。当时汪建已经做好打算，如果不能合法获得，即使半夜撬实验室的门也要偷出来，以便测序破译。

2003 年 3 月，北京接报第一例输入性非典病例，恐慌情绪开始在京城蔓延。当时尹烨是北京华大基因旗下全资子公司的一线研发人员。

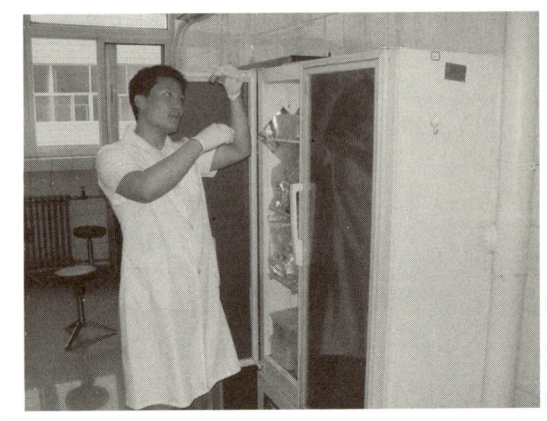

尹烨在 SARS 检测试剂研发现场

他依然清楚地记得偌大的帝都犹如空城一般，西单时速可以开到 100 千米，商场超市食品已被抢购一空，能逃离的人已纷纷各寻庇护，走不了的也闭户不出了。

"很多人当时给我打电话。我家有亲戚说我有一个朋友也在北京，说派一个车接回去，老家没有这个嘛，避一避。我说我可能这一辈子终于有一次可以为国家做一点为国捐躯的事，和平年代，你说我们这些人能干什么？这种事情，你很热血，你根本就不想退。"

4 月份北京的风很大，没有 P3 实验室（生物安全防护三级实验室，确保工作人员不受实验对象侵染），也没有生物安全柜，华大一线研究员直接戴个口罩，穿着白大褂，就在华大北京总部楼顶，灭活提取从广州带来的 SARS 病毒。

"你站在上风口，往下风口操作，用空气无限稀释，感染它就往下吹，以这个方式来确保。我们要去灭活这些病毒，要去提取，要去测序，拿蛋白，做成诊断试剂盒。我是用了一宿的时间，写完了大概这么多的材料（手势大约 10 厘米厚），把一个公司几个月的事情一夜之间做完，这个过程今天的我已经重复不了。"

奋战在一线的尹烨对当时的很多细节依旧记忆犹新。汪建甚至像日本电影《感染列岛》里最后的抢救一样，为一线员工准备了抗血清。

"要用恢复期病人的血清，他感染过，治好了，血清给你打过去。那个里面会有中和抗体，他（汪建）真的都给我们备好了，就怕当时的药一顶不住，就上这个，这就是最符合科学的'土方法'，虽然可能会有免疫排斥，但是会救你的命。"

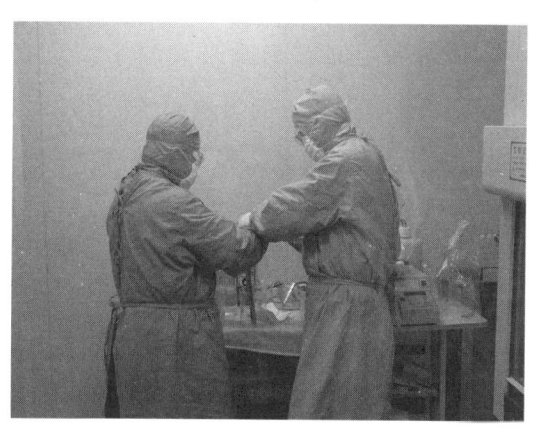

2003 年 4 月，华大基因 SARS 鉴定及诊断试剂研制工作场景

经过全体华大研究人员的无缝接力，四株非典病毒全基因组序列很快就被成功破译。国难当头，原本一个科研团队几年才能干完活，在华大团队神奇地缩短到了 72 小时。

非典检验试剂盒，国药试字 S20030003/0004，从材料上报到下批文只用了大概一个星期的时间，也成为中国历史上获批最快的药品。

一个有趣的细节发生在尹烨去药监局拿批件的时候。"我非常清楚，知道我是做 SARS，他都没敢直接给我。把那个材料给我放到收发室门口，他回去再让我去拿，估计怕传染吧。"

华大基因一口气生产了 30 万人份的试剂盒。拿到批文当天，华大门外聚集了很多等着买试剂盒的人，试剂盒也因此最高被炒到了一万元/人份。

"我们开了个会，汪老师就说了一句，这是国难财，任何人不能卖，就得捐国家，所以当时卖了就几十个亿收入，最少也是几亿收入，可我们一年就卖几千万。你可以想象，华大想发财，那时候就发了，但正是因为两年没发那个财，今天才能如此兴高采烈，满怀自豪地跟你在讲，你说当时要是挣了这个钱，今天看一看，是不是超级没出息？"

在深圳，你能不能第一个干？

2003 年在非典中的出色表现，让华大一跃成了北京中科院基因组研究所。然而在 2007 年，由于学术上的争议，率性的汪建径直南下深圳，创办了华大基因研究所。

"北京国企牛，上海外企牛，深圳民企牛。这个地方还是非常包容，非常鼓励创新，喜欢看见怪物。北京可能大家更习惯问'这事谁干过？'，而深圳则习惯问'你能不能第一个干？'这是两种非常不同的思维。"

正是在深圳，华大基因完成绘制国际人类单体型图计划（10％）、第一个亚洲人基因组图谱（"炎黄一号"）以及水稻基因组计划等多项有国际先进水平的基因组研究工作，彰显了领先的测序能力和生物信息分析能力，奠定中国在基因组学研究领域中的国际领先地位。

华大基因同时成为深圳历史上第一家在 Nature 上发表文章的科研机构。截至 2017 年 5 月 4 日，华大基因累计发表论文两千余篇，其中八成被 SCI 收录。

注：SCI，美国《科学引文索引》简称，1957 年由美国科学信息研究所在美国费城创办，是世界著名的三大科技文献检索系统之一，是国际公认的进行科学统计与科学评价的主要检索工具。

"我们来到深圳干的第一件事情是做了第一个中国人基因组。和白种人比了一下，差别还是很大的。这就让我们觉得国人基因组差异可能会带来非常多的产业化历史机遇，我们在科研上做了很大的贡献，然后就开始慢慢做产业，这就是我们商业模式的开始。"

工欲善其事，必先利其器。2010 年，华大基因斥巨资购建全球最大基因组平台，测序业务进入大扩张时期，当年营收过 10 亿。华大基因同时与盖茨基金会、自闭症之声等公益机构开展科研合作，关注环境及弱势群体的健康问题。

"测序仪是我们这个行业的最上游，只要有这个东西，你才能真正的实现全产业链

（左）2008—11—06 第一个亚洲人基因组图谱学术论文在《自然》上发表

（右）2001 年 2 月，人类基因组计划学术论文在《自然》上发表（中国参与人类基因组计划，由华大基因与国家基因组南方、北方中心共同承担和完成）

的突破，所以 2010 年，我们直接采购 Illumina，全世界最大的测序仪公司，当时买了一百台最新型号的测序仪。"

2013 年 3 月，华大基因趁热打铁，成功收购全美第三大测序公司、纳斯达克上市公司 Complete Genomics，打通基因测序上下游产业链。

"其实只有掌握了上游，才能把后面所有的梦想实现。基因最基本的因素其根本是在于这个数据多少钱你能拿到，这个价格如果便宜到一定程度，我们就可以把市场做到无限大。"

2016 年 9 月，由华大基因承担运营的深圳国家基因库将正式投入运行。这是继美国的 NCBI、日本 DDBJ 和欧洲 EBI 后全球第四个建成的国家级基因库，也是目前为止世界最大的基因库。

美国前总统戈尔在其著作《未来：改变全球的六大驱动力》中更是六次提到华大基因，预言其基因数据产出量将超过全美的总和，赞誉其为中国崛起的代表。

用精准医疗扼住出生缺陷和癌症的咽喉

从华大基因的招股书中可以看出，近几年主营业务收入中，生育健康类服务

的收入占总营收比重逐年上升。生育健康类服务就包括无创胎儿染色体异常检测、新生儿耳聋基因检测、新生儿遗传代谢病筛查和单基因病检测等产前基因检测项目。

招股书显示，从2014至2016年，其营业收入分别为3.57亿元、5.68亿元和9.29亿元，占华大总营收比例从31.71%增长到了54.62%。

"中国一年有1700万新生儿，出生缺陷率5.6%，各种各样的出生缺陷相当大的比例是遗传基因造成的。我们在深圳已经做了第六个年头了。卫计委的数据显示出，类似唐氏综合征之类的染色体非整倍体疾病正在迅速告别深圳。目前全国无创产检的覆盖率不足20%，即不足300万人。"

尹烨透露，这组数据非常值得关注。一方面是对生育市场对无创产检需求的不断提升，另一方面却是无创产检在全国范围内，较低的市场覆盖率。

"这个需求天然存在，但这个市场天然不存在。它是有一个认知的过程。我就在守着，出来那个时间点就一定是我的。"

自2015年1月20日，美国总统奥巴马在国情咨文中提出"精准医学计划"后，精准医疗成为覆盖全球的热门话题。随后，精准医疗将被纳入中国"十三五"重大科技专项，并规划在2030年前，在精准医疗领域投入600亿元。

目前大部分药物都是为一般病人设计的，治疗方案都是"一刀切"。所有的病人都用同一种药物，其结果就是治疗方案对一些人有效而对另一些人无效。

精准医疗以基因测序为基础，通过大数据样本库的建立和生物信息学方法，预防、诊断疾病，实现"同病异治"和"异病同治"，大幅度提高医疗有效性。

精准医疗倡导一把钥匙开一把锁。目前，在海外，临床医学正在向"精准医疗"方向发展，一个病人往往由多个学科的医生共同诊治，在这种理念下他们相信"没有任何两个癌症病人的治疗方案是相同的"。

"这些技术的普及，其实就是把临床目前已有的诊疗方式给你进行一个很好的组合和指导，就能够大幅度提高今天的比如说肿瘤病人的生存周期和生存质量。而在华大人的眼里，其实防比治要重要，防大于治，防投一分，治省十分。"

汪建在上市仪式上指出，目前华大累计完成了200多万例无创产前检测，检出了1.5万多"唐氏胎儿"，准确率在99%以上，还完成了上百万例耳聋相关基因筛查，几十万例的遗传性基因病排查，200多万例妇女宫颈癌HPV病毒分型检测，600多万例的肿瘤标志物筛查。这些数字后面都是巨大社会和经济效益。

华大天生的超级IP

中国企业家往往低调内敛，带领市值过亿的企业，个人却鲜少在公众场合露脸。在IP盛行的当下，优质的企业家IP往往会让品牌变得更有温度和亲和力。

在华大基因，汪建和尹烨绝对是当仁不让的超级IP。活跃在各类观众所熟知的电视访谈、科普节目和专业论坛上，他们是生命科学的超级演说家。

汪建在节目中经常轻松反客为主，在主持和嘉宾的角色中自由切换，谈笑风生中自然灌输生命科学认知。练过贯口相声的尹烨演讲时自称"人越多越兴奋"，口如刀快、思路敏捷。扎实的功

尹烨在《天方烨谈》节目录制中

力、系统的知识、加上幽默风趣的谈吐，看了几期节目，很多人此前对生命科学一知半解，看了几期节目后也被迅速圈粉。

汪建和尹烨同时管理着自己的微信公众号"老汪"和"尹哥聊基因"。善于运用新兴的互联网手段引导大众认知，进而形成传播的形式和潮流，个人IP的提升对华大基因的整体形象无疑起着加成的作用。

尹烨则带领华大基因团队利用业余时间在喜马拉雅FM上打造了一档生命健康科普语音类节目《天方烨谈》。"《天方烨谈》当时说一千零一夜，至少先做个一千期，完成一个小目标。"

汪建在2016年出版了《老汪的小米餐桌》。知名主持人郎永淳评价道，知道他是个科学家，还是个登山者。本以为出书会讲科学、讲登山，没想到竟然是个菜谱。汪老师果然是研究科学的人中最会登山的美食家。

"要让生命科学变得流行起来，这就是我的一个梦想，让大家都喜欢去研究

生命科学，你觉得生命科学没意思，只能说明一点，你对这个学科理解得太少了。"尹烨说。

比尔·盖茨和乔布斯都在不同的场合表示过，接下来将会是生命经济的时代。

汪建也曾经在演讲中指出，茹毛饮血，遵从丛林法则的时代过去了。缺吃少喝、柴米油盐的农业时代过去了。天天关注衣食住行的工业时代过去了。信息爆炸的信息时代也将过去。最终，我们都会回到生命时代，因为它是人类的终极追求。

对于生命经济时代的红利，我们今天才开始渐渐感受到，而汪建早在二十年前就已经开始规划华大基因的今天。

"老汪同志，他是一个不世出的人才。他今天讲的故事，给你们看见了这个东西是他二十年前写好的，你怎么可以相信这个人在二十年前就能把这些事都想明白了？但是他真的想到了，问题是他还做到了，所以我们更多是把他的这些战略去落地，华大人正在实现着老汪早已看到的未来。"

（陈晓琼）

CEO 尹烨感言

不忘初心，方得始终

上市以后还是以平常心看待，做好主流业务，踏踏实实为基因科技，为百姓造福，回报我们的员工，回报我们的股东，回报广大的国民。

此刻我正在援藏，在帮助西藏自治区防控包虫病的路上，现在海拔接近4000米。我坚信基因科技终将造福人类。

长期来看，我坚信华大基因一定是中国股市的一股清流，我们也必将给全球展现中国生命科技的力量。

扫码观看华大基因尹烨专访视频

第十章
中国梦

　　国外先进技术的推广，往往会经历一个很漫长的过程，而这个过程充满诸多不确定因素。

卖掉新加坡的房子回国创业

■ 优博讯　郭　颂

"作为一个企业来讲，如何保持创新力很重要，尤其是要对行业的发展有一个很清晰的认识。公司有了来自于硬件产品一两年的领先，再加上配套系统软件的配合，才有了现在的竞争优势。"

——郭　颂

"志存高远，脚踏实地"，是 2017 年 8 月 9 在深交所挂牌的创业板公司优博讯（证券代码：300531）的口号，也正好是郭颂，这位低调而不乏理想的海归企业家最好的写照。

在国内物流快递行业刚刚起步的阶段，郭颂就已经敏感地捕捉到其中蕴藏的巨大机会，并放弃优越的工作选择回国创业。而在随后物流快递行业飞速发展的过程中，他创立的企业也乘着风口不断壮大，并一度占据整个物流快递行业智能手持终端 70% 的市场份额。

如今，这位企业家已将他的格局延伸到了零售、医疗，甚至更多的行业中去。而他所带领的优博讯，也从创业时为物流快递企业提供一体化行业移动信息化应用解决方案的先行者，转变为一家综合性的行业移动应用软硬件一体化解决方案提供商。

技术报国的梦想

作为一位改革开放初期的留学生和"60 后"，郭颂和当年的许多 20 世纪 80 年代大学生一样，希望通过学习国外的先进技术，然后回国圆自己技术报国的梦。1985 年，郭颂毕业于华中理工大学（现华中科技大学）信息工程专业，取得工学学士学位，随后前往新加坡留学深造。1993 年，他毕业于新加坡国立大学，获电子信息工程专业硕士学位。

1994 到 2002 年，他先后任职于新加坡南洋理工大学工业研究院、美国数字设备公司（Digital Equipment Co.），以及联邦快递亚太地区信息中心等国际知名院校和机构，从事研发和管理工作。如今已经是新加坡国籍的他，还是深圳市政府海外高层次人才"孔雀计划"认定的外籍高级专家。

应该说，圆梦的基础条件在于用心和机遇。"在 2001 年的时候，中国加入了WTO，我们帮联邦快递设立了上海的转运中心。当时在上海待的时间蛮长的，在这个过程里我们对国内的本土物流快递公司有了一些接触和了解。我发现，他们和联邦快递相比，在信息发展方面还比较滞后，而这恰恰是他们日后持续发展的关键所在，所以我清晰地感觉到这是一个机会。"郭颂说。

于是，2000 年，郭颂离开了联邦快递，创立了新加坡优博讯公司。他介绍，这家当时的新公司在建立之初就将业务完全定位中国市场，通过将国外先进的物流快递信息化技术引入中国，来帮助推动国内物流快递行业进入信息化时代。"我们当时在国内已经知道应该要做成什么样子，再加上我们在海外的经历，可以说算是过来人。"拥

优博讯董事长、总经理郭颂接受全景商学院独家专访

有先进技术和对国内市场的充分了解，郭颂在创业道路的开端可谓踌躇满志。

创业路漫漫却始终走在最前面

从联邦快递离开之后，生存成为了摆在郭颂面前最迫切的任务。从世界快递行业领军企业的技术骨干，变成一个普通的创业者，他所放弃的还不仅仅是跨国公司稳定的金饭碗。为了凑足企业创立初期的启动资金，郭颂变卖掉自己在新加坡唯一的房产，头也不回地踏上了归国之路。而在这个过程中，郭颂的妻子，以及郭颂在联邦快递时的同事兼伙伴陈弋寒，始终给予了理解和全力支持，也让郭颂的回国创业路一直充满能量。

创业的最初几年，面对国内尚处于青涩时期的物流快递行业和企业薄弱的信息化建设意识，郭颂的团队在初期的业务拓展上遇到了不少困难。尤其是国外先进技术的推广，往往会经历一个很漫长的过程，而这个过程充满诸多不确定因素，"可以说是一种煎熬"，郭颂形容道。

他经历过的另一个重大挫折发生在 2008 年金融危机期间，和其他行业遭遇到的困难一样，公司的业务受到了很大影响。为了节省成本，公司近四十号人被迫挤在不到一百平方米的办公室里，不少人因此士气低落，最终一些员工在困境中无法坚持下去选择离开，对郭颂一直以来建设团队的努力造成了很大打击。

不过，有付出，就有回报。对于这家志存高远的公司来说，坚守住当下，就没有过不去的坎。"服务这个行业，其实对我们而言是一个考验，在初期的时候物流快递行业对产品品质要求会很高，工作的难度会更大。但是从另一个角度看，这对公司来讲是件好事，因为这能

郭颂参加在全景网举行的 IPO 路演

够让我们的产品更快得到稳定发展。后期我们开发新产品用在别的行业的时候，

我们在质量和耐用方面的口碑是很好的。"凭借对客户需求的精确满足和过硬的品质要求，优博讯在后面每项产品推出的关键节点上，都总能成功取得领先者的地位。

乘物流快递业风口快速成长

在如今发展如日中天的国内快递行业里，顺丰无疑是其中的佼佼者。而顺丰能够确立今天的行业地位，与其独具前瞻性的眼光离不开关系。在 21 世纪初，当顺丰还是一家规模不大的快递公司的时候，他们就已经找到郭颂，选择让优博讯来为顺丰的信息化建设提供产品。郭颂也由此获得了创业后的第一笔订单，而他也没有让顺丰失望。

2003 年，优博讯开发出了具有国际领先技术水平和自主知识产权的扫描终端，并成功在顺丰两万名快递员中实现应用，在业内引起轰动。这次成功的合作，也极大推动了优博讯日后的进一步发展。"作为一个企业来讲，它所处的行业本身的前景很重要，应该说优博讯的成功更多是得益于国内电商物流的快速发展，抓住了这个大趋势应该说是关键。"总结自己在起步阶段的成功时，郭颂总是不忘感恩一路陪伴优博讯壮大的物流快递行业。

在这之后的 2005 年，郭颂又和他的老东家联邦快递走到了一起。在国际快递进入中国市场的时候，优博讯和联邦快递合作开发了第一款工业级手持移动终端，并在 2006 年的时候成功运用于联邦快递在国内的收发业务上。这款产品正式确立了优博讯在国内物流快递业移动信息设备市场的绝对领先地位，同时也让公司的技术研发水平实现了大的飞跃。

从此公司进入了快速发展期，推出诸如第一款带蓝牙功能的电子秤和"速递宝"标准化物流软件等一系列自主开发产品，进一步巩固公司的行业领军者地位。到 2010 年的时候，已经有 70％以上的快递收派业务员用上了优博讯的终端设备和信息化系统。进入 2012 年，优博讯的产品线创新更是迎来一个高潮，他们分别推出了首个 Android 和 Windows 系统的终端、具有银联刷卡功能的手持终端、首个具有支付功能的平板终端，凭借这些拳头产品和不懈坚持，优博讯也成功实现从物流快递行业"走出去"的战略，开始进入零售、医疗等更多行业，奠定了全行业发展的格局。

2016年8月9日，优博讯在深交所创业板正式上市，开始了直接融资拓展新发展格局的旅程。

提及创业心得，郭颂表示："作为一个企业来讲，如何保持创新力很重要，尤其是要对行业的发展有一个很清晰的认识。我们在2010年看到了电商的发展，尤其像京东以及一些垂直电商会越来越普及，于是我们开始研发智能终端加支付的设备。在2012年推出这个设备的时候，我们是国内市场上第一家能够满足物流快递业这方面需求的供应商。所以说公司有了来自于硬件产品1～2年的领先，再加上配套系统软件的配合，才有了现在的竞争优势。"

（张聪聪）

董事长感言

志存高远，脚踏实地

四季轮回，光阴荏苒。

2016年的金秋，优博讯怀着激情与梦想，带着责任与使命，拉开了资本市场的序幕。回望十一年的磨砺，十一年的成长，优博讯经历了由小到大、由弱变强的发展历程。

伴随着互联网＋的迅猛发展，各行各业都在深度融合与变革，作为行业领先的移动应用解决方案和服务提供商，我们立志在物联网和云平台为背景的行业移动应用服务产业链中构建一个完整的价值生态系统，成为全球最具价值的行业移动应用领域设备与服务提供商。

　　坚持以"志存高远、脚踏实地"为核心价值观，以"领跑有道，追求无限"为目标，为全球客户提供一流的物联网移动应用产品和综合解决方案。

　　优博讯也将以此次进入资本市场为契机，坚持创新发展之路，不断提升产品质量与服务水平、进一步提升公司管理水平、优化公司产品结构、扩大产业规模、提升优博讯品牌价值，为社会各界呈现一个优秀、健康发展的上市公司，以更好的业绩回报股东、回报社会。

扫码观看优博讯郭颂专访视频

转型、转型又转型，
从材料贸易商到产锯龙头之路

■ 泰嘉股份　方　鸿

"永远都不敢讲（成功），因为未来有太多的不确定性。如果你不谨小慎微地把你现在的企业管理好，组织好，包括在市场上的地位巩固好，说不定哪一天任何一个失误都有可能把这个企业给颠覆了。"

——方　鸿

锯者，循环往复以为工。

从1994年第一次接触到用于制作双金属锯条的复合材料，到如今成为国内首屈一指的双金属带锯条生产企业，方鸿和他创办的泰嘉股份（证券代码：002843），一直秉持"做负责任的人，做负责任的企业"的初心，在不断循环往复的发展中，"锯"断了面前一个又一个难题，为中国带锯条行业创造出一片崭新的天地。

泰嘉股份董事长兼总经理方鸿

孤身闯纽约

虽然中国人使用锯已经有将近 3000 年的历史，鲁班因草叶割破手指而发明锯的故事也被国人引以为傲，但在近代工业中锯切锯条的应用，我们却远远地落在了西方的后面。美国多尔公司在 20 世纪 60 年代发明双金属带锯条，采用高速钢和弹簧钢焊接而成的复合材料制造，性能极为优越。在改革开放初期，中国的双金属带锯条领域与西方发达国家的技术差距要超过 20 年。正是在这样的背景下，1994 年，方鸿孤身一人，揣着一万多美元，来到了当时世界经济的中心——纽约。

此时的方鸿 30 岁，辞职去美国前他是一家国营外贸公司进口部经理，负责机械设备的进口。一个偶然的机会，客户和方鸿聊起双金属带锯条，称苦于当时唯一的复合材料供货商来自日本，只肯对中国出口性能一般的产品。后来得知方鸿离职创业，这名客户又找到方鸿，问："能不能帮我们去美国找找更好的复合材料。"

方鸿在美国

方鸿自己也没想到，这样不经意的一句话，让双金属带锯条成为了他日后几十年的事业。初到美国，方鸿和所有 90 年代走出国门的年轻人一样，既激动，又陌生。闯出国门，凭借的是一股勇气，而当激情退去，现实的生存问题就摆在面前。"美国遍地是黄金"只是一个美好的传说，现实的情况是，即使真的有黄金，凭什么你能够捡起来？

在纽约，方鸿租了一个办公室，挂起招牌，标志着自己的贸易公司正式开张。然而真正做起生意，他发现自己在国内引以为傲的外语居然没有任何优势，甚至仅仅是接起电话能够听懂对方在说什么，等到自己说话时却张口结舌，不知道该说什么。更重要的是，光懂外语，对产品缺乏了解，没有办法开展贸易。困境中，方鸿想起此前那位客户的需求，决定去碰碰运气，寻找做双金属带锯条的复合材料。

谈判中拂袖而去

用作锯条的复合材料本身需要非常复杂的工艺，对于材料的要求非常专业，而同时在当时的产业链中也是相对小众的产品。方鸿前后用了半年多时间，终于联系到了美国最大的复合材料制造商泰斯精密制钢公司，如今中国业内人士非常熟悉的双金属带锯条原料供货商。

1995年上半年，方鸿第一次到泰斯拜访。当时中国工业的实力远远落后于今天，亚洲的工业明星是日本、韩国、中国台湾以及"四小虎"。泰斯负责接待的总裁更是"典型的美国人"，并没有把中国市场放在眼里。

初次见面，方鸿没有过多的寒暄，直入主题，谈起了材料的技术要求。出乎对方意料的是，方鸿提出的技术条件非常严格专业，某些指标甚至高于泰斯的产品参数。面对对方的质疑，方鸿毫不让步，明确提出，你在美国市场是主流的供应商，被美国的同行认可，但我要检验你们能否满足中国市场的技术要求。

谈判进行得非常艰难，双方经过整整一周的斡旋，接近达成协议。就在这个节点，对方总裁突然提出推翻协议，理由是方鸿提出的技术要求太高，需要提高合同价格。

面对对方的出尔反尔，方鸿扔下两句话拂袖而去："第一，你们美国人做生意一直把诚信挂在嘴边，现在突然对之前已经承诺的条件反悔，这样的行为我不能接受；第二，如果你承受不了成本，我们可以终止合作，而你们将因此失去在中国的市场和一切机会。"

方鸿的坚决令对方动容，泰斯公司的副总裁赶到纽约与方鸿沟通、解释，最终达成了一致。看着第一笔价值十几万美金订单货柜的发出，方鸿终于开心地笑了！这也意味着他在美国站稳了脚跟。

一家客户磨两年

从第一次合作开始，方鸿意识到有极好的机会将美国泰斯公司的复合材料提供给中国市场。相比国内当时主流的日本进口产品，美国的复合材料中含有自己研发的特殊成分和专利材料。经过客户的使用验证，采用这种材料的双金属带锯条比早期日本进口材料的使用寿命明显提高。

尽管如此，方鸿引进的美国材料在国内是全新的，市场对其并没有任何认知，需要方鸿不断地说服客户，首先接受检验、试用，看能否满足生产需求，通过实物验证检测性能是否有所提升。相比其他外贸公司短平快的进口节奏，方鸿笑称自己的市场推广路径是"八年抗战"。

方鸿的第二笔大单来自北方的一家老牌国企。和国内其他企业不同，这家国企有自己独特的渠道进口奥地利的材料。奥地利的材料质量在国内首屈一指，但是价格非常贵，当时在国内要卖到15万元/吨。

方鸿上门去拜访，向对方介绍美国的复合材料，并表示自己的供货价格只需11万元/吨。然而对方依然摇头不已，一是因为作为国企，对于成本的弹性并不如当时南方广大的私营企业敏感；二是长期以来建立了稳定的供货渠道，并不想轻易更换；三是对方的生产工艺均是围绕现有的供货材料制定的，更换材料后可能涉及工艺流程的改变，可能面临一些风险。

为了打消客户的顾虑，方鸿不断地提供各式各样的样品给对方实验，并且从美国请来专家，帮助客户提升其热处理工艺，在技术上提供全方位的支持。前后用了整整两年时间，对方从拒绝，到不情愿，再到接受方鸿提供的样品去"试试看"，最后终于被方鸿的诚意、努力和大量细致的工作所打动，决定正式采用方鸿提供的新材料。

真正实现国产化

2003年，方鸿代理的泰斯复合材料占据了国内70％的市场份额，原有的日本产品已经逐渐在市场上消失，奥利地产品也不再有过去风光的地位。然而对于方鸿本人来说，发展却已经遇到了瓶颈。

下游的双金属带锯条用户，希望方鸿提供质量更好的复合材料，同时交货更加及时，价格还要便宜。这是国产化的大趋势。因为继续简单地从国外进口复合

材料，不仅供货周期长，一旦出现索赔，周期更长。此外，进口的成本，包括运输、账期等方面都难以降下来，面对供货商也没有足够的议价能力。

从1995年到2003年，方鸿从事复合材料的进口已经八年多，无论是客户的工厂还是供货商的工厂，他都跑了无数次，从技术、设备到工艺流程都已经烂熟于心。最终，方鸿决定，自己回国建立一家复合材料生产企业，真正实现复合材料国产化。

复合材料的生产，关键在于设备。例如要将高速钢和弹簧钢焊接到一起，只有电子束焊接才能做到。而电子束焊接设备只能从德国和美国进口，一台设备的价格要一千多万元。此外还有调平设备，用来将退火热处理后变形的弹簧钢重新调平，这样一台设备从德国进口，也需要三百多万元。为了尽快形成生产能力，方鸿将这些年来做贸易赚来的钱都用于采购最好的设备。

2003年，方鸿成立了湖南泰嘉新材料技术有限公司（泰嘉股份前身）。2004年，公司一边平整土地、建厂房，一边购买、安装设备，在这样的条件下，实现了当年建设、当年投产。

公司初创，人才完全靠自己培养。方鸿一边组织团队，凭借着一股热情学习，一边送一部分技术人才到美国学习。到了2005年，公司踏上了快速发展的轨道，产能满负荷运转，产品达到或超过进口产品技术标准，并快速实现进口替代、占领市场。

昔日大客户成竞争对手

2006年，金属锯切行业格局发生了急剧变化，随着经济的蓬勃发展，双金属带锯条企业达到一定规模后决定向上游发展，进一步拓展利润空间。泰嘉股份的第一及第二大客户同时决定自行生产双金属复合材料，昔日的最主要客户转眼间凭空消失。当时这两大客户的订单就占到泰嘉出货量近70%，这个消息对方鸿的打击可想而知。

这突然而来的变故使得年轻的泰嘉股份面临着生死存亡的抉择！方鸿带领公司高管团队经过几个月的反复调查、讨论，终于达成一致意见，认为公司必须主动迎接转型，最好的选择是将产业链从双金属复合材料延伸至双金属带锯条。因为只有将复合材料延伸至带锯条，才能有更大的发展空间。复合材料可以做带锯、往复锯、曲线锯、孔锯，其中带锯的市场份额最大，应用范围最广。

然而当方鸿真的决定要整体转型时，心里依然是没底的。这其中，方鸿的为人或者说经营理念发挥了重要的作用。进军带锯条市场，不仅对泰嘉来说是一片空白，同时也意味着要和自己过去的客户抢市场。所幸过去的十多年中，方鸿跟几乎所有的锯条企业都建立了非常良好的合作关系。

最开始，方鸿得知客户要转型的消息后，亲自登门拜访，问："我给你更优惠的供货条件，你能否打消上复合材料的念头。"对方董事长表示，没有办法，公司已经决定了，设备的定金都已经付了。这意味着客户向上游拓展的决心已定，不可能回头。

方鸿于是退而求其次，向客户提出采购洗齿机、分齿机、矫直机

方鸿向参观嘉宾介绍公司生产情况

等设备。当时如果从国外采购设备，交货周期要一年时间。客户由于扩大产能需要，手中正好生产有一批设备。人才上，方鸿也没有采用直接向过去的客户、现在的竞争对手挖角的手段，而是光明正大地提出，送人到客户工厂学习。

就这样，方鸿带领着泰嘉股份从达成转型的统一意见，到第一条双金属带锯条生产线投产，仅仅用了半年时间，就成功实现了主营业务的转型升级。

为优质产能做好准备

基于多年来的口碑积累，方鸿不仅获得了转型的第一批设备和人才，在市场开拓上也非常顺利。当客户得知泰嘉就是国内最大的带锯条原材料的供货商时，对泰嘉生产的带锯条也同样产生了信任。

站稳脚跟的泰嘉股份没有满足于停留在国内同业的竞争水准上。当时国内同行的普遍做法是自行生产设备，采购原材料做锯条。而2007～2008年，泰嘉每年都会从德国购买最新的设备，对自己的生产线进行更新换代。在新产品、新工艺的研发及设备的更新改造上，泰嘉每年都投入几千万的资金，只为追求产品的更高品质。

德国设备的价格是国内生产设备的6～8倍，然而使用进口的设备并不意味着立即就可以生产出进口品质的产品。泰嘉面临的不仅是资金的投入，还有员工技能提升的问题。泰嘉对生产管理提出了更高的要求，严格杜绝懒散、随意和无组织、无纪律的现象。为了追赶同行，方鸿提出泰嘉要成为学习型企业，别人休息的时候，泰嘉在学习，别人在放假的时候，泰嘉在工作。

如今的泰嘉股份，是产品种类最全的双金属带锯条企业，可以全方位跟进口品牌抗衡。在高端领域，泰嘉保持对高性能、高稳定性产品的持续研发和提升；而在中低端市场，泰嘉保证量大面广的通用型材料的性价比。在管理模式和运营效率上，泰嘉的变化更是令人瞩目。

泰嘉的生产设备

近年来，中国经济步入新常态，制造业的毛利率普遍下滑，供给侧改革中，"去产能"成为万众瞩目的焦点。在双金属带锯条行业，泰嘉股份同样面临竞争对手不断拉低价格，低端产能挤占市场的问题。但对于方鸿来说，困难时期意味着泰嘉的机会。他自信泰嘉有能力通过管理升级来提高运营效率和质量，提升员工素质。在经济环境的倒逼下，泰嘉的综合运营能力反而得到了大幅度的提升。

从2014年到2016年，泰嘉股份的原材料库存降低一半，产品库存降低一半，在制品、半成品减少一半，生产周期缩短一半。方鸿要求，每一名员工的操作能力，对产品质量和自身所处的工序都要有所提升。

提到企业管理，丰田是当之无愧的典范。方鸿理解的丰田式管理的核心，在于让员工在自己的工作岗位上持续地改善。持续改善是一个循环往复的过程，每天进步一点点，哪怕是很小很小的一点点，当员工找到了方法的时候，就会发现潜力无穷。

泰嘉引进咨询公司，同时泰嘉内部也相应成立了精益推进办及项目组、课题组，精益生产从最基本的 6S 现场管理做起，通过示范工序、工段的精益推进，让这些小组率先进行精益生产的实施和改善，形成标杆后再在全公司推广，使公司效率和效益得到明显提升。

精益生产的关键还是企业自身，咨询顾问每个月只在公司待一周，而其他三周则由公司的精益推进部门做精益推广。每周一，每个员工会收到一份"作业"：针对自己的工序或岗位提出相应的改善方法以及实现步骤。每周五公司会"检查作业"，针对没有完成的改善来找原因并提出措施。这样做的结果是，员工养成了一种不断改善的习惯，自信心得到增强，公司培养了一支能胜任精益生产的员工队伍。

方鸿觉得，经济下行的过程中，企业在分化，真正落后的产能会逐渐被市场淘汰，而优质的产能将占据市场，而泰嘉已经为此做好准备。下一步，泰嘉将加快由生产制造型企业向制造服务型企业的转型，由自动化、数字化生产向智能化生产迈进，并将由带锯条单一产品向综合锯切产品及服务延伸。

2017 年 1 月 20 日，泰嘉股份在深交所中小板上市，方鸿敲响了公司上市的宝钟。然而，对于他来说，创业是一条无止境的道路。被问及自己是否成功，方鸿回答："永远都不敢讲（成功），因为未来有太多的不确定性。如果你不谨小慎微地把你现在的企业管理好，组织好，包括在市场上的地位巩固好，说不定哪一天任何一个失误都有可能把这个企业给颠覆了。"

在中国制造业逐鹿全球的时代，泰嘉股份不再满足于中国市场一隅。方鸿在公司提出了一个新的命题——让世界没有难切的材料！泰嘉人背负着新的使命，又一次开始循环往复，如切如磋，如琢如磨，锯断难题的新征程。

（孙非）

董事长感言

不忘初心再扬帆

不忘初心再出发

回头看泰嘉股份走过的路程，我们感到最为欣慰的是，不管是在困难之时，还是在取得一点成绩之时，我们始终坚持了创业时的初心，凡事保持一颗利他之心，凡事坚持对中国带锯条行业发展有利。

2003年，泰嘉从贸易转向实业，我们的初心是如何推进双金属带锯条的国产化，降低国内制造企业的成本，同时提升带锯条的性能。2008年，泰嘉重组湖南机床厂，我们的初心是如何传承中国带锯条的品牌和技术，有利于行业的持续繁荣。当泰嘉持续做大，也意味着公司承担的责任越大，我们在经营过程中，将以利他之心，做出更有利于行业发展的决策。

万里征程风正劲，不忘初心再扬帆。在中国制造走向世界的转型期，锯切行业有着新的任务。泰嘉股份将不忘初心，砥砺前行，以高性能，高品质的产品不断满足全球工业化锯切市场的新需求，切实承担起"让世界没有难切的材料"这一使命，扬起理想的风帆，向着新的目标再出发。

紧跟时代再扬帆

企业的发展，总是伴随时代的发展，一个阶段有一个阶段的任务。完不成时代赋予的任务，也就是跟不上经济社会发展的形势，这样的企业不会成功。

泰嘉的创业，始至国际贸易兴起的90年代，正因为泰嘉为中国市场引进了高性价比、高可靠性的双金属复合材，用以替代老的带锯条原材料，泰嘉才会建立起投资实业的基础。从2003年开始，泰嘉把握了带锯条国产化的行业浪潮，并主动创新技术，重组行业资源，引入新的管理方法，将带锯条制造技术和工艺提升到国际先进水平，并最大限度减低成本，泰嘉才会在国内外市场迎来了新的发展机遇。

　　万里征程风正劲，千钧重任再奋蹄。在中国制造走向世界的转型期，锯切行业有着新的任务。泰嘉股份将紧跟时代的步伐，以高性能，高品质产品响应全球工业化锯切市场的新需求，切实承担起"让世界没有难切的材料"这一使命，扬起理想的风帆，向着新的目标再出发。

扫码观看泰嘉股份方鸿专访视频

华尔街回来的中国网络银行
第一人

■ 科蓝软件　王安京

"我们现在没有必要像美国那样再去建传统的银行，大量建传统银行成本非常高，通过互联网银行就能提供这些服务了，此外网银、手机、微信现在更成熟了，它的稳定性、安全性、性能都大幅度地提高，再加上现在市场倒逼，在这方面是非常有前途的。"

——王安京

20世纪90年代，他在纽约华尔街英国巴克莱银行北美总部、美国花旗银行总行、美国AIG集团担任技术顾问；他被誉为将网络银行带进中国的第一人；近20年，他是中国最早网络银行的倡导和建设者，是国内银行业金融网络化的引领者，他就是科蓝软件（证券代码：300663）创始人、董事长王安京。

科蓝软件董事长王安京在敲钟仪式现场

2000 年，他回国创业，创立科蓝软件，为中国数百家银行提供了 IT 咨询、规划和电子渠道系统建设服务，在国内银行业电子渠道建设领域市场占有率超过 60％。而 2017 年 6 月 8 日，他成功带领公司登陆创业板，在资本市场上开始新一轮的闯关。

2017 年 6 月 8 日，科蓝软件敲响上市宝钟，正式登陆创业板。

从华尔街回国创业

1975 年，王安京从部队复员，清华、北大还没有计算机系，他便开始跟清华大学无线电系的工农兵学员学起计算机。20 世纪 80 年代初进入中国银行总行任职计算机技术相关的岗位，到了 90 年代，王安京在美国华尔街负责花旗银行 IT 研发和规划工作，亲眼见证着欧美银行网上银行的兴起。

彼时，有着中国银行总行科技部工作经历的王安京同时在给中国银行纽约分行提供技术支持，他向纽约分行介绍了欧美银行的理念。一个偶然的机会，帮助中行纽约分行建立起了自己的网上银行。

眼见着网银的兴起，王安京产生了将网上银行在国内进行推广的想法。20 世纪 90 年代中期，王安京回国多次，但在当时大家却认为"我怎么敢把几百万、几十万放在网上，验证了就把钱打出去了？"这简直是天方夜谭！

实际上，1996 年，中国银行率先在国内建立网上银行服务，然而网银的出现在当时一直不为人们接受。于是王安京也暂时放弃了这一想法。

一直到 1998 年 3 月 6 日，国内第一笔真正的网上银行业务才得以实现，买卖双方世纪互联通讯技术有限公司和中央电视台的王柯平

科蓝软件董事长王安京接受全景商学院专访

分别成为国内第一个网上虚拟商家和网上支付第一人。虽然各大媒体都给予长篇报道，但仍并未引起大众的普遍响应。

国内第一家真正意义上的网银是招商银行在 1998 年 7 月 6 日推出的"一网通——网上支付"业务，有了示范效应，国内的网银才逐渐发展起来。于是国内的一些银行纷纷找到王安京，问他是不是可以将美国的产品技术带回到中国来，这正好契合了他之前的想法。

1999 年，北京市成立了一个留学生创业园，希望留学生回国创业。王安京在纽约看到这个消息，就委托国内的朋友报了个名，赶在千禧年来临前，科蓝诞生。

克服比技术更难的题

科蓝软件成立之时，一个团队，几十人，绝大部分由从纽约回来的留学生组成。技术出身的王安京在公司起步之时，自然地选择了继续开发、研发网上银行业务。

当时他身上也有着程序员的一个典型特征：满脑子想着技术和源码，待人接物却不是那么在行。所以对于王安京来说，技术上的困难难度再大，研究的过程中也藏着诸多喜悦；但一旦跟人打交道、搞市场、跑销售，在当时的市场环境下于他而言，比钻研技术难题难度大得多。

刚回国之际，国内几家银行处于起步阶段，他们的供应商是 IBM、惠普这样的国外大公司。王安京最常收到的"怀疑"是"不知道你们这个公司从哪儿冒出来的"。

在此过程中，王安京也意识到初创阶段所遇到的问题，大多要考验其承受力和毅力，而在公司发展的过程中，这些比技术还要重要。

"即使经过充分沟通以后，他们说，那我们相信你是从华尔街回来的，好像你们的技术也很先进，但我们还是不放心。"王安京说。"由于客户更信任 IBM 这些大公司，公司一开始的项目则由 IBM 来总包，他们做分包商，其实早先的很多项目，都是这样做起来的。"

凭借专业技术的优势，2000 年，科蓝建立了 WAP 手机银行；2003 年，建立了呼叫中心；2005 年，开发了外汇交易平台和国债交易平台……此后的发展也更为顺利。

回首之初，王安京说："在过去的十几年中，国内这方面发展确实是突飞猛进，难以想象，想起我们刚回国的时候，国内几乎没有一家接受，哪怕就上网一下，哪怕是上网查询一下都已经是很新鲜的一件事。"

目前，电子银行的交易远远超过柜台交易，甚至达到 80％～90％，换而言之，银行的经营几乎全部都靠电子交易了，柜台、网点甚至降低到 10％～20％，这是过去十几年发生的一个重大变化。

看好直销银行的未来

技术的日新月异远远超乎想象，王安京一直倡导银行金融网络化，并适时加强银行移动端的软件开发。

2013 年被称为互联网金融的元年，这一年里，阿里巴巴、腾讯、百度等互联网企业开始在金融领域跑马圈地，成为金融业的"搅局者"。银行、券商、基金等传统金融业机构也开始积极巩固既有优势地位。

2013 年底至 2014 年初，科蓝软件为民生银行提供国外的网络银行（bank of internet）IT 咨询建议，于 2014 年 2 月 28 日，国内首家正式上线运营的直销银行——民生银行直销银行横空出世。

与传统银行的业务模式不同，直销银行可以是独立的组织，而不是实体银行营销手段的辅助和补

2015 年中国金融论坛上王安京谈互联网银行

充，直销银行未来有望成为银行的利润中心。

"如果说网上银行、手机银行、微信银行这些名词要归大类的话，可将其归为电子银行类，就是银行的电子渠道；而直销银行与之不同，直销银行、互联网银行实实在在就是一个独立的银行，可以建成一个独立的线上银行。"

民生银行直销银行在业内产生巨大的轰动，跟进者甚众。截至 2015 年底，已有民生银行、兴业银行、浦发银行、华夏银行、北京银行等 50 多家商业银行推出了直销银行。

至此，直销银行已经成为王安京业务版图中不可或缺的一部分。

数据显示，美国的法人银行约有2万多家，早年有3万多家，国内的法人银行约有几千家，对比下来，美国的法人银行至少应该是国内的5倍以上，可是美国的人口仅仅是中国的四分之一，也就意味着中国给大众提供的金融服务的覆盖面或者覆盖力仅是美国的二十分之一。

"我们现在没有必要像美国那样再去建传统的银行，大量建传统银行现在成本也非常高，所以通过互联网银行就能提供这些服务了，此外网银、手机、微信现在更成熟了，它的稳定性、安全性、性能都大幅度地提高，再加上现在市场倒逼，应该在这方面是非常有前途的。"

在银行IT业耕耘二十多年，王安京看好互联网银行的发展，他也认为这也是科蓝软件的最大优势之一。

"在这方面，我们非常有信心，目前来说我们也没有什么竞争对手，其他公司要追上的话也不容易，因为这不是靠两三天的创新就能解决的，这是在十几年的发展过程中我们一步一步走过来的。"

当初从华尔街回国创业的王安京，已将几十人的小团队发展成了拥有近3000员工的大公司，2017年5月3日，他带领公司成功登上创业板，他说，"上市之后，公司还会有一个飞跃性的发展。"

（朱雨蒙）

扫码观看科蓝软件王安京专访视频

第十一章
创二代

"做不好别人会笑话你，说你没出息；做得好，别人会认为是理所当然，因为'你是董事长的儿子'啊！"

"守住柜台，死也要死在阵地上"

■ 盐津铺子　张学武

"2005年盐津铺子刚成立的时候，我就给自己定下了上市这个'小目标'。盼了十来年，这一天真正到来的时候，开心之外，我还觉得有点如履薄冰。"

——张学武

2017年2月8日，盐津铺子（证券代码：002847）在深交所中小板挂牌上市，成为中国零食自主制造第一股。如果你也是个"小吃货"，你不会对这个名字感到陌生。在沃尔玛、家乐福、大润发、华润万家……你身边的大小超市里，都有它的身影：鱼豆腐、泡椒凤爪、

盐津铺子董事长张学武接受全景商学院专访

小鱼仔、瓜子、青豆……在代言人何炅的招呼下，让人直流口水。

带领这家公司发展壮大的张学武是一位不折不扣的资深"吃货"，他用12年的时间将父亲的小作坊打造成上市公司，实现了多年前定下的"小目标"。

偷吃零食挨打的童年时光

张学武出生在湖南浏阳。浏阳一带盛产"盐津菜"（"盐津"是一种传统食品工艺，特色是做凉果蜜饯时少放糖，用盐让食物更加回甘生津），"盐津铺子"的名称便是由此而来。

小时候，父亲就开始做起这门祖传的手艺，伴随张学武长大的便是凉果蜜饯的甘甜清香。"小时候经常偷吃零食，因为这个挨了妈妈不少打。"张学武笑着回忆道。

1993 年，父亲和哥哥一起将家庭手艺升级为一家小作坊，起名"腾飞食品厂"，主要加工凉果蜜饯。此时的张学武考入大学，学习计算机财务。毕业后，他没有到父亲的工厂上班，而是去了一家外资企业当销售。

"我毕业后做销售，就是为了锻炼自己，看看大企业是怎样经营管理的。无论是大学专业，还是打工经历，都是在为自己的企业做准备。"张学武坦言。

2000 年以后，随着人们生活水平的提高和消费者观念的变化，张学武看到了小品类零食的发展前景，他同时也看到，国家对零食的监管要求越来越高，消费者提出的要求也越来越高。"我感觉小工厂模式只会把路越走越窄，只有有质量、有品牌、有渠道的产品才会越做越好。"张学武说。

张学武回到父亲公司，担起市场销售这个重担。当时工厂规模很小，只有七八名员工，一年一两百万营业收入，主要做浏阳及周边的区域性市场。

张学武加入后，开始与商场、超市合作，初步树立品牌。2005 年，腾飞食品厂年营业收入达到一千多万，员工增加到近 200 人。

"守住柜台，死也要死在阵地上"

2005 年，张学武正式从父亲手中接下食品厂，注册成立湖南盐津铺子食品有限公司（盐津铺子前身）。由于手头资金有限，张学武就贷款去更新设备、建设厂房、增加人手。

当时，大部分小食品厂都是走经销商的渠道。张学武认为，经销商垄断销售渠道，不仅会赚取中间差价，还会牵制公司的发展。他研究后发现，徐福记、德芙、好丽友等大牌食品企业都是跟商超直接合作，不仅省去了中间环节，还能拉近与消费者的距离，有助于公司更快了解市场的需求和变化。

"跟商超直接合作更有利于品牌的展示，还可以随着商超的复制去扩展市场。另外，商超的质量管控体系非常严格，他们会不定期对工厂进行突击检查，索要产品的质量认证……倒逼企业跟着他们一起成长。所以，我一开始就确立了'商超主导，经销跟随'的渠道模式。"张学武介绍。

确立方向后，说干就干。张学武迅速带领团队拓展商超渠道。2005年，湖南首家沃尔玛落户长沙。"在沃尔玛招商阶段，我就带着团队杀过去。跟他们谈我们拿什么主打销售，能给他引流多少顾客，我们给他一个详细的规划，最终将沃尔玛拿下。"张学武说。

大小超市都有盐津铺子的身影

经过10多年的合作，如今，沃尔玛早已成为盐津铺子第一大直营渠道客户。2016年上半年，盐津铺子针对沃尔玛商超系统销售收入5000多万，占其主营收入的16%。

"拓展渠道没有说起来那么简单。要付进场费、条码费，产品质量、物流、推广都要跟商场匹配，对于一个刚从小作坊转型的企业来说真的挺难的。"那时候没有高铁，张学武每个月有三分之二的时间都在外面跑。他笑称："我压力很大，经常请手下喝酒，让他们多分担一些压力。但确立了商超主导的方向，再难也要向前走下去。"

张学武创业初期，国际食品巨头主要做巧克力、饼干、糖果等，并未关注到中国传统小吃。国内同行主要也是一些小工厂、小企业。2008年开始，不少食品企业认识到商超的重要性，他们通过代理商进入商超渠道，大家争夺柜台，竞争开始变得激烈。

然而，商超柜台是有限的，每天的人流量也是一定的，但摆放在不同的位置销售量差别很大。"一家商超容不下第三家同类企业。我会为大家出谋划策，分析哪个位置最好，告诉下属务必当天拿下。"张学武说，"竞争激烈的时候，会有一些调整，我就对员工说，一定要守住柜台，死也要死在阵地上！"

2015 年，盐津铺子直营渠道的主营业务收入已达到主营收入的一半左右。此外，盐津铺子还发展经销商渠道，每个市或县级市选取一两家经销商，进入地区连锁超市、小型超市、便利店、批发市场等。

截至 2016 年 6 月，盐津铺子已进入 45 家大型连锁商超的 1700 多个卖场，覆盖沃尔玛、家乐福、麦德龙、大润发等跨国超大型连锁超市和华润万家、步步高、家润

盐津铺子全国的市场版图

多、人人乐、天虹百货等国内知名连锁商超，拥有经销商 700 多家，覆盖全国 31个省、自治区和直辖市。

豆干发力 打造零食王国

渠道建设的快速进展离不开产品质量的提升与品类的拓展。张学武认为，做食品的基础是保证卫生、安全。盐津铺子的生产基地在湖南浏阳和江西修水。"这两个地方环境优美，特别是修水的空气、水质都非常好。"他说，"从原料、辅料上我们会严格筛选，加工环节严格按照国家标准，生产环节严格按照ISO9000 的标准来，达到食品安全要求，验收合格后才能出厂，有一套完整的质量管控体系。"

从最初的凉果蜜饯起家，2006 年，盐津铺子开始逐渐丰富品类，切入豆制品领域。豆制品与国际食品巨头普遍重视的糖果、巧克力等品类形成错位竞争，推出后非常受中国消费者的欢迎。后来，盐津铺子又根据市场需求，陆续开发了

肉质品、坚果炒货和休闲素食，慢慢发展为现在的五大品类近百种产品。

盐津铺子在各大商超柜台设有导购员，他们每天与顾客直接接触，或者开展试吃活动，收集第一手反馈建议。公司会根据建议调整产品口味、研发新产品。公司还单独设立"品尝部"（对，你没听错，就是专门吃零食的岗位……），集中几十个特别爱吃、会吃的人，每天吃不同的产品，有自家的，也有别家的，进行盲测。这些"品尝员"吃完后要投票，写品尝报告，以制造出更美味的食品。

"我有时候也会去充当试吃人员，人嘛，众口难调，有时候我认为好吃的，大家觉得不好吃。但最终要看大家的选择，得票最高的那个才是我们要的口味。"张学武说。

盐津铺子食品生产线

豆制品是盐津铺子的发力点，销量一直呈现逐年增长的态势。尤其2015年鱼豆腐系列产品的推出，促进了豆制品销量的大幅上涨，产量从5.9千吨增加到1万吨，几乎翻倍。春节期间，鱼豆腐的销售量每天能达到1吨。

目前，盐津铺子建立了小品类休闲食品全品类产品体系，包含凉果蜜饯、休闲豆制品、坚果炒货、休闲素食、休闲肉制品五大类近百种产品。其中，豆制品贡献的营收约占公司主营业务收入的50%。在豆制品的带动下，2015年盐津铺子收入达5.84亿元，同比增长14.36%；净利润6544万元，同比增长35.36%。

销售模式上走过的弯路

在销售模式的选择上，盐津铺子也曾走过一些弯路。2013年，公司探索连锁经营的模式，开了几十家专卖店。然而，经过尝试，张学武发现公司还是更适宜于直营商超和经销商销售模式，连锁经营业务逐渐萎缩。尽管已有不少的投入，张学武还是选择及时止损，在2016年上半年将所有连锁店全部关掉。

"市面上的休闲食品连锁店都是找人代工，盐津铺子是自己生产，我们没办法迅速生产上千种产品。"张学武坦言，"我们的基因是制造业，未来也不会再去拓展连锁店这块。"

东方不亮西方亮，与连锁店一起探索的电子商务渠道效果却不错。从2014年起，盐津铺子开始入驻天猫、京东、一号店等电商平台。虽然占比还很小，但产品种类、销售额都持续增加。2016年上半年，公司通过电子商务渠道收入1200多万，占主营业务收入的3.73%。

谈起休闲食品电商代表企业三只松鼠和百草味，张学武认为，盐津铺子和他们在基因上有本质的区别。"我们是自主制造的企业，从原料开始来把第一关。"

"做电商说难也难，说容易也容易。我认为过程跟我们当初做商超渠道是差不多的，都是在开拓。企业综合实力上去了，加上专业团队的运作，问题应该不会太大。"盐津铺子此次IPO募投资金中将有3000多万元被投入建设电子商务平台，张学武表示，未来电商渠道将要提升到整个业务比重的10%以上。

在步入电商领域之后，盐津铺子请来何炅当代言人。"零食的消费群体80%是年轻的女性，所以我们的代言人倾向于帅哥。接下来，我们还将和其他一线艺人合作代言。"张学武透露。

"快、准、狠"的乒乓球哲学

"我很爱吃零食，最喜欢吃豆干，每天下午工作压力大的时候就会吃。"尽管如此，张学武身上却看不到任何发福的迹象。他笑着说："我的顾客大多是女孩子，她们怕胖。我做为董事长不能变胖，所以我坚持健身保持身材，不然别人会以为我是吃零食长胖的。"

张学武（左）平时喜欢打乒乓球健身

张学武平时最喜欢的运动是打乒乓球。谈及盐津铺子不断发展壮大的原因，他说："乒乓球讲求'快、准、狠'，做生意也是如此。我觉得，对市场反应要快，设定方向

要准，定下目标后要狠。还有就是要坚持。"

2010年，盐津铺子营收达到2亿，净利润有一千多万，这时张学武开始筹划上市事宜。他认为上市可以倒逼公司各方面更加完善。盐津铺子作为大众终端消费品，上市将大大提升公司的品牌影响力，另外还可以解决公司发展的资金难问题。

2017年2月8日，盐津铺子在深交所成功上市

他感慨道："2005年盐津铺子刚成立的时候，我就给自己定下了上市这个'小目标'。盼了十来年，这一天真正到来的时候，开心之外，我还觉得有点如履薄冰。"

提到未来，张学武还想要一个更大的舞台——国际市场。他说："接下来，盐津铺子要升级凉果蜜饯工艺，像芒果干、榴莲干，口味很好，也符合国际上流行的健康理念，以后我们的果干肯定能够打入国际市场。未来十年，盐津铺子将秉承'甄选零食、源于自造'的产品理念，坚持自主制造，自主研发，以品质取胜，依托线下、线上全渠道销售，努力实现百亿目标，成为'中国食品界的华为'。"

（雷雪）

扫码观看盐津铺子张学武专访视频

我是一名职业经理人

■ 长缆科技 俞 涛

"有人问我，七八年都做上市这一件事会不会很难熬？我说这根本不是'熬'的问题。我经常讲，我们不是为了上市苦熬、苦等，IPO 不是目的，而是一个企业修炼内功的过程。"

——俞 涛

父亲是"文革"前的大学生，毕业于湖南大学电机工程系，高级工程师出身的他带领公司获得一项又一项技术专利，打破国外技术垄断，将公司打造成为产业龙头；儿子是南开大学理学硕士、中科院博士，毕业后进入金融机构，做过信托、基金，而立之年回归实业，将金融资本注入产业资本，带领近 60 年的老字号企业成功登陆 A 股。

这对学霸父子就是长缆科技（证券代码：002879）董事长俞正元和副董事长俞涛。如今，78 岁的老父亲出于兴趣爱好依然在带领团队进行新产品的研发，47 岁的儿子已成功接力，成为公司的顶梁之柱。接手偌大的公司，俞涛对自己有很清晰的定位：我不是富二代，是创二代；相对于企业家，我更像是一名职业经理人。

历史最悠久的电缆附件工厂之一

说起电缆附件，很多人觉得很陌生。电缆附件是电缆终端和接头的统称，是电缆线路中必不可少的部分。用通俗的话来说，就是连接电缆与电缆、电缆与设备的东西，连接好之后就是电缆系统，把电从电站、变电站、发电厂输送到企业、工厂和千家万户。

中国电力电缆行业起步于 20 世纪 30 年代末，中华人民共和国成立以后，中国电力电缆行业得到迅猛发展，但电缆的接头、电缆附件还是空白，严重依赖进口。为了降低电网运行成本、保障电网运行安全，20 世纪 50 年代末，机械工业部在全国指定了四家企业生产电缆附件，长沙电缆附件厂（长缆科技前身）便是其中一个。

1983 年，长沙市政府和长沙冶金机械局派出了一个工作组，对长沙电缆附件厂进行改革，俞正元就是这个工作组的组长。俞正元 1963 毕业于湖南大学电机工程系，科班出身的他对电缆附件行业非常专业。改革开放给中国带来了新面貌，也让人重新充满激情和动力。或许是

长沙电缆附件厂（长缆科技前身）老厂房

责任感使然，44 岁的俞正元选择留在长沙电缆附件厂，这一待就是几十年。

20 世纪 90 年代中期，中国经济体制改革走到了一个攻坚阶段，当时企业改革的大思路是进行公司化改造，明晰产权，建立现代的企业管理制度。在这个大背景之下，1997 年，长沙电缆附件厂在相关政府部门的指导下进行了改制，从集体所有制企业改制为民营企业，股权量化到职工个人出资认购。直到现在，长缆科技仍然有多达 179 名的自然人股东，大多数是工厂的老职工。

父亲用研发创造价值

电缆附件从产品研发到投入市场销售周期特别长，需要十年左右，电压的等级越高技术门槛越高。最开始俞正元团队在做一两万伏低压的产品的时候，就看到中压水平产品的方向，提前去研发；当中压快成熟的时候，又瞄着高压、超高压的产品……一代一代地去提前开发新产品。

"虽然产品研发周期长，但生命周期也特别长。20 世纪 90 年代中后期，公司净资产规模只有七八百万，但投入了两三百万去研发、生产 110kV 系列的产品，研发投入用了三分之一的资产。"俞涛说，"但这个系列的产品直到现在还在卖，卖了将近十万台，销售收入超过 30 亿。"

高级工程师出身的俞正元把"技术创新"作为企业发展的原动力，带领公司突破一项又一项技术专利。早在 2003 年，长缆科技就建成了 500kV 超高压实验室，成为中国电缆附件行业少数具备完成 500kV 电缆附件型式实验能力的厂家之一，目前正在进行预鉴定实验。2007 年，公司自主研发的 220kV 系列电缆附件正式通过检测，长缆科技成为国内第一家取得预鉴定实验报告的电缆附件企业，目前已实现产业化，结束了该产品长期以来完全依赖进口的局面。2014 年，公司成功掌握 DC±320kV 电缆附件核心技术，并中标世界上第一个电压等级和传输容量双双达到国际之最的柔性直流输电工程——厦门柔性直流工程项目。

截至 2017 年 5 月，长缆科技已获得 49 项专利，通过 201 项型式试验，成为国内电缆附件领域拥有专利最多的企业之一。凭借先进的技术，长缆科技被评为国家火炬计划重点高新技术产业，还参与制定 6 项国家标准及行业标准。

凭借可靠的质量和口碑，长缆科技的产品被广泛应用于北京、上海、深圳等地的输电网改造，北京、上海、广州等主要城市的轨道交通，还有核电工程和高铁等，与国家电网、南方电网保持几十年的良好合作关系，近期还成功进入中核集团供应商体系。

儿子将金融资本注入产业资本

2017 年，董事长俞正元已经 78 岁了，仍然在公司发光发热——出于对科研的兴趣，他依然在带领团队进行新产品的研发。俞涛说，自己跟父亲一样都是理工科班出身，性格非常认真严谨，如果非说不同之处，那就是自己"对资本市场理解得更多一点"。

"父亲去长缆工作的时候我只有 13 岁，对老工厂有一些印象。工厂是做实业的，跟我从小的志向有些不一样，我大学学的是理论物理，比较喜欢做理论分析、数据处理这方面的工作，所以后来去了金融行业，这也是兴趣所在。"俞涛回忆说。

俞正元近照

一般企二代都是在 20 多岁的时候就进入公司，但俞涛有点特别，他 2011 年 41 岁的时候才到父亲的公司，直接做高层。

俞涛表示，自己回归长缆科技也有一定的必然性。"长缆科技是一个非常好的公司，如果跟金融资本相结合，用我们物理专业的话来说就是可能会产生'核聚变'，从而释放出巨大的能量，获得飞跃发展。我想用我在金融领域的知识和经验带领公司走向资本市场，帮助公司实现这个'核聚变'。"

"最开始在公司担任的是董秘岗位，后来又做过副总经理和董事，现在是副董事长。我是空降兵，有点像'救火队员'，哪个地方最困难、哪个地方对公司影响最大，我就扑在哪个地方。"俞涛说，"做实业和做金融不一样，以前是财务投资人，只要把某个公司的方向看好了就行了，现在不仅要对战

南开大学读书时期的俞涛

略方向负责,还要去具体操作很多事项。"

"做实业比做投行辛苦多了。"俞涛坦言。2016 年初,南方一个城市有条220kV 的电缆线路出了故障,这条线路使用的电缆附件是外国产品,180 多台需要全部更换。这么大的工程量按照业内常规做法至少要用三个月才能修复。但当时电力系统给长缆科技的时间只有 3 周,而且是春节前后。俞涛带领 110 人的团队大年初三奔赴抢修现场,用了两个星期一次性全部改造,完成通电验收,比国际通行做法快了 5 倍以上。

不停车将公司由 K 字头改造成高铁

中国老一辈的民营企业家逐渐老去,寻找合适的接班人成了这些企业面临的一个大课题。俞正元等公司老一辈管理层从 2000 年开始就在做两个事情:一是从公司治理结构上,董事会和经理会的逐渐分离,董事会负责决策,经理会负责执行,所有者和执行者分离;二是对管理层进行年轻化培养,目前高管团队包括分、子公司的领导从 30 岁、40 岁、50 岁到 60 岁、70 岁都有,团队的各个年龄层梯队建设非常完善。

"父亲这一辈的创始团队是公司的灵魂,掌握公司大的发展方向。我们年轻这一辈也要再次创业,我不做富二代,要做创二代。相对于企二代,我认为自己更像一个职业经理人。"俞涛说,"作为公司的接班人,我考虑更多的是从企业的发展脉络里面找出哪些是要传承下去的,哪些是要调整修改的。"2011 年,在俞涛的带领下,长缆科技启动了上市计划。

长缆科技第一届董事会合影,中间为俞正元

"有人问我,七八年都做上市这一件事会不会很难熬?我说这根本不是'熬'

的问题。我经常讲，我们不是为了上市苦熬、苦等，IPO 不是目的，而是一个企业修炼内功的过程。"俞涛说。

"这个过程就是把公司由 K 字头火车改造成高铁，而且中途还不能停车。事实上公司也在这个过程中成长很多：公司管理更加规范，内控更加完善，核心竞争力也得到了提炼和夯实，公司的凝聚力不断加强……一切都做好后，上市只是一个水到渠成的结果。上市不是终点，是长缆科技这个近 60 年的老字号企业一个新的起点。"

俞涛说父亲那一辈的管理层大多是做技术出身的，比较重视研发、生产，而自己除了注重研发生产，还兼顾营销和资本运作。长缆科技 IPO 为公司扩产能项目募集到 4.57 亿资金，有效解决了产能不足的问题。研发中心建设也是募投项目之一，为公司技术研发奠定基础。此外，IPO 募集资金还有 4675.8 万元用于营销体系的建设。目前长缆科技在全国有 50 多个城市有自己的销售队伍，募集资金投入后，将再在约 100 个城市建立营销网点。

1997 年，长缆科技改制的时候员工有约 300 人，2016 年底公司员工达到近 800 人；1997 年改制前公司净值产规模只有 700 多万，如今超过 7 亿；1997 年改制前公司总营收约为 200 万，2016 年公司总营收达到 5.46 亿。长缆科技从改制到现在 20 年时间，

2017 年 7 月 7 日，长缆科技在深交所敲响上市宝钟，正式登陆资本市场

中间经历过政经济、政策、国际环境的变化，但基本没有亏损，甚至很少有下滑。

"我有时候问自己，老一辈用二十年时间将两三百万的销售收入做到 5.5 亿，把公司打造成国内一流企业，给我十年二十年时间，我能做到多少？"俞涛说，"我觉得我有信心，也有能力，把握资本市场给予的机遇将公司做到国际一流。"

（雷雪）

副董事长感言

把 K 字头火车改造成高铁后持续奔跑

长缆成功上市，首先是感谢。感谢所有的长缆同事、精诚合作的中介及给予支持的政府、朋友。因为大家的鼎力相助、携手前行，长缆才得以成功登陆资本市场。

其次是感恩。感恩可以幸运上市。长缆科技 2011 年启动上市，随着治理结构及内控体系的完善、公司核心竞争力的增强、领导层凝聚力的提升，2017 年 7 月 7 日，公司得以在深圳证券交易所成功上市。尽管其中的工作很艰辛，但这整个过程走得很顺利。

另外，感恩长缆数十年专注从事电缆附件研发生产的科研精神及精益求精、一丝不苟的工匠精神，得以传承。长缆科技创建于 1958 年，从一个手工合作社作坊发展为今天登陆资本市场，可以说，离不开公司从上至下具备的专注、持之以恒的科研精神及精益求精、一丝不苟的工匠精神，这一直是贯穿公司发展的主线。正是这种数十年专注于研发电缆附件产品的执着，不断地完善材料、设计及生产工艺流程，精益求精，才确保了每件产品、每个部件的质量，赢得了市场及口碑。

最后，更多的是一种责任与压力。登陆资本市场，这对长缆来说，不是终点，而是一个新的起点，在未来十年，甚至数十年，如何把 K 字头火车改造成高铁后一直持续不停地奔跑，如何运用好资本市场带来的机遇，这将是我要思考的，这对我来说，是一种责任，也是压力。

扫码观看长缆科技俞涛专访视频

我要比别人做得更好

■ 金龙羽　郑永汉

"做不好别人会笑话你，说你没出息；做得好，别人会认为是理所当然，因为'你是董事长的儿子'啊！"

——郑永汉

"80后"，21岁到父亲的公司工作，30岁全面接手公司担任总经理，35岁将公司做到年营收18亿，带领公司上市登陆资本市场……听起来是不是超霸气，感觉霸道总裁要登场了！然而，成功光芒背后，他却有自己的辛酸：

"做不好别人会笑话你，说你没出息；做得好，别人会认为是理所当然，因为——'你是董事长的儿子'啊！"

这位1982年出生的小伙子就是电

父与子：金龙羽董事长郑有水（左）和总经理郑永汉（右）

缆电线制造商金龙羽（证券代码：002882）总经理郑永汉，他说起话来总是乐呵呵的。他说父亲（金龙羽董事长郑有水）的教育方式就是"压力"，从不会鼓励

和赞扬，父亲的认可模式是"我没说你不好，就证明你做得很好了。"

郑永汉不到10岁来到深圳，是最早的一批深二代，在深圳开放的氛围中成长；董事长老爸是传统的潮汕父亲——说一不二，强势霸道。这样的一对差异多过相似的父子能碰撞出怎样的火花？

父亲为改善家人生活创业

父亲郑有水创业之前在潮汕做电线电缆运输，时间久了，对这些产品的来源、销售的去处摸得门儿清。20世纪80年代末，抱着"别人能做，我为什么不能做？"的想法，20多岁的郑有水开始了电线电缆的创业生涯。最开始的工厂设在汕头，农村出生的他创业的初衷只是为了改善家庭的生活水平。

然而，隔行如隔山，看起来容易的电线电缆行业做起来并不简单，创业初期郑有水走过很多弯路。一次偶然的机会，郑有水来深圳开拓市场，发现大家更容易接受深圳本地的品牌，很多朋友也建议他把工厂搬到深圳。于是，1996年，郑有水把公司搬到深圳，并重新命名"金龙羽"注册登记。

20世纪90年代正是深圳大发展、大建设之时，电线电缆市场需求很旺盛，而深圳电线电缆公司不到10家。郑有水从老国营单位挖来技术人员，大力宣传金龙羽。有了在汕头的十年积累，金龙羽起步很顺利：员工有一两百人，年收入上千万。金龙羽一开始就是做民用的电线电缆产品，慢慢发展起来后开始接触国家电网、蓝思科技这种大的企业客户。

2006年，郑有水（左）跟行业专家介绍公司情况

在郑永汉的记忆中，父亲是个工作狂："爸爸没有别的爱好，就喜欢工作。他办公室后面有个房间，他就住在里面，也没有节假日，如果赶上放假了，他没事做会觉得很无聊。"

"来深圳创业的时候我不到10岁，爸爸以办公室为家，以家为办公室，经常听见他在家里打电话对接工作。"郑永汉回忆说，"虽然爸爸经常在家，但没空管我们，偶尔管一下，我们就完蛋了。"

潮汕人家庭教育非常严格，在郑永汉的印象中，父亲非常严厉。"不管是我爷爷也好，我爸爸也好，基本不会征求孩子的意见，他们都是直接安排，让你怎么做，你怎么做就好了。"

21 岁进入父亲公司从基层做起

2003 年，郑永汉只有 21 岁，对自己的人生也没有什么概念和规划，父亲让他来公司，他就去了。郑有水是做销售起家的，非常看重市场，认为没有市场，一切都是空谈；而且他认为在公司做管理工作或者做采购，都是别人找到你求着你，看不出一个人的水平，也锻炼不了人。在爸爸的建议下，郑永汉去做销售，从底层做起。

"做销售确实蛮辛苦的，也曾被客户刻意刁难，被客户赶出来……这些都经历过。"郑永汉说，"一开始也有董事长儿子的包袱啦，但走出去后发现什么标签都没有用，最终还是要看能力。现在回头看看，老爸的建议蛮对的，做销售确实很锻炼人。"

作为董事长的儿子，郑永汉体会最多的是压力。"别人觉得我是董事长的儿子，公司对我的支持会更大，认为我做事情会更轻松。如果我做不好甚至做的不出色，别人便会认为我不努力、偷懒了，所以我要比别人做得更好才行。"

像所有年轻人一样，郑永汉也爱玩儿，没事儿喜欢打游戏，在公司跟几个同龄的同事处的特别好。"我不知道别人怎么想的，反正我没有把自己当成是老板的儿子，我是很真诚地把大家当朋友的。"郑永汉说。

"我接手公司后，管理层还有一些担心，说你跟他们玩得这么好，管理上会有不会有什么问题。我只能用行动去告诉大家，我会对企业负责，公私分明。私下里我们是朋友，但工作上该怎么样就怎么样。"

2012 年，郑永汉 30 岁，在基层锻炼了 9 年。他做的事情董事长都看在眼里，觉得不会出大问题了，便将公司交给了他，让他担任总经理。所有的决定都要自已做，出了问题是第一责任人，郑永汉坦言压力很大。"金龙羽交到我手上的时候是一个非常成功的公司，业绩每年都在增长；如果到我手上，做得更好，大家也只会记得创业者，都是父亲的功劳；但一旦业绩萎缩了，或者出了什么问题，这个罪名就是我的。"郑永汉用这种想法来激励自己、推着自己往前走。

创业难，守业更难。以前公司规模比较小，每年的业绩增长 30%～40% 是几千万，现在基数大了，每年增长 10% 就是一两个亿。郑永汉没有辜负父亲的期望，在他的带领下，公司发展的势头强劲。

说服父亲启动上市计划

2014 年到 2016 年，金龙羽市场拓展卓有成效，销售数量持续增加，年复合增长率为 17.59%。主营业务收入分别为 15.67 亿元、16.75 亿元、17.89 亿元，复合增长率为 6.88%；净利润分别达到 7768.73 万元、9556.48 万元、1.18亿元。

金龙羽还获得国家电网、南方电网及多个省市电网产品入网许可，知名企业客户包括蓝思科技、伯恩光学、万科、比亚迪等，产品应用于众多重点工程项目。

经过近 20 年持续较快的发展，金龙羽已经成长为华南地区规模最大、产品最齐全、技术最先进的电线电缆企业之一。

金龙羽现在的生产车间

公司发展到一定程度，营收、利润稳定达到规模并稳定增长，郑有水身边也有很多生意上的伙伴建议他考虑上市，但传统务实的父亲固执地认为上市就是圈钱，把公司卖掉就走人了。他认为公司就是自己的孩子，想要把公司持续经营下去。因此，每当有人提 IPO 的时候，郑有水都会一口否决。

2010 年郑永汉第一次向父亲提出上市的想法，被郑有水严词拒绝"上什么！

不上！"但郑永汉认为公司的管理运作需要规范，而上市是一个非常好的机会。电线电缆行业对资金的需求量很大，要真正做成大公司、大企业不能像以前一样用十几年去积累资本。

"我爸特别务实，连贷款都很少用。公司厂房都是租的，直到2004年才用自有资金买了地皮，2005年建了厂房，2006年底我们才搬进去。如果早一点看到资本的重要性，懂得如何借助资本发展，金龙羽的厂房可能早就建好了，成本会降低很多，竞争力也会更强，市场占有率会更大。"郑永汉说。

2011年郑永汉差不多完全接手公司，考虑到公司的发展，他顶住压力再次向父亲陈述上市对公司的好处。这次父亲却说"你现在已经接手公司，既然提出来这个想法，认为上市对公司很重要，就去把它做好，我不管。"

IPO是个劳心费力的过程，特别是在对公司的规范化管理运营方面。虽然董事长郑有水现在不经常到公司参与实际的管理，但私下会经常找儿子聊天，提出他的观点。

"我爸的性格一直很强势，他管理公司的时候说一不二，我跟他争吵得最多的就是企业管理方面的问题，有些建议不合理，我就坚持自己的原则，跟他讲道理，说服

郑有水（左二）、郑永汉（左三）父子在全景网进行IPO路演

他。因为既然公司交给我管理，我就要对企业负责，对股东负责。"郑永汉笑着说，"我俩生活上倒很少有矛盾，因为我一直让着他，谁让他是我爸呢。"

说起与父亲最大的不同，郑永汉说父亲喜欢亲力亲为，而自己喜欢授权。"我爸是一个完美主义者，在公司他既是企业老板，又是总经理，甚至是分管部门的经理，从头一路管到底，事无巨细，基本上所有事情都是他拍板，包括金龙羽最初的商标，都是他自己画的。"

"但我不一样，我喜欢授权，如果什么事都要我来做，那要管理层做什么？我认为管理企业授权是很重要的，特别是上市后作为公众公司，我们要利用制度把公司运作起来，靠所有的员工推动公司的发展，即使某个人、某个岗位不在公司也能运作的很好。我认为这才是对股东真正的负责。"郑永汉补充说，"我爸的管理方式适合创业初期，那个时候需要他带头去拼，公司到了一定规模后，凡事亲力亲为就会力不从心。我觉得跟父亲的过渡还是挺完美的。"

郑永汉认为自己和父亲的不同之处来源于成长环境的不同："父亲生长在潮汕乡下的传统家庭，小的时候爷爷说什么，他必须得听。我爸的堂兄弟在老家开的也有工厂，他们父子之间基本上没有沟通，非常传统，他爸说什么就是什么。"

郑有水、郑永汉父子（左）一起敲响上市宝钟

"我很庆幸我们当初搬到了深圳，这个开放包容的城市悄悄改变了我们。虽然平时我们也有争吵，但还是经常有沟通，虽然他嘴上不说，但我知道他心里还是很认可我的。为了IPO，整个公司的管理模式都要变更，这几年他也看在眼里，知道这个过程确实不轻松。他现在反过来偶尔会帮我打打气，减减压，这在以前是从来没有过的。"

（雷雪）

总经理感言

以实业为立足之本

不知不觉金龙羽敲钟挂牌就要一个月了，在这一个月里，我有着很深的感触。

首先，在企业 IPO 的过程中，为了能够让过会的机率提高再提高，对公司在管理以及业绩等方面都给予了整个团队极大的压力，一直想着 IPO 成功以后要给自己放个小长假好好犒劳一下自己，可是直到挂牌以后才发现跟自己原来想的完全不一样，压力更大了。公司没上市前业绩好与坏也只是少部分人会受影响，现在成千上万的股民都是我需要负责任的对象。所以董事长给我们提出更多的业绩要求以及更大的目标。虽然会感到压力，但是也还是心甘情愿地为之付出。

其次，公司挂牌成功以后有很多自己以前想做，但是没有实力去做的事，都变得不再遥不可及。虽说可以去做很多以前想做的事，但是通过这几年 IPO 的历练，反而使我更能沉下心来。金龙羽以实业为立足之本，并且成功了，所以我也不断地在警示自己不能太浮躁，还是要立足实业，以主业为基础稳定地横向或者上下游逐步发展壮大。

总的来说，公司 IPO 的成功令我更加成熟，也让我理解到做实业是需要时间慢慢积累和发展。做实业公司不可能一步登天，所以我们就要有做实业的觉悟，不能盲目跟风，必须要做好自己，这样才能对得起金龙羽的广大股民。我们会用时间来证明做实业也可以做得风生水起。

扫码观看金龙羽郑永汉专访视频

· 送给创业者的一把伞 ·

　　创业道路往往是孤独的，很多人发现，走出一段路后，身边、身后都是无人区。所以，我们希望这本书伴随创业者同行。全景网作为国内最大的资本市场路演平台，也是世界范围内"网上路演"模式的开创者。从 1999 年到现在，我们已完成近两万场路演，其中仅是 2016 年就新增近 1600 场。我们每天见证着不同的企业来到全景网、走上证券市场，实现自己的梦想。

　　本书记录的这些企业家，有超过七成的人出生于 20 世纪 60 年代甚至更早的 50 年代，当然也有 70 后 80 后。他们多数具有大学以上原始学历，但也有些企业家完全自学成才，凭着强大的求知欲和自学能力，同样在某些技术门槛较高的领域取得骄人的成就。

　　他们普遍经历过艰苦岁月，在少则十几年多则二三十年的创业历程中，留下非常强烈的时代烙印：富于冒险家精神、家国情怀，押上全部身家去填补一项又一项的民族空白；执着而不忘初心，自强谦逊，对未来充满信心。

　　不同企业家之间风格各异，这也是我们把 58 篇独立的访谈录划分成十一章的原因，希望有助读者更直观地理解一些重要品质，并非说明某个企业家只有某一面。 实际上， 每一家能在十几年乃至二三十年的长周期内持续发展壮大的企业， 都首先有赖企业家连续作出成功的决策， 而这背后一定是综合实力的反映。 需要说明的是， 我们认为每一篇访谈录都闪耀着亮点， 故出于公平起见， 根据上市时间进行排序。

在一年来的访谈过程中， 我们见证了太多令人感触的场面。 在起起落落的股价数据、 严谨乏味的财务数据、 一鸣惊人的财富神话背后， 其实都是一个个跟普通人一样有笑有泪、 敢爱敢恨的活生生的人。 一位非常成功的企业家回忆起当年创业维艰， 忍不住泪洒现场， 但随即抹干眼泪， 并坚持要把流泪的画面剪掉。 有些董事长聊起自己的创业经历， 平淡低调得就像我们身边朋友在闲聊昨天刚发生的小事， 访谈结束还主动跟所有工作人员一一握手致谢。

本书之发端， 从 2016 年开始。 是年 7 月， 华锋股份的董事长谭帼英女士带着旗下高管团队来到全景网， 参加 IPO 网上路演。 我们向她提议， 希望当天能安排一次专访， 谈谈自己的创业经历。 对于新股高管而言， 在正式到证券交易所敲上市钟之前， 最保险的做法就是少说话， 毕竟说错话可能会影响上市。 但谭帼英女士欣然接受采访， 把自己二十多年来经营企业的酸甜苦辣、经验教训和盘托出。

一位敢于在任何时候接受推敲的企业家是值得尊重的， 过去也很少有新上市公司愿意披露如此翔实的创业历程。 因此， 市场的强烈反响可想而知。 毕竟， 投资就是投人， 而你永远不可能从冷冰冰的财务报表中揣测人性、 看清团队、 摸透一家企业的基因。 后来不断有基金经理向我们反馈， 他们在调研、 投资某家新上市公司之前， 会先看看我们做的董事长访谈。 这对我们是个极大的鼓舞。

幸运的是， 这个市场上还有很多同样自信、 坦荡、 乐于分享的企业家。自谭帼英女士接受采访之后， 全景网再接再厉， 在一年内成功访谈了近百家上市公司的董事长或创始人， 据此形成了蔚为壮观的一系列在资本圈颇具知名度的 "约见资本人" 视频及 "IPO 创业传" 文字特写， 并最终得以让您手上的这本 30 多万字的新作水到渠成。

这些企业家平均身价在 10 亿元以上， 旗下企业总市值超过 3000 亿元， 整本书却没有一处讨论"股价"、"估值"、"市值"这类在资本圈中最吸睛的话题。

事实上，这本书并非定位为资本市场的专业教科书，而是一本关于中国改革开放以来创业潮成功样本的集中检阅！这是迄今为止，国内如此大规模地对民营企业家创业历程的"大数据"式全景记录。

书中之主旨，无关乎投资价值分析，无关乎学术性研究，但您能看到这些企业之所以能成为国内甚至世界性的细分行业龙头的重要轨迹。在这个过程中，他们的商业逻辑、方法论，以及思维境界、为人处世的态度，都同样给人以启迪。

记得有一次，金溢科技董事长罗瑞发回忆起自己跟主管部门一位老专家的谈判以失败结束，窗外雨雪交加，老专家好心赠他一把伞。走出小楼外，独自一人撑伞走在雨雪纷飞的街道上，罗瑞发的眼泪不禁溢眶而出。从那时起，无论晴天还是下雨，上班还是出差，罗瑞发的手提包里永远都备着一把伞。"有一把伞挺好，有备无患。我觉得人生的路本来就是有各种际遇。你在外面、在途中可能有风霜，有雨雪，有各种不期而遇的东西，有一把伞代表着一种温暖。"这样的真性情实在令人动容。

几位朋友在一口气看完本书初稿后，都说大受震撼，心中创业激情翻涌，用一个流行词汇来形容这个感觉，就是"燃"！其实早在我们一篇一篇往网上发稿的过程中，就不断有相识或陌生的朋友们向我们发来他们的感慨。有趣的是，同和药业董事长庞正伟的一篇文章在全景网发布后，被绿康生化的董事长赖潭平看到，顿感惺惺相惜，其后两人在全景网的撮合下交为好友。

我们希望把这些所见所闻、创业精神、商业资源与大家分享，并且一如既往地支持国家的"双创"大业。今天，中国企业日益在世界范围内形成强大竞争力，固然与国内良好的经济大环境密不可分，但追根溯源，不少企业也是起微于多年前的创业浪潮。创业往往是九死一生的事情，没有人能保证一定成功，"双创"政策鼓励万众创新，让更多有想法、有能力的人投身创业，此举功在千秋！

特别鸣谢

作为一个覆盖几十家上市公司创始人数十年创业历程、每一项数据都需要经得起证券市场信息披露制度考验的大型传记项目，这本《约见资本人》的面世得益于无数人的辛勤劳动。

本书共采访了58家上市公司董事长、副董事长和总经理，包含深沪两市主板、中小板、创业板，地域上涵盖全国，时间上跨度一年，其难度和复杂程度超乎想象。幸运的是，期间得到了各界朋友、尤其是全景网众多同事的帮助和支持，使本书得以顺利出版。在此致以特别鸣谢！

特别感谢全景网副总经理陈晓航、汤学华及总工程师李伟在本书成型的过程中所提供的协调及技术支持等帮助。

一年来，全景网总经理助理姚峰及其带领的推广团队与各家上市公司进行了大量高效、细致的沟通工作，对本书的诞生可谓至关重要。团队成员包括：朱文娟、郜艳梅、邹卫东、樊晓丹、谷亚凝、魏小莉、丘彬、沈熙文、周卓、何宇、郑佳、李甦、张敏、高德猛、余沛业、夏蕴琳、漆思瑶、佟牧、刘艳、赵牧原、李楠、陈浩鑫、辛明、唐海鹰、叶志云、时黛、张原、周丹、高宏娟、高航、张乐妮、罗丹、陈靓、朱虹、王安平、郭子轶、陈辉、杨丽娜、宋晨光、王大和、高青峰、韩予婷。

全景网内容中心及新三板部的同事通过各种形式参与到本书的创作中。陈丹蓉是本书最初几篇文章的撰稿人，对推动高管访谈的成型作出了较大贡献；杨元元、任银哲、付强几乎参加了所有的采访工作；谢艳香整理了所有的采访内容；其他作出贡献的成员还包括姜继营、何碧玉、陈龙、刘超、周蓓、陈聪、李双江、蔺怡琛、赵晓敏、刘渝、詹丽真、陈静楸、李仕刚、邱璧徽、赖嘉宁、张馨文、陈昌瀚、王晓昀、涂蔚宏、刘敏、孙天龙、彭艳、张小青、刘亚楠、杜敏煜、巫乐定、曹馨文、谢婉雯、刘民江、罗启明、徐海辉、张宇婷、黄思远、王钜越、张煜晨、詹运志、邓晴心等。

全景网运营中心、技术中心、办公室、财务部等部门同事也对本书的最终出版作出了不可磨灭的贡献。

《约见资本人》编辑部

2017年8月 深圳

图书在版编目（ＣＩＰ）数据

约见资本人：58家上市公司创始人亲述创业之路 / 全景商学院编著.
－－长沙：湖南科学技术出版社,2017.11
ISBN 978-7-5357-9597-7

Ⅰ．①约… Ⅱ．①全… Ⅲ．①企业家－访问记－中国－现代 Ⅳ．①K825.38

中国版本图书馆 CIP 数据核字(2017)第 255777 号

YUEJIAN ZIBENREN ——58 JIA SHANGSHI GONGSI CHUANGSHIREN QINSHU CHUANGYE ZHILU

约见资本人 ——58家上市公司创始人亲述创业之路

编　　著：全景商学院
责任编辑：孙桂均　王　燕
出版发行：湖南科学技术出版社
社　　址：长沙市湘雅路 276 号
　　　　　http://www.hnstp.com
湖南科学技术出版社天猫旗舰店网址：
　　　　　http://hnkjcbs.tmall.com
印　　刷：长沙超峰印刷有限公司
　　　　　（印装质量问题请直接与本厂联系）
厂　　址：长沙市金洲新区泉洲北路 100 号
邮　　编：410600
版　　次：2017 年 11 月第 1 版
印　　次：2017 年 12 月第 2 次印刷
开　　本：710mm×1000mm　1/16
印　　张：30
书　　号：ISBN 978-7-5357-9597-7
定　　价：68.00 元
（版权所有·翻印必究）